U0618095

世界哲学家书系

爱因斯坦 （上）
EINSTEIN

李醒民　著

东北师范大学出版社
NORTHEAST NORMAL UNIVERSITY PRESS

图书在版编目（CIP）数据

爱因斯坦：全二册 / 李醒民著 . — 长春：东北师范大学出版社，2020.1
（世界哲学家书系）
ISBN 978-7-5681-6678-2

Ⅰ．①爱… Ⅱ．①李… Ⅲ．①爱因斯坦（Einstein, Albert 1879-1955）—传记 Ⅳ．① K837.126.11

中国版本图书馆 CIP 数据核字（2020）第 020360 号

责任编辑：包瑞峰　　　　封面设计：丁　瑶
责任校对：张　彬　　　　责任印制：许　冰

东北师范大学出版社出版发行
长春净月经济开发区金宝街 118 号（邮政编码：130117）
电话：0431-84568126
网址：http://www.nenup.com
厦门市竞成印刷有限公司
厦门市湖里区后坑前社 37 号
2020 年 6 月第 1 版　2020 年 6 月第 1 版第 1 次印刷
幅面尺寸：142mm×210mm　印张：9.75　字数：202.8 千

定价：128.00 元（全二册）

（版权所有，盗版必究）

自　序

闻鸡起舞夜不寐，
谁解攻书个中味？
勿叹朝露能几何，
中流击水气方锐。

——李醒民《攻书》

一

当我抄下 1977 年所写的这首题记诗时，心里不由自主地萌动着一种难以名状的情感。记得那个时候，大到中国的命运，小至个人的生涯，都处在关键性的十字路口。所幸的是，时隔仅仅一年，百年来经磨历劫的中国，终于挪动了沉重的脚步，走上了改革开放的正道。我本人也把握住了历史的机遇，考取了于光远教授等招收的自然辩证法研究生，于 1978 年 10 月进入中国科学技术大学研究生院（现亦称中国科学院研究生院），攻读科学哲学和科学思想史专业。其时，已人到中年。

我们这一代人中的有良知者和有良心者，命中注定当不了"玩的就是心跳"的浪子、"过把瘾就死"的赌徒、"不求天长地久，只求一时拥有"的纨绔，历史感、紧迫感、责任感、使命感无时不萦绕在我们心头，铸就了我们终生的夙愿——"亦余心之所善兮，虽九死其犹未悔。"[1]

人早已过"而立"之年，也不能绝对地断言一事无成，但真正意义上的事业确实没有"立"起来。作为一个不甘沉沦、半途出家的学子，人们就不难想象我三年研究生苦读的情景了。在备考期间写下的《攻书》一诗，也是其后几年我寒窗生活的真实写照。功夫不负有心人，1981 年 7 月，我在许良英教授的指导下，终于完成了《彭加勒与物理学危机》[2]的硕士论文。这篇论文依据翔实的材料、严密的论证、中肯的分析，澄清了科学史和哲学史上一个被普遍误传和曲解的问题。可以预期，随着时间的推移，它在中国改革开放初期的思想启蒙和思想解放中所起的微薄作用，将会逐渐地被学人和国人认识。

---

① 屈原：《离骚》。
② 该文已收入《中国人文社会科学硕士、博士文库》（哲学卷），将于近期出版。

二

就在作硕士论文前后，我被爱因斯坦（Albert Einstein, 1879—1955）的思想和人格所吸引，分出部分时间研读了有关爱因斯坦的文献。此后十余年，我一直把该课题作为我的研究对象之一，发表了一系列论文和著作。1982 年 10 月，我在写成的处女作③ 中专用一章论述了爱因斯坦及其相对论。两年后，我分析、评论了爱因斯坦关于科学理论评价的双标尺标准——"外部的确认"和"内部的完美"④。接着的四年，有九篇论文接连发表。《哲学是全部科学研究之母》⑤ 对爱因斯坦创立狭义相对论的过程进行了认识论和方法论的分析。《善于在对立的两极保持必要的张力》⑥ 揭示了爱因斯坦所谓哲学"机会主义"的精神实质，澄清了流行的误解和曲解，引起学术界的关注和赞赏⑦。其他的依次

---

③ 李醒民：《激动人心的年代——世纪之交物理学革命的历史考察和哲学探讨》，四川人民出版社（成都），1983 年第一版，1984 年第二版，第 133—185 页。

④ 李醒民：《科学理论的评价标准》，《哲学研究》（北京），1985 年第 6 期，第 29—35 页

⑤ 参见《社会科学战线》（长春），1986 年第 2 期，第 79—83 页；1986 年第 3 期，第 127—132 页。

⑥ 参见《中国社会科学》（北京），1986 年第 4 期，第 143—156 页。

⑦ 周焕涛：《集中与发散——国内八年来爱因斯坦研究的趋向》，《哲学社会科学动态》（济南），1987 年第 5 期，第 26—32 页。作者评论说："关于爱因斯坦的认识论思想，近八年来的最重要的进展，是有论者用'必要的张力'一说，令人信服地解释了爱因斯坦关于在唯理论和

涉及爱因斯坦的科学观[⑧]、教育思想[⑨]、经验约定论[⑩]、后爱因斯坦物理学[⑪]、探索性的演绎法[⑫]、相对论发现的社会和文化背景[⑬]，其中经验的定论的文献部分内容精练后，于1988年10月提交给香港中文大学哲学系举办的"分析哲学和科学哲学研讨会"，收入该系主编的论文集[⑭]。进入20世纪90年代，我先后撰写了论述爱因斯坦的科学信念[⑮]、综合科

经验论这两个极端之间摇摆是不可避免的思想。更富有理论意义的是，论者根据爱因斯坦的经验和物理学史的事实，把善于在对立的两极保持必要的张力拓展为一般性的认识论和方法论原则。"

[⑧] 李醒民：《评爱因斯坦的科学观》，《自然辩证法研究》（北京），第2卷（1986），第4期，第16—22页。

[⑨] 李醒民：《爱因斯坦的教育思想和自学实践》，《北京科技报》（北京），1986年1月27日，1月28日。

[⑩] 李醒民：《论爱因斯坦的经验约定论思想》，《自然辩证法通讯》（北京），第9卷（1987），第4期，第12—20页。

[⑪] 李醒民：《爱因斯坦之后的物理学状况及其革命性因素》，《曲阜师大学报》（曲阜），第13卷（1987），第3期，第122—130页。

[⑫] 李醒民：《论爱因斯坦的探索性的演绎法》，《自然科学发现经验的探索》，福建科技出版社（福州），1988年第1版，第215—233页。

[⑬] 李醒民：《世纪之交的物理学革命为什么发端于德国？——一个值得探讨的科学社会史问题》，《科学与社会》，科学出版社（北京），1988年第1版，第124—153页。

[⑭] 李醒民：《论彭加勒和爱因斯坦的经验约定论》，《分析哲学和科学哲学论文集》，新亚学术集刊（香港），第九期，1989年，第253—262页。

[⑮] 李醒民：《爱因斯坦的科学信念》，《科技导报》（北京），1992年第3期，第23—24页。

学实在论⑯、宇宙宗教⑰、科学创造个性⑱、科学理性论⑲的论文，拓广了研究的范围和深度。其间，我还于1984年9月和1992年12月撰写了两部著作：前者历经磨难，直至十年后才得以转社面世⑳；后者㉑拖了三四年，才姗姗来迟。

三

爱因斯坦无疑是二十世纪最伟大的科学家、思想家和人，他被视为智慧的化身、力量的源泉、人性的奇迹、道德的楷模、人类的良心、理想的象征、时代的希望。这一切，铸就了爱因斯坦的"三不朽"——贡献的不朽、思想的不朽、人格的不朽㉒，也大大影响了人类历史的进程和人类本

⑯ 李醒民：《论爱因斯坦的综合科学实在论思想》，《中国社会科学》（北京），1992年第6期，第73—90页。

⑰ 李醒民：《爱因斯坦的"宇宙宗教"》，《大自然探索》（成都），第12卷（1993），第1期，第109—114页。

⑱ 李醒民：《爱因斯坦的科学创造个性》，《科技导报》（北京），1993年第3期，第3—7页。

⑲ 李醒民：《走向科学理性论——也论爱因斯坦的哲学历程》，《自然辩证法通讯》（北京），第15卷（1993），第3期，第1—9页。

⑳ 李醒民：《论狭义相对论的创立》，四川教育出版社（成都），1994年第一版。关于书稿遭受磨难的经过，我在《作者附识》中做了简要陈述。作者在此向李光炜、何杨及四川教育出版社致意。

㉑ 李醒民：《人类精神的又一峰巅——爱因斯坦思想探微》，辽宁大学出版社（沈阳），1996年第一版。

㉒ 《左传·襄公二十四年》引古语云："太上有立德，其次有立功，

身的自我完善。面对这样一位举世无双的精神巨人，任何赞颂和评价似乎都显得苍白和多余。不过，在这里，我还是引用一下美国前总统吉米·卡特（Jimmy Carter, 1924— ）给纪念爱因斯坦一百周年诞辰学术讨论会所发的贺词：

> ……阿尔伯特·爱因斯坦是一位深刻地影响了科学形式和历史进程的人物。
>
> 阿尔伯特·爱因斯坦为将近一个世纪的物理学定下基调。他超越了不再能够通过牛顿概念说明现象的科学，并大大扩展了它的观点。他的洞察形成了我们二十世纪的许多理解和控制物质和能量的基础。我们还正在遵循他勾勒的路线前进，他的天才对未来的科学发现来说依然是强有力的激励和指导。
>
> 但是，阿尔伯特·爱因斯坦以比他的杰出科学成就更多的东西在人们心目中留下他的印记。由于他的生活的简朴，与他的才干珠联璧合的谦卑和心甘情愿的服务，以及他追求全人类利益的最大献身精神，他将被我们大家铭记[23]。

爱因斯坦的生涯是在两个层面展开的：私人生活的层

其次有立言。"此即所谓"三不朽"。

[23] *Some Strangeness in the Proportion, A Centennial Symposium to Cele-brate the Achivements of Albert Einstein*, Edited by H. Woolf, AddisonWesley Publishing Company, Inc., 1980, p.510. 该学术讨论会是 1979 年 3 月 4 日—9 日在普林斯顿高级研究所举行。

面和思想的层面。在爱因斯坦看来，前者是低层次的，仅仅
从外部影响他的命运，而后者才是他真正迷恋和倾心的——
他的真正世界是精神自由驰骋的思维的世界。爱因斯坦这样
说过：

> 像我这种类型的人，其发展的转折点在于，自己的主要
> 兴趣逐渐远远地摆脱了短暂的和仅仅作为个人的方面，
> 而转向力求从思想上去掌握事物。
> 像我这种类型的人，一生中的主要东西，正是在于他所
> 想的是什么和他是怎样想的，而不在于他所做的或者所
> 经受的是什么。[24]

正是出于这个理由，爱因斯坦不顾《伟大的活着的哲学家丛
书》编者希耳普（P. A. Schilpp）的力促，拒绝为该丛书写
他的传记。在希耳普的反复劝说下，他才同意写他的思想
"自述"，而非通常例行格式的"自传"，他戏称其为他的
"讣告"。

　　照此看来，要理解爱因斯坦，最重要的是要理解他的
思想；而理解他的思想，也就是理解二十世纪的世界，因为
爱因斯坦的思想成就和精神气质，已经内化为我们的世纪和
我们生活在其中的世界的不可或缺的有机组成部分。只要我
们的文明存在，爱因斯坦就会被仿效、被研究。在本书，我

---

[24] 《爱因斯坦文集》第一卷，许良英等编译，商务印书馆（北京），
1976 年第一版，第 3 页，15。以下该书缩写为 $E1$。

拟分三编剖析爱因斯坦的思想，比较全面地论述一下他的科学哲学、社会哲学和人生哲学。关于爱因斯坦的科学哲学，我以前涉及颇多。这次动笔前我特地研读了较多的新资料，尤其是霍华德（Don Howard）教授从美国肯塔基大学寄来的最新研究成果，使我获益匪浅。我相信会在原有的基础上有所拓展、有所深化，而且对先前的不甚成熟的观点会有所修正。至于爱因斯坦的社会哲学和人生哲学，我以前所论不多，这次基本上是从头做起。后两编对于完整而深入地理解爱因斯坦也是至关重要、必不可少的。

谈到方法问题，我拟把爱因斯坦放到广阔的历史语境和思想文脉之中，主要通过实证的资料证明和理性的分析综合方法提出论点，展开论证。当然，我也想在适当的时机和地方结合运用一下心理传记分析方法或心灵史方法，这对于研究一位科学家和思想家来说也是卓有成效的。爱因斯坦本人在谈到科学史时也认为，有一种内部的或者直觉的历史，还有一种外部的或文献证明的历史。后者比较客观，但前者比较有趣。使用直觉是危险的，但在各种历史工作中却都是必需的，尤其是要重新描述一个已经去世的人物的思想过程时更是如此。爱因斯坦觉得这种历史是非常有启发性的，尽管它充满危险。（*E*1, p.622）

四

当前在中国大陆，经济改革已逐渐步入市场经济的轨道，取得了举世瞩目的成效；尽管还有诸多法制有待健全，诸多困难尚待克服，诸多问题急需解决。一时间，摊煎饼似的文化快餐纷纷扬幡开张，穿时装式的学术商品成批量地随行就市。更有甚者，一小批学人也"入乡随俗"，干起了（变相）"傍大款"的营生，把哲学和学术当成乞讨残羹剩汁的饭钵或捞取外快的手段。为哲学而哲学，为学术而学术，为思想而思想或被视为异端，或被看作蠢行。

这是哲学的堕落！这是学术界的不幸！这是学人的悲哀！爱因斯坦所注重的先辈哲学家叔本华（A. Schopenhauer, 1788—1860）曾经一针见血地指出：

> 没有一个时代能这样可耻地滥用哲学、伤害哲学：一面把它当作政治工具，一面把它当作摇钱树。[25]

在叔本华看来，作为真正的哲学，应该是没有顾虑，不提供生活条件[26]，深入沉思的哲学。它的北斗星仅仅是真理，赤裸裸的、无偿的、孤独无偶的、每每被迫害的真理。它不左顾，也不右盼，而是对准这星辰直奔过去的。为此，他猛烈抨击可资为生的大学讲坛哲学，揭露这种哲学背着百般意图、千种顾虑的包袱，小心翼翼地蹒跚而来，心目中无时不存在着对天主的惶恐，无时不考虑着政府的意向、国教的规

---

[25]　A. 叔本华:《意欲与人生之间的痛苦》，李小兵译，上海三联书店（上海），1988 年第一版，第 56 页。

[26]　爱因斯坦对此产生了共鸣，他认为物理学是伟大而神圣的事业，不可用它换钱吃饭。

程、出版人的愿望、学生的捧场、同事们的良好友谊、当时政治的倾向、公众一时的风尚等等[27]。

当然，叔本华也觉得先顾生活后谈哲学这一基本原则无可厚非，也明白那些讲坛哲学的先生要生活，而且是靠哲学来生活，他们和他们的妻孥都得指靠哲学。但是，他还是赞同佩脱拉克（Petrarch, 1304—1374）[28]的看法："哲学啊，你是贫困地、光着身子走进来的。"尽管叔本华本人因缺乏德行及言行不一而受到指责，可是他的下述见解无疑是言之有理的：

> 只有那些纯粹为了一吐为快、不得不奋笔疾书的人，才会写出有价值的东西。似乎写作之业，实为对金钱诅咒之业：任何一个作家一旦为挣钱而写作，他的写作就会陷入一塌糊涂之境地。最伟大的作家写出的最杰出的作品，一概属于这样的时候：此时他们的写作一无所获或只有一点报酬。正是在这个意义上，那位西班牙谚语甚为妥帖：名誉和金钱并非装在一个皮包里。[29]

值得暗自庆幸的是，自1980年代以来，我始终沿着自

---

[27] A. 叔本华：《作为意志和表象的世界》，石冲白译，商务印书馆（北京），1982年第一版，第20—21页。

[28] 佩脱拉克是佛罗伦萨学者，诗人，人文主义者，新思想的促进者。他的言论转引自[27]，第20页。

[29] A. 叔本华：《意欲与人生之间的痛苦》，李小兵译，上海三联书店（上海），1988年第一版，第72页。

己的研究逻辑和思想轨迹运行，未被外界形形色色的诱惑所动，未为承风希旨而沦为契诃夫（A. Chekhov, 1860—1904）笔下的小公务员。我也说不清，这究竟是天命、本能使然，抑或良知、良心支使？也许是各种因素兼而有之。但有一点可以肯定，为学术而学术，为思想而思想，已经内化为我的科学良心，外化为我的生活形式——恬淡的、宁静的、诗意的生活。在我的耳边，时常回响着尼采（F. Nietsche, 1844—1900）的名言：

> 我们必须像母亲一样不断地从痛苦中分娩出我们的思想，同这种思想一起分享我们的热血、心灵、激情、快乐、情感、痛苦、良心、命运和不幸。生活对我们来说意味着，将我们的全部，连同我们所遭遇的一切，不断地化为光明和烈火。[30]

可能有人会说，这是闭门造车，理论脱离实际。然而窃以为：凡是有理论（思想）意义的东西必定会有实际意义，而有实际意义的东西却未必有理论（思想）意义；而且，真正的思维产物并不是象牙塔内的专利品，它肯定能为乐于思维的精神所把握、所共享。何况叔本华的下述言论也可作为我的辩护词：

---

[30] 《上帝死了——尼采文选》，戚仁译，上海三联书店（上海），1989 年第一版，第 45 页。

然而在哲学的深思中，却有这样一种奇特的情况：凡是往后对别人有所裨益的，偏是那些各人为自己精想，为自己探讨的东西，而不是那些原来是为别人已经规定了的东西。前者首先是在其一贯诚恳这个特征上看得出来的；因为人们总不会故意欺骗自己，也不会把空壳核桃挑送给自己。所以，一切诡辩和一切废话就都剔除了，结果是写下去的每一段落都能补偿阅读它之劳。[31]

拙著《彭加勒》《马赫》出版后，引起海峡两岸有关学人和读者的赞誉。这既使我感到慰藉，也使我多少有些诚惶诚恐。当我提笔撰写《爱因斯坦》时，还真觉得有点"战战兢兢，如临深渊，如履薄冰"[32]之感呢。我唯有一丝不苟地写好书，才能对得起读者的厚爱，对得起编者和出版社的一片苦心，也才能对得起自己的科学良心和学术人格，尤其是才能对得起我所崇敬的二十世纪最伟大的人——阿尔伯特·爱因斯坦。

李醒民

1996 年 5 月 16 日于北京中关村

---

[31] A. 叔本华：《作为意志和表象的世界》，石冲白译，商务印书馆（北京），1982 年第一版，第 13 页。

[32] 《诗经·小雅·小旻》。

目　录

第一编　爱因斯坦的科学哲学

第一章 爱因斯坦：二十世纪最伟大的 科学家、思想家和人

桃李不言自成蹊，

飞天灵台蕴才思。

微命三尺腾蛟凤，

文章千古寸心知？

—— 李醒民《赠友人》

谈到人类的科学知识的进展，也许没有一个人的贡献能够比得上爱因斯坦。关于爱因斯坦在科学史中的地位，法国物理学家郎之万（P. Langevin, 1872—1946）1931 年这样讲道：

大家都知道，在我们这一时代的物理学史中，爱因斯坦的地位将在最前列。他现在是并且将来也还是人类宇宙中有头等光辉的一颗巨星。很难说他是同牛顿（I. Newton, 1643—1727）一样伟大，还是比牛顿更伟

大，不过可以肯定地说，他的伟大是可以同牛顿比拟的。按照我的意见，他也许比牛顿更伟大一些，因为他对于科学的贡献深入到人类思想基本概念的结构中。[①]

这种看法几乎已经成为人们的共识。例如霍尔丹勋爵（Lord Haldane, 1856—1928）认为，爱因斯坦"在思想中引起了比哥白尼（N. Copernicus, 1473—1543）、伽利略（G. Galilei, 1564—1642）或牛顿本人还要伟大的革命"[②]。德布罗意（L. de Broglie, 1892—1990）指出："在二十五岁，这位卓越的、还很年轻的学者就把在新奇性方面如此革命的思想带进物理学，使得他成为现代科学的牛顿。"[③]

爱因斯坦这颗光彩夺目的科学新星究竟是怎样从地平线上升起的呢？

---

① 《纪念爱因斯坦译文集》，赵中立、许良英编译，上海科学技术出版社（上海），1979 年第一版，第 245 页。以下该书缩写为 JNE。

② W. Cahn, *Einstein, A Pictoral Biography*, The Citade Press, New York, 1955, p. 10.

③ L. de Broglie, My Meeting with Einstein at the Solvay Conference of 1927; in *Einstein: A Centenary Volume*, A. P. French (ed.), Harvard University Press , 1979, pp. 14—17.

一、科学巨星,冉冉升起

(一)

1879 年 3 月 14 日上午 11:30,在德国符腾堡州阿尔卑斯山麓多瑙河左岸的一个古老城市乌耳姆的邦霍夫街 135 号,诞生了一个小生命——他就是未来的科学巨星阿尔伯特·爱因斯坦。

爱因斯坦的父亲赫尔曼·爱因斯坦(Hermann Einstein, 1847—1902)是一位平静、好心、待人温厚、为人喜爱的人。他爱好文学,常在晚上给全家读雪莱(P. B. Shelley, 1792—1822)和海涅(H. Heine, 1797—1856)的作品。他在中学时代就显露出数学才能,但却无钱进大学深造,于是便步先辈后尘经商,并于 1878 年与富有的斯图加特面包商的女儿保莉妮·科赫(Pauline Koch, 1852—1920)结婚。保莉妮个性较强,有音乐天赋,是位颇有才华的钢琴手。在爱因斯坦成名之后,许多人认为他的逻辑思维来自父亲,音乐来自母亲。爱因斯坦对此不以为然:他说他没有任何天才,却有强烈的好奇心,因此不存在遗传问题,有的只是熏陶和影响。

赫尔曼的羽毛垫褥生意不很景气。在爱因斯坦出世后不久,赫尔曼的弟弟雅各布(Jakob Einstein)提议在慕尼黑合办一家安装煤气和自来水管道的小企业。赫尔曼把自家的一大部分资金投了进去,并于 1880 年 6 月正式迁居慕尼黑。次年,爱因斯坦的妹妹玛雅(Maja Einstein, 1881—1951)

出生，这个关系融洽、相亲相爱的家里又添了新的生气。几年后，兄弟俩又开办了一家电器工厂，并合资在慕尼黑郊区购买了一栋房子。这个林木荫翳、繁花斗艳的花园新居使爱因斯坦和小妹妹十分陶醉，全家外出郊游更使他格外忘情。他心中热爱和崇尚大自然的种子，也许就是在这个时候无意识地播下的。

不知是智力发育较迟，还是本性使然，爱因斯坦学说话并不像其他孩子那么轻松，只会固执地重复大人教给的短句。直到上小学之后，他讲话还不流利，总爱沉默寡言。爱因斯坦在1954年回忆起幼年时的经历时说："我的双亲很担心，因为我比较迟才开始讲话，他们为此咨询了医生。我不能告诉我那时多大了，但肯定不小于三岁。"[④] 爱因斯坦后来对学外语没有兴趣，颇感困难，以及他长于不用语词的形象思维或心理意象（imagery），也许与此不无关系。他也承认他本人从未严格地成为一个演说家，并有重复自己话的怪癖，但是他运用德语写作却娴熟自如，并被人们广泛誉为德语文体学家。

年幼的爱因斯坦生性孤独，好幻想，不喜欢与孩子们做大叫大闹的娱乐游戏，尤其厌恶做军事游戏。可是，他却爱做一些需要耐心和毅力的游戏或智力游戏[⑤]，如用纸牌或积

---

④ B. Hoffmann, *Albert Einstein, Creator and Rebel*, The Viking Press, New York, 1972, p. 14.

⑤ 直到晚年，爱因斯坦还保留着这种喜好。据他的助手施特劳斯（E. Straus）回忆，爱因斯坦在普林斯顿爱玩一种机械鸟，它能从玻璃杯里喝水，原动力来自鸟头上湿水的蒸发。"吃晚饭的时候，他怀

木搭盖复杂的建筑物，猜一些技巧性很强的谜。甚至在孩提时代，爱因斯坦就对强迫命令、机械一律本能地畏葸不前，尤其是对军人阶层在德国社会生活中扮演的骄横角色大为不满。他看到和听到军队行进或检阅就恐怖得发抖。当别的孩子巴望有一天能穿上神气的军装耀武扬威时，他却诅咒这种企盼：按照空洞的鼓号声，毫无思想地齐步行军。可是，爱因斯坦并不胆小怕事。由于受外祖父遗传的影响，他发起脾气来却粗暴得难以自制，曾用椅子打教他小提琴的家庭女教师，还用小锄把玛雅的头叩了一个小窟窿，难怪保姆无奈地叫他"小祖宗"。好在这种暴躁的性情在上学后逐渐消失了。

五岁时，在爱因斯坦的生活中，出现了一个足以决定他的思想和行动的重大事件。当时，父亲给他看一只罗盘，这使他的心灵惊奇不已，浑身颤抖得发起冷来。爱因斯坦承认，这件事对他"发生了巨大的影响"⑥。他在 1946 年所写的《自述》中回忆说：

这只指南针以如此确定的方式行动，根本不符合那些在无意识的概念世界中能够找到位置的事物的本性的（同

着很大的兴致玩弄它，用湿手指慢慢地抚摸鸟头，使鸟得以又活动起来。不消说，我总有这样的感觉，在玩弄这些东西和发出响亮快乐的笑声时，他人身的一部分，在他严肃的眼睛后面，仍在研究重大的问题。"（*JNE*, pp.231—232）

⑥ H. 杜卡斯、B. 霍夫曼编：《爱因斯坦谈人生》，高志凯译，世界知识出版社（北京），1984 年第一版，第 24 页。以下该书缩写为 *RS*。

直接"接触"有关的作用）。我现在还记得，至少相信我还记得，这种经验给我一个深刻而持久的印象。我想一定有什么东西深深地隐藏在事情后面。（E1, p.4）

就在这一年（1884），父亲把他送到离家较近的天主教小学就读。他是学校里唯一的犹太儿童。这既使他有可能享受到他后来所珍爱的孤独，也使他首次意识到自己是一个犹太人，首次感受到来自外部的反犹浪潮溅起的飞沫，某种敌对的东西就这样不协调地闯进了他纯朴而平和的心田。同学们注意到，这位犹太孩子无论如何是出色的学生，学习成绩名列前茅，而且对正义有一种病态的爱。

爱因斯坦的父母是自由思想者⑦，对犹太教的戒律和仪式并不那么在意，这为爱因斯坦的思想发展创造了一个宽松、自由的环境。但是，爱因斯坦还是深深地信仰宗教，或以虔敬的独白在心里默祷，或在上学的路上哼唱赞美上帝的歌曲。这固然与学校开设的宗教问答课有关，但更多的是源于他对世俗的生存方式的鄙弃和对高尚的人生境界的追求。诚如他在《自述》中所言：

当我还是一个相当早熟的少年的时候，我就已经深切地意识到，大多数人终生无休止地追逐的那些希望和努力

---

⑦ 自由思想（freethought）指十八世纪不受权威和传统宗教约束的思想。自由思想者（freethinker）尤指在宗教上不受权威或传统的信仰所左右，而有其主见的人。

是毫无价值的。而且我不久就发现了这种追逐的残酷，这在当年较之今天是更加精心地用伪善和漂亮的字句掩饰着的。每个人只是因为有个胃，就注定要参与这种追逐。而且，由于参与这种追逐[8]，他的胃是有可能得到满足的；但是，一个有思想、有感情的人却不能由此得到满足。这样，第一条出路就是宗教，它通过传统的教育机关灌输给每一个儿童。因此，尽管我是完全没有宗教信仰的（犹太人）双亲的儿子，我还是深深地信仰宗教。（*E*1, pp. 1—2）

从 1885 年起，音乐教师开始在家里教他拉小提琴。诚如爱因斯坦所说，一开始进展并不顺利："我从六岁起就跟人学提琴。但是不巧，我所遇见的老师，音乐对于他们都不外是机械的练习。我真正开始懂音乐，还是在十三岁左右，在我爱上了莫扎特（W. A. Mozart, 1756—1791）的奏鸣曲之后。要想在一定程度上再现这些曲子的艺术内容和它们的独特的优美，迫使我改进我的技巧，而我并不是经过系统的

---

[8] 爱因斯坦关于"追逐"的议论，可能受到叔本华下述思想的启示："在根本上一切追逐都起因于缺乏，起因于对自身状况的不满足。因此，一天不满足，就得有一天的痛苦。何况没有一次满足会持续很久，所以每次满足总是新的追逐的肇始。我们看到的追逐，处处受阻，处处遭搏杀；而这种情形只要存在，追逐就永远是痛苦。追逐没有最后的目标，这就决定痛苦是个深不可测的无底洞，永无止境。"参见 A. 叔本华：《意欲与人生之间的痛苦》，李小兵译，上海三联书店（上海），1988 年第一版，第 12 页。

练习才从这些奏鸣曲中得到什么进步的。总的说来，我相信喜爱是比责任感更好的老师——至少对我来说，这是可以肯定的。"（*JNE*, pp. 98—99）从此，小提琴陪伴爱因斯坦几乎度过了整个一生：音乐给他带来了欢乐和慰藉，沟通了他与亲人和朋友的情感和友谊，激发了他的探索激情和灵感，陶冶了他的情操和心灵，鼓舞了他为和平与正义而斗争的勇气。从此，音乐、大自然和上帝逐渐在他身上化合成一种首尾一贯的情结，即使在他后来摆脱了"少年时代的宗教天堂"（*E*1, p. 2）时也是如此。

（二）

1889 年，十岁的爱因斯坦进入慕尼黑的卢伊波尔德中学，这是一所开设拉丁语和希腊语的古典式的文科中学。当时，德国的教育体制颇为守旧僵化，而且浸透了浓厚的军国主义气息，学校的气氛显得咄咄逼人。在爱因斯坦看来，低年级老师像陆军中士，高年级老师像中尉军官，整个校园犹如兵营，教师讲课恰似在练兵场上发口令。爱因斯坦面对这样的"教育机器"感到窒息，他十分反感强制灌输的专断教法和死记硬背的奴性学法。他不愿背诵历史中的乏味枯燥的大事记，但是卢埃斯老师关于古代文明的实质及其对古代和现代德国文化的影响的讲课却兴味盎然，尤其是他帮助理解歌德（J. W. von Goethe, 1749—1832）的长诗《赫尔曼与窦绿苔》中的人道主义，使爱因斯坦终生难忘。关于中学时期的学习情况，爱因斯坦回顾说："作为一个学生，我既不特别好，也不特别坏。我的主要弱点是记忆力不强，尤其是对词语和课文的记忆差。……只是在数学和物理学方面，我通过自学远远超过了学校的课程，就哲学而言也远远超过了，就像它与学校的课程有关一样。"⑨

在医科大学生塔尔迈（M. Talmey）的指导下，爱因斯坦度过了一生中最令人神往的自学时期之一。塔尔迈每周四晚上都到爱因斯坦家里做客，并带来各种科学和哲学书籍，与爱因斯坦讨论读书心得和疑难问题。据塔尔迈回忆："在那几年中，我从未见到他阅读轻松的文学作品，也未见过他与同学们或其他同龄的男孩在一起。"那个时期，"他唯一的消遣是音乐，在母亲的伴奏下，他已经能演奏莫扎特和贝多芬（L. van Beethoven, 1770—1827）的奏鸣曲了"⑩。

爱因斯坦"聚精会神地"读了洪堡（A. von Humboldt, 1769—1859）的五卷本《宇宙》，伯恩斯坦（A. Bernstein）的带插图的二十本小册子《自然科学通俗读本》，毕希纳（L. Büchner, 1824—1899）的《力与物质》。这些科学普及读物不仅激发了他对科学的兴趣和挚爱，而且对于他的世界观的形成起了举足轻重的作用。它们使爱因斯坦认识到，《圣经》里的故事有许多不可能是真实的，从而导致了一种"真正狂热的自由思想"，断然结束了他的炽热

---

⑨ B. Hoffmann, *Albert Einstein, Creator and Rebel*, The Viking Press, New York, 1972, p.14. pp. 19—20.

⑩ A. 佩斯（Pais）：《"上帝是微妙的……"——爱因斯坦的科学与生平》，陈崇光等译，科学技术文献出版社（北京），1988年第一版，第47页。以下该书缩写为 *SD*。该书翻译比较粗糙，有关译文引用者有所修正。

的宗教信仰（他对教义上的训示曾一丝不苟地遵从过）阶段。虽然"少年时代的宗教天堂"是使爱因斯坦"从'仅仅作为个人'的桎梏中，从那个被愿望、希望和原始感情所支配的生活中解放出来的第一个尝试"，但他无疑把皈依科学视为使生命更有意义的第二次解放。他在《自述》中这样写道：

> 在我们之外有一个巨大的世界，它离开我们人类而独立存在，它在我们面前就像一个伟大而永恒的谜，然而至少部分地是我们的观察和思维所能及的。对这个世界的凝视深思，就像得到解放一样吸引着我们，而且我不久就注意到，许多我所尊敬和钦佩的人，在专心从事这项事业中，找到内心的自由和安宁。在向我们提供的一切可能范围里，从思想上掌握这个在个人以外的世界，总是作为一个最高目标而有意无意地浮现在我的心目中。有类似想法的古今人物，以及他们已经达到的真知灼见，都是我的不可失去的朋友。通向这个天堂的道路，并不像通向宗教天堂的道路那样舒坦和诱人；但是，它已证明是可以信赖的，而且我从来没有为选择了这条道路而后悔过。[11]（E1, p.2）

----

[11] 爱因斯坦在半个世纪之后所说的下述一段话，也许是对当时的第二次解放的遥相呼应："当我把自己、把身体和灵魂出卖给科学时，我从什么地方逃跑了——从'我'和'我们'飞到'它'。" B. Hoffmann, *Albert Einstein, Creator and Rebel*, The Viking Press, New York, 1972, p. 254.

在同样的自由思想的驱使下，爱因斯坦得到了一种令人目瞪口呆的印象，即国家是用谎言欺骗年轻人的。他说：

> 这种经验引起我对所有权威的怀疑，对任何社会环境里都会存在的信念完全抱一种怀疑态度，这种怀疑态度再也没有离开过我，即使在后来，由于更好地搞清楚了因果关系，它已失去了原有的尖锐性时也是如此。
> （*E*1, p. 2）

爱因斯坦还自学了数学，其中包括高等数学，以至塔尔迈也跟不上了。尤其是一本欧几里得（Euclid，公元前330—前260年）《几何学》小书，使他经历了与罗盘的感性惊奇完全不同的理性惊奇。小书中的许多断言（比如三角形的三个高交于一点）并不是显而易见的，但却可以牢靠地加以证明，任何怀疑都对它无可奈何。"在纯粹思维中竟能达到如此可靠而又纯粹的程度"，"是足够令人惊讶的"（*E*1, p. 5）。难怪爱因斯坦这样说："如果欧几里得未能激起你少年时代的热情，那么你就不是一个天生的科学思想家。"[12]（*E*1, p. 313）据塔尔迈回忆，他还给十三岁的爱因斯坦介绍了康德（I. Kant, 1724—1820）。康德的著作，一

---

[12]　无独有偶，罗素（B. Russell, 1872—1970）也有类似的感受："我在十一岁开始学习欧几里得几何。……这是我一生中的一件大事，像初恋一样使人眩惑。我想不到世界上有什么东西会这样有趣味。"我们也最好记住美国女诗人米莱（Edna St. Vincent Millay, 1892—1950）的话："只有欧几里得面对美，赤裸裸的美。"（*JNE*, p. 99）

般人都难以理解，而对于爱因斯坦来说似乎是十分明白的。在读了《纯粹理性批判》和其他哲学家的著作后，康德成了爱因斯坦最熟知的哲学家之一。

赫尔曼和雅各布的工厂不幸在 1894 年倒闭了，于是两家老小迁到意大利的米兰附近碰运气。他们让爱因斯坦一人留下寄读，以便念完中学。被同学称作"老实头"的爱因斯坦虽说学习用心，安分守己，但老师们难以容忍他慢条斯理的谈吐和主见，而不管他回答问题多么准确深刻。预言爱因斯坦一事无成的希腊语教师向爱因斯坦下了"逐客令"："我想请你离开我们学校！""我并没有过错。""是的，你没有过错，但是只要你待在班级里，就足以破坏对老师的尊重。"

孑然一身的爱因斯坦十分思念远方的亲人，又对学校的冷酷无情感到失望。他设法弄来了一张医生证明，说明因健康状况必须与家人在一起，于是便于 1894 年 4 月退学了。其实，早在父母去米兰之前，他就决定不做备受压抑的德国人。诚如他 1933 年所述，他的思想根源根深蒂固："德国政府过分强调军国主义精神，这与我是格格不入的，甚至当我还是个孩子的时候就是如此。我父亲迁居到意大利后，在我的请求下，他采取措施，使我抛弃了德国国籍，因为我想成为一个瑞士公民。"（*JNE*, pp. 101—102）按照瑞士法律，只有年满二十一岁才能成为正式公民，因此从十五岁到二十一岁，爱因斯坦就成为一个无国籍的人。

（三）

摆脱了阴冷黯淡的慕尼黑生活，迎来的是他一生中最美好的一个时期。他不再受学校或国家的束缚，重新找回身心失去的自由。他独立自主地学习自己喜欢的科目，钻研了维奥尔（J. Violle, 1841—1923）多卷本的物理学教科书，并受此启发于翌年夏写了一篇《关于磁场中以太状况的研究》的短论。该文显示了他对知识消化吸收和再加工的能力，也表明他早就对以太本性和光传播问题甚为关注。他同朋友结伴，南下热那亚，北越亚平宁山脉，自由自在地到日内瓦漫游。他出入于意大利和瑞士的博物馆、艺术展厅、教堂、音乐会、藏书室、图书馆，与亲朋好友无拘无束地交流。亮丽的阳光，清新的空气，肥美的土地，热情的笑脸，美妙的音乐，与德国的严酷死板、循规蹈矩形成何等鲜明的对照。他的身体融化在青山绿水之中，他的思想翱翔在蓝天白云之上。这一切交织为一幅美妙绝伦的无声诗与有声画，爱因斯坦从中重新发现了大自然，也重新发现了自我。

田园诗般的佳境毕竟不能充满整个人生，人世间的忧患也不时袭来。赫尔曼的生意又做不下去了，父亲劝告儿子必须注意未来，学点技术谋求生计。但是，爱因斯坦与父亲的想法并不相同，他喜好钻研理论。诚如他后来所说：

> 我自己的双亲原先想让我成为一位技术专家，我也曾希望选择这种职业赚取我的生计。然而，我没有同情地倾向于它，甚至在早年，这些实际目的对我来说也是漠不

关心的和意气沮丧的。[⑬]

1895 年，爱因斯坦投考苏黎世的联邦综合工业大学，结果未被录取。不过，这次失败不是不可收拾的：成绩差的只是语言、历史、生物这些需要死记硬背的课程，而数学和物理学则相当出色，难怪韦伯（H. F. Weber, 1843—1912）教授希望爱因斯坦留在苏黎世旁听他的物理课。爱因斯坦采纳了大学校长赫尔佐格（A. Herzog）的建议，在是年 10 月到瑞士阿尔高州立阿劳中学补习，以取得中学毕业文凭后再次投考。他碰巧寄宿在温特勒（J. Winteler）家中，他们又把他当作自家人看待，关系甚为亲密。后来，温特勒的小儿子保尔（Paul）与爱因斯坦的妹妹玛雅结婚，大女儿安娜（Anna）又嫁给爱因斯坦的挚友贝索（M. Besso, 1873—1955）。在这里，爱因斯坦则与温特勒的另一个女儿玛丽（Marie）真诚相爱了，双方父母都有意促成这一恋情的发展，但是不到一年，爱因斯坦却断然结束了这场恋爱。

在阿劳中学，教师是学生的朋友，课堂讲授生动活泼，实验实习多样有趣，高年级学生还热心关注并讨论各种社会问题。这种宽舒而鲜活的空气使爱因斯坦心旷神怡，终生难以忘怀。他在 1955 年 3 月逝世前一个月所写的《自述片段》中，对阿劳中学十分赞赏：

---

⑬ A. Moszkowski, *Einstein: The Searcher, His Work Explained from Diologues with Einstein*, Translated by H. L. Brose, Methuen & Co. Ltd. , London, 1921, p.174.

这个学校以他的自由精神和那些毫不仰赖外界权威的教师们的纯朴热情给我留下了难忘的印象；同我在一个处处使人感受到权威指导的德国中学的六年学习相比，使我亲切地感到，自由行动和自我负责的教育，比起那种依赖训练、外界权威和追求名利的教育来，是多么优越呀。真正的民主绝不是虚幻的空想。（E1, pp.43—44）

阿劳中学的宜人气氛也激发了爱因斯坦的创造热情，一个悖论始终萦绕在他的脑际：如果我以光速 c 追随一条光线运动，那么我就应当看到，这样一条光线就好像是一个在空间里振荡着而停滞不前的电磁场。可是，无论依据经验，还是按照麦克斯韦（J. C. Maxwell, 1831—1879）方程，看来都不会有这样的事情。爱因斯坦当时就直觉到，从这样一个观察者的观点来判断，一切都应当像一个相对于地球是静止的观察者所看到的那样按照同样的定律进行。这个悖论是狭义相对论的萌芽，他为解决它整整思索了十年。

关于这个时期的爱因斯坦，他的同学比兰德有生动的回忆[14]。他说：早在少年时代，伟大的物理学家就是一位非凡的人物，对他是不能用一般尺度衡量的。1890 年代，阿劳中学盛行一种新鲜的怀疑主义空气，我们班和另外两个班未产生一个神学家就是明证，爱因斯坦很喜欢这种气氛。仅就罕有的自制力这一点而言，他就比其他同学高出一筹。他把灰

_____

[14] C. 塞利希：《爱因斯坦》，黑龙江人民出版社（哈尔滨），1979 年第一版，第 13—14 页。

毡帽推到脑后，露出又亮又软的黑发，坚定而有力地走着，步履飞快，甚至可以说有些疯狂，反映出他那可以包容整个世界的精力。他有一双灰色的、炯炯有神的大眼睛，任何东西都逃不脱他那聪慧的目光。每一个同他接近的人都会为他非同寻常的个性折服。他下唇微微突出，丰满的嘴角上总是带着讥讽的皱纹，使那些庸夫俗子望而生畏，打掉他们想和他深交的愿望。对于他，一切清规戒律都不在话下。他带着意味深远的微笑观察世界，毫不留情地用俏皮话斥责一切带有沽名钓誉和华而不实气味的东西，和他谈话总感到充实。旅行培养起来的细致入微的鉴赏力使他对自己的见解充满信心。他陈述自己的观点时无所畏惧，并不因担心会刺伤对方而停止。爱因斯坦的整个身心都流露出这种勇敢的诚实精神，而这种精神最终甚至使他的敌手也肃然起敬。他喜欢重复俾斯麦（O. von Bismarck, 1815—1898）的一句名言"啤酒会使人变蠢变懒"，不参加学生社团的热闹活动和啤酒会，但却陶醉在康德的《纯粹理性批判》之中。他乐于演奏莫扎特的带有古希腊式的美和质朴的名曲。当最后一个和弦的余音还在耳边缭绕，爱因斯坦用幽默的话又使我们回到人间，有意打破无尽的迷醉。

在阿劳中学，爱因斯坦写了一篇法文命题作文《我的未来计划》，表白了自己向往的目标和坚强决心：

幸福的人对现状太满足了，所以不大会去想未来。另一方面，青年人则爱致力于构想一些大胆的计划。而严肃认真的青年人自然想要做到使自己寻求的目标概念尽可能明确。

我若有幸考取，我就会到苏黎世联邦综合工业大学去读书。我会在那里待上四年，学习数学和物理学。我设想自己将成为自然科学这些学科的教师，我选择的是其中的理论部分。

我制定此项计划的理由如下。首先，我本人倾向于抽象思维和数学思维，而缺乏想象力和对付实际的能力[15]。再者，我的愿望也在我心中激发了这样的决心。这是很自然的事；人们总喜欢去做自己力所能及的事。何况，科学职业有某种独立性，那正是我极喜爱的。

（SD, p.51）

爱因斯坦的目标实现了。他如愿以偿地考上了他所向往的综合工大师范系，主攻数学和物理学。他姨丈每月给他一百法郎资助（他从中要扣出二十法郎以备加入瑞士国籍），保证了求学的开销。他从山脚开始向科学的峰巅

---

[15] 从爱因斯坦后来的科学实践来看，形象思维是他的一大特点，思想实验是他的重要方法，显示了他的丰富的想象力。他相信"想象力比知识重要"，"想象力是科学研究中的实在因素"（E1, p.284）。而且，爱因斯坦并不是一个缺乏实际能力的人。他在大学常常泡在实验室里，在专利局审查过许多技术发明，并参与设计、制作电位放大仪、助听器、制冷设备、测量毛细管的直径的仪器。在上了年纪时，他对实验还很有热情，例如 1915 年与德哈斯（W. J. de Haas）合做磁化引起转动的实验。据说，他在 1915 年前后曾设计过飞机，还试飞过两次，但未成功。1936 年，他和布基（G. Bucky）医生还发明了光电照相设备，并获美国专利。

攀登。

（四）

1896 年 10 月，爱因斯坦跨入综合工大的大门。该校于 1855 年建立，师范系则成立于 1866 年，有闵可夫斯基（H. Minkowski, 1864—1909）这样的知名教授。爱因斯坦同班同学共有五名，他和米列娃·玛丽奇（Mileva Marič, 1875—1948）学物理，格罗斯曼（M. Grossmann, 1878—1936）和科尔罗斯（L. Kollros）、埃拉特（J. Ehrat）学数学。爱因斯坦大都躲在实验室，喜欢做一些有趣的实验。其余时间，则主要用来自学玻耳兹曼（L. Boltzmann, 1844—1906）、德鲁德（P. Drude, 1863—1906）、亥姆霍兹（H. von Helmholtz, 1821—1894）、赫兹（H. Hertz, 1857—1894）、基尔霍夫（G. R. Kirchhoff, 1824—1887）、马赫（E. Mach, 1838—1916）、奥斯特瓦尔德（W. Ostwald, 1853—1932）、普朗克（M. Planck, 1858—1947）、弗普尔[⑯]（A. Föppl, 1854—1924）等人的著作。米列娃也常和爱因斯坦一起自学。米列娃是一位诚实谦虚的塞尔维亚姑娘，不会装腔作势，但性格有些沉闷阴郁，走路有点瘸。他们二人在

---

⑯ 据霍耳顿（G. Holton）研究，弗普尔的《麦克斯韦的电理论导论》和《空间结构》对爱因斯坦创立狭义相对论有直接的启发和构形作用。参见霍耳顿：《爱因斯坦早期工作所受到的影响》，李醒民译，《科学与哲学》（北京），1986 年第 3 辑，第 165—178 页。霍耳顿称弗普尔是"一位被遗忘的老师"，因为他没有前几位的名气大，被爱因斯坦的传记作者们以"等等"略而不提。

共同的学习生活中逐渐相爱了。

这种广泛的自学是爱因斯坦原有习惯的继续（当然也与学校的课程设置不甚合理和教学内容显得陈旧有关），是他一生中第二个重要的自学时期。多亏瑞士学校的强制较少，使他极大地享受了自学的自由，格罗斯曼精心记下的课堂笔记使他对付了为数不多的考试。他在回忆起这段岁月时说：

> 要做一个好学生，必须有能力去很轻快地理解所学习的东西；要心甘情愿地把精力完全集中于人们所教给你的那些东西上；要遵守秩序，把课堂上讲解的东西笔记下来，然后自觉地做好作业。遗憾的是，我发现这一切特性正是我最为欠缺的。于是我逐渐学会抱着某种负疚的心情自由自在地生活，安排自己去学习那些适合于我的求知欲和兴趣的东西。我以极大的兴趣去听某些课。但是我"刷掉了"很多课程，而以极大的热忱在家里向理论物理学的大师们学习。这样做是好的，并且显著地减轻了我的负疚心情，从而使我心境的平衡终于没有受到剧烈的扰乱。（*E*1, p. 44）

在自学中，爱因斯坦在一定程度上忽视了数学。其原因不仅在于他对自然科学的兴趣超过了对数学的兴趣，而且在于他的数学直觉能力当时还不够强，无法把数学领域内中心的东西（真正带有根本重要性的东西）和边缘的东西（多少是可有可无的广博知识，即没有原则性的表面部分）区别开来，以致陷入比里当（J. Buridan, 1300—1358）的驴子的两难窘境。无疑地，他在当时还没有认识到，在物理学中，通过更深入的基本知识的道路是同最精密的数学方法联系着的。创立广义相对论时遇到的数学障碍，迫使他不得不求助于数学家格罗斯曼，此时他才难过地发现到先前的错误。而在普林斯顿与哥德尔（K. F. Gödel, 1906—1978）结识后，他在数学中完全可以辨认出什么是中心问题了[17]。

在大学时期，爱因斯坦关心热电现象、金属电子理论、物质的光谱特征等课题，重视物理学的最新进展。贝索 1897 年建议他阅读的马赫的《力学史评》，增强了他对古典力学基础的洞察和批判意识。而且早在 1899 年中期，他就对动体电动力学深感兴趣，对把运动状态归因于以太深表怀疑。研究科学和献身科学，已成为他的诗意的生活形式和安身立命之本，他在 1897 年春写给玛丽母亲的信中明确地表露出

---

[17] 霍耳顿认为，爱因斯坦的发现的实质事实上是在没有许多数学的情况下达到的。他引用了爱因斯坦的谈话："我的才能，我的特殊的能力在于使结果、推论和可能性形象化。……我多半以广泛的方式把握事物。我不能顺利地做数学计算。我不愿意、不乐意作它们。"参见 G. Holton, *The Scientific Imagination: Case Studies*, Cambridge University Press, 1978, p.279. 爱因斯坦的助手巴格曼（V. Bargmann）不同意人们低估爱因斯坦对数学的了解。他以爱因斯坦早期关于统计力学的论文为例，说明爱因斯坦掌握了作为一个大师所需要的所有分析。他指出："从我们的观点来看，他必须学习的张量计算毕竟不是如此困难的，它是每一个人能够学会的一点线性数学。我不认为他必须学习如此之多的新数学。如果人们考察一下爱因斯坦的工作，人们发现他总是了解足够的数学，或能够创造足够的新数学，以便解决他想要解决的问题。"参见 *Some Strangeness in the Proportion*, Edited by H. Woolf, Addison-Wesley Publishing Company, Inc. , 1980, p.486.

他的心迹和情怀：

> 紧张的脑力劳动和对神圣大自然的审视，将是引导我通过此生一切烦扰的天使，它虽然冷酷严厉，但却使我心情安宁，信心坚定。⑱

爱因斯坦深知自己上大学确属不易，因此他一心扑在学习上，不敢稍有懈怠之意。他在 1898 年写信给妹妹说：

> 当然，最使我感到压抑的是我可怜的父母所遭受的（经济上的）灾难。我已长大成人，可是仍然无所作为，一点忙也帮不上，这真使人肝肠欲断。我只能加重家庭的负担。……确实，如果当初根本没有我，情况也许会好一些。唯一使我坚持下来、唯一使我免于绝望的，就是我自始至终一直在自己力所能及的范围内竭尽全力，从来也没有荒废任何时间，日复一日，年复一年，除了读书之乐外，我从不允许自己把一分一秒浪费在娱乐消遣上。（RS, p.20）

爱因斯坦的大学时代也还是有欢乐时刻的，尤其是在此后不久家庭经济情况好转之后。他偶尔也到音乐厅或歌剧院去，每隔两三周与格罗斯曼等朋友去咖啡馆谈天，或拉提琴，攀

---

⑱ 许良英：《一项宏伟的历史工程》，《自然辩证法通讯》（北京），第 10 卷（1988），第 1 期，第 58—63 页。

高山，在日内瓦湖扬帆，他的思绪此时也随乐声流淌，绕青山翱翔，伴水波荡漾。

爱因斯坦独立不羁的个性并不为某些教师赏识，他经常旷课更是引起他们的不快。爱因斯坦敬重闵可夫斯基这位优秀的数学教师，但后者却认为他是"懒狗"[19]。爱因斯坦的导师韦伯是古典物理学的典型代表，亥姆霍兹之后的进展他一概不讲，爱因斯坦只好自学麦克斯韦理论。有一次，爱因斯坦没有按照惯例称呼韦伯为"教授先生"，而叫"韦伯先生"，致使韦伯大为光火，对此违礼耿耿于怀。他正告爱因斯坦说："爱因斯坦，你这个小伙子确实很能干，非常能干。不过你有一个大毛病：别人叫你干的事，你一件也不肯干。"（*SD*, p.55）

1900 年 8 月，爱因斯坦通过毕业考试。除米列娃未通过考试[20]外，其他三人即刻留校当上了助教，而爱因斯坦却无着落。韦伯先是拖延不公布，后来索性作罢，因此直到年底爱因斯坦还是没有在母校找到工作。一杯苦酒就这样酿成了[21]。

---

[19] B. Hoffmann, *Albert Einstein, Creator and Rebel*, The Viking Press, New York, 1972, p. 85. 有趣的是，正是闵可夫斯基，第一个认识到狭义相对论对牛顿时空观的变革，他在 1907 年给狭义相对论披上了精致的数学外衣。他在对爱因斯坦的成就表示惊讶之余，不无感慨地说："唉，爱因斯坦！这就是那个经常不去听课的学生，我简直不相信他呀！"

[20] 1901 年 7 月，米列娃补考了一次，还是没有及格。（*SD*, p.56）

[21] 爱因斯坦对韦伯是不会完全原谅的。1912 年韦伯去世后，爱因斯坦以一种与平时为人大不相同的方式写信给一位朋友说："韦伯之死

（五）

一开始，爱因斯坦还未意识到问题的严重性，他在同年 9 月 19 日给米列娃的信中，对未来甜蜜的生活充满憧憬。他找系主任帮助，结果还是落了空。为了以瑞士公民的身份好找个固定工作，他花掉所有储蓄，在 1901 年 2 月 21 日加入瑞士国籍。他于 4 月写信给荷兰莱顿的昂内斯（H. K. Onnes, 1860—1926），于 3 月 19 日和 4 月 3 日两次写信给德国莱比锡的奥斯特瓦尔德 ⑫ 求职，均石沉大海，杳无音信。他还通过贝索的介绍，在 4 月亲自赴意大利向一位有影响的物理学教授求职，也一无所获。

在 1901 年那些黯然伤神的日子里，爱因斯坦只能在音

对瑞士联邦综合工业大学来说是件好事。"（*SD*, p.56）考虑到爱因斯坦在两年失业期间颠沛流离、生计无着、备尝艰辛，人们也许能理解他的心境。

⑫ 爱因斯坦的第一封信附有他 1901 年在莱比锡《物理学年鉴》上发表的论文《由毛细管现象所得的推论》。他说此文曾受到奥斯特瓦尔德《普通化学》的启发，希望能在奥氏处谋求一个实验员职位，以便深造。第二封信是他在无回音的情况下写的。他的父亲背着他，也向奥氏写信恳求："我的儿子对目前的失业状态深为忧愁。他对自己的就业前途被抛出正轨之感与日俱增。……他心中明白，自己已经成为我们这个寒苦之家的累赘。悟到这一点为他平添了一桩心事。"信中还说儿子对奥氏"最为"推崇，希望奥氏能为儿子的论文说句鼓励的话。奥氏是否回信，我们不得而知。有趣的是，1909 年 7 月，爱因斯坦和奥氏同到日内瓦大学接受名誉博士学位，次年奥氏第一个提议爱因斯坦为诺贝尔（A. B. Nobel, 1833—1896）奖候选人，奥氏还把爱因斯坦的相对论与哥白尼日心说和达尔文（C. R. Darwin, 1809—1882）的进化论相提并论。（*SD*, pp.57, 617—618; *JNE*, pp.106—107）

乐中找到安慰，只能向米列娃倾诉衷情。不过，他仍关注着普朗克、维恩（W. Wien, 1864—1928）、德鲁德、勒纳德（P. Lenard, 1862—1947）等人在物理学前沿的进展，也和米列娃在通信中讨论范围广泛的物理学问题。激动人心的科学思想和构思不时地涌入他的心田，但当思想的翅膀歇息时，他就像跌入沼泽地一样孤立无援，无依无靠。然而，他从未放松对科学的迷恋，也从未失去自信心和幽默感。他面对逆境在心中呐喊："泰然自若万岁！她是我在这个世界的守护天使。"[23] 他在最艰难的日子（4月14日）写信给格罗斯曼：

> 尽管如此，我还是在想方设法，并且不让自己失去幽默感。……上帝创造了驴子，并给了他一张厚皮。我们在这里已经有了美丽的春天，整个世界都微笑得多么欢乐，使得人们自动地摆脱了忧郁症这种老毛病。而且，我在这里的音乐方面的朋友们把我从潦倒的处境中拯救出来。至于科学，我在脑子里已经得到了几个奇妙的想法，必须及时地把它们写出来。……从那些看来同直接可见的真理十分不同的各种复杂的现象中认识到它们的统一性，那是一种壮丽的感觉。[24]

---

[23] J. 斯塔凯：《"阿尔伯特·爱因斯坦全集"序言》，方希译，《自然科学哲学问题》（北京），1988 年第 3 期，第 64—69 页。

[24] 《爱因斯坦文集》第三卷，许良英等编译，商务印书馆（北京），1979 年第一版，第 347—348 页。以下该书缩写为 E3。

就在极度失望之际，爱因斯坦接到瑞士温特图尔工业学校一位将服兵役的教师的来信，请他代理讲课两个月。失业九个月的爱因斯坦如逢甘霖，对这份临时工作（5月15日至7月15日）也喜出望外。在代课即将结束时，他写信向米列娃表示：哪怕是最次等的角色他也接受，一俟有着落就同米列娃结婚。为此，他放弃了在大学谋职的打算，只想当一名中学教师，结果亦未能如愿。幸好，9月他在瑞士沙夫豪森找到了临时家庭教师的工作，他心满意足地写信告诉格罗斯曼：

> 你能想象我是多么高兴。虽然这样的职位对于独立的秉性来说并不是理想的，但我相信，它会给我留些时间去从事我所喜欢的研究，至少可以使我不至于生锈。㉕

由此可见，爱因斯坦具有忍受不快和安贫乐道的天性，微不足道的所得就会使他欢欣雀跃。果然不出所料，爱因斯坦表现出来的独立性和自主性使雇主不满，他仅干了三个月就被解雇了。就在这个时候，他和米列娃的女儿小丽莎（Lieserl）出生了，可怜的孩子在次年得了猩红热，不幸夭折了。

正是老同学格罗斯曼，在危难之际向爱因斯坦抛出了救生之锚。他向父亲郑重地谈了爱因斯坦的困境，他的父亲则向老朋友、瑞士联邦专利局哈勒（F. Haller）大力举荐爱因

㉕ 许良英：《一项宏伟的历史工程》，《自然辩证法通讯》（北京），第10卷（1988），第1期，第58—63页。

斯坦。在经过面试、公开招聘和考核之后，爱因斯坦终于在 1902 年 6 月 23 日成为专利局的试用三级技术员。他对格罗斯曼的雪中送炭终生铭感不已。他在 1936 年悼念格罗斯曼的信中说："我们的学业结束了——我突然被人抛弃，站在生活的门槛上不知如何是好。但是他支援了我，感谢他和他父亲的帮助，我后来在专利局找到一个跟着哈勒工作的职位。这对我是一个拯救，要不然，即使未必死去，我也会在智力上被摧毁了。"（E3, p.377）要知道，在将近两年的失业时期，爱因斯坦还是顽强地咬紧牙关，不停止科学思考，写出了三篇关于热力学和统计理论的论文。其中第二篇作为博士论文于 1901 年 11 月提交给苏黎世大学，但未被克莱纳（Kleiner）教授接受。第三篇论文所提出的热力学统计理论与吉布斯（J. W. Gibbs, 1839—1903）在一年前得出的结果相同，但当时爱因斯坦并不知道吉布斯的工作。

（六）

在伯尔尼专利局的七年间，爱因斯坦共发表了大约三十篇科学论文，在物理学几个领域做出了开创性的革命性贡献。这是爱因斯坦科学生涯中的黄金时代。他深情地称专利局是他"悟出""最美妙思想"的"世俗修道院"（E3, p.441），直到晚年他还十分怀念这一时期的生活：

> 在我最富于创造性活动的 1902—1909 这几年当中，我就不用为生活而操心了。即使完全不提这一点，明确规定专利权的工作，对我来说也是一种真正的幸福。

它迫使你从事多方面的思考，它对物理学的思索也有重大的激励作用。总之，对于我这样的人，一种实际工作的职业就是一种绝大的幸福。因为学院生活会把一个年轻人置于这样一种被动的地位：不得不去写大量科学论文——结果总是趋于浅薄，这只有那些具有坚强意志的人才能顶得住。然而大多数实际工作却完全不是这样，一个具有普通才能的人就能够完成人们期待于他的工作。作为一个平民，他的日常的生活并不靠特殊的智慧。如果他对科学深感兴趣，他就可以在他的本职工作之外埋头研究他所爱好的问题，他不必担心他的努力会毫无成果（*E*1, p.46）。

在伯尔尼，爱因斯坦度过了他的第三个卓有成效的自学时期。1902 年初，在他到伯尔尼等待工作之时，他于 2 月 5 日在报纸上登了一个私人讲授数学和物理学的广告，由此在 3 月下旬结识了索洛文（M. Solovine），商定一块读大师们的著作。几周后，爱因斯坦在沙夫豪森当家庭教师时认识的哈比希特（C. Habicht）也参加进学习小组，他们戏称其为"奥林比亚科学院"[26]。他们主要读的是科学和哲学名著，也有一些文学作品。例如皮尔逊（K. Pearson, 1857—1936）的《科学规范》、彭加勒（H. Poincaré, 1854—1912）的《科学与假设》、马赫的《感觉的分析》和《力学史评》、休谟

---

[26] 爱因斯坦 1948 年在给索洛文的信中谈到奥林比亚科学院（Akademie Olympia）时说："比起后来我所看到的许多可尊敬的科学院来，我

（D. Hume, 1711—1776）的《人性论》、斯宾诺莎（B. de Spinoza, 1632—1677）的《伦理学》以及亥姆霍兹、安培（A. M. Ampère, 1775—1836）、黎曼（B. Riemann, 1826—1866）等人的论著。他们学习、切磋、争论，深入到科学原理的基础之中。爱因斯坦有时还拉小提琴助兴，并强调简单的晚餐必不可少——这真应了伊壁鸠鲁（Epicurus，公元前341—前270年）的名言："欢乐的贫困是美事。"奥林比亚科学院持续到1905年11月，它为爱因斯坦1905年崭露头角奠定了坚实的思想基础。

　　1902年秋天，爱因斯坦应邀出席伯尔尼自然研究会的会议，并于次年5月2日正式成为该会的会员。他在会议上做过"电磁波理论"等讲演，也聆听过许多有启发性的报告。该会的一视同仁、自由发表意见、纯粹为科学事业而研究的精神对他颇有感染。他还和科学院与研究会的朋友远足邀游，寻古览胜，观览自然之美景，思索天地之造化。米列娃、索洛文、贝索[27]是爱因斯坦思想和灵感的激发器和共鸣

们的科学院实际上要严肃得多，要不稚气得多。"（E1, p.454）他在1953年为奥林比亚科学院所写的颂词中写道："敬致不朽的奥林比亚科学院：在你的生气勃勃的短暂生涯中，你曾以孩子般的喜悦，在一切明朗而有理性的东西中寻找乐趣。你的成员把你创立起来，目的是要同你的那些傲慢的老大姊开玩笑。他们这么做是多么正确，……"（E1, p.568）

[27] 1896年秋，爱因斯坦在一个家庭音乐会上与贝索相识。由于志趣相投，从此成为莫逆之交。在爱因斯坦推荐下，贝索在1904年1月受聘于专利局，并于次年3月4日正式加入研究会。关于二人的关系及贝索的简况，可参见E3, pp. 510—516。

板。贝索知识渊博，思想敏锐，但不专注且缺乏判断，像"蝴蝶"而不像"鼹鼠"，但他却是爱因斯坦新思想的"助产士"——"这只鹰用自己的双翼把我这只麻雀夹带到辽阔的高空。而在那里，小麻雀又向上飞了一些"㉘。

有了固定的工作，爱因斯坦有条件履行向米列娃所做的承诺㉙，组织一个安定的家了。他和米列娃是毕业前夕自订终身的，一开始就遭到男方双亲的坚决反对，以致几乎发展到同全家关系濒临决裂的地步。当爱因斯坦 1900 年 7 月告诉妈妈准备娶米列娃为妻时，妈妈大哭一场后斥责他说，娶这个"老妖婆"（米列娃年长爱因斯坦四岁）是在"毁你自己的前途"。爱因斯坦对父母"认为妻子是男人的玩物，而男人只能允许他自己过安逸的生活"的守旧传统很不满，而他母亲得知米列娃生了个女孩后更是火上浇油，恼恨到极点。母亲无论当时还是事后一直不喜欢米列娃，父亲直到临终之时才同意儿子的婚事㉚。1903 年 1 月 6 日，爱因斯坦和

㉘ C. 塞利希：《爱因斯坦》，黑龙江人民出版社（哈尔滨），1979年第一版，第 13—14 页。第 71 页。

㉙ 爱因斯坦 1901 年 7 月写信给米列娃："关于我们的未来，我做出如下决定：我要立即寻找一个职业，不管如何卑贱。我的科学目标和我个人的虚荣心都阻止不了我去接受最次等的角色。只要我得到这样一个职位，我就同你结婚，把你接到我这里来，而在这一切安排停当之前，不给任何人写一个字。"许良英：《一项宏伟的历史工程》，《自然辩证法通讯》（北京），第 10 卷（1988），第 1 期，第 58—63 页。

㉚ 爱因斯坦的父亲 1902 年 10 月 10 日因心脏病在米兰去世。在弥留之际，他让大家都离开，好让他独自安静死去。做儿子的每当回想起这一时刻，便有负疚之感。爱因斯坦因看患病的父亲而不愿违反父

米列娃在伯尔尼举行了婚礼，证婚人是索洛文和哈比希特。
他们无钱做蜜月旅行，只是和朋友们在饭馆吃了顿饭。可
是，当他们回到新家时，爱因斯坦才发现不知把钥匙丢到哪
里去了。婚后，二十七岁的新娘不得不和灰尘、蛾子、肮脏
做斗争，可她并不忧伤，乐于和客人分享仅有的一点东西。
爱因斯坦也很满意，他在 1903 年 1 月写信告诉贝索："我
现在已经是一个有妇之夫了，正同我的妻子一道过着美好安
逸的生活。她出色地照料着一切，饭菜做得很好，而且总
是高高兴兴的。"（$E3$, p.400）婚后一年有余，长子汉斯
（Hans A. Einstein, 1904—1973）问世，六年后次子爱德华
（Edward A. Einstein, 1910—1965）出生。

　　1905 年是爱因斯坦的幸运年。是年，他不仅以《分子大
小的新测定法》的论文获得苏黎世大学的博士学位，更重要
的是他发表的五篇论文——尤其是《物理学年鉴》17 卷的三
篇所谓"三合一"论文——在物理学的三个领域做出了开创
性的贡献，全面打开了世纪之交物理学革命的新局面，奠定
了二十世纪高技术和新文化的基础。它们之中的每一篇都能
使作者赢得垂诸青史的不朽名声，其影响远远超越了自然科
学领域，而深刻地渗入人类的全部思想和观念之中。

　　17 卷中的第一篇《关于光的产生和转化的一个启发性
观点》提出了光量子概念，揭示了光的波粒二象性，使光理
论革命化，同时顺利地说明了光电效应，从而把普朗克的量
子论推向一个新阶段。第二篇《热的分子运动论所要求的

──────────

的禁令，所以推迟了婚期。参见（SD, p.59）。

静液体中悬浮粒子的运动》是关于布朗（R. Brown, 1773—1858）运动的研究，提出了一种原子实际大小的新方法，为确立原子的实在性提供了依据[31]。第三篇《论动体的电动力学》就是著名的狭义相对论[32]论文，它以相对性原理和光速不变原理作为公理，引入同时性的操作定义，从而推导出一系列新奇的结论，展现了一种全新的关于空间和时间的观点；而紧随其后发表在 18 卷上的三页短论《物体的惯性同它所含的能量有关吗？》是前文的一个推论，它推出了质能关系式 $E=mc^2$，揭示了质能相当性，这是当代核技术的理论基础。斯诺（C. P. Snow, 1905—1980）在评论狭义相对论论文的独创性特征时说：

> 这篇论文没有参考文献，也未引用权威。其中的一切都是以不同于任何其他理论物理学家的风格写成的。它们仅包含极少的数学。有大量的评论语句。结论——稀奇古怪的结论——仿佛是轻而易举地出现的，而推论却无懈可击。看起来他好像在未听到其他人的观点的情况下，通过孤立无援的思维达到该结论的。使人感到极其

[31] 1908 年，法国物理学家佩兰（J. B. Perrin, 1870—1942）成功地进行了测量，从而使奥斯特瓦尔德等反原子或非原子论者承认了原子的实在性，从而解决了世纪之交物理学界和化学界激烈争论的一个重大问题。

[32] 关于该理论的创立经过及其认识论和方法论分析，有兴趣的读者可参阅拙著《论狭义相对论的创立》，四川教育出版社（成都），1994年第一版。

惊异的是，这恰恰是他所做的一切。

可以十分保险地说，只要物理学持续着，不会再有一个人在一年内取得三项重大突破。[33]

爱因斯坦创造了人类思想领域中最高的音乐神韵和最大的智力奇迹，一颗光耀千秋的科学巨星就这样升起来了！

二、山不厌高，水不厌深

（一）

狭义相对论因其新奇性和革命性在当时属于"阳春白雪"，难以为学术界理解和接受，因此难免曲高和寡。在德语世界，只有普朗克及时认识到它的意义，并于 1905 年底在柏林大学做了评论性的讲演。这次讲演给他的助手劳厄（M. von Laue, 1879—1960）留下深刻印象，致使劳厄次年夏专程到伯尔尼访问了爱因斯坦。到 1907 年，闵可夫斯基洞察到狭义相对论新时空观的深邃意蕴，他通过引入虚时间坐标，把时空描述为四维连续区（彭加勒在 1905 年 6 月就正式提出这样的思想）。在德语世界之外，狭义相对论直到

---

[33] C. P. Snow, Albert Einstein, 1879—1955 ，L. de Broglie, My Meeting with Einstein at the Solvay Conference of 1927；in *Einstein: A Centenary Volume*, A. P. French （ed.），Harvard University Press，1979, pp. 3—8.

1911 年第一届索耳维（E. Solvay, 1838—1922）会议之后才得到认真讨论。至于光量子论，连量子论的创始人普朗克直到 1913 年对它也难以容忍，年轻的玻尔（N. Bohr, 1885—1962）甚至到 1924 年还拒不承认它。

正当其他物理学家对新发现漠视、不解、犹豫、彷徨之际，爱因斯坦则一鼓作气，向新的目标冲击了。在量子论方面[34]，他于 1906 年 3 月完成了《论光的产生和吸收》的论文，论述了光量子和普朗克公式的关系，并利用光量子假设推导出伏打（A. G. Volta, 1745—1827）效应和光电散射之间的关系。11 月，他又撰写了《普朗克的辐射理论和比热理论》，证明量子论导致对热分子运动论的修正，并由此得到固体热学行为和光学行为的某种联系，说明固体和低温下的多原子气体的比热异常。

在相对论方面[35]，爱因斯坦一开始就对狭义相对论仍为惯性系保留了优越地位（尽管它废除了以太这一绝对参照系的优越地位）表示不满，另外在它的框架内也无法处理引力问题。爱因斯坦抱着把相对性原理贯彻到底的信念，开始了建立广义相对论的艰难跋涉。爱因斯坦的确具有"识别

[34] 关于爱因斯坦对早期量子论的贡献，可参见李醒民：《激动人心的年代》，四川人民出版社（成都），1983 年第一版，页 200—208。以及 M. J. Klein, Einstein, Specific Heats, and the Early Quantum Theory, *Science*, 148 （1965），pp. 173—180.

[35] 关于广义相对论的创立，可参见[34]中的页 173—185。以及陈恒六：《科学史上的奇迹》，《思想领域中最高的音乐神韵》，李醒民等主编，湖南科学技术出版社（长沙），1988 年第一版，第 174—184 页。

出那种能导致深邃知识的东西，而把其他许多东西撇开不
管，把许多充斥脑袋，并使他偏离主要目标的东西撇开不
管"（E1, p.8）的能力，他在1907年发表的《关于相对性
原理和由此得出的结论》的第五部分中，径直地提出了两个
假设：广义相对性原理（是否可以设想，相对性运动原理对
于相互相对作加速运动的参照系也仍然成立？）和等效原理
（引力场同参照系的相当的加速度在物理上完全等价，亦即
引力质量等于惯性质量）[36]，并由此得出引力场中时钟延缓、
引力红移和光线弯曲的结论。该文所提出的两个基本假设是
广义相对论的基石，从而该文也成为建立广义相对论的出发
点。尤其是等效原理，是爱因斯坦通过升降机思想实验而
得到的。五年后，当他得知厄缶（B. R. von Eötrös, 1848—
1919）在1889年的测量数据时，更加坚信惯性质量和引力
质量准确相等是非常可能的。爱因斯坦称等效原理的发现是
他"一生中最幸福的思想"（SD, p.211）。对于爱因斯坦
的孜孜以求，普朗克大惑不解："现在一切都能明白地解释
了，你为什么又忙于另一个问题呢？"（JNE, p.292）普朗
克的疑问确实不无道理，因为爱因斯坦的不懈追求既不是为
了解决理论与实验的尖锐矛盾，也不是狭义相对论有什么错
误。锲而不舍地追求统一性和完美，这是爱因斯坦的研究
风格！

以及（SD, pp.210—276）。

[36] 据A. 佩斯讲，爱因斯坦在此仅把广义相对性原理限于匀加速系，
直到1912年他才提出把它推广到非匀加速运动中去，同时首次称自己
的第二个假设为"等效原理"。（SD, p.214）

在此前后，爱因斯坦依旧被排斥在学术界大门之外，只是在 1906 年 4 月 1 日被升为专利局的二级技术员，涨了一千法郎的年薪。由于爱因斯坦在失业期间受到大学和教授们的冷遇，他曾一度决定放弃学院生涯。在贝索等几位懂得相对论的朋友们的极力怂恿下，他才于 1907 年 6 月 17 日向伯尔尼州教育局递交了申请书，由于仅附已发表的十七篇论文，未附未发表的学术论文，申请被否决了。直到 1908 年 2 月 10 日，爱因斯坦在递交了所要求的取得教学资格的论文并做了试讲之后，才于 10 月被聘为伯尔尼大学的编外讲师，首次成为学术界的一员。在两个学期中，他分别开设了关于热运动论和辐射理论的课程，听讲的仅有三四个朋友，其中包括贝索和玛雅[37]。

1909 年夏天，爱因斯坦的科学经历得到首次承认。有一天，他收到一个大信封，从中取出一张印制考究、装点花哨的东西。他未细看就把它扔进纸篓，后来才知道那是邀请他赴日内瓦大学参加加尔文（J. Calvin, 1509—1564）创立大学 350 周年庆典，同时接受大学名誉博士学位。他在朋友的劝说下，才身着普通衣服，头戴一顶草帽，参加了总统、校长、教授、名流出席的盛典，他的着装与那些西装革履、绣金长袍、楚楚衣冠的各国来宾形成奇异的对照，甚至被人误认成勤杂人员。会后他参加了一生中最盛大的晚宴，他对身边的一位日内瓦父老说："如果加尔文活着，他一定会架起

---

[37] 玛雅在柏林读了两年书，又转到伯尔尼大学就读。她于 1908 年 12 月 21 日以优异成绩获得哲学博士学位。

一大堆柴火，把我们这些铺张浪费的贪吃鬼统统烧死。"

两个月后，爱因斯坦首次出席重要学术会议——德国自然科学家协会第81届大会，首次会见了普朗克、玻恩（M. Born, 1882—1970）、迈特纳（L. Meitner, 1878—1968）等著名物理学家。他在9月21日的会议上做了《论我们关于辐射的本质和组成的观点的发展》的报告，该报告和在年初发表的《论辐射问题的现状》不是一般的评述文章，它们包含着最重要的新物理学。四十年后泡利（W. Pauli, 1900—1958）在谈到那篇报告时说："可以把它看作是物理学发展中的里程碑。"（*SD*, p.221）

就在1909年，爱因斯坦获悉苏黎世大学理论物理学教席有空缺，便提出申请，有意获得这个职位的还有该大学的编外副教授F. 阿德勒（F. Adler, 1874—1960）。当阿德勒得知爱因斯坦也提出申请时，便慷慨地放弃了这一最有可能获取的教席[38]。他在写给苏黎世教育局的报告中说：

> 如果我们的大学有可能得到像爱因斯坦这样的人，那么任命我就是荒唐的了。我必须十分坦率地说：作为一个搞研究的物理学家，我的能力丝毫也不能同爱因斯坦相

---

[38] F. 阿德勒是奥地利社会民主党的创建者和领袖V. 阿德勒（V. Adler, 1852—1918）之子，他在苏黎世大学上学时（1897—1901）与爱因斯坦相识。当时苏黎世教育局掌管人事权的官员多是社会民主党人，他们出于政治考虑准备任命F. 阿德勒。阿德勒在给教育局和父亲的信中，以及在和老师克莱纳（A. Kleiner）的谈话中，都表示了自己正直的态度。1912年，他当选为社会民主党书记，在第一次

比。不应当由于政治上的同情而失去可以得到这样一个人的机会，这个人能够提高整个大学的水平，将使我们得到多么大的好处啊。（E3, p.431）

就这样，克莱纳教授提交了对爱因斯坦的鉴定："在现代，爱因斯坦属于最有名气的理论物理学家之列。……他的著作的突出特点是，思路异常清晰，分析格外深刻。他的文风明晰、简练，可以说创造了自己的语言。"[39] 在 3 月间，大学教授就爱因斯坦任职举行秘密投票：十票赞成，一票弃权。7 月 6 日，爱因斯坦向专利局提出辞呈。10 月 22 日，他携带全家赴苏黎世大学就任理论物理学副教授，开始了名副其实的学院生涯。

（二）

1909 年 12 月 11 日，爱因斯坦以《论物理学中的原子理论的应用》为题，发表了他平生第一次就职演说。他的新职

世界大战期间坚决反对战争。1916 年，他因刺杀奥国首相而被判刑。爱因斯坦在关于营救 F. 阿德勒的信中这样评价他："阿德勒在教书的年代里表现出他是一个无私、沉静、勤勉、善良而又认真的人，并且博得大家的尊敬。……极端利他，以致显出自我虐待，甚至自杀的强烈倾向。一种真正殉道者的天性。"（E3, pp.430—431）

[39] C. 塞利希：《爱因斯坦》，黑龙江人民出版社（哈尔滨），1979年第一版，第 95—96 页。

责是每周授课六至八小时，还要开讨论会和辅导学生。他讲过力学引论、热力学、热运动论、电和磁、理论物理选读等课程。他在大多数情况下没有讲稿，仅凭记忆，但却有很强的逻辑性，善于把注意力集中在主要的问题上。听课的学生越少，他讲得似乎越带劲。爱因斯坦的一位学生这样描绘他的老师的讲课：

爱因斯坦登上讲坛，穿着一身半旧的衣服，裤脚很短，挂着一条铁制表链。初听讲课的人对他都心存疑虑。但是他一开口讲几句话，便以独特的方式征服了我们冰冷的心。他带到课堂来的讲课提纲都用小字写在名片大小的卡片上。上面写着准备阐述的各种问题。他的全部材料都直接来自脑海，这使我们能够观察他是如何思考问题的。在我们听起来，这要比那种风格严谨的四平八稳的课更有意思；那种课刚开始也能吸引我们，但同时又会引起我们的失望感，因为总觉得有一条鸿沟把老师和学生隔离开来。而在这里，我们却可以看到有价值的科学成果是通过多么非同寻常的途径达到的。每当听完他的课后，我们都觉得自己也可以讲了。此外，如果有什么不清楚的地方，爱因斯坦还允许我们随时打断他，向他提问。我们很快就不再担心提出的问题会浅薄可笑。他在课间休息时也总是留下来同我们在一起，这也使得我们之间的关系更加随便。他活跃而朴实，一会儿挽着这个学生的手，一会儿又挽起那个学生的手，同他一起亲密无间地散步，并讨论问题。[40]

在苏黎世大学的一年有半，爱因斯坦共发表了十一篇物理学论文，其中之一涉及临界乳光。在这里，他与老同学格罗斯曼交往最多，当时格罗斯曼正在深入研究非欧几何。爱因斯坦还和非数学和非物理学的人士保持着密切的智力交往，常同法学家、历史学家、医生、工程师等交谈。有趣的是，他与阿德勒一家正好住在同一幢公寓楼中。为了逃避孩子的喧闹，他们常常躲到顶楼工作和讨论。阿德勒1909年10月28日在写给双亲的信中描述了他们的关系：

> 我们与爱因斯坦处在一个十分融洽的时期，他住在我们上面，实际上碰巧是这样。在所有大学教师中间，我正好与他处于最亲密的时期。我与爱因斯坦交谈得越多——这是十分经常地发生的——我便看到我的观点赢得他的赞同越多。在同时代的物理学家当中，他不仅是最明晰的精神之一，而且也是最独立的精神之一。对于那些其地位未被大多数其他物理学家理解的问题，我们具有一个思想。[41]

阿德勒和爱因斯坦两家作为邻居在一起直到1911年春。这

---

[40] C. 塞利希：《爱因斯坦》，黑龙江人民出版社（哈尔滨），1979年第一版，第98—99页。

[41] D. Howard, Einstein and Duhem , *Synthese*, 83 （1990）, pp.363—384.

年3月，爱因斯坦接受了布拉格德语大学教授席位。5月底，阿德勒到维也纳担任奥地利社会民主党书记。

1911年2月，爱因斯坦应洛伦兹（H. A. Lorentz, 1853—1928）之邀访问了莱顿大学。从此，洛伦兹成为爱因斯坦一生中最景仰的人，洛伦兹的"不要统治，但要服务"的名言铭刻在他的内心深处。3月，他携家来到布拉格，在马赫出任首任校长⑫的德语大学任正教授。爱因斯坦对布拉格的民族主义和排犹主义风潮时有所闻，因而在接到聘书时曾有一些踌躇。米列娃也不愿再次抛弃她所熟悉的环境，到一个歧视斯拉夫人的陌生地方忍受孤寂之苦。但是，编内教授职务能给他以更多的自由和独立性，可以重新开始他停滞了三年多的引力研究，所以权衡之下还是填写了有关表格。在宗教信仰一栏，他填上"无宗教"，校方依据国家规定不接受无宗教信仰之人，他只好另行改写成"犹太教"⑬。

普朗克在写给德语大学的推荐报告中，这样评价爱因斯坦的相对论："其胆略或许超过了目前的纯理论科学，甚至认识论中所取得的一切成就；与相对论比较，非欧几何只不过是儿戏而已。"接着，他把爱因斯坦比作"二十世纪的哥白尼"。（SD, p.231）因此，人们都急于目睹这位三十二岁声名鹊起的年轻教授的风采。使一些人感到失望的是，爱因斯坦根本不像他们心目中的威严的德国权威，却像一个意大

---

⑫ 李醒民：《马赫》，东大图书公司印行（台北），1995年第一版，第10—14页。

⑬ 在（SD, p.232）中译者将Mosaisch错译为"伊斯兰教"，现更正为"犹太教"。

利的流浪音乐家。可是，爱因斯坦的就职演说无疑征服了热情的听众：

> 整个布拉格的知识界都汇集而来，拥满了这个最大的讲演厅。爱因斯坦的表现平易近人。因此，他很得人心。他从一个高超的眼界来观察人生。一般人觉得重要的东西，对于他却没有意义。因此，他瞧不起任何辩术。他讲得生动而清晰，从不矫揉造作，因而显得十分自然。有的地方还穿插一些幽默的话语，使人精神为之一爽。有些听众感到惊讶，原来相对论竟是这样简单。
> （*JNE*, pp. 160—161）

按照惯常的礼节，初来乍到者先要拜访诸多名流，差不多要进行四十次。这类拜访越来越成为爱因斯坦的沉重负担，于是他选择那些居住寓所对他有吸引力的同事。然而，建筑美学标准与职务高低并不一致，于是在等级森严的大学，爱因斯坦的作为反倒成了蔑视上司和权威的严重失礼。不过，爱因斯坦在布拉格也结识了一些在目标上志同道合、在智力上砥砺琢磨的朋友。一位作家朋友有助于他深入理解了开普勒（J. Kepler, 1571—1630）和伽利略的思想和精神气质；一位数学家朋友敦促他研读里奇（C. Ricci, 1853—1925）和列维—齐维塔（G. Levi-Civita, 1873—1941）绝对微分学和张量分析著作。

在到达布拉格之前，爱因斯坦一直把量子之谜看得比引力问题重要和迫切。到 1911 年 5 月，他觉得一时无法透彻理解光量子和辐射的秘密，因而暂时不去过问和理会它们，集中精力全力对付引力问题。6 月，他完成了《关于引力对光传播的影响》的论文，尝试把惯性质量和引力质量相等这个并非偶然的结果安插到一个更为普遍的结构之中。他把等效原理进而解释为"我们不可能说什么参照系的绝对加速度，正像通常的相对论不允许我们谈论一个参照系的绝对速度一样。"他还依据等效原理推算出，光线经过太阳附近要受到 0.83 弧秒的偏转。"由于在日全食时可以看到太阳附近天空的恒星，理论的这一结果就可以同经验进行比较。"⑭这篇布拉格论文在黑暗的引力领域划出一道亮光，成为通向广义相对论的一个中途站。10 月底，爱因斯坦赴布鲁塞尔参加第一届索耳维物理学会议⑮，与彭加勒、佩兰、能斯特（W. Nernst, 1864—1941）、鲁本斯（H. Rubens, 1865—1922）、居里夫人（Marie Curie, 1867—1934）、郎之万、卢瑟福（E. Rutherford, 1871—1937）等著名科学家相识。次年 2 月，厄任费斯脱（P. Ehrenfest, 1880—1933）来访，爱因斯坦从此与他结为莫逆之交。

谦逊、善良、随和、大多是善意的幽默，给爱因斯坦带来不少朋友，但谁知这也给他引来了敌人。谦逊被有些人视

---

⑭ 《爱因斯坦文集》第二卷，范岱年等编译，商务印书馆（北京），1977 年第一版，第 213 页，第 222 页。爱因斯坦在此计算有误，他在 1915 年的论文中将数据修正为 1.7"（见同注，页 272），正好比先前的大一倍。

⑮ 李醒民：《索耳维和第一届索耳维会议的始末》，《大自然探索》（成都），第 7 卷（1988），第 2 期，第 171—178 页。

为对教授称号态度不恭；随和冒犯了大学内外的学究集团；因为善良是针对一切人（包括大学的仆役）的，也使上流社会深感不快；幽默则亵渎了那些妄自尊大的装腔作势者；就连爱因斯坦的简朴穿着[46]也被养尊处优者视为对学院式尊严和等级的反抗。加上当时大学因政治分歧和争权夺利而引起的仇恨、倾轧、争斗、拍马和嫉妒之风的滋生蔓延，使爱因斯坦颇为头疼。他半开玩笑地揶揄说：“大学是美丽的粪堆，上面有时也会开出名贵的花。”[47]

　　1912 年，爱因斯坦依旧在渺无人烟的荒原上孤军奋斗。是年 2 月和 3 月，他接连准备了关于引力问题的文章，这是他为构成一个综合了等效原理的完整的引力动力学所做的努力，因为在此之前他把引力运动学已延伸到极限。不过，这两篇文章给人的印象与其说是已经完成的成果，还不如说是笔记本上的发展草图，因为他还把空间视为平直的。虽然他尚未掌握引力理论，但是却弄清了许多物理内容：洛伦兹变换不是普遍适用，需要较大的不变性群，物理定律必然相应地复杂等等。爱因斯坦在 3 月底写信告诉贝索：“近来，我

---

[46] 据说有一次他穿着蓝工作服出席庆祝会，被人当作电线修理工。当时，按照奥地利王国的规定，正教授必须购置一套必备制服：一顶三角帽、一件装饰着宽金飘带的礼服、长剑和长袍。爱因斯坦离职时，把这一套无用的锦绣交给继任者弗兰克（P. Frank, 1884—1966）。儿子汉斯央求他在把礼服送出之前领着他在大街走走。爱因斯坦答应是答应了，但是却说：“这倒无所谓，最多人家把我当成巴西的海军上将就是了。”（JNE, p.161）

[47] C. 塞利希：《爱因斯坦》，黑龙江人民出版社（哈尔滨），1979年第一版，第 113 页。

一直在发狂般地研究引力问题。……每前进一步都异常困难。"（*SD*, p.255）

与此同时，另一件事也在悄悄进展中。格罗斯曼在1911年被委任为联邦综合工大数理系主任之后，他采取的第一个不寻常的行动是争取爱因斯坦回母校任教，居里夫人和彭加勒都写了评价颇高的推荐信（*JNE*, pp.237, 238）。1912年8月，爱因斯坦携家重返苏黎世。他在任职的三个学期中先后讲授过解析力学、热力学、连续介质力学、热的动力学理论、电和磁、几何光学。他讲课很少出错。一旦出错，他立即爽快承认，毫不躲躲闪闪、文过饰非。对于不明白的东西，他会当着学生的面实言相告："这个我不知道。"爱因斯坦还主持每周一次的物理学讨论课，在课上报告物理学方面的新成就，并进行热烈的讨论。

在返回苏黎世之前，爱因斯坦已经明白：用布拉格时期的单一的标量场来描述引力是行不通的，物理空时需要一种新几何学。诚如他在1923年所回顾的："虽然当时还不了解黎曼、里奇和列维—齐维塔的工作，但就在1912年回到苏黎世之后，我有了将〔广义相对论〕的数学问题和高斯（C. F. Gauss, 1777—1855）曲面理论类比的决定性思想。第一次使我注意到以上三位研究成果的人，是我的朋友格罗斯曼，当时我向他提出寻找广义协变张量的问题，而张量的分量仅仅与二次基本不变量系数的导数相关。"爱因斯坦肯定一到苏黎世就把自己冥思已久的想法告诉格罗斯曼了，那时他一定求助说："格罗斯曼，你一定要帮助我，否则我就要发疯了！"据佩斯考证，认识到黎曼几何是广义相对论的数学工具的转变发生在 8 月 10 日到 8 月 16 日之间，这从此改变了他一生的物理学观点和关于物理学理论的哲学观点。随后的三年是他科学生涯中最紧张的时期。正如他在 10 月 29 日在写给索末菲（A. Sommerfeld, 1868—1951）的信中所言：

> 目前，我只是全身心扑在引力问题上。我现在相信，依靠这里的一位友好的数学家的帮助，我将制服这些困难。但有一点是肯定的，在我整个一生中，我工作得都还不够努力。我已经变得非常尊重数学，而在此之前我简单的头脑把数学中的较精妙的部分当作纯粹的奢侈品。与这个问题相比，最初的相对论只不过是儿戏而已。（SD, pp. 254—262）

爱因斯坦和格罗斯曼合作探索引力的度规场理论，其成果《广义相对论纲要和引力论》发表于 1913 年，其中物理学部分由爱因斯坦执笔，数学部分由格罗斯曼执笔。格罗斯曼的贡献包括对黎曼几何及其张量微积分的明晰的解释，他还给出数学细节以支持爱因斯坦的某些论证。该论文含有对于测量性质的深刻的物理洞察，有一些正确的广义相对论性方程，显露出广义相对论的一些基本要素。但是，它的逻辑还不够完整，也有错误的论证和粗陋的符号。尤其是没有认识到，对广义协变性的明显限制是个错误，里奇张量是通向正确的引力方程的线索。爱因斯坦还有一段艰苦的路需要跋涉。

（三）

多年来，普朗克心里一直在盘算一个计划，设法把爱因斯坦请到柏林。他利用自己无可置疑的科学权威和道德权威，为爱因斯坦安排了一个令人神往的职位：领取特别薪金的普鲁士科学院院士兼柏林大学教授，领导一个即将建成的物理研究所，有讲课的权利却无义务。普朗克和能斯特在1913年春赴苏黎世探询并说服爱因斯坦。爱因斯坦爽快地应允了，因为新职务使他会有更多的研究和思考时间。他在12月7日正式通知柏林的科学院，接受院士职位。翌年4月6日，爱因斯坦和家人移居柏林。此后不久，米列娃和爱因斯坦因性格不合而分居，她带孩子返回苏黎世。爱因斯坦送走妻儿从车站回来后黯然泪下，不幸的婚姻注定要结束了。

普朗克在访问苏黎世时，曾问及爱因斯坦的工作，爱因斯坦向他介绍了广义相对论的研究进展。普朗克说："作为一个年长的朋友，我必须劝告你不要再搞它了。因为首先你不会成功，即便成功也决不会有人相信你。"（*SD*, p.291）但是，爱因斯坦自信而坚忍，在既定的方向上无畏地求索。他在1914年3月表白说："自然界显示给我们的只是狮子的尾巴。我坚信狮子是属于这条尾巴的，尽管由于狮子身体庞大，尚不能立即显示出自己的面貌。"（*SD*, pp.286—287）

1914年秋，爱因斯坦向《普鲁士科学院会议报告》写了长篇论文，其目的是进一步系统而详尽地讨论1913年合作论文所使用的方法和所取得的成果。这篇论文的新特点在于，反对牛顿的转动绝对性观点（因为人们无法区分离心场和引力场），首次提出点粒子运动的测地线（短程线）方程，表明空间的独立性是不存在的。然而，该文在引力场方程的协变性方面没有多大进展，依然认为引力场方程只有在线性变换下才有协变性。

直到年底，爱因斯坦仍在孤军奋战，几个关键性的障碍把他难住了。1915 年初，他未就相对论发表过实质性的新东西，而和洛伦兹的女婿德哈斯做了悬挂铁圆柱体突然磁化而诱致转矩的实验，从而导致爱因斯坦—德哈斯效应的发现。直到 7 月，爱因斯坦还在相信"老"理论，只是在 7 月到 11 月之间，他才对以往的错误做法产生了怀疑，重返场方程比较普遍的协变性，而不再把实在归于坐标系。爱因斯坦说：1915 年 10 月是他一生中"最激动、最紧张的时期之一，当然也是收获最大的时期之一"（E1, p.80）。在 11 月 25 日，他终于完成了《引力的场方程》的论文，提出了广义相对论引力场方程的完整形式。从 1907 年底发现等效原理算起，爱因斯坦用了整整八年时间才建成广义相对论。"其主要原因在于，要使人们从坐标必须具有直接的度规意义这一观念中解放出来，可不是那么容易的。"（E1, p.30）爱因斯坦尝尽了科学探索中的酸辣苦甜，他在谈到广义相对论的创立时深有感触地说：

> 在黑暗中焦急探索着的年代里，怀着热烈的想望，时而充满自信，时而精疲力竭，而最后终于看到了光明 —— 所有这些，只有亲身经历过的人才能体会到。
>
> （E1, p.323）

1916 年 3 月，爱因斯坦对广义相对论的研究成果进行了全面总结，写成了《广义相对论的基础》的论文，这被认为是广义相对论的"标准版本"。广义相对论运用逻辑上极简单的概念和假设以及当时较先进的数学工具，把自然定律用普遍的协变方程表示出来。它涉及范围极大的现象领域，对一切参照系都适用。尤其是，在广义相对论中，"空时未必能被看作是一种可以离开物理实在的实际客体而独立存在的东西。物理客体不是在空间之中，而是这些客体有着空间的广延。因此，'空虚空间'这个概念就失去了它的意义。"（*E*1, p.560）于是，广义相对论把力学和几何学综合起来（物理学几何化和几何学物理化），正如惠勒（J. A. Wheeler）所说："空间作用于物质，告诉它如何运动；反过来，物质作用于空间，告诉它如何弯曲。"[48] 玻恩 1955 年在报告中这样评价说：

> 对于广义相对论的提出，我过去和现在都认为是人类认识大自然的最伟大的成果。它把哲学的深奥、物理学的直观和数学的技艺令人惊叹地结合在一起。[49]

爱因斯坦赴柏林就任没有几个月，第一次世界大战（1914 年 8 月 1 日至 1918 年 11 月 11 日）就爆发了。10 月

---

[48] Y. Ben-Menahem , Struggling with Causality: Einstein's Case , *Science in Context*, 36 （1993），pp.291—310.

[49] F. 赫尔内克：《爱因斯坦传》，杨大伟译，科学普及出版社（北京），1979 年第一版，第 54 页。

初，为德国军国主义侵略行径辩护的《告文明世界宣言》出笼了，德国知识界的头面人物和名流九十三人在这个臭名昭著的宣言上签了名。作为一个天生的和平主义者，爱因斯坦对侵略战争深恶痛绝。在他的支持参与下，10月中旬由四人签名的《告欧洲人书》与上述宣言针锋相对 [50]。在此前后，他在给朋友厄任费斯脱的信中，对"欧洲在她发疯时干了一些难以置信的蠢事""感到怜悯和作呕"。他在强烈谴责发动战争的"坏透了的动物物种"时说：

> 国际大灾难把沉重的担子压在我这个国际主义者身上。在经历这一"伟大时代"时，很难把自己与下述事实调和起来：人属于那个自恃有它的意志自由的、愚蠢而堕落的物种。我多么希望，在某处有一个专供聪明的和有善良意志的人居住的小岛！在这样一个地方，甚至我也会是一位热情的爱国者。（*HPS*, p.16）

战争迫使爱因斯坦与政治结下不解之缘。作为一个以探索宇宙奥秘为己任的科学家和具有强烈社会责任感和正义感的世界公民，他不得不在"永恒的"方程和"暂时的"政治之间分配他的宝贵时间。在大战期间，他总共出版了一本书和五十篇论文。他不仅完成了广义相对论，计算出光线弯曲

---

[50] O. 内森，H. 诺登编：《巨人箴言录：爱因斯坦论和平》（上），李醒民译，湖南出版社（长沙），1992年第一版，第16—25页。以下该书缩写为 *HPS*。

和水星近日点进动的正确值，而且在宇宙学和引力波方面也进行了开创性的研究，提出受激辐射理论（这是激光技术的基础）。与此同时，面对战争和暴行，他或者大声疾呼，公开发表自己的观点；或者身体力行，参加新祖国同盟等反战活动。从此，反对战争和暴政，争取和平和自由，成为爱因斯坦始终不渝的追求目标。他对战争和军国主义的态度充分地体现在下面的陈述中：

> 这使我想起群氓生活的最糟结果，即我所憎恶的军事体制。对于那些随着军乐队的旋律在普通士兵的队列中洋洋自得行进的人，只能让我蔑视他们。给这样的人一个大脑确实是一个错误，脊髓也许就足够他们用了。文明世界的这种可耻的污点应该尽快地加以清除。遵命的英雄主义、无意义的暴行以及以爱国主义名义所进行的讨厌的胡闹，这一切都使我深恶痛绝！在我看来，战争是多么可耻和卑鄙！我宁可千刀万剐，也不参与这种丑恶的勾当。我对人类的评价是足够高的，我相信，只要人们的健全常识未被通过学校和报刊而起作用的商业利益和政治利益所腐蚀，那么战争的幽灵早就该消灭了。
> （*HPS*, p.156）

1919 年，爱因斯坦的私人生活发生了重大变化，他和米列娃的不幸婚姻终于走到尽头。2 月 14 日，他们在分居五年后，在温和的协商中离婚了[51]，贝索参与了协商过程。米列娃是孩子的监护人，爱因斯坦则对三人的生活提供经济支持。爱因斯坦还答应一旦得到诺贝尔奖（他们确信迟早会得到），便把奖金全部交给米列娃。离婚后，爱因斯坦依然喜爱两个儿子，常带他们假期旅行，他俩也常到爱因斯坦柏林的新家居住。大儿子汉斯学农，后来成为伯克利水力工程学教授。小儿子爱德华具有父亲的面部特征、音乐天才以及母亲的忧郁性格，喜欢艺术和诗歌，想做一名精神病医生，但未能如愿。他在幼时就有精神分裂症征兆，后来精神病时好时坏。他敬慕他的父亲，但却又责备父亲遗弃并毁灭他的一生[52]。儿子的病情及发作给爱因斯坦带来很大的创伤和打击，

---

[51] 他们离婚的原因主要是性格不合。弗兰克说："尽管她信奉希腊东正教，但她是个自由思想者，就如一般塞尔维亚学生那样，思想很进步。她天性沉默，没有能力和周围的人保持密切和愉快的接触。爱因斯坦的个性则迥然不同，他潇洒不羁，谈笑风生，这使得她常常感到不舒服。她的性格有些生硬，并且要按她的脾气行事。爱因斯坦同她生活总不能和睦和幸福。每当他的思想源源潮涌，想和她讨论的时候，她的反应是那样淡漠，经常使他难以判断她究竟是否感兴趣。"但是汉斯不同意弗兰克对他母亲性格的描绘，他在一篇访问记中反驳说："苛求？严厉？我认为这是不正确的。她是一个历尽艰辛的人，不可能真的厉害。我认为她能够给予爱情，……并且也需要爱情。我的意思是说，某些人论事实质上并不近情理。"参见 J. 伯恩斯坦：《阿尔伯特·爱因斯坦》，高耘田等译，科学出版社（北京），1980 年第一版，第72—73页。关于离婚后的关系，霍夫曼说他们依然是朋友（同④，p. 39），佩斯说米列娃从不原谅爱因斯坦（SD, p.293）。

[52] 汉斯也曾对父亲小有抱怨："他所放弃的唯一项目也许就是我。"（SD, p.557）爱因斯坦在 1952 年 5 月 5 日写给塞利希（C. Seelig）的

他一想起这事就潸然泪下，有时几乎要吞噬他的心灵。

6月2日，爱因斯坦与他的堂姊和表姊爱尔莎（Elsa Löwethal, 1876—1936）结婚。她的父亲是他的父亲的堂兄，她的母亲是他的母亲的姊姊。他俩青梅竹马，两小无猜，后来也常往来，互有好感。爱尔莎刚满二十岁时嫁给一个商人，生有两女：伊尔丝（Ilse, 1897—1934）和玛戈特（Margot, 1899—?）。后来他们离婚，爱尔莎就带着女儿住在柏林父母家中。爱尔莎无疑是吸引爱因斯坦赴柏林就职的重要原因之一 [53]。1917年初，爱因斯坦由于过度劳累以及生活无人照料，接连患胃溃疡、肝病、黄疸病和一般虚弱症，多亏爱尔莎精心护理和全力照顾，才使他在1920年完全康复。爱尔莎是一位友善、忠诚的妇人，母性气质很浓，而且文雅、温柔、幽默，与爱因斯坦的性格比较接近。她从小就爱上了爱因斯坦，几年间的接触和亲近，加上童年的回忆，浓重的乡音，使他们终于走到了一起。她喜欢照顾她的丈

信中提到前妻米列娃时说："她从不原谅我们的分居和离婚，她的性情使人联想起古代的美狄亚，这使我和两个孩子的关系恶化，我对孩子向来是温情的。悲观的阴影一直继续到我的晚年。"（*SD*, p.365）美狄亚（Medea）是希腊神话中的一名女巫或女神，善占卜，曾帮助伊阿宋取得金羊毛。她在被伊阿宋抛弃后，曾对伊阿宋进行了残酷的报复。

[53] 1914年4月10日，爱因斯坦写信给厄任费斯脱说："在柏林真令人愉快……柏林的亲戚更使我心情舒畅，尤其是那位和我岁数差不多的表姊，我们之间的友谊已经很长了，我十分喜爱她。"1965年7月7日，他写信告诉仓格尔（H. Zangger）："我有着表姊无微不至的照顾，实际上是她把我吸引到柏林来的。"（*SD*, p.293）

夫，而他也喜欢并需要有人照顾，以便平静而专心地思考他的科学。爱因斯坦的声望给她带来无上荣耀，她似乎也由此而助长了原有的虚荣心，很注意社会地位和外界舆论，而这一点恰恰是爱因斯坦所不乐意的。人们有时感到，他们之间的关系并不十分亲密，好像不是一对有事共同商量的夫妻。爱尔莎的卧室在两个女儿卧室中间，爱因斯坦的卧室则在楼下的大厅内。对于自己的婚姻，爱因斯坦在 1955 年悼念贝索的信中说："我最佩服的是，作为一个人，他不仅多年来同妻子过着安静的生活，而且始终协调一致，而我却两次没有做到，这是很可惜的。"[54]（*E*3, p.507）

　　同年 9 月 22 日，爱因斯坦收到洛伦兹的电报，告知他的光线弯曲的预言被证实。11 月 6 日，英国皇家学会和皇家天文学会联合举行会议。爱丁顿（A. S. Eddington, 1882—

---

[54] 爱因斯坦在许多场合说闲话时流露出，作为一个结过婚的人，他对神圣婚姻的快乐是有保留的。例如，有人看见他不断清理自己的烟斗，就问他是因为喜欢抽烟才抽烟呢，还只是为了清除和重新装满烟斗呢？他回答说："我们的目的在于抽烟，我想结果总有什么东西堵塞住了。生活也像抽烟，婚姻更像抽烟。"（*SD*, p.367）不知尼采（F. Nietzsche, 1844—1900）的下述说法是否有道理："直截了当地讲，一位结了婚的哲学家就是一个可笑的形象。"参见 [51]，页 129。据佩斯讲，爱因斯坦 1920 年代初的信件表明，他对一个较年轻的女人好几年都怀有深厚的感情，并且表达了他在两次婚姻中都缺乏激情去表达的一种感情，这段插曲到 1924 年结束。（*SD*, p.390）此人是不是施奈德（Ilse Schneider）呢？她是新康德主义者，柏林批判实在论学派首领里尔（A. Riehl, 1844—1924）的学生，在 1919 年前后听过爱因斯坦的讲演，这导致她就康德和相对性与爱因斯坦做了几次长谈，并在 1921 年出版了《论康德和爱因斯坦的空时问题》。

1944）在会上介绍了在巴西和几内亚的日食观测数据（分别是 $1''.98\pm0''.30$ 和 $1''.61\pm0''.30$），它接近爱因斯坦的预言值（$1''.74$）而远离牛顿值（$0''.87$）。皇家学会主席 J. J. 汤姆逊（J. J. Thomson, 1856—1940）盛赞爱因斯坦的相对论是人类思想的伟大成就：

> 这次发现的不是一个遥远的孤岛，而是新的科学思想的整个大陆。这是自牛顿时代以来最伟大的发现。[55]

紧接着，有关爱因斯坦和相对论的大字标题频频出现在报章杂志之上，诸如：科学中的革命，宇宙的新理论，天之光歪斜，牛顿的思想被推翻，爱因斯坦和牛顿，杰出物理学家的见解，世界历史中的新伟人等等。爱因斯坦的声誉从此如日中天，他成为名副其实的世界伟人——不仅在科学界，而且在广大公众的心目中。

爱因斯坦之所以声名大震，固然根源于他的相对论的巨大成就和迷人魅力。但是，相对论实验证实的时机无疑是至关重要的。诚如狄拉克（P. A. M. Dirac, 1902—1984）所说："这是由于它恰好出现在这样的心理状态时刻，一场可怕的战争终于结束了。每个人，不管是交战国的哪一方，都非常厌恶这场战争，都想要一点新东西，能使他们忘却这场战争，并根据一条新的思路来着手工作。相对论正好提供了

---

[55] Б. Г. 库兹涅佐夫：《爱因斯坦传》，刘盛际译，商务印书馆（北京），1988 年第一版，第 173 页。以下该书缩写为 EZ。

这一点。"[56] 而英费尔德（L. Infeld, 1898—1968）早就发表过如下有趣的看法：

> 这件事是在第一次世界大战结束后发生的。人们厌恶仇恨、屠杀和国际阴谋。战壕、炸弹、杀戮留下了悲惨的余悸。谈论战争的书籍没有销路和读者。每个人都在期待一个和平的时代并想把战争遗忘。而这种现象早就把人类的幻想完全吸引住。人们的视线从布满坟墓的地面聚集到满天星斗的太空。抽象的思想把人们从日常生活的不幸中引向远方。日食的神秘剧和人类理性的力量，罗曼蒂克的场景，几分钟的黑暗，尔后是弯曲光线的画面——这一切和痛苦难熬的现实是多么不同呵！
> （*EZ*, p.176）

尤其是，德国人系统阐述的思想被英国人的观察证实，标志着敌对国科学家携手合作的开始，其本身具有巨大的现实意义和深远的象征意义——这岂不是和平时代的新开端？这岂不是久旱之后的甘霖？加之这一壮丽的事件来自上天（他是揭示宇宙新秩序的新摩西，他是操纵天体运动的新约书亚），加之既熟悉又新奇的传媒语言（光线弯曲，四维时空，有限无界宇宙）以及仅有三个或十二个人才懂相对论的

---

[56] P. A. M. 狄拉克：《我们为什么信仰爱因斯坦理论》，曹南燕译，《自然科学哲学问题》（北京），1983 年第 3 期，第 13—18 页。

风传⁵⁷，更是起到推波助澜的作用。对于这种相对论狂热和似是而非的传闻，爱因斯坦很不以为然，他认为这是"赶时髦"，是出自记者和作家的"活泼想象"。为了逗开心，他半认真、半谐谑地提出相对性原理的另一种应用：

> 今天我在德国被称为"德国的学者"，而在英国则被称为"瑞士的犹太人"。要是我命中注定被描写成一个最讨厌的家伙，那么就倒过来了，对于德国人来说，我就变成了"瑞士的犹太人"；而对于英国人来说，我却变成了"德国的学者"。（E1, p.113）

与此同时，爱因斯坦也成为反犹主义、国家主义和法西斯主义分子的眼中钉和肉中刺，一个颇有规模和声势的反对爱因斯坦及其相对论的政治运动正在紧锣密鼓地策动之中。1920年2月12日，柏林大学的反动学生受人指使，扰乱爱因斯坦讲课。爱因斯坦被迫中断讲演，愤然离开讲堂。在此之前，爱因斯坦就注意到，报纸发表了对他怀有敌意的影射文章。8月24日，在"德国自然研究者保持科学纯洁工作小组"头目魏兰德（P. Weyland）的操纵下，在柏林音乐厅

---

⑤⑦ 1919年11月9日，《纽约时报》以"十二智者的书"为题报道："爱因斯坦把极重要的著作交出版商的时候，警告他们说，全世界只有十二个人懂得相对论，但是出版商甘愿担风冒险。"有些宣传说世界上只有三个人懂相对论。为此有人对爱丁顿说："你一定是这三个人中的一个了。"爱丁顿连忙否认："不，不！我正在想这第三个人究竟是谁呢！"

举行了公开反对相对论的集会。他造谣中伤爱因斯坦是代表
典型的犹太精神的江湖骗子，自卖自夸，剽窃抄袭，霸占和
毒害德国的思想财富，相对论是科学上的达达主义和未来主
义⑱。爱因斯坦闻讯也作为听众坐在大厅里，泰然自若地听
了魏兰德的恶毒攻击。他当时就觉得自己在柏林虽有一张舒
适的床（良好的工作和学术条件），但却遭到臭虫的骚扰。
三天后，他在《柏林日报》撰文（E1, pp.130—131），蔑
称那个在"冠冕堂皇的名称"伪装下的"杂七杂八的团体"
是"反相对论公司"。他一针见血地指出，"主使他们这个
企业的动机并不是追求真理的愿望"，而不过是为了攻奸像
他这样的"有自由主义和国际主义倾向的犹太人"。魏兰德
等人的卑劣行径激起了柏林有良知和正义感的人士的极大愤
慨，劳厄、能斯特、鲁本斯立即发表声明：

> 我们不想在这里来谈论我们对于爱因斯坦产生相对论的
> 那种渊博的、可以引为范例的脑力劳动的意见。惊人的
> 成就已经取得，在将来的研究工作中当然还一定会有进
> 一步的证明。此外，我们必须强调指出，爱因斯坦除了
> 研究相对论，他的工作已经保证他在科学史中有一个永
> 久性的地位。在这方面，他不仅对于柏林的科学生活，
> 而且对于整个德国科学生活的影响大概都不会是估计过

---

⑱ 达达主义（Dadaism）是二十世纪初发端于欧洲大陆某些城市的一
种虚无主义艺术运动。它追求偶然性的创作技巧，是概念艺术的根源，
其技巧被超现实主义和抽象表现主义者采纳。未来主义（Futurism）
也是二十世纪初的一种艺术运动，以意大利为中心，强调动势和革命。

高的。任何有幸接近爱因斯坦的人都知道，在尊重别人的文化价值上，在为人的谦虚上，以及在对一切哗众取宠的厌恶上，从来没有人超过他。（*E*1, p.132）

此外，爱因斯坦也从普朗克和索末菲那里收到了友好的同情和有力的支持。

9月23日，在瑙海姆德国自然科学家会议上，爱因斯坦和法西斯分子勒纳德（P. Lenard, 1862—1947）进行了唇枪舌剑的辩论。表面上看来这是一场学术之争，但勒纳德的用心是险恶的，攻击方式是反犹式的，斯塔克（J. Stark, 1874—1957）也与之沆瀣一气。从此以后，他们两人合伙陷害爱因斯坦。勒纳德杜撰所谓"德国人的物理学"和"犹太人的物理学"乃至"布尔什维克的物理学"对立的神话，扬言"科学是由种族血缘决定的"。斯塔克诬陷支持爱因斯坦的科学家是"科学中的犹太人"，"爱因斯坦精神的总督"。他们的劣迹倍受希特勒（A. Hitler, 1889—1945）青睐，尤其是勒纳德被捧为"具有清醒头脑的真正哲学家"⑤。就这样，

---

⑤ I. B. 科恩：《科学革命史》，杨爱华等译，军事科学出版社（北京），1992年第一版，页11。勒纳德在一次讲话中公然宣称："我希望研究所成为反对科学中的亚细亚精神的堡垒。我们的元首正把这种精神从政治和政治经济学中——在那里它被叫作马克思（K. Marx, 1818—1883）主义——驱逐出去。但是，由于爱因斯坦狡狯的推销伎俩，这种精神在自然科学中还保持着自己的阵地。我们应当懂得，一个德国人是不齿于做犹太人精神上的继承人的。在原来意义上的自然科学完全是亚利安人的产物，因此德国人今天应当重新找到一条自己的、通向未知领域的道路。"（*EZ*, p.221）

从 1920 年代起，消灭科学中的理性和实证标准，代之以独裁者的意志和训诫，就成为法西斯主义反动战略的一个组成部分。

德国日渐猖獗的反犹和排犹浊浪唤起了爱因斯坦对犹太同胞的关注和对犹太复国主义的了解和兴趣。1921 年 4 月 2 日至 5 月 30 日，爱因斯坦被说服陪同魏茨曼（C. Weizmann, 1874—1953）首次访问美国，为创建耶路撒冷的希伯来大学筹资。他走访了纽约、芝加哥、波士顿和普林斯顿，在普林斯顿大学就相对论做了四次讲演，后以《相对论的意义》为题出版。爱因斯坦在所到之处受到极为热烈的欢迎，他一下子成为美国家喻户晓的人物[60]，并受到美国总统哈定（W. Harding, 1865—1923）的接见。归国途中，爱因斯坦在伦敦做短暂停留，拜谒了牛顿墓地。面对这样一位具有最高思维能力和创造能力的伟人遗迹，爱因斯坦也许早就想到这样的语句：

> 想起他就是要想起他的工作。因为像他这样一个人，只有把他的一生看作是为寻求永恒真理而斗争的舞台上的一幕，才能理解他。（E1, p. 401）

是年年初，爱因斯坦在访美前还先后访问了奥地利和捷克，并去荷兰参加国际工联会议，讨论工人运动与和平主义运动

---

[60] M. Missner , Why Einstein Became Famous in American , *Social Studies of Science,* 15 （1985）, pp. 267—291.

之间有组织的合作。

一战结束及广义相对论的观察证实之后，邀请爱因斯坦访问的信件纷至沓来。爱因斯坦也乐于外出讲学、交流、建立友谊及履行和平使命（他在 1922 年 3 月至 4 月对法国的访问有助于法德关系正常化）。尤其是，在国家主义和蒙昧主义笼罩的德国，爱因斯坦已成为反动分子和群氓的靶子，日益受到形形色色的攻击、陷害乃至生命威胁，他们甚至扬言"割断那个犹太人的喉咙"。爱因斯坦在私人信件中这样写道："黄色报刊和笨蛋们对我穷追不舍，使我几乎喘不过气来，就更不用说做任何像样的工作了。"（*HPS*, p.70）特别是德国外交部长、国际合作政策的倡导者拉特瑙（W. Rathenau, 1867—1922）1922 年 6 月 24 日在柏林大街上惨遭暗杀后，局势变得更加险恶。爱因斯坦强烈谴责对他的犹太人挚友的政治谋杀这一卑鄙罪行，他不顾人们好心劝阻出席抗议集会，参加群众游行。另一方面，国家主义者的阴谋暗算，报纸上的屡屡点名，被煽动的暴民的骚扰，使爱因斯坦颇感心烦意乱。他对普朗克说："我除了忍耐和离开这个城市，别无其他选择。"（*HPS*, p.84）他渴望暂时离开德国，到外边走一走。1922 年 10 月 8 日，爱因斯坦和爱尔莎从马赛乘轮船赴日本，沿途访问了科伦坡、新加坡、中国香港和上海等城市。11 月 9 日，爱因斯坦在赴日途中获悉他被授予 1921 年度诺贝尔物理学奖（由于他对理论物理学的研究，尤其是发现了光电效应）[61]。1923 年 2 月 2 日，爱

---

[61] 关于爱因斯坦获诺贝尔奖的提名、争议、评审、颁布经过，有兴

因斯坦在从日本返回途中顺访巴勒斯坦，逗留了十二天，接受了特拉维夫市第一个荣誉市民称号。后经西班牙于 2 月底回国。1925 年 5 月至 6 月，爱因斯坦夫妇又赴南美洲的阿根廷、巴西、乌拉圭访问。无论走到哪里，他们都受到当地人民和犹太组织的热情欢迎和接待，人们叹服他的思想、智慧和人格。

尽管外界的世事纷扰不时打断爱因斯坦平静的思索，尽管他出于强烈的道义责任不得不介入值得奉献的事业，但是他毕竟不能忘怀他视为生命的科学追求。1921 年，他对测试多普勒（C. Doppler, 1803—1853）现象中的光发射基元（量子）过程的实验提出新建议，并因此而激动不已。1922 年，他从量子论的观点考察了斯特恩（O. Stern, 1888—1969）——盖拉赫（W. Gerlach, 1889—1979）实验。1922 年 1 月，他与格罗默（J. Grommer）合作，写出了统一场论的第一篇论文《根据卡鲁查（T. F. E. Kaluza, 1885—1954）的场论证明不存在到处是正则的中心对称场》。1923 年他与厄任费斯脱一起研究辐射平衡的量子论，还与另一位朋友发表了关于实验物理学的最后一篇论文（测定膜的毛细管大小）。1924 年末到 1925 年初，他发表了三篇关于玻色（S. N. Bose, 1894—1974）——爱因斯坦气体的论文。1925 年，他在《引力和电的统一场论》中提出创立统一场论的新见解，是该课题第一篇

趣的读者可参阅（*SD*, pp.613—625）。人们公认，按照诺贝尔奖的评审标准，爱因斯坦至少可以因光量子假设、布朗运动研究、狭义相对论、质能关系式、广义相对论获奖五次。不用说，他在 1915 年后还有诸多重大科学贡献。

有深度的论文。这说明，爱因斯坦经过长达十年的孕育期才真正投入统一场论。在此前后，爱因斯坦离开物理学发展的主流，坚持不懈地追求他认为是最重要、最根本的东西。此外，他从 1920 年起，开始就物理学基础、科学哲学、社会政治问题发表范围广泛、意蕴深刻的见解（此前仅有少数例外），并从 1927 年起与玻尔就量子力学的基础和诠释进行了长期的、极富哲学意义的争论。

1928 年初，爱因斯坦在瑞士由于工做过度紧张而累垮了身体，经诊断是心脏肥大症。他立即被送回柏林，卧床四个月才恢复健康，可是几乎一年身体都比较虚弱。说起来，他倒是喜欢病房的气氛，因为病房可以使他不受干扰地工作。在患病期间，杜卡丝（H. Dukas, 1896—1982）在 4 月 13 日成为爱因斯坦终生可靠的秘书。病愈后，他立即又投身研究工作。1929 年春，他只身躲到郊外一个花匠朴素的农舍里，自己做饭，安静地度过了五十岁生日，他在一年前就想好了这个回避祝寿的绝妙方案。待他回到柏林，收到的祝寿贺卡和信件整整装了好几篮子，上至国家元首、学界名士，下到平民百姓、市井穷人，应有尽有。一个失业工人省下几个硬币，给他寄来一小盒烟草，使他深受感动。他写的第一封致谢信就是给这位失业工人的。这年夏天，他在柏林附近哈斐尔河畔的卡普特买了块地皮，建造了一幢别墅。每逢夏季，他都来这里暂住，像童年时代一样融入大自然的美之中。这种对大自然的直观感受和纯粹理性的抽象思维形成一种微妙的平衡：心灵的奇迹表现在自然界里，自然的奇迹表现在崇高的智慧中。

从 1930 年起，爱因斯坦作为美国加州理工学院的特邀教授，每年冬季学期都要去那里做学术访问。1932 年 10 月，他被任命为普林斯顿高级研究所教授。他起先打算在普林斯顿和柏林各待约一半时间。谁知这年 9 月，纳粹在国会选举中出乎预料地大为得势，给整个德国和欧洲投下了不祥的阴影。1932 年 12 月，爱因斯坦关闭卡普特别墅准备前往加利福尼亚时，他对爱尔莎说："回头看一眼吧，你以后再也见不到它了。"事态的进展果然不出他的所料。1933 年 1 月 30 日，法西斯头子希特勒攫取了德国的最高权力。从此，纳粹分子像疯狂的野兽一样，惨无人道地灭绝犹太人，给各国人民带来战争和灾难。爱因斯坦被深深地伤害了，他再也不愿回到他的出生地德国了，即使在二战之后，他也坚决拒绝别人为他安排的许多和解尝试。

纳粹上台不到两个月，便借口爱因斯坦家里私藏共产党的武器，在 3 月 20 日悍然搜查卡普特别墅。爱因斯坦闻讯在赴欧洲中途的公海上发表声明，指出这不过是现在在整个德国发生的随心所欲的暴行之一例而已。不久，他的财产被没收，他的论文和书籍也被纳粹在柏林国家歌剧院门前当众焚毁。3 月 28 日，他返回欧洲，在比利时一个海滨游览胜地勒科克絮梅尔避难[62]。同日，他向普鲁士科学院正式递交了

---

[62] 当时在德国出版了一本印有纳粹敌人的照片的大画册，第一页就是爱因斯坦。上面还加有文字说明，历数他的罪行，第一条就是创立相对论，末尾还写有："尚未绞死。"为了防止意外和暗杀，比利时当局派两名卫兵保护爱因斯坦一家。自爱因斯坦 1929 年首次访问比利时王室，他和伊丽莎白王后就建立了深厚的友谊，这也许是他暂住比

辞呈。他深知，科学院在纳粹分子的压力下迟早会开除他，主动辞职也免得使普朗克等正直的科学家陷入进退维谷的两难境地。他在4月5日写给普鲁士科学院的头一封信中，说明他之所以辞职和放弃德国国籍，是因为他不愿生活在个人享受不到法律上的平等，也享受不到言论和教学自由的国家里。在4月12日写的第二封信中，他义正词严地表明了自己的原则立场：

> 你们又说道，要是我能为"德国人民"讲几句"好话"，就会在国外产生巨大影响。对此，我应当回答如下：要我去做你们所建议的那种见证，就等于要我完全放弃我终生信守的关于正义和自由的见解。这样的见证不会像你们所估计的那样是为德国人民讲好话；恰恰相反，它只会有利于这样一些人，这些人正在图谋损害那些曾使德国人民在文明世界里赢得一席光荣位置的观念和原则。要是在目前情况下作这样的见证，我就是在促使道德败坏和一切现存文化价值的毁灭，哪怕这只是间接的。（E3, pp.108—109）

在这一期间，爱因斯坦还先后到布鲁塞尔、苏黎世、牛津、格拉斯哥作短期访问讲演，在7月二次赴英时还会见了丘吉尔（W. Churchill, 1874—1965）等著名人物。1933年9月9日，爱因斯坦与欧洲大陆永别了，他在英国清静地度过几个

利时的原因。

星期，于 10 月 17 日到达纽约，并于当日被接到普林斯顿。就在这些事件发生的间隙，爱因斯坦也没有忘记物理学。他和助手迈尔（W. Mayer, 1887—1948）合作，完成了两篇关于半矢量的论文。他们把论文从勒科克絮梅尔寄给荷兰，发表在 1933 年的荷兰皇家科学院院刊上。

（四）

对于爱因斯坦到达普林斯顿高级研究所，郎之万这样写道："这一事件只能用梵蒂冈从罗马迁至新大陆来比拟！现代物理学的教皇迁都了，美利坚合众国变成了自然科学的中心。"普林斯顿大学校长也一语双关地称爱因斯坦是"科学界独自遨游思想海洋的哥伦布（C. Columbus, 1451—1506）"。[63]

不管别人怎么看，爱因斯坦像以往一样我行我素，以平常之心过着平常的日子。所长弗莱克斯纳（A. Flexner）为了不使研究人员为经济问题分心，享有充分的独立性，决定付给爱因斯坦年薪 16000 美元。爱因斯坦却说，能不能少一些，3000 美元就足够了。确实，爱因斯坦对靠纯科学工作领取薪金感到难为情。这种情感也许是无意识的，但却有着深刻的思想根源：斯宾诺莎靠磨镜片为生而钻研哲学的榜样，叔本华对依赖哲学混饭吃的抨击，无疑在他心灵上留下深深的烙印。只有不把物理学作为谋生的手段，才能全身心地热

---

[63] C. 塞利希：《爱因斯坦》，黑龙江人民出版社（哈尔滨），1979 年第一版，第 187 页，第 166 页。

爱它、投入它，才能有内心的自由和精神的独立，不为外界的功利和时髦所诱惑。爱因斯坦肯定是这么想的，诚如英费尔德回忆的：

> 他多次对我说，他倒是乐意干体力劳动，从事某种有益的手艺，而不想在大学教物理学挣钱。这些话的背后蕴藏着深刻的思想。它们表现为一种类似"宗教感情"的东西，他就是怀着这种感情对待科学的。物理学是如此伟大而重要的事业，决不可以拿它去换钱。最好是通过劳动，比如看守灯塔或鞋匠的劳动来谋生，而使物理学远远地离开起码的温饱问题。虽然这种看法应该说是天真的，然而它却是爱因斯坦所特有的。（*EZ*, p.250）

在普林斯顿这个世外桃源似的地方，爱因斯坦恢复了他所钟爱的宁静和孤独。刚到新环境一个月，他就写信告诉老朋友伊丽莎白王后："普林斯顿是一个令人惊奇的小地方，矮小的村民古雅而讲究礼仪，像神仙一样超然自得。由于不理某些社会习俗，我能够为自己创造一个有助于研究和摆脱烦恼的环境。"（*HPS*, p.327）一年半后，他再次写信说："我把自己锁进毫无希望的科学问题——作为一个年长的人，我此后越发继续疏远了这里的社会。"他希望不久前失去丈夫的王后能够像他一样在工作中找到安慰和乐趣：

> 从我自己的科学努力中，我了解这样的工作对我们的影响。紧张和疲劳是相互接连发生的，如果一个人奋力登

山而不能达到峰顶的话，情况就是这样的。除了个人因素外，热情地专注于事业能使人独立于命运的变迁。（*HPS*, pp.340—341）

随着时间的推移，爱因斯坦愈来愈喜欢平静的生活。他除1935年5月为取得移民签证乘船去百慕大之外，再也没有离开过美国。他一生没有汽车，也没有学过开车，总是步行上下班。为了休息，他或拉拉提琴，或在当地湖上扬帆，很少外出旅行，甚至连纽约也不常去。即使爱尔莎1936年12月20日因心脏病去世，也没有扰乱他外表上的平静。他在写给玻恩的信中说："我已经十分适应新的环境了，与我的事件繁多的生活相比，我现在觉得自由多了。由于我的老伴去世，这种熊的特性也增多了。她（比我）喜欢交际。"（*SD*, p.367）但是，对于周围糟糕而恶劣的政治气候，爱因斯坦却有强烈的感受："简直没有一点亮光，一边是坏心肠的傻子，一边是可鄙的自私。"（*E1*, p.381）虽说他在1940年10月1日取得美国国籍（仍保留瑞士国籍），但直到晚年还没有接受美国的精神，依旧像个老吉卜赛人一样。他深知，要想在美国不饿死的话，必须年轻时就来，通过这里的模子铸造才行。他谐谑地说，他之所以在这里受到高度评价，是因为他被人看作是博物馆的老古董或稀奇物品。

爱因斯坦在一生的最后四十年或三十年，把大部分乃至全部精力都投入到统一场论的探索之中。他的目标是，把引力理论推广到也包括电磁定律，使引力场和电磁场对应于一个统一的空间结构，同时能推导出基本粒子，从而为相对论和量子力学的综合谋求一个逻辑上满意的基础，一举消除场和粒子分立的丑陋的二元论。爱因斯坦一旦为自己设定了值得追求的目标，他就会以坚定的意志和顽强的毅力，数十年如一日地苦斗下去。他看不起知难而退的人，他说："我不能容忍那些拿起一块木板，寻找容易钻孔的最薄部分打许多洞的物理学家。"[64] 爱因斯坦当然不是蛮干，他尝试运用了各种数学和方法，他有敏锐的直觉："我所具有的一切是骡子的执拗；不，那不完全是一切，我也有一个鼻子。"[65] 面对困难和挫折，他从未丧失信心，而坚信终极理论是存在的，是迟早会被发现的。对于自己花费多年辛苦形成的理论，他在抛弃时一点也不惋惜。他勇敢地承认失败，就像发表捷报似的说："你瞧，我又迷路了！"然后又埋头探索新的路径。1942 年春天，他写信给一位老朋友说：

> 我成了孤独的老光棍，我之所以出名是因为出门不穿袜子。但是，我比过去更加狂热地工作，满怀希望想解决我的老问题，即统一物理场的问题。这就好像是一艘飞艇，你坐在上面想入非非，但却不能明确地想象出怎么着陆。……也许我能活到好时光来临并在霎时间看见某

---

[64] P. Frank, Anecdotes, L. de Broglie, My Meeting with Einstein at the Solvay Conference of 1927；in *Einstein: A Centenary Volume*, A. P. French （ed.）, Harvard University Press，1979, p. 23.

[65] E. G. Straus, Memoir, L. de Broglie, My Meeting with Einstein at the Solvay Conference of 1927；in *Einstein: A Centenary Volume*, A. P. French （ed.）, Harvard University Press，1979, pp. 31—32.

种类似乐土的东西。（*EZ*, pp. 333—334）

在爱因斯坦 1945 年 4 月从研究所退休前，他和助手英费尔德、霍夫曼（B. Hoffmann）、伯格曼（P. G. Bergmann）、巴格曼（V. Bargmann）、施特劳斯（E. G. Straus）等人合作研究广义相对论的运动问题，于 1937 年从场方程推出运动方程。他们还就卡鲁查电学理论，引力和电的五维表示，场方程正则驻定解，二重矢量场等发表了数篇论文。在 1935 年 5 月 15 日，他和波多耳斯基（B. Podolsky）和罗森（N. Rosen）联合发表了著名的 EPR 论文（*E*1, pp. 328—335），指出波动函数所提供的关于实在的描述是不完备的，并提出完备性的条件和物理实在的判据[66]。但是，这篇论文并不是由爱因斯坦执笔写的，他不满意它的表述方式[67]。

　　即使在风平水静的普林斯顿，爱因斯坦也难以抹去欧洲战争阴云投射在心头的暗影。他提醒欧洲人民警惕法西斯的

---

[66] 完备性的条件是："物理实在的每一个元素都必须在这物理理论中有它的对应。"物理实在的判据是："要是对于一个体系没有任何干扰，我们能够确定地预测（即概率等于 1）一个物理量的值，那么对应于这一物理量，必定存在着一个物理实在的元素。"（*E*1, p. 329）
[67] 薛定谔（E. Schrödinger, 1887—1961）在同年 6 月 7 日致信爱因斯坦说，论文"公开地抓住了教条主义的量子力学的颈背"。爱因斯坦 6 月 19 日回信说："我对你就那篇小文章所言的详尽来信十分高兴。由于语言的理由，这篇文章是在许多讨论之后由波多耳斯基撰写的。但是，它还是没有像我要求的那么好就发表了；相反地，可以这么说，主要观点被学究埋葬了。"参见 D. Howard, Einstein on Locality and Separability, *Stud. Hist. Phil. Sci.*, 16（1985），pp. 171—201.

罪恶企图，认清希特勒的狰狞面目，吁请美国放弃孤立主义政策，为欧洲的前途和世界的命运着想。他也随着形势的变化修正了原先拒服兵役和无条件反战的绝对和平主义立场。他说：

> 直到希特勒政权出现之前，我都持有这样的观点：拒绝服兵役是反对战争的正当而有效的武器。在那些岁月，没有一个国家企图用武力并以其他国家为代价把它的意志强加于人。不幸的是，情况变化了。今天在德国，正在用军国主义和好战精神系统地对全体居民进行灌输。有人觉得这个事实证明先发制人的战争是有道理的，我坚决不同意这种看法，但是我相信，那些保持民主制度的国家必须尽其所能，通过警惕和谈判制止这一危险的动向。只有当德国的篡位者逐渐认识到，武力冒险的政策证明对他们是毫无希望时，这样的进路才能够成功。除非欧洲其他国家在军事上是强大的、团结的，否则德国人是不愿承认这个事实的。因此，在当前的形势下，我不相信追求一种有可能削弱欧洲民主国家的军事力量的方针既有益于欧洲，也有利于和平事业。
> （*HPS*, p.328）

正是出于这样的考虑及对德国抢先拥有原子武器的担忧，爱因斯坦在德国流亡科学家西拉德（L. Szilard, 1898—1964）的敦促和美国总统非正式顾问萨克斯（A. Sachs）的协助下，于1939年8月2日上书美国总统罗斯福

（F. D. Roosevelt, 1882—1945），建议政府注视德国关于铀研究的新动向，并采取必要的决定性步骤。从此之后，经过一系列戏剧性的事件和曲折，美国终于于 1945 年 7 月 16 日在新墨西哥州的沙漠地区阿拉莫戈多试爆成功第一颗原子弹，并在 8 月 6 日和 9 日把原子弹投到广岛和长崎[68]。当这个不幸的消息传到爱因斯坦那里时，他悲哀地惊呼："哎呀！"后来，当他因发现质能关系式和上书罗斯福而受人误解和指责时，他心平气和地多次申述说："我不认为我自己是释放原子能之父。在这方面，我所起的作用是非常间接的。事实上，我未曾预见到原子能会在我活着的时候就得到释放。我只相信这在理论上是可能的。"（E3, p.202）至于上书，"我感到不得不采取这一步骤，因为德国极有可能从事这方面的工作，并极有可能取得成功。除了如此做，我别无选择，尽管我始终是一个坚定的和平主义者。"[69]"要是我不信能成功地造出原子弹，我连指头都不会抬一下的。"[70]"我始终谴责对日本使用原子弹。……我从来也没有说过我会赞成对德国人使用原子弹。我的确相信，我们必

---

[68] 关于这一段历史的详尽叙述及爱因斯坦在其中所起的极为有限的作用，可参见（HPS, pp.377—408）。实际上，直到 1941 年 12 月 6 日珍珠港事件前夜，美国政府才决定给原子弹研制以大力支持，罗斯福当时主要是受英国努力的影响。

[69] O. 内森，H. 诺登编：《巨人箴言录：爱因斯坦论和平》（下），李醒民译，湖南出版社（长沙），1992 年第一版，第 288 页。以下该书缩写为 HPX。

[70] A. Vallentin, *The Drama of Albert Einstein*, Doubleday, New York, 1954, p.278.

须防止希特勒统治下的德国万一会单独占有这种武器的可能性。在当时这是真正的危险。"（E3, pp.312—313）爱因斯坦的说法是可信的。确实没有证据表明，他与原子弹的具体研制工作有任何联系，以及了解事件的整个进展，因为"曼哈顿计划"是在极端保密的情况下进行的，该计划的实际负责人奥本海默（J. R. Oppenheimer, 1904—1967）的证言也说明了这一点。虽然爱因斯坦在1943年成为海军标准局的咨询顾问，但是他的服务无论如何与原子弹制造无关。在爱因斯坦的最后十年中，除科学工作之外，他最为关注的莫过于使人类免受原子战争的危害了。

在普林斯顿，爱因斯坦与当地或来访的科学家和学者保持着经常的智力交流和学术讨论。1943年，爱因斯坦在家中和哥德尔、罗素（B. Russell, 1872—1970）、泡利等人讨论科学和哲学问题达六次之多。他的大门始终对那些需要他帮助的人敞开着。他说："我用同一方式对每一个人讲话，不管他是废人还是大学校长。"[71] 他对年轻人尤为热情，成为普林斯顿学生最喜欢的长者。由于敬畏他的盛名，青年人总怕因问问题而打扰他。他对他们说："我将总是能够接待你们。你们有问题，就带着问题来我这儿。你们将永远不会打扰我，由于我能够在任何时候中断我的工作。"[72] 无论谁听爱因斯坦讲演、发言、谈话还是回答问题，都能真切感受到

---

[71] W. Cahn, *Einstein, A Pictoral Biography*, The Citade Press, New York, 1955, p. 110.

[72] W. Cahn, *Einstein, A Pictoral Biography*, The Citade Press, New York, 1955, p. 76.

深刻而持久的影响。你不仅学会以全新的眼光看问题，而且也改变了自己僵硬的思维方式。爱因斯坦年事已高时仍旧保持着童心。当一个小姑娘写信给他，请他帮助作几何题时，他很认真地给她寄去答案。难怪学生们唱着这样的关于爱因斯坦的歌曲："声名显赫的孩子，他们都学习数学，阿尔伯特·爱因斯坦指出了道路。他很少到户外呼吸新鲜空气，我们希望上帝给他理发。"

爱因斯坦的生活依然简朴，穿着随便。他留着长发，穿着稀奇古怪的皮夹克，不着裤子，不系吊带，不扣领口，不打领带。当有人就此询问英费尔德时，英费尔德用爱因斯坦极力想摆脱对日常事情的操心来解释：

> 答案是简单的，它也可以方便地从爱因斯坦的孤独，从他渴望减少同外部世界的联系中得出。在他把自己的需要减少到最低限度的同时，他力求扩大自己的独立性和自己的自由。要知道，我们乃是万事万物的奴隶，而且我们的奴隶依赖性愈来愈增长。我们是洗澡间的奴隶，自动铅笔的奴隶，自动打火机的奴隶，电话的奴隶，无线电的奴隶，如此等等。爱因斯坦决心把这种依赖性减少到最低限度。长发使他免去了经常找理发师的必要性。不穿袜子可以将就。一件皮夹克可以在多年内解决上衣问题。没有吊裤带就像没有睡衣一样可以过得去。爱因斯坦实现了最低限度纲领——鞋、裤子、衬衫和上衣是必需的。进一步压缩似乎就困难了。（*EZ*, pp.244—245）

当然，爱因斯坦的生活方式和生活习惯也与他强烈的社会公正感，无私的奉献精神和博爱情怀，高尚的个人良心和自律精神息息相关。事实上，他每天都在上百次地提醒自己要认识到，他的精神生活和物质生活都依靠着别人的劳动。因而，他一方面下决心尽力加以回报，另一方面强烈地向往俭朴的生活，并且时常觉得自己多占用了同胞的劳动果实而于心不忍（*E*3, p.42）。

三、鞠躬尽瘁，死而后已

（一）

爱因斯坦的思想在其最后十年乃至生命的最后一刻，仍然十分活跃，极其机敏。他继续热爱他的科学工作，对支配宇宙的法则的强烈好奇心和不懈的追求丝毫不见减弱。他一如既往地关注公共事务，随时准备挺身而出，捍卫社会民主和个人自由，防止可能发生的核战争危险。正是这种纯真的爱和天赋的善，使爱因斯坦永葆青春的热情和活力，诚如爱因斯坦 1947 年在一封信中所写的：

你我这种人虽然同所有的人一样到时候都得死亡，但不管我们活多久我们都不会衰老。我是说，在这个我们降生其间的伟大的神秘世界面前，我们永远是充满好奇心的孩子。这就在我们同人世间所有那些不能令人满意的

东西之间隔开了一定的距离。（*RS*, pp.72—73）

毕竟在最后十年里，爱因斯坦的年龄、健康状况、研究的执着以及对科学之外事件的牵挂，都需要他经济地利用自己的时间和精力。他虽说退休了，但还像以往那样保持着简单化的生活秩序。他通常九点钟下楼吃早饭，然后读晨报。大约十点半步行去高级研究所，待一个小时左右回家。爱因斯坦常在午饭后到床上躺几个小时，然后喝杯茶工作，或处理一下信件，或接待来人讨论非个人事务。他在六点半到七点半之间吃晚饭，然后继续工作，有时也听收音机（他家里没有电视机），或接待朋友和来访者。按照常规，他在十一点到十二点之间就寝。每到星期日中午，他便准时收听史密斯（H. K. Smith）的新闻分析广播。在这一小时内，他从不邀请客人。星期日下午他常外出散步，或乘某位朋友的汽车兜风。他很少看戏或听音乐会，几乎不看电影。有时他到物理研究生班去，随和地和年轻人交谈或讨论问题，这使大家肃然起敬。在近七十岁时，他不再拉小提琴，但每天都即兴弹钢琴[73]。他也听从医生劝告，不用可爱的烟斗抽烟了。

六十六岁的爱因斯坦和妹妹玛雅、继女玛戈特、秘书杜卡丝生活在一起（他从 1935 年到逝世一直住在默塞尔街112 号的一幢二层小楼里），杜卡丝照料家中一切事务，从

---

[73] 有人说爱因斯坦六十五岁时放弃了小提琴。据行家说，对于某一年龄的小提琴手，比如说六十岁，就很难演奏好。对于钢琴家来说，则不会发生这种情况。

邮件到一日三餐。直到晚年，爱因斯坦还保持着爱读书的习惯，特别是在玛雅1946年瘫痪卧床期间，他们俩读了不少各个时代最好的书。玛雅喜欢罗素，爱因斯坦也是如此。他认为罗素是语言大师和独立思考的思想家，而且罗素的风格令人赞叹，直到高龄依然像一个调皮的少年。爱因斯坦在生命黄昏时回顾他的读书生活时说，在少年时代以及后来，他对诗歌和小说并不特别感兴趣。部分原因是这些作品的艺术成就往往从他面前溜过，因为主人公的命运强烈地抓住了他的心，因为没有更多地考虑文学作品的艺术技巧。他宁愿阅读研究世界观问题的书籍，首先是叔本华、休谟、马赫以及康德、柏拉图（Plato，约公元前428—前348年）和亚里士多德（Aristotle，公元前384—前322年）等人的哲学著作。爱因斯坦认为，如果文学不能教人诚实地做事，清楚地思考，那么它就没有完成自己的使命。他最喜欢的文艺作品是莎士比亚（W. Shakespeare, 1564—1616）的悲剧和喜剧，海涅和席勒（F. Schiller, 1759—1805）的诗，托尔斯泰（L. Tolstoy, 1828—1910）的《战争与和平》《安娜·卡列尼娜》和《复活》，陀思妥耶夫斯基（F. Dostoyevsky, 1821—1881）的《卡拉玛佐夫兄弟》等。他说过："陀思妥耶夫斯基给予我的东西比任何一个思想家都多，比高斯要多。他在我身上唤起了一种真正的艺术作品才能产生的不可抑止的道德力量。"[74] 他的床头柜上还放着塞万提斯（M. de Cervantes, 1547—1616）的《堂吉诃德》。

---

[74] C. 塞利希：《爱因斯坦》，黑龙江人民出版社（哈尔滨），1979

爱因斯坦晚年很少阅读专业书，经常看的是哲学和政治书籍，如《寄生者阶级的理论》等。他和玛雅也读希罗多德（Herodotus，约公元前 484—前 430/ 前 420 年）的历史著作，弗雷泽（J. G. Frazer, 1854—1941）的十二卷《金枝》，甘地（M. Gandhi, 1869—1948）自传，尼赫鲁（J. Nehru, 1889—1964）文集（这是尼赫鲁在普林斯顿亲自送给他的）。他对收藏不感兴趣，即便是收藏书籍。很少见到这样博学的人，他不把价值与个人拥有的众多的、珍贵的藏书联系起来。报章杂志也引不起他的兴趣，《纽约时报》是手头唯一的报纸，但只是在吃早点时草草浏览一下。他把这种读报法诙谐地称为高血压的"肾上腺素疗法"，以暗示政治家的愚蠢。像爱古典音乐而不大喜欢现代音乐一样，爱因斯坦也爱古典著作。他在 1952 年回答一家报纸的征询时说：

> 我认为，谁要是只看报纸，只在心血来潮时偶尔阅读当代人的著作，他就像一个患深度近视却拒绝戴眼镜的人一样。他就完全处于当代偏见和时髦风气的影响之下，因为其他任何东西他统统听不到，看不见。个人的思维不同别人的思想或感受联系起来，即使在最好的情况下也会是相当贫乏而单调的。思想清晰、风格明朗、鉴别力强的聪明人，每个世纪都为数不多。他们的遗产是人类的宝贵财富。我们应该感谢古代作家，多亏他们，人

年第一版，第 109 页。

类才在中世纪得以逐渐摆脱迷信与愚昧的桎梏，迷信和
愚昧曾使人类在黑暗中生活了五百年。克服当代的孤傲
不会需要比这更长的时间。[75]

爱因斯坦向来不愿把时间花在读那些浅薄媚俗、哗众取宠、
没有深刻内容和思想的书上。据说，爱因斯坦参观南美一家
高度现代化的印刷厂时，厂主希望听到热情的赞语，爱因斯
坦风趣地说："印刷厂妙极了，只是缺少一台阅读这些产品
的机器。"

（二）

在最后十年，物理学仍占据着爱因斯坦。他一心扑在统
一场论上，也深思量子论的基础问题。他对不断发现的基
本粒子似乎未表现出很大兴趣，也许他觉得要理解它们必
须要有深刻的新理论。他一如既往地用他的心智——外加
纸和笔——不停地思索大自然的奥秘。他在写给贝索的信
中风趣地说："由于科学问题这个魔鬼几乎一刻空闲的时
间也不给我留下，以致我因为解决数学上的困难连最后几
颗牙都咬掉了。"（*E*3, p.473）鼓舞他勇往直前的是莱辛
（G. E. Lessing, 1729—1781）的名言："对真理的追求要
比对真理的占有更为可贵。"（*E*1, p.394）他曾毫不吝惜
地自己多次推翻自己辛苦多年建立起来的理论。他对助手施

---

[75] C. 塞利希：《爱因斯坦》，黑龙江人民出版社（哈尔滨），1979
年第一版，第 111 页。

特劳斯说："从事我们这种工作必须有两个条件：孜孜不倦的坚毅精神和随时准备推翻你花费许多时间和心血得来的东西。"[76] 他常劝告助手霍夫曼不要急躁和失望，要有耐心和恒心："世界已经等待这么长时间了，另外几个月不会造成多大差别。"[77] 就这样，爱因斯坦在十年间共发表了八篇关于统一场论的论文，一篇表明自己量子力学观点的论文。他在完成《广义引力论》后于 1949 年 7 月 24 日写信给贝索：

> 经过几年来的努力，我终于找到引力场方程的一种自然的推广，由此我期望，它是一个切实可行的总场理论。但是，要找到有关的积分却很难。因此，我还没有正反两方面的确凿证据。一切迹象都指出今天的数学还做不到这一点。但是，我没有放弃斗争，而是在日日夜夜地折磨自己。
>
> 一个人被工作弄得神魂颠倒直至生命的最后一息，这的确幸运。否则，世人的荒唐和愚蠢，主要在政治上表现出来的荒唐和愚蠢，就会使他痛苦得难以忍受。
>
> （*E3*, p.479）

爱因斯坦没有得到所希望的最终结果，这并不使他感到意外。他多次表明，由于所需要的数学还不存在，可能在相当

---

[76] C. 塞利希：《爱因斯坦》，黑龙江人民出版社（哈尔滨），1979年第一版，第 230 页。

[77] *Some Strangeness in the Proportion*, Edited by H. Woolf, Addison-Wesley Publishing Company, Inc., 1980, p. 476。

长的时间内也难以出现，因而他在有生之年是看不到统一场论的完成了。然而，他丝毫也不怀疑，终极理论是存在的，终究会被人们发现。据杜卡丝回忆，爱因斯坦曾在一次午餐时讲过，一百年后的物理学家会理解他（*SD*, p.575）。

有人问爱因斯坦，对这种希望渺茫的纯理论研究投入毕生精力是否有用，是否值得？爱因斯坦回答说："至少我知道九十九条路不通。我同意成功的机会很小，但是我必须努力下去，这是我的职责。"[78] 也许在爱因斯坦看来，科学的伟大终归不是一个智力问题，它是一个质量问题。过分看重名望，只拣易取得成果的细节问题处理，等于出卖理论物理学的灵魂。他说："你必须找到一个中心问题，然后你必须用尽一切办法追求它，无论困难是什么。尤其是，你必须永远不容许自己被任何其他问题引诱，不管困难如何。"[79] 爱因斯坦的一生，是与艰难困苦做斗争的一生，他的人格也在这种斗争中不断得以升华。他说得好：

> 通向人类的真正的伟大的道路只有一条，那就是历尽艰险苦难的道路。如果这种苦难是囿于世俗传统的社会的盲目和昏庸所造成的话，那么它往往使弱者产生盲目的仇恨，而强者则因此产生高尚的道德力量，这是一种人间罕见的巨大力量。（*RS*, p.76）

---

[78] B. 派克：《爱因斯坦的梦》，易心洁译，湖南师范大学出版社（长沙），1989 年第一版，第 57 页。

[79] *Some Strangeness in the Proportion*, Edited by H. Woolf, Addison-Wesley Publishing Company, Inc. , 1980, p. 482.

对于过去的成就，爱因斯坦总是以谦逊的态度对待它。他甚至认为，骑着瘦马，拿着长矛去保卫相对论，是像堂吉诃德一样的可笑行为。对于未来的真理，他是始终如一地追求的，而不在乎别人的规劝、误解、非议乃至嘲讽，有时仅以适度的幽默打发那些讥笑。在七十岁生日时，他并没有像人们想象的那样以满意的心情回顾一生的成就，而是另有想法：

> 我感到在我的工作中没有任何一个概念会很牢靠地站得住的，我也不能肯定我所走的道路一般是正确的。当代人把我看成是一个邪教徒而同时又是一个反动派，活得太长了，而真正的爱因斯坦早已死了。所有这些都只是短见而已，但是确实有一种不满足的心情发自我自己的内心，这种心情是很自然的，只要一个人是诚实的，是有批判精神的；幽默感和谦虚经常使我们保持一种平衡，即使受到外界的影响也是如此。（E1, p. 485）

（三）

第二次世界大战结束后，爱因斯坦在为争取和平与反对冷战政策，为全面禁止和销毁核武器，为倡导建立世界政府的活动中，都以前所未有的热情担当起主导的责任。1945年12月10日，他就尖锐地指出："战争赢得了，但和平却还没有。"他坚决反对美国对西德的重新武装，告诫人们不要受德国人的眼泪的愚弄。他号召美国科学家以自己良心上的不成文法，拒绝政府的不义要求，乃至运用不合作和罢工的最后的斗争武器。他认为战后的世界是一个不稳定的、危机四伏的时代，需要新的思维方式和国际秩序，因为原子弹摧毁的不只是广岛，而且是我们过时的、落后的政治思想。1946 年 5 月，爱因斯坦采取了一个重大步骤：同意担任新组成的原子能科学家应急委员会主席。该委员会出刊《原子能科学家公报》，告诫世人核战争的极端危险性及其预防办法，这直接导致了 1957 年的帕格沃什会议。爱因斯坦把建立超国家的组织即世界政府视为拯救人类和文明的手段，视为在法律基础上保障各国安全和维护世界和平的工具。世界政府一直是爱因斯坦在国际政治中关心的主题和奋斗的目标，他于 1946 年 5 月 29 日在一次学生集会上说：

> 当前的形势究竟怎样？技术和军事武器的发展所造成的情况可看作地球在变小。各国之间的经济交往使得世界各国比以往任何时候都更为彼此依赖。现在拥有的进攻性武器已使地球上没有一块土地能免遭突然的毁灭。我们生存下去的唯一希望是在于建立一个能用司法裁决各国间争端的世界政府。这种裁决必须依据为各国一致批准的、用精确语言写成的法规来做出。进攻性武器全归世界政府掌管。任何人、任何国家除非赞同一切军事力量都应集中到一个世界政府手中，除非放弃把武力作为保卫自身利益、反对别国的手段，否则都称不上和平主义。（*HPX*, p.53）

在 1940 年代末美国法西斯化的迫害时期和 1950 年代初丑恶的麦卡锡（J. R. McCarthy, 1908—1957）时代[80]，爱因斯坦又顺应历史，成为美国知识分子和公民中的反迫害的斗士和争自由的旗手。他在 1953 年 5 月给一位被传讯的教师的信中指明美国知识分子面临的严重现状：反动政客在公众面前虚晃外来危险，从而逞凶霸道地剥夺人的自由，把不顺从他们的人置于开除公职和饿死的境地。爱因斯坦针锋相对地同这种法西斯行径抗争：

> 为了反对这种罪恶，只居少数的知识分子应当怎么办呢？老实说，我看只有照甘地所主张的那种不合作的革命方法去办。每一个受到传讯的知识分子都应当拒绝作证，也就是说，他必须准备坐牢和准备经济破产，总之他必须准备为他的祖国的文明幸福的利益而牺牲他的个人幸福。（E3, pp.316—317）

---

[80] 自 1947 年以来，随着冷战的日益加剧，美国众议院非美活动委员会、司法委员会国内安全小组委员会和参议院政府工作委员会调查小组委员会的权势大为增强。它们传讯成百上千美国人，其中大多是诸多领域的专家、艺术家和知识分子，盘问他们的政治信仰和社会政治关系。那些认为这些调查是对受宪法第一修正案保护的自由的侵犯，而以此为根据拒绝作答的人，将会因蔑视国会罪而被判处监禁。倘若以宪法第五修正案（证人可拒绝作于己不利的证言）为由拒绝作答，则会被处以罚款。麦卡锡是共和党人参议员，1950 年代初因骇人听闻而又未经证实地指控共产党在政治高层机构中进行颠覆活动而横行一时，掀起了全国性的反共"十字军运动"。爱因斯坦也被麦卡锡分子指控为"美国的敌人""害群之马""颠覆分子"，并险遭法律起诉。

爱因斯坦指出，假如不采取这种严肃的步骤，等待知识分子的只能是被奴役的命运。按照他的一贯看法，"一个天生自由和严谨的人固然可以被消灭，但是这样的人绝不可能被奴役，或者被当作一个盲目的工具听任使唤。"（*E3*, p.292）爱因斯坦是抱定"不自由毋宁死"的态度的，他以嘲讽的口吻在1954年11月发表谈话说：

> 如果我重新是个青年人，并且决定怎样去谋生，那么我绝不想做什么科学家、学者或教师。为了求得在目前环境下还可得到的那一点独立性，我宁愿做一个管子工，或者做一个沿街叫卖的小贩。（*E3*, p.325）

有趣的是，爱因斯坦的信件和谈话发表后，美国管子业工会居然正式通过决议，授予爱因斯坦荣誉会员称号。不用说，它在美国社会和知识界激起了巨大的反响和震动，他也成为美国正直知识分子的精神领袖和象征。1954年5月，爱因斯坦和其他著名科学家发表声明，抗议对奥本海默的政治迫害，他把自己的愤懑之情浓缩在一句话中："对人与人之间相互信任和信赖关系的这种有组织的普遍破坏，乃是对社会所可能发生的最严重打击。"（*HPX*, p.312）

自从与魏茨曼1921年访美时，爱因斯坦就心系犹太人的事业，二战期间犹太人惨遭德国法西斯虐待和屠杀，更激发了他对同胞的情感。他把犹太人说成"我的人民"，把以色列说成"我们"，尽管他也批评以色列政府的某些政策。爱因斯坦年纪越大，他对犹太同胞的感情似乎也越强。他可能从来也没有找到自己真正的家，但是他却找到了自己所属的宗族。当以色列首任总统魏茨曼在 1952 年 11 月 9 日逝世时，以色列政府随即决定邀请爱因斯坦继任总统。在爱因斯坦正式得知这一消息时，他激动地在房间走来走去，同时不停地说："这太棘手，太棘手了。"他想到的不是自己的得失，而是想怎样在不伤害同胞盛情的情况下表明自己的真实想法和立场：

> 我们的以色列国向我提出的建议让我深受感动，但立时使我感到悲哀和惭愧之至，我无法接受他。我一生研究客观事物，因此缺乏做官处理世事的天生才能和经验。单是出于这些原因，我就不适合担当这一高位，即使年事已高没有使我丧失精力。（*HPX*, p.274）

爱因斯坦在做出这一决定时感到苦恼不堪，因为他与犹太人民的关系已成为他的最牢固的人间关系了。他之所以怀着真诚的歉意谢绝邀请，还在于他考虑到，以色列政府或议会一旦做出与他的良心不符的决定，他即使未参与其事也会感到良心不安。年过七旬的老人的理智是多么清醒，道德又是何等健全！

（四）

爱因斯坦既知生，亦知死。他深知生命的意义，追求人生的价值和完美。他在悼念郎之万时说："个人的生命既然是有自然的界线的，使得它在结束时会像一件艺术品那样表现出来，这难道还不能使我们感到一点满足吗？"（E1, p.434）爱因斯坦同样明白，死像生一样，也是天地之常理，"死了也并不坏"（E1, p.381）集中体现了他对死的认识。他以自然的心态领悟死亡的意义，以坦然的情感面对死期的降临，有时还以幽默的口吻与死神开点轻松的玩笑："上帝创造了芸芸众生，并把他们收回——目的在于再创造。"（RS, p.72）他像斯宾诺莎那样严肃地沉思生、对待生，像伊壁鸠鲁（Epicurus，公元前341—前270年）那样达观地理解死、迎接死。在他身上，我们不难窥见中国儒家"游方之内"和道家"游方之外"的生死观的积极因素的完美结合。"吾身听物化，化极事则休。当其未化时，焉能弃所谋。"⑧ 以此概括爱因斯坦对生死的态度，可谓深中肯綮。

　　早在年富力强之时，爱因斯坦就偶尔谈及死亡问题。1917年在柏林，他重病在身，卧床不起。当前来探望的玻恩问他是否怕死时，他心平气和地说："死有什么可怕？我和一切生灵是融为一体的，在无穷无尽的生命之流中个别生灵开始或终了，我觉得都无关宏旨。"⑧2 1930年，有位英国人写信问爱因斯坦一个原先由爱迪生（T. A. Edison, 1847—1931）提出的问题——当你去世前回顾自己一生时，你依据什么判定自己是成功还是失败？——爱因斯坦回信说：

---

⑧ 钱秉镫：《田园杂诗》。

⑧2 这段话在（JNE, p.206），（EZ, p.282）和（C. 塞利希：《爱因斯坦》，黑龙江人民出版社（哈尔滨），1979年第一版，）均出现过，时间和译文不尽一致。此处作者对时间做了订正，对译文做了理性重组。

　　无论在我弥留之际还是在这以前，我都不会问这种问题。大自然并不是工程师或承包商，而我自己则是大自然的一部分。（*RS*, p. 80）

　　在茫茫宇宙之内、芸芸众生之中，个人实在是"寄蜉蝣于天地，渺沧海之一粟"[83]，在时空中显得多么微不足道。正是对自然的谦卑和对众人的谦逊态度，才使爱因斯坦坦然地把死看得无关痛痒。然而，这绝不是对生的冷漠，而是对生的深沉的酷爱。爱因斯坦在1930年代对英费尔德的一次谈话中，就表露出这样的情感："生命——这是一出激动人心的和辉煌壮观的戏剧。我热爱生命。但如果我知道我过三小时就该死了，这不会对我产生多大的影响。我只会想，怎样更好地利用剩下的三小时。然后，我就会收拾好自己的纸张，静静地躺下，死去。"（*EZ*, p. 283）确实，生命和人类在地球上出现，本来就是极其偶然的现象；特定的个人来到这个世界，也同样是极为偶然的，况且人的一生还要经受不知多少磨难。因此，我们没有理由不珍惜生命，没有理由在有生之年不让生命放射出人所独有的理性的光华。爱因斯坦1939年发表的下述言论恰好体现了这种进取精神："人生是一种冒险，生命必须永远从死亡中夺取。"（*HPS*, p. 369）

　　年过花甲之时，爱因斯坦逐渐感到老之将至。这种感觉越来越频繁地冒出来，随后又平息下去。他在1944年对同有此感的玻恩写信说："我们毕竟能够平静地接受自然的安

───────

[83] 苏轼：《前赤壁赋》。

排，让我们渐渐地化为尘土，如果自然不喜采取更快一点的办法的话。"（*E*1, p.414）其后，在爱因斯坦生活中发生了一连串的事件：1948年8月，前妻米列娃在苏黎世病故；1948年12月，他做了剖腹手术，在腹部主动脉中发现肿瘤；1951年6月，妹妹玛雅在多年瘫痪后辞世。这一切不能不给他带来丝丝忧伤。在手术一年半后，他腹部的主动脉瘤还在生长。爱因斯坦已经十分明白，他在世上的日子不会很长了，遂于1950年3月18日立下遗嘱。他像以往那样继续平静地干手头的事情，微笑着等待安息之日的来临。他在1952年7月写信给老友贝索说：

> 个人的生命，连同他的种种忧患和要解决的问题，有一个了结，到底是一件好事。本能使人不愿接受这种解脱，但理智却使人赞成它。捏造死后还有个人生命的迷信的人该多么悲惨可怜！（*E*3, p.492）

垂暮之年的爱因斯坦似乎更能超脱、冷静、客观、长远地看待人事了。他在1953年1月向比利时伊丽莎白王后谈了他的体悟和感受，值得人们仔细回味："令人奇怪的是，随着人变得越来越老，一个人对眼前事物的亲密感渐渐失去；人仿佛趋于无穷，多多少少有点孤独，既不再抱有希望，也不再感到恐惧，只是冷眼旁观着。"（*HPX*, p.294）九个月后，他在向一位询问者谈及人对死的恐惧时说：

> 恐惧地想到人的生命的终结对于人这个存在物来说是有

趣的平凡事。它是大自然用来保存物种生命的手段之一。理性地看待，这种恐惧是所有恐惧中最没有理由加以辩护的，因为对于已死的或者还没有出生的人来说，这里不存在任何偶然事故的危险。一句话，恐惧是愚蠢的，除非它不能被阻止。[84]

爱因斯坦在这里借用了伊壁鸠鲁有名的反对恐惧死亡的理由：我们活着时，死亡尚未来临；死亡来临时，我们已经不存在了[85]。这个论据的惊人力量，被像爱因斯坦这样的以超个人内容充实生命的人所理解、所感受、所实行。而且，爱因斯坦还从科学家的广阔视野为它补充了新的含义：死亡体现了物质之不灭并造就了生命之永恒。

（五）

1954 年秋，死亡向爱因斯坦逼近了，死神向爱因斯坦招手了。他好几个星期一直卧床不起，每当稍有好转，他就继续从事他的科学工作，关注人们向他提出的许多要求。他几乎不能接见来访者，从信中偶尔提及的话题中，可以看出他时常经受着身体的不适和巨大的病痛。1955 年年初，他感到稍好一些，又恢复了正常工作。在生命的最后三四个月中，他的思想还像以往那样明晰、透彻和敏锐；直到生命的最后

---

[84] B. Hoffmann, *Albert Einstein, Creator and Rebel*, The Viking Press, New York, 1972, p. 261.

[85] 苗力田主编：《古希腊哲学》，中国人民大学出版社（北京），1989 年第一版，第 647 页。

一刻，他还保持着对科学工作和非科学事务的高度关注。请看这位年近耄耋之年，濒临谢世之时的智者和仁者的生命之旅吧！

1月2日，他写信给比利时伊丽莎白王后，感谢她的新年问候。他在信中对美国推行"新殖民主义"，"竭尽全力重新武装德国"表示忧虑和谴责，对"人类在政治事件中的健忘症"感到"吃惊"。他同时附带说，随着自己阅历的增长，他对德国物理学家和启蒙思想家利希滕贝格（G. C. Lichtenberg, 1742—1799）的印象"越来越深"，并"认为谁也没有他那样敏锐"（*HPX*, p.323）。

1月4日，他写信给以色列犹太人代理处的一位著名人士。信中指出："我们（以色列国）对东西方之间的国际对抗必须采取中立政策。……这一政策的最重要一点是，我们必须不断表明我们要为生活在我们之中的阿拉伯公民建立完全的平等，理解他们当前处境中的固有困难。……我们对待阿拉伯少数民族的态度对我们作为一个民族的道德水平来说是一个真正的检验。"（*HPX*, pp.349—350）

2月至4月间，他与罗素（以及玻尔）数次通信，商讨反对核战争、保卫世界和平的声明的起草问题。

2月5日，他写信给一位英国朋友，最后一次郑重地陈述了他对死亡的态度：

> 对于垂暮之年的人来说，死亡的降临犹如一次解放。此种心情日益强烈，因为我已到日薄西山之时。死亡恰如陈年旧账，到时终需还清。不过，人们本能地尽一切可

能来推迟偿还这笔最后的债务。这正是大自然嘲弄我们的游戏。对此我们尽可以一笑置之，任其自然，但却摆脱不了这本能的制约[86]。

据说，在临终前几周，他还对死亡这样的严肃问题保持着可爱的幽默。一位医生朋友从柏林赶来看望他，送给他一条精制的雪茄。他微笑着对客人说："我的上帝，我得快点吸这些雪茄，以便在死前把它们享用净光！"[87]

2月15日，他应邀写信给比利时一个知识分子组织的发起人，念念不忘他终生倡导的世界政府主张："除非建立起一个由所有国家组成的、拥有做出并实施必要决定的充分权力的组织，要想消除战争是不可能的。"（*HPX*, p.325）

2月21日，他在答复一位不明白个人良心应高于现有法律这一纽伦堡原则的普通询问者时，重申了他的一贯信念：就是冒着受惩罚的危险，个人也有权力遵循自己的良心。因为"盲目服从那些我们认为是不道德的国家法律，只会阻碍人们为改善这些不道德的法律而进行的斗争。"（*HPX*, p.326）

2月28日，他复信给一位法国历史学家，指出"恐惧、仇恨和微不足道的个人利害关系支配着每一个人的行动，驱使各个国家和人民（包括科学家）走上灾难。"他针对来信者

---

[86] J. 伯恩斯坦：《阿尔伯特·爱因斯坦》，高耘田等译，科学出版社（北京），1980年第一版，第216页。

[87] P. A. Bucky，*The Private Albert Einstein*, A Universal Press Syndicate Company, Kansas City, 1993, p.157.

的有关询问解释说：在 1905 年还预料不到使"链式反应"得
以实现的条件，也没有最微弱的技术应用的苗头。"即使有了
这种知识，而企图把这个从狭义相对论得出的特殊结论隐瞒起
来，那也是荒谬的。理论一旦存在，结论也就存在，就无法把
它隐瞒起来，不论多长时间都不行。"（E3, pp.330—331）

3 月，他应邀为庆祝母校苏黎世综合工大成立一百周年
撰写回忆录《自述片段》。他在其中回顾了大学时代的学习
和生活以及与格罗斯曼的深厚友谊，末尾谈到统一场论：

> 最近十年终于找到一个在我看来是自然而又富有希望的
> 理论。不过，我还是不能确信，我自己是否应当认为这
> 个理论在物理学上是极有价值的；这是由于这个理论是
> 以目前还不能克服的数学困难为基础的，而这种困难凡
> 是应用任何非线性场论都会出现。此外，看来完全值得
> 怀疑的是，一种场论是否能够解释物质的原子结构和辐
> 射以及量子现象。大多数物理学家都是不加思索地用一
> 个有把握的"否"字来回答，因为他们相信，量子问题
> 在原则上要用另一类方法来解决。问题究竟怎样，我
> 们想起莱辛的鼓舞人心的言辞：为寻求真理的努力所
> 付出的代价，总是比不担风险地占有它要高昂得多。
> （E1, pp.49—50）

3 月 8 日，他在给一位印度朋友的信中，讨论了以色列
和阿拉伯之间"经常存在的紧张局势"。他揭示出，紧张的
原因在于双方的"民族主义态度"，在于美国新政府为了自

己的"帝国主义和军国主义的利益"（*E3*, p.334）。

3月11日，他最后一次去信给比利时王后，除了谈到严重的军事冲突将必然导致全球毁灭的话题外，他还这样清醒而谦逊地写道：

> 我必须承认，我为人们对我一生工作做夸大的评价感到不安。我感到不得不把自己看成是一个不自觉的骗子。倘若人们这样做，只会把事情弄糟。（*HPX*, p.327）

3月19日，他写信给劳厄说：要是他不担忧希特勒有可能首先拥有原子弹，他和西拉德都决不会插手打开潘多拉盒子，因为他对各国政府的不信任不仅仅限于德国政府（*E3*, p.335）。他在此之前（2月间）还就纪念光量子和狭义相对论五十周年的邀请函致劳厄："年龄和疾病不能使我参加这一个活动；但是我也应该指出，这是上帝的旨意带给我的一点自由。因为我一向厌恶形形色色的个人崇拜。"[88]

3月21日，他在悼念贝索的信中回顾了与贝索的莫逆之交，赞赏贝索"和谐生活的天赋和敏锐的才智""兼而有之"。他接着写道。

现在，他又一次比我先行一步，离开了这个离奇的世

---

[88] F. 赫尔内克：《原子时代的先驱者》，徐新民等译，科学技术文献出版社（北京），1981年第一版，页201。在（*RS*, p.88）中，最后一句话是这样的："因为任何同个人崇拜沾上一点点边的东西对我来说都是难以忍受的。"

界。这没有什么意义。对于我们有信念的物理学家来说，过去、现在和未来之间的分别只不过有一种幻觉的意义而已，尽管这种幻觉很顽强。（*E*3, p.507）

4月初，他被请求就一本宣传"现世普救说"的书发表评论说："人类倘能照你所说的那样行事，那他们真是不幸。可惜，他们不会这样做，正如老虎不可能变成食草动物一样。不过，只要我们醒着，我们就必须尽力去做做不到的事。"（*HPX*, p.331）

4月3日，他就科学史同科学史家科恩（I. B. Cohen）进行了范围广泛、内容新颖的谈话。主要涉及：科学、科学史和科学哲学的关系；人的高贵质量能够超脱时代的激情；对优先权问题的正确态度；文献证明的历史和直觉的历史；科学家的传记；世纪之交关于分子存在的争论；对开普勒、伽利略、牛顿、富兰克林（B. Franklin, 1706—1790）、马赫、洛伦兹等人的评价。他最后说：20世纪初只有少数几个科学家具有哲学头脑，而今天的物理学家全是哲学家，不过"他们都倾向于坏的哲学"。（*E*1, pp.619—628）

4月4日，他就纪念以色列独立周年发表讲演一事的请求，答复以色列驻纽约总领事。他认为此时以以色列的文化和科学发展为题讲演显得不那么贴切，讲话应该试图对政治形势做出估量，并就西方国家的以色列和阿拉伯政策作某种批判性分析（*HPX*, pp.350—351）。

4月5日，他就自己以及世界联邦主义者联盟成员被指控为"颠覆分子"，做了针锋相对地回答："只有通过创建一种超国家的组织，才能够避免普遍毁灭的危险。凡是企图妨碍或者阻止这种非常急需的新事物出现的，倒真是名副其实的'颠覆分子'。"（*E*3, p.337）

4月11日，他尽管觉得不很舒服，但还是致信罗素并在和平声明上签名。这是他一生最后的签名。同日，他还在家中会见了以色列大使和领事，商讨讲稿的内容。尔后，他立即着手起草稿件，准备在广播电视网上播放。

4月13日，他感到需要就讲稿做进一步商讨，于是振作精神，再次会见领事。在会见结束两小时后，病魔给他以致命的打击，他从此一病不起。在生命的最后四天里，他吩咐把会谈笔记放在床边，想继续写下去，不幸只留下了未完成的稿纸（*HPX*, pp.352—353）。他在遗稿中说："我要做的只是以我微薄的能力不惜讨人厌也要致力于真理和正义。"他认为，不能把解决以色列和埃及之间的冲突看成是无足轻重的小问题。他说：

> 在真理和正义问题上，无所谓大小之分，因为决定着人们行为的普遍原则是不可分的。在小问题上对真理漫不经心的人，在重大问题上就不能予以信赖。

他一针见血地指出，"两大敌对阵营"即"共产主义世界以及所谓的自由世界"的冲突之本质，只不过是"以半宗教面貌出现"的"老式的权力之争"。他告诫人们：原子武器的发展"使这种权力之争带有幽灵般的特征"，它若恶化为真正的战争，"人类注定要毁灭"。只有实行"超国家的安全方针"，才有希望带来和平。当他写到"政治狂热一旦被煽动起来，就会使受害者……"时，他的那只写下了无数改变世界的文字的手垂了下去，再也无力写出改变这个世界的思想了。

就在 4 月 13 日下午，他的主动脉瘤已经扩散，外壁已经破裂，几位医生先后赶到家里会诊。

4 月 14 日，他问医生临终是否很痛苦。医生告诉他说，或许没有什么痛苦，或许要痛苦几分钟、几小时或几天。在疼痛折磨时，他很坚强。他对前来看望他的人说："我在最后时刻里所经受的，不是人所能忍耐的——我也许再也不能忍受了。"（*JNE*, p.234）但是，即使在最痛苦时，他也不让医生注射吗啡，坚决拒绝一切外科手术，还劝周围的人不要心烦意乱和悲伤。他说："我想去的时候就去了，用人工方法延长寿命实在没有意思。我已尽到自己的责任，是我去的时候了，我将平静地等待死神。"（*SD*, p.583）

4 月 15 日，他感到极度痛苦，被转到普林斯顿医院。人们通知远在伯克利的儿子汉斯。

4 月 16 日，他索要他的眼镜想看东西。下午，汉斯赶到，和他待在一起，他显得十分高兴。

4 月 17 日，他打电话给杜卡丝，索要前几天未写完的讲稿和笔记本，以及他的计算手稿和图表，以便病情好转时继续他的工作。对于把科学视为生命，把生与死的区别看作能否搞物理学的他来说，这一切显得那么自然，那么平常。他的女儿玛戈特住在同一医院，坐着轮椅前来探望他。晚上，他睡得很安详。

4 月 18 日凌晨 1 时 10 分，护士小姐注意到他呼吸有些异常，赶忙叫来另一位护士帮他卷起床头。帮忙的护士刚刚离开，他含含糊糊地说着德国话。不一会，他深深地呼吸了两下，便溘然长逝了。时值 1 时 15 分[89]。

即使在心脏搏动的瞬间，爱因斯坦的整个身心还迸发出一股内在的力量——这是他的生命的最后两秒钟！

上午 8 时，消息公布了。那天早晨，医生做了尸体解剖[90]，证明死因确是主动脉大破裂，即便动手术挽救也无济于事。下午 2 时，遗体被运往普林斯顿马瑟殡仪馆，三十分钟后转运到特伦顿的尤因火葬场。

按照爱因斯坦生前要求，他去世后不举行任何宗教的和官方的殡葬仪式，不摆花圈花卉，不奏哀乐，不建坟墓，不立纪念碑，骨灰秘密撒放，以免时人和后人前往凭吊、瞻仰和朝圣。爱因斯坦的丧葬十分简朴，在场的仅有十二个最亲近的人。在特伦顿的小教堂里，深沉的寂静只有一次被打破。爱因斯坦的遗嘱执行人之一、国民经济学家纳坦（O. Nathan）走到灵柩前，讲了几句话作为悼念，结束时吟诵了歌德 1805 年为悼念席勒而写的《席勒之钟的跋》：

我们全都获益不浅，

---

[89] 此处采用（SD, p.584）中的资料。C. 塞利希说是 1 时 25 分（JNE, p.233）；T. 费里斯（Ferris）说在 1 时 45 分，参见《科学与哲学》（北京），1984 年第 6 期，第 45 页。

[90] 爱因斯坦 1954 年 8 月 12 日赞同，死后献出遗体作医学研究之用。他的一部分大脑现存密苏里州的韦斯顿。

全世界都感谢他的教诲；

那专属他个人的东西，

早已传遍广大人群。

他像行将陨灭的彗星，光华四射，

把无数的光芒同他的光芒永相联结。

四、功德不朽，惠泽千秋

爱因斯坦生也平凡而伟大，死也伟大而平凡。可以毫不夸张地说，像他这样一个伟大而平凡的人，的确是"前不见古人，后不见来者"[91]的。罗素说得好：

> 爱因斯坦是一位异乎寻常地令人满意的人。他不管他的天才和名望，行为举止总是十分简朴，也从不要求任何特权。我相信，他的工作和小提琴给他带来了莫大的幸福，但是他的广泛的同情心和对人类命运的关切妨碍了他获得更多的宁静。在他身上，我从未发现一星半点虚荣或嫉妒，即使像牛顿和莱布尼兹这样伟大的人物也沾染了这些毛病。爱因斯坦毕生都关怀个人和个人自由。他本人表现出了他的环境所需要的全部勇气，……他不仅是一位伟大的科学家，而且也是一个伟大的人——有自知之明的和问心无愧的人。（HPS, p.13）

---

[91] 陈子昂：《登幽州台歌》。

作为二十世纪最伟大的科学家、思想家和人，爱因斯坦的科学贡献、哲学思想和道德人格都具有"一种普遍的、非私人的、超私人的生命"[92]，因而是永垂不朽的。它们不仅不随个人的去世而消亡，而且还将随着时间的推移而发扬光大，惠泽千秋。

（一）

在遗留的传记手稿中，爱因斯坦这样概括他一生的主要科学工作："同时间、空间、引力、质量和能量等价新观念相联系的相对论的创立。统一场论（未完成）。对发展量子论的贡献。"[93] 巴格曼把爱因斯坦的科学贡献归结为三大方面：相对论（狭义相对论，广义相对论，关于广义相对论的进一步的工作即宇宙学、运动问题、统一场论）；量子论；物质的动力学理论或统计力学[94]。

相对论无疑是爱因斯坦最重要的贡献，而且可以说是他独自一人的贡献。但是，爱因斯坦的贡献是广泛的。从 1905 年到 1916 年间，他大约发表了六十篇文章，绝大多数都不是关于相对论的，而是光化学、比热、气体量子统计、磁

---

[92] E. 马赫：《感觉的分析》，洪谦等译，商务印书馆（北京），1986 年第二版，第 19 页。

[93] F. 赫尔内克：《原子时代的先驱者》，徐新民等译，科学技术文献出版社（北京），1981 年第一版，第 201 页。

[94] A. Einstein ，*Ideas and Opinions*, Edited by Carl Seelig ，New Tran-slations and Revisions, By S. Bargmann ，Crown Publishers, Inc. ，New

York, 1982, pp. 217—220.

力学效应等课题的论文。从 1916 年起，他还一直在研究光量子理论。爱因斯坦一生共发表三百五十篇论文，除相对论外，还涉及热力学与统计物理、量子论、光学、电动力学、量子统计等[95]。量子也是他的守护神，他有意识地思考了五十年。他有一次对斯特恩说过："我思考量子问题比思考广义相对论多一百倍。"佩斯中肯地评价说："爱因斯坦不仅是量子理论的三位教父之一，而且也是波动力学的唯一教父。"[96]（SD, pp.6, 538）佩斯用一句话勾勒出爱因斯坦的科学传记：在懂得怎样去创造不变性原理和利用统计涨落方面，他的高明是空前绝后的。他还用下图对爱因斯坦的科学工作做了高度概括的总结：

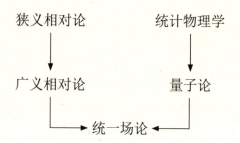

相对论的基本内容可以概述如下：（1）对于所有惯性系而言，不仅牛顿定律同样可靠，而且麦克斯韦电磁场方程

[95] R. 瑞斯尼克：《对爱因斯坦的一些误解》，《世界科学》（上海），1981 年第 6 期，第 46—48 页。

[96] 量子理论的另外两位教父是普朗克和玻尔。波动力学的发展路线是由爱因斯坦的波粒二象性，经德布罗意的物质波，到薛定谔的波动力学。参见 [34] 中的第一个文献，第 189—252 页。

同样可靠（以及电场和磁场具有本质上的同一性）。光相对于所有匀速直线运动的观察者而言不变，是讯号及相互作用传递的极限速度。借助洛伦兹变换，随之而来的是空间和时间测量的相对化，进而其坐标成为四维空时连续统。（2）方程 $E=mc^2$ 把原先不同的质量和能量概念联系起来，把质量守恒定律和能量守恒定律统一起来，揭示出质量和能量的等价性。（3）空时连续统的曲率以下述方式由质量和能量决定：度规（坐标作为无物理意义的数）在我们看来似乎变成物质——能量和引力场的表示，从而取消了惯性系和空时作为物理描述的特殊角色。

空间——时间未必能被看作是一种可以离开物理实在的实际客体而独立存在的东西。物理客体不是在空间之中，而是这些客体有着空间的广延。因此，"空虚空间"这概念就失去了它的意义。（$E1$, p.560）

（4）世界在空间上是有限的连续统，它符合非欧几何学并具有增长的半径。

仔细推敲一下相对论的内涵和外延，人们不难发现以下有启发性的看法：（1）在相对论中，物理学定律或方程都是协变的，或者说它们的数学形式是不变的。（2）一切坐标系都是平权的，没有所谓的"优越的"参照系。（3）相对论的主要之点不在于强调测量数值依观察者而变的相对效应，而在于强调物理定律的绝对性（或不变性），在这种意义上也可称其为"绝对论"。（4）广义相对论是一头"巨兽"，其包容量及潜能很大，也许人们至今只窥见它的一鳞半爪；被爱因斯坦后来称为"儿戏"的狭义相对论只是它的极限形式（在引力场为零或无限小区域的情况下）。（5）相对论是用探索性的演绎法得到的高度公理化的理论，也即是原理理论。它在逻辑上是极其完整的，要对它进行修改而不摧毁其整个结构是不行的。（6）相对论是一种物理学几何化和几何学物理化的理论，它削弱乃至消除了动力学的痕迹：物体在引力场中的受迫运动变成了度规空间中的自由运动（沿短程线）。（7）相对论无疑变革了古典物理学的诸多基本观念，但不能错误地把它看作是与古典物理学的思想方式截然不同的思想方式，比如它从后者那里继承了以可分离性为特征的因果性思想。爱因斯坦本人在 1929 年谈及相对论的特点时说：

> 把广义相对论尤其是相对论的第三阶段即统一场论同其他物理学理论区别开来的特点就是：形式推理的任意成分最小，经验基础狭窄，理论结构的彻底性质，最后还有对自然之谜的统一性和理智能够认识它们的坚定信心。其中还有一个特点，倾向于实在论和实证论的物理学家认为是一个弱点；但是，对进行推理的理性来说，数学是一个非常吸引人的甚至是诱惑人的特点。（*EZ*, p.480）

爱因斯坦对热力学、统计力学和分子运动论的研究是从 1900 年的处女作开始，延续了二十五年，共写了将近四十篇论文。他在《自述》中回顾说："在不知道玻耳兹曼和吉布斯的已经发表而且事实上已经把问题彻底解决了的早期研究工作的情况下，我发展了统计力学，以及以此为基础的热力学的分子运动论。在这里我的主要目的是要找到一些事实，尽可能地确证那些确定的有限大小的原子存在。"（$E1$, p. 21）爱因斯坦是就 1905 年之前的三篇论文而言的，尽管如此它们还是包含有涨落理论的萌芽。在 1905 年至 1925 年，他把应用涨落理论的技巧运用到炉火纯青和无与伦比的地步，从而做出了开创性的贡献，例如对布朗运动的处理就是如此。

更为新奇的是，爱因斯坦把统计思想应用到量子物理学，他的光量子假设就是用统计论证得出的。事实上可以说，他对量子论的所有主要贡献都来自统计力学，其中包括比热、波粒二象性、光子、自发和受激辐射、黑体辐射公式的新推导，以及最后于 1925 年从统计涨落分析中得出的波和物质缔合的独立论证和玻色—爱因斯坦凝聚。

在量子论领域，爱因斯坦除本人直接做出的前述诸种贡献外，通过德布罗意和薛定谔，他自己的相对论和量子论的新颖思想还导致了波动力学的建立。尤其值得注意的是，他对哥本哈根学派有重大的思想影响。玻尔 1913 年的原子结构理论中的电子跃迁，就受到爱因斯坦光子概念的启发，他的互补性观念也是以波粒二象性作为现象基础的。玻恩说，他的概率诠释是直接把爱因斯坦的思想（光波的振幅被解释为光子出现的概率密度）推广到波函数而得出的。海森伯（W. K. Heisenberg, 1901—1976）承认，爱因斯坦的"正是理论决定我们能够观察到的东西"（$E1$, p.211）的意见，启发他在 1927 年提出不确定关系（测不准关系）。另外，爱因斯坦对量子论基础的深邃洞察和批判性分析，也从对立面激励了量子力学的发展。有人认为，若从直接到间接，从正面到反面统而观之，爱因斯坦的贡献不亚于哥本哈根学派这个丰功盛烈的量子物理学家群体[97]。

对于量子论或量子力学，爱因斯坦持有一种在鉴赏中反思，在肯定中批评的态度——在现实与理想之间保持必要的张力的态度。他赞美德布罗意的物质波思想"已揭开了巨大帷幕的一角"。他诙谐地称颂海森伯的矩阵力学"下了一个大量子蛋"。狄拉克的体系逻辑"完美"，数学结构"完整"，是个"美妙的结果"。[98]他惊叹玻尔半量子化的原子结构理论的发现是"一个奇迹"，是"思想领域中最高的音乐神韵"（$E1$, p.21）。他褒扬海森伯、玻恩、约尔丹（P. Jordan, 1902—1980）关于量子态的理论"极其巧妙，极其复杂"，"真是魔术一般的计算"（$E3$, p.453）。他多次重申量子力学"巧妙而且非常成功"（$E1$, p.23），"标志着物理知识中的一个重大的进步"，"甚至是决定性的进步"（$E1$, p.447），是一条漂亮的"捷径"（$E1$, p.531）；因为量子力学"对微观力学过程的量子特征方面的经验提供了一个统一的理解"，"具有贯彻一致的逻

---

[97] 沈葹：《思想领域中最高的音乐神韵》，《世界科学》（上海），1995 年第 6 期，第 1—6 页。
[98] 沈葹：《思想领域中最高的音乐神韵》，《世界科学》（上海），1995 年第 6 期，第 1—6 页。

辑形式"（*E*1, p.36），其"数学形式体系是无可怀疑的"
（*E*1, p.591）；　即使对于他"并不认真相信"的量子力学
的统计处理，他也承认它"有相当程度的有效性"，以及
"对于现存形式体系这个框架的必要性"（*E*1, p.436）。

但是，在对量子力学的概念基础、方法、诠释和地位的
评价上，爱因斯坦则与主流的哥本哈根学派大相径庭。他多
次强调，现存的理论是暂时的、过渡的、权宜之计的、非原
则性的、表面的、不成熟的、不能令人满意的，因为它对物
理实在的描述是不完备的，对基元过程缺乏理解。他明确指
出，量子力学既不能构成现有理论的坚实基础，也不能作为
新理论的出发点，它不是一种根本性的、终极的理论，"它
并没有接触到事物的究竟，我决不相信它构成真正的自然
观"（*E*3, p.383）。对于信守斯宾诺莎的决定论（首先是对
秩序与和谐的信念）的世界而坚信"上帝不掷骰子"的爱因
斯坦来说，他尖锐地批评量子力学是"逃入统计学"的"遁
词"，是物理学"死亡的末日"[99]；批评玻尔及其伙伴这些
"极端智力偏执狂用不连贯的思想元素编造的迷幻体系"，
"正在同实在玩着何等危险的游戏"[100]。为此，爱因斯坦和
玻尔进行了长达三十余年的争论。无论就争论者之伟大，争
论时间之久，争论问题之艰深和奥妙，争论气氛之真挚，在

---

[99] A. Fine, Einstein's Interpretations of the Quantum Theory, *Science in Context*, 6 （1993），pp.257—273.

[100] N. Maxwell, Induction and Scientific Realism: Einstein Versus van Fraassen, Part Three, *Brit. J. Phil. Sci.*, 44 （1993），pp.275—305.

物理学史上都是绝无仅有的[101]。

对于爱因斯坦的这种"张力"态度，英费尔德似乎有点不解地问爱因斯坦："你为什么这样不赞成地看待量子论及其发展？当时毕竟是你自己的工作使之充满活力的。"爱因斯坦回答说："是的，我可以开始它，但是我认为这些观念是暂时的。我从未设想其他人会比我更为认真地采纳它们。"有时他则以淡淡的口吻说："好玩笑不应过于频繁地开。"[102]原来，爱因斯坦是在统一场论的框架内深入思考量子问题的：他的统一场论不仅要把万有引力和电磁力结合起来，而且要作为量子现象诠释的基础；"统计性的量子理论，在未来物理学的框架里，就会占有一种类似统计力学在古典力学框架里的地位"（E1, p.468）。因此，他对哥本哈根学派"全都试图以过于低廉的代价来得到他们的结果"（E1, p.562）不以为然，"要用这种〔统计〕办法使人们的科学良心平静下来，那是太廉价了"（E1, p.603）。在爱因斯坦看来，科学的道路漫长而崎岖，"我们离开拥有一种合理的并符合事实的关于光和物质的理论还远得很！"（E3, p.496）他在1951年深有体悟地说：

> 整整五十年的自觉思考没有使我更接近于解答"光量子是什么"这个问题。的确，现在每一个无赖都相信，他

---

[101] 这方面的文献浩如烟海，实在无法一一列举。

[102] P. K. Feyerahend , *Problems of Empiricism, Philosophical Papers*, Volume 2, Cambridge University Press, 1981, p.98.

懂得它，可是他在欺骗他自己。（*E*3, p.485）

爱因斯坦认为科学是原则性问题，在原则性问题上是不能妥协，不能搞绥靖哲学的，他单枪匹马地苦思和论战，走着与众不同的道路。对此，玻恩深感遗憾地说："我们中很多人都认为这是一个悲剧——对他而言，他一个人在孤独之中摸索着自己的道路；而我们，却失去了导师和旗手。"[103]而爱因斯坦则自信，他的本能的态度是正确的，并不是衰老的表现，有朝一日人们肯定会明白这一点，一定会发现一种更加明确的基础（*E*1, pp.415, 564）。因此，面对一片反对和怨恨之声，他则自嘲为"异端""邪教徒""反动派""守旧的老古董""死不改悔的老罪人"。他在 1954 年以恰到好处的幽默嘲解说："看来为了不看到邪恶的量子，我必须像鸵鸟一样，永远把头埋在相对论的沙子里。"[104]不管怎样，他对科学始终是一丝不苟的、极其负责的：

说到头，要对我们自己吹起来的肥皂泡负责，这似乎是我们的命运。这很可能就是那个"不掷骰子的上帝"所设计的，他使我受到那么厉害的怨恨，这种怨恨不仅存

---

[103] M. J. 克莱因：《爱因斯坦》，素月译，《科学与哲学》（北京），1980 年第 1、2 辑，第 82—131 页。但是，法因的看法与此不同。他说：爱因斯坦"不仅是新量子理论的批评家，而且也是指出更好的物理学道路的指导者。"

[104] B. 派克：《爱因斯坦的梦》，易心洁译，湖南师范大学出版社（长沙），1989 年第一版，第 57 页。

在于量子理论家中间，也存在于无神论教会的忠实信徒
中间。[105]（*E*1, p.600）

　关于爱因斯坦对量子论的批评立场以及他与玻尔的意义
深远的争论，评者蜂起，众说纷纭。但是，我以为，爱因斯
坦的观点是值得高度尊重的，杨振宁和狄拉克的下述评论也
是值得认真看待的。杨振宁说："无疑在爱因斯坦和玻尔之
间那场著名的争论中，爱因斯坦没有取得胜利，因为爱因斯
坦提到玻尔面前的所有问题都被成功地驳倒了。尽管这样，
在量子力学中仍有某些严重的不安稳之处，而我也赞同爱因
斯坦的意见，即对这个问题我们还没有听到最终的结论。换
句话说，我相信这个结论将具有更为精致、更为复杂的性
质……"[106]狄拉克在耶路撒冷纪念爱因斯坦一百周年诞辰的
学术讨论会上预言：

　看来量子力学不是最后形式，要做些改变。终有一天，
　我们会有相对论性量子力学发明出来。在新的理论中

---

[105] 本句中的"肥皂泡"一语，可能是爱因斯坦读叔本华下述言论后
的启示："我们在死神降临之前，还是竭尽全力怀着满腔热忱来延年
益寿，企求长命百岁；这就像吹肥皂泡，尽管明知必破无疑，却总想
尽力而为地吹多些，吹大些。"爱因斯坦关于物理学家本人"最晓得，
也最确切地感觉到鞋子究竟是在哪里夹脚的"（*E*1, p.341）的比喻也
可能来自叔本华。

[106] 《杨振宁讲演集》，宁治平等编，南开大学出版社（天津），1989
年第一版，第399页。

根本没有所出现的无穷大，其中蕴涵着爱因斯坦所要求的决定论。引进决定论就要牺牲现在某些科学家的一些见解。在迄今这长距离赛跑中，爱因斯坦将被证明是正确的。[107]

近年有人通过分析表明，玻尔的互补原理的机智辩术即"不可避免性"论据，只不过是量子力学图式的一致性论据。就经典的情况而言，该推理是不正确的；就量子的情况而言，它是循环的。爱因斯坦抵制玻尔的推理以及反对哥本哈根诠释是合理的，而不是保守的立场[108]。

不管未来的事态如何发展（混沌学及非线性科学的研究使未来的前景更显得扑朔迷离），有一点可以肯定，爱因斯坦的观点和立场绝不是复古主义，而是对量子论的非最终性质的不满，是对更普遍的统一理论的追求。爱因斯坦比他的同行们更早、更清楚地看到，量子论比相对论更严重地偏离了古典物理学的概念框架，必须建立一个全新的框架，才能恰当地理解它。针对"僵硬地墨守古典理论"的责难，爱因斯坦申辩说，"古典理论"究竟指的是什么，绝不是一目了然的；况且并没有由已有的理论生长出严整的、原则上完备的理论，并没有严格意义上的古典场论（*E*1, pp. 471—472）。在这种情况下，爱因斯坦坚持在科学中行之有效的

---

[107] R. 瑞斯尼克：《对爱因斯坦的一些误解》，《世界科学》（上海），1981 年第 6 期，第 46—48 页。

[108] M. Beller, Einstein and Bohr's Rhetoric of Complementarity, *Science in Context*, 6（1993）, pp. 241—255.

因果性和决定论这样的科学传统、科学信念或科学基旨，怎么能说是复古主义呢？何况爱因斯坦把可分离性作为因果性的新因素和实在论的理论的标志，何况他甚至考虑到抛弃空时连续统描述而代之以代数框架[109]！由此也可以看到，为理解外部世界需要自由地选择形而上学和科学概念，在爱因斯坦批评量子力学中起了关键性的作用。此外，在人们的心目中，玻尔似乎是突破古典理论的英雄。但是有人研究指出，就玻尔的物理学哲学而言，经典概念的学说比互补性学说更根本[110]。

事实上，爱因斯坦并不是以经典理论为基础的，而是从零开始的。他早就看到，单个体系的完备描述"不能在经典力学的概念框架内得到"，统计的量子论也未做到这一点。

---

[109] J. Stachel, The Other Einstein: Einstein Contra Field Theory, *Science in Context*, 6 （1993）, pp. 275—290. 至少在一次通信中，爱因斯坦较为详细地涉及这样的纯代数物理学的本性："可供选择的连续—不连续在我看来似乎是实在的二者择一的选择，即这里没有妥协。所谓不连续的理论，我理解的是其中不存在微分方程的理论。在这样一种理论中，不出现空间和时间，而能够出现的只是数、数场和排除有限过程的在代数法则基础上形成的法则。只有成功才能告诉我们，哪一条道路将证实它自己。"

[110] D. Howard, What Makes a Classical Concept Classical? Toward a Reconstruction of Niels Bohr's Philosophy of Physics, J. Faye and H. J. Folse （ed.）, *Niels Bohr and Contemporary Philosophy*, Kluwer Academic Publishers, 1994, pp. 201—229. 玻尔在 1948 年说："尤其必须认识到，不管量子效应多么远地超越了经典物理学分析的范围，实验安排的叙述和观察的记录总是必须用经典物理学术语提供的日常语言来表达。"

1954 年 8 月，他把当时面临的状况的特点概述如下：

> 目前的量子论在某种意义上是宏伟的自足自给的体系，可是至少依我之见，不能通过补充它而转变为单个理论，例如就像牛顿引力理论不能通过补充而转变为广义相对论一样。人们在某种程度上必须从零开始，尽管这显然是艰难的。

爱因斯坦是向往建立超越于相对论和量子论的更完美的统一理论，而不是修补经典理论，因而他认为玻姆（D. J. Bohm, 1917—1992）关于量子论诠释的隐变量理论"似乎太廉价了"。他在 1954 年 10 月致玻姆的信中说：

> 最近几年，人们就完备的量子论做出了几个尝试，正如您所做出的尝试一样。但是在我看来情况似乎是，我们离满意地解决这个问题还十分遥远。我本人试图通过推广引力定律趋近这一点。可是我必须强调，我无法找到说明自然的原子特征的途径。我的看法是，如果借助作为基元概念的场的客观描述不可能，那么人们就必须找到完全避免（与空间和时间在一起的）连续统的可能性。然而，我对什么种类的基元概念能够用于这样的理论没有一丁点想法。[III]

[III] A. Fine, Einstein's Interpretations of the Quantum Theory, *Science*

直到生命的最后一刻，爱因斯坦还未能从上帝的衣兜内掏出统一场论。其主要原因在于，他的统一性思想超前了整整一两代人，在当时还没有必要的合适的数学工具，也没有其他相互作用（强作用和弱作用）的完整理论可供利用。他晚年常引用浮士德的话自娱："自然不愿向你的精神暴露的东西，你也不能用杠杆和螺旋从她那里强夺。"有人说爱因斯坦对统一场论的探求是"失败"，是"悲剧"，这是值得商榷的。前说无疑是讹谬的，后说则是相当模糊的。在"出师未捷身先死，长使英雄泪满襟"[12]或科学天才的峨尔峨他[13]的意义上，爱因斯坦的探索的确在某种程度上具有苍凉悲壮、慷慨生哀的悲剧色彩，但这绝不是玻恩等人所说的"悲剧性的错误"（$E1$, p.199）。爱因斯坦之后的物理学发展[14]表明，爱因斯坦设定的目标，指出的方向，采用的方法，提出的问题（在某种意义上说，提出问题也许比解决问题更重要，因为解决问题可能仅涉及某种数学或实验技巧，而提出问题则需要深刻的思想和大胆的想象力），克服的困难乃至遇到的挫折，都给后来者以莫大的启示。二十世纪六十年代后期以来相继出现的各种规范场理论或大统一理论，都是爱

in Context, 6 （1993），pp.257—273.

⑫ 杜甫：《蜀相》。

⑬ 峨尔峨他在耶路撒冷，相传为基督的蒙难处。

⑭ 李醒民：《爱因斯坦之后的物理学状况及其革命性因素》，《曲阜师范大学学报》（曲阜），第 13 卷（1987），第 122—130 页。以及 M. White and J. Gribbin，*Einstein: A Life in Science*, A Dutton Book, 1994, pp.248—257.

因斯坦思想的自然继续，爱因斯坦统一之梦正在稳步地（部分）得以实现。其实，爱因斯坦早在 1948 年就有先见之明："我完成不了这项工作了；它将被遗忘，但是将来会被重新发现。历史上这样的先例很多。"（$E1$, p. 453）

　　爱因斯坦的科学贡献构筑了二十世纪物理学的两大理论支柱，产生了持续而深远的影响[115]。甚至世纪末，物理学的惊人发展基本上还未突破或超越爱因斯坦的概念框架和所提问题，而是沿着爱因斯坦指引的道路不断拓展、深化和综合。看来，这种进步趋势在二十一世纪也许还要延续相当长的时间。

（二）

　　爱因斯坦是二十世纪最伟大的科学思想家。他的科学观念丰富而新颖，主要包括以下三个方面：第一，关于空间、时间、物质、能量等的标新立异的科学思想；第二，卓有成效的探索性的演绎法、逻辑简单性原则、准美学原则和形象思维等科学方法[116]；第三，关于自然和科学的客观性、可知性、统一性、和谐性、因果性、简单性、不变性等科学

---

[115] 有个统计数字颇能说明问题。1977 年，在 EINSTEIN A. 的条目下共有 452 次引用。考虑到爱因斯坦论文发表的时间，可见他的科学工作的直接影响是多么巨大和持久。参见 T. Cawkell and E. Carfield, Assessing Einstein's Impact on Today's Science by Citation Analysis, *Einstein: the First Hundred Years*, Edited by M. Goldsmith etc., Pergamon Press, Oxford etc., 1980, pp. 31—40.

[116] 李醒民：《哲学是全部科学研究之母》，《社会科学战线》（长春），1986 年第 2 期，第 79—83 页；1986 年第 3 期，第 127—132 页。

信念⑰，或霍耳顿所谓的科学基旨（thema）即形式的说明（比质料的说明）优先、统一性（或一致）和宇宙学的尺度（定律在整个经验领域的平等应用）、逻辑节约和必然性、对称、简单性、因果性、完备性、当然还有持久性和不变性⑱。爱因斯坦的科学观念是二十世纪物理学的重要遗产，它将在相当长的时间内依然是科学的指路明灯。例如，杨振宁把爱因斯坦的不变性或对称性观念命名为"对称性支配相互作用"原理，指出它在各种场论的兴起中起着不可或缺的作用，并相信推广它是今后乃至二十一世纪理论物理学的重要发展方向⑲。

诚如爱因斯坦所说：科学研究的结果，往往使那些范围远远超出有限的科学领域本身的问题的哲学观点发生变化，并成为新的哲学观点的源泉，从而强烈地影响到研究哲学的学者和每一代的哲学思想（*E*1, pp.374, 519）。爱因斯坦的科学观念剧烈地摇撼或彻底推翻了旧有的自然观、科学观和思维方式，为二十世纪的科学的本体论、认识论和方法论奠定了基石。这些革命性的新观念成为二十世纪

⑰ 李醒民：《爱因斯坦的科学信念》，《科技导报》（北京），1992年第 3 期，第 23—24 页。

⑱ G. Holton, Einstein's Model for Constructing a Scientific Theory, *Albert Einstein, His Influence on Physics, Philosophy and Politics*, P.C. Aichelburg and R. U. Sexl （ed.）, Friedr. Vieweg & Sohn, Braunschweig, 1979, pp.109—136.

⑲ 《杨振宁讲演集》，宁治平等编，南开大学出版社（天津），1989年第一版，第 366—367 页，第 99—100 页。

第一个真正的科学哲学运动——逻辑经验论——的思想佐料和智力酵素，至少石里克（M. Schlick, 1882—1936）、赖兴巴赫（H. Reichenbach, 1891—1953）和卡尔纳普（R. Carnap, 1891—1970）早期的、决定性的、构形的智力经验，即几乎给予他们必然产生的科学哲学以形式和内容的经验，来自他们对相对论的认真而独到的研究。爱因斯坦的新科学观念也成为布里奇曼（P. W. Bridgman, 1882—1961）的操作论、怀特海（A. N. Whitehead, 1861—1947）的过程哲学与罗素的事件哲学的源泉。在波普尔（K. Popper, 1902—1994）、库恩（T. Kuhn, 1922—1996）、费耶阿本德（P. K. Feyeraband, 1924—1994）、拉卡托斯（I. Lakatos, 1922—1974）、波兰尼（M. Polanyi, 1891—1976）等现代科学哲学家的论著里，也不难窥见爱因斯坦科学观念影响的诸多踪迹。波普尔感激地承认，爱因斯坦在 1919 年对他的思想影响"成为支配性的——从长远来看，也许是所有影响中最重要的影响"。[120]

　　爱因斯坦的科学观念对二十世纪文化的各个领域都具有强大而持久的影响。库兹涅佐夫（B. Kuznetsor, 1903—1984）认为，四维宇宙思想即消除瞬时作用、消除独立于空间存在的绝对时间和绝对同时性的宇宙图景作为一种崭新的文化训练，变革了自古以来的静态三维概念的文化，形成

---

[120] K. 波普尔：《无穷的探索——思想自传》，邱仁宗等译，福建人民出版社（福州），1984 年第一版，第 34 页。

二十世纪文化的拓扑学结构[121]。有本由科学家和艺术家合著的学术专著[122]，集中探讨了作为神话式人物和缪斯的爱因斯坦和当代文化事业之间的关联。该书表明，爱尔兰小说家乔伊斯（J. Joyce, 1882—1941）出版《尤利西斯》[123]、奥地利作曲家勋伯格（A. Schoenberg, 1874—1951）发表十二全音连续音乐[124]、爱因斯坦赢得诺贝尔奖，这些在我们时代思想史上的重大事件同在 1922 年发生，绝不是偶然的巧合。爱因斯坦的激动人心的新科学观念使他成为自然科学中的缪斯，激励、启示、支持了艺术中的体验。例如，当四维几何学在数学和物理学中出现时，艺术中传统的三维表象便把时间作为第四维包含在先锋派的绘画中。艺术变得涉及作为一个维度的时间，涉及空时关系。物理学中不同参照系的观察者测量结果有异，于是多重视点便在绘画和小说中表现出来，客体之间的关系变得比客体本身更重要。这部专著的结

---

[121] B. Kuznetsor, Einstein, *Science and Culture*, My Meeting with Einstein at the Solvay Conference of 1927；in *Einstein: A Centenary Volume*, A. P. French（ed.），Harvard University Press，1979, pp. 167—183.

[122] A. J. Friedman and C. C. Donley, *Einstein, As Myth and Muse*, Cambridge University Press, Cambridge, 1985.

[123] 《尤利西斯》描写 1904 年 6 月 16 日这一天在都柏林发生的事，其中"意识流"的创作手法令人侧目，有些段落未加标点符号。它不是以叙事的、时间的次序进行的，而是通过情节的同时并置进行的，这种并置要求读者连续地把片段组装在一起，并记住暗指，直至空间格局浮现出来。

[124] 所谓十二全音连续音乐即十二音体系，是由十二个不同的音构成一个音列，该音列可用转位、逆行等方法安排，然后编织成曲，该作曲技法对二十世纪音乐有重要影响。

论是：爱因斯坦不仅随文化史之流而流动，而且在科学文化和人文文化的鸿沟上架设了一条新通道。

（三）

爱因斯坦无疑是二十世纪最伟大的哲学家之一，不管他自己是否自视或自称为哲学家[125]。对于哲学，他说过表面看来似乎截然不同的话语。一方面，他充分肯定：

> 哲学是其他一切学科之母，她生育并抚养了其他学科。因此人们不应该因为哲学的赤身露体和贫困而对她进行嘲弄，而应该希望她那种堂吉诃德式的理想会有一部分遗传给她的子孙，这样他们就不至于流于庸俗了。
> （*RS*, p.93）

同时他还认为："虽然理性和哲学在最近的将来似乎十分不可能变成人们的向导，但它们一如既往，依然将是出类拔萃的少数人的安身立命之所。"（*HPS*, p.432）他称赞"具有哲学追求的人"是"智慧和真理的朋友"[126]。另一方

---

[125] 据英费尔德回忆，爱因斯坦自认为是哲学家。他常说："我是一个物理学家，但更多的是一个哲学家。"参见 L. Infeld, *Albert Einstein: His Work and its Influence on Our World*, Charles Scribner's Sons, New York, 1950, p.120. 而有人则认为，爱因斯坦从不认为他自己是一个哲学家。参见 I. Paul , *Science, Theology and Einstein*, Oxford University Press , 1982, p.127. 不过，爱因斯坦 1920 年 6 月 5 日在致卡西勒（E. Cassirer, 1874—1945）的信中，倒是自称过"非哲学家"。

[126] A. Einstein , *Out of My Later Years*, Philosophical Library, New

面，他也以开玩笑的调皮口吻讥讽哲学："整个哲学难道不是用蜜写成的吗？乍看起来它好像很精彩，但是如果你再看一看，它完全是垂死的，留下的只是老生常谈，是糨糊状的东西。"[127]

其实，细究起来，爱因斯坦的看法并无自相矛盾之处。他尊崇的哲学，是那种能够给予人以真理和启迪的智慧哲学。他嘲笑的哲学，是那种装腔作势、大而无当、言之无物的"假大空"哲学。如果说他不愿自命为哲学家，那也是不愿做以这样的哲学讨生计的哲学家。在这方面，爱因斯坦像叔本华和尼采一样，对所谓的职业哲学家和体系哲学着实有点不恭敬。不用说，这与爱因斯坦本人的哲学背景和思想风格也有关系。在这里，也许正应了帕斯卡（B. Pascal, 1623—1662）的一句名言："能嘲笑哲学，这才真是哲学思维。"[128]

十九世纪最后四分之一，在哲学领域，在欧洲是新康德主义与实证论的对峙，在美国则是以皮尔斯（C. S. Peirce, 1839—1914）为先导的实用主义的兴起。在科学领域，力学自然观顽强地做最后的表演，同时"科学破产"的失败主义四处弥漫。爱因斯坦从小就对哲学深感兴趣，但他既没有随波逐流，也没有趋时赶潮，而是有自

York , 1950, p. 268.

[127] I. Rosenthat-Schneider , Reminiscenses of Einstein, *Some Strangeness in the Proportion*, Edited by H. Woolf, Addison-Wesley Publishing Company, Inc. , 1980, pp. 521—523.

[128] P. 帕斯卡：《思想录》，何兆武译，商务印书馆（北京），1985年第一版，第 6 页。

己的主见。这种主见在广义相对论建成之后，逐渐表现为一种卓尔不群的哲学独立性和丰厚圆融的思想综合性。爱因斯坦很早就接触了康德，他高度评价康德哲学"那种发人深思的力量"，但并不认为相对论"合乎康德的思想"（*E*1, pp.104, 168）。他说："我不是在康德的传统中成长起来的，只是后来我才认识到他的学说中的宝贵之处，那是同现在看来明显谬误的东西并存的。"[129] 他虽然感激地承认马赫的怀疑的经验论对他"有过很大的影响"（*E*1, p.10），但他对马赫哲学并不十分同情，且持批评态度[130]。他从未把自己与反启蒙主义的德国浪漫派哲学家谢林（F. W. J. von Schelling, 1775—1854）、黑格尔（G. W. F. Hegel, 1770—1831）以及同时代的海德格尔（M. Heidegger, 1889—1976）、蒂利希（P. Tillich, 1886—1965）的辩证的思辨联系起来，他肯定不满意他们脱离科学的艰涩而空洞的梦呓。不过，他在给玻恩的信中也就黑格尔说过一段耐人寻味的话："我以极大的兴趣读了你反对黑格尔、反对迷恋黑格尔哲学的报告，对我们理论工作者来说，黑格尔的哲学是堂吉诃德精神，或大胆地说是一种诱惑物。但完全没有这种恶习的人，简直就是不可救药的市侩。"[131]

---

[129] C. 塞利希：《爱因斯坦》，黑龙江人民出版社（哈尔滨），1979年第一版，第 110 页。

[130] 关于爱因斯坦对马赫的批评以及某些批评不甚妥当的辨析，可参见李醒民：《马赫》，东大图书公司印行（台北），1995 年第一版，第 282—298 页。

[131] C. 塞利希：《爱因斯坦》，黑龙江人民出版社（哈尔滨），1979

那么，爱因斯坦的哲学发源地在何处呢？第一，各个时代的哲学大家都是爱因斯坦的思想沃土，其中包括古希腊的先哲，近代哲学大师如笛卡儿（R. Descartes, 1596—1650）、莱布尼兹（G. W. F. von Leibniz, 1646—1716）、斯宾诺莎、洛克（J. Locke, 1632—1704）、休谟等，以及爱因斯坦的先辈叔本华和尼采。爱因斯坦也崇尚中国哲学家孔子（公元前 551—前 479 年）。第二，它在从开普勒到普朗克的诸多哲人科学家的科学思想和哲学思想里。第三，它在批判学派的代表人物马赫、彭加勒、迪昂(P. Duhem, 1861—1916)、奥斯特瓦尔德、皮尔逊的科学哲学名著中，爱因斯坦科学哲学的诸多构成要素都能在其中窥见蛛丝马迹乃至明显烙印。第四，它在爱因斯坦与逻辑经验论者石里克等以及哥本哈根学派的交流和交锋中。第五，尤其是它在爱因斯坦对自己的科学探索过程和科学成果的哲学反思中。对前人思想成果的吸收、批判和改造，对自己科学实践的沉思、总结和提炼，构成了爱因斯坦明澈的哲学思想的源泉。"问渠那得清如许？为有源头活水来。"[132]此言得之！

爱因斯坦是"哲人科学家"，也就是"作为科学家的哲学家"[133]。他在 1919 年的一封信中，谈到他的哲学研究的主要途径："我只不过希望从口头上和文字上去谈谈那些与我专业有关，同时又令哲学家们感兴趣的东西，这也许是我从

年第一版，第 229 页。

[132] 朱熹：《观书有感二首（其一）》。

[133] 李醒民：《论作为科学家的哲学家》，《求索》（长沙），1990年第 5 期，第 51—57 页。

事哲学研究的唯一一条途径。"[134]爱因斯坦之所以在钻研科学的同时热心于哲学研究，这是因为从客观上讲，当物理学的基础本身成问题的时候，此时

> 经验迫使我们去寻求更新、更可靠的基础，物理学家就不可以简单地放弃对理论基础作批判性的思考，而听任哲学家去做；因为他自己最晓得，也最确切地感觉到鞋子究竟是在哪里夹脚的。在寻求新的基础时，他必须在自己的思想上尽力弄清楚他所用的概念究竟有多少根据，有多大的必要性。
>
> 整个科学不过是日常思维的一种提炼。正因为如此，物理学家的批判性的思考就不可能只限于检查他自己特殊领域里的概念。如果他不去批判地考察一个更加困难得多的问题，即分析日常思维的本性问题，他就不能前进一步。（*E*1, p. 341）

此外，从主观上讲，爱因斯坦本人也是一个不满足于知其然，而喜欢追本穷源的人。他经常急切地关心这样的问题：我现在所献身的这门科学将要达到而且能够达到什么样的目的？它的一般结果究竟在多大程度上是"真的"？哪些是本质的东西，哪些则只是发展中的偶然的东西（*E*1, p. 84）？

---

[134] H. M. 萨斯：《爱因斯坦论"真正的文化"以及几何学在科学体系中的地位》，赵鑫珊译，《自然科学哲学问题》（北京），1980 年第 3 期，第 47—49 页。

诸如此类，不一而足[135]。

爱因斯坦的哲学既蕴涵在他的科学观念（这些观念本身也许就是哲学）中，也体现在他对作为一个整体的科学以及科学研究的对象（自然界）的思考中，从而形成了他的别具一格的科学哲学（包括部分自然哲学的内容）。爱因斯坦不仅给哲学家指明了道路，而且他的科学哲学是最鲜活的、最有生命力的、最受科学家欢迎的，因为这种科学哲学是由实践的哲人科学家创造的。科学家之所以乐于选择它，是因为它明晰、诚实、独立，贴近科学家和科学共同体的科学实践和生活形式。

由于问题的驱使，由于鄙弃像"辉煌的海市蜃楼"那样的只能作为"主观安慰物"[136]的哲学体系，因此爱因斯坦的科学哲学没有晦涩难懂的生造术语，没有眼花缭乱的范畴之网，没有扬扬自得的庞大体系，但是诚如赖兴巴赫所说："爱因斯坦的工作比许多哲学家的体系包含着更多的固有哲学。"[137]请听一下爱因斯坦晚年的一则总括性的哲学体验：

---

[135] 例如，爱因斯坦说，关于现在（the Now）这个问题使他大伤脑筋。他解释道，现在的经验是人所专有的东西，是同过去和将来在本质上都不同的东西，然而这种重大的差别在物理学中并不出现，也不可能出现。这种经验不可能为科学所掌握，对他来说，这似乎是一种痛苦的但却无可奈何的事。（*E*3, p.393）

[136] 《上帝死了——尼采文选》，戚仁译，上海三联书店（上海），1989 年第一版，第 24 页。

[137] A. Vallentin，*Einstein, A Biography*, Translated from the French by M. Budberg，Weidenfeld and Nicolson, London, 1954, p.106.

我一方面看到感觉经验的总和，另一方面又看到书中记载的概念和命题的总和。概念和命题之间的相互关系具有逻辑的性质，而逻辑思维的任务则严格限于按照一些既定的规则（这是逻辑学研究的问题）来建立概念和命题之间的相互关系。概念和命题只有它们通过同感觉经验的联系才能获得"意义"和"内容"。后者同前者的联系纯粹是直觉的联系，并不具有逻辑的本性。科学"真理"同空洞幻想的区别就在于这种联系，即这种直觉的结合能够被保证的可靠程度，而不是别的什么。概念体系连同那些构成概念体系结构的句法规则都是人的创造物。虽然概念体系本身在逻辑上是完全任意的，可是它们受到这样一个目标的限制，就是要尽可能做到同感觉经验的总和有可靠的（直觉的）和完备的对应关系；其次，它们应当使逻辑上独立的元素（基本概念和公理），即不下定义的概念和推导不出的命题，要尽可能地少。

命题如果是在某一逻辑体系里按照公认的逻辑规则推导出来的，它就是正确的。体系所具有的真理内容取决于它同经验总和的对应可能性和完备性。正确的命题是从它所属的体系的真理内容中取得其"真理性"的。

（*E*1, pp.5—6）

请看，这段陈述所包含的哲学内涵多么丰富，多么深刻！它把经验论、理性论、约定论、整体论、实在论的合理内核和积极因素都囊括其中，但又不能简单地归之于任何一个

"论"或"主义"（-ism），而是在各种"主义"之间保持了必要的张力。它恰如其分地阐明了经验与概念、逻辑和直觉、意义和真理等等之间的关系和职分，它把科学的本体论、认识论和方法论融合在一起。这样简明、深邃、新颖、别致的科学哲学，还能在哪儿找到？

爱因斯坦还就广泛的社会政治问题和人生问题发表了许多文章，其数量并不少于他的科学论著，从而形成了他的见解独到的社会哲学和人生哲学。爱因斯坦之所以要分出宝贵的时间用于科学之外的思考，是因为他深知，科学技术的成就"既不能从本质上多少减轻那些落在人们身上的苦难，也不能使人的行为高尚起来"（*E*1, p.432）。他进而认为：

> 单靠知识和技术不能使人类过上幸福而高尚的生活。人类有充分的理由把那些崇高的道德标准和道德价值的传播者置于客观真理的发现者之上。在我看来，人类应该更多地感谢释迦牟尼、摩西（Moses）和耶稣那样的人物，而不是有创造性的、好奇的头脑的成就。如果人类要保持自己的尊严，要维护生存的安全以及生活的乐趣，那就应该竭尽全力地保卫这些圣人所给予我们的一切，并使之发扬光大。[⑱]

其次，热爱人类，珍视生命，尊重文化，崇尚理性，主持公

---

⑱ T. 费里斯：《另一个爱因斯坦》，陈恒六译，《科学与哲学》（北京），1984 年第 6 辑，第 45—56 页。

道，维护正义的天性也不时地激励他、驱使他这样做。最后，在于他的十分强烈的激浊扬清的社会责任感：他希望社会更健全、人类更完美；他觉得对社会上的丑恶现象保持沉默就是"犯同谋罪"（*E*3, p.321）。

爱因斯坦的社会哲学内容极为丰富，极富启发意义。他的开放的世界主义、战斗的和平主义、自由的民主主义、人道的社会主义，以及他关于科学、教育、宗教的观点，至今仍焕发着理性的光华和理想的感召力，从而成为当今世界谱写和平与发展主旋律的美妙音符。他对人生价值和生命意义的探讨，对真善美的向往和追求，这对于人的劣根性的铲除、对于人性的改造、对于人的自我完善，都具有永不磨灭的意义。

"思想是具有永存价值的东西。"（*E*3, p.564）爱因斯坦的哲学思想像他的科学的理性产品一样，是永恒流芳的。爱因斯坦在纪念牛顿诞辰三百周年所写的话正好可以在这里用作小结：

> 理性用它的那个永远完成不了的任务来衡量，当然是微弱的。它比起人类的愚蠢和激情来，的确是微弱的，我们必须承认，这种愚蠢和激情不论在大小事情上都几乎完全控制着我们的命运。然而，理解力的产品要比喧嚷纷扰的世代经久，它能经历好多世纪而继续发出光和热。（*E*1, p.401）

（四）

爱因斯坦不仅以卓著的科学成就和丰富的哲学思想而伟大，而且也以高尚的人格和品德而伟大。在某种意义上，作为一个人的爱因斯坦比作为一个学者的爱因斯坦还要伟大。当他活着的时候，全世界善良的人似乎都能听到他的心脏在跳动；当他去世时，人们不仅感到这是世界的巨大损失，而且也是个人的不可弥补的损失。这样的感觉是罕有的，一个自然科学家的生与死引起这样的感觉也许还是头一次。这种感觉从何而来呢？

它来自爱因斯坦的做人和为人。有人曾问普林斯顿的一位普通老人：你既不理解爱因斯坦的科学理论，又不明白爱因斯坦的抽象思想，你为什么仰慕爱因斯坦呢？老人回答说："当我想到爱因斯坦教授的时候，我有这样一种感觉，仿佛我已经不是孤孤单单一个人了。"（*EZ*, p.287）西班牙的一位优秀大提琴家说："虽然我无缘亲自结识爱因斯坦，我却始终对他怀有深深的敬意。他肯定是一位伟大的学者，但更重要的，他是在许多文明的价值摇摇欲坠时的人类良心的支柱。我无限感念他对非正义的抗议[139]，我们的祖国就是非正义的牺牲品。确实，随着爱因斯坦的去世，世界丧失了

---

[139] 1937 年 4 月 18 日在纽约举行了支持西班牙共和国备战设防的群众集会，爱因斯坦给大会发去祝词："我认为拯救西班牙自由的有力行动是所有的真正民主主义者不可回避的责任。……我衷心祝愿你们正义的和意义深远的事业大告成功。"（*HPS*, p.362）西班牙内战（1936—1939）是西班牙法西斯军人发动的反共和反政府的军事叛乱。

它自身的一部分。"[140]爱因斯坦之所以能够永远活在广大普通人的心中，主要在于他的独立的人格、仁爱的人性和高洁的人品。这种品格是推动社会进步的永恒动力，也是人类自我完善的精神源泉。诚如爱因斯坦在悼念居里夫人时所说：

> 第一流人物对于时代和历史进程的意义，在其道德质量方面，也许比单纯的才智成就方面还要大。即使是后者，它们取决于品格的程度，也远超过人们所认为的那样。（$E1$, p. 339）

我们前面多次提到，爱因斯坦的科学追求实际上也是一种道德的和人格的追求。他在科学工作中知难而进，锲而不舍；生命不息，奋斗不止；谦卑谦逊，弃绝名利；一视同仁，乐于助人；平易近人，和蔼可亲。这一切，使他成为新物理学的人格化的化身和毋庸置疑的科学道德典范。爱因斯坦以自己的科学活动，一改人们心目中固有的没有人性的科学和科学家的形象。

爱因斯坦的理论是象牙塔内的阳春白雪，但他却走出象牙之塔，积极而勇敢地投身到各种有益的社会政治活动中去。他心里清楚，"在政治这个不毛之地上浪费许多气力原是可悲的"[141]（$E1$, p. 473）。他看透了"政治如同钟摆，一

---

[140] C. 塞利希：《爱因斯坦》，黑龙江人民出版社（哈尔滨），1979年第一版，第240页。

[141] 爱因斯坦的这一看法部分地源于下述两段名言。瑞典诗人奥克森舍纳（J. G. Oxenstierna, 1750—1818）说："我的孩子，你不会相信，

刻不停地在无政府状态和暴政状态之间来回摆动。其原动力则是人们长期的、不断重现的幻想。"（*RS*, p. 40）他也明白，"有必要从大规模的社会参与中解脱出来"，否则"便不能致力于我的平静的科学追求了"（*HPS*, p. 75）。但是，追求真善美的天生本性，嫉恶假恶丑的理性良知，以及"不要统治，但要服务"⑭的道德心和使命感，又促使他分出相当多的宝贵时间和精力，投身到各项政治活动和社会事务中去。他在1933年5月致劳厄的信中说：

> 我不同意你的观点：科学家对政治问题，在比较广泛的意义上讲是对人类事务应该保持缄默。德国的状况表明，随便到什么地方，这样的克制将导致把领导权不加抵抗地拱手交给那些愚昧无知的人或不负责任的人，这样的克制难道不是缺乏责任心的表现吗？假定乔尔达诺·布鲁诺（Giordano Bruno, 1548—1600）、斯宾诺莎、伏尔泰（Voltaire, 1694—1778）和洪堡这样的人都以如此方式思考和行动，那么我们会是一种什么处境呢？我不会为我说过的话中的每一个词感到后悔，我相信我的行为是有益于人类的。（*HPS*, pp. 292—293）

治理这个世界所用的智慧竟是这样地少。"黑格尔说："我们从历史所能吸取的教训是，各国人民并没有从历史吸取教训。"爱因斯坦认为："这两句话很透彻地表达了事情的实况，并且对任何时代都适用。"（*E3*, pp. 473—474）

⑭ 这是洛伦兹所说的一句话，爱因斯坦十分推崇洛伦兹的为人并赞赏这句话。

在爱因斯坦看来，缄默就是同情敌人和纵容恶势力，只能使情况变得更糟。科学家有责任以公民的身份发挥他们的影响，有义务变得在政治上活跃起来，并且要有勇气公开宣布自己的政治观点和主张。如果人们丧失政治洞察力和真正的正义感，那么就不能保障社会的健康发展。爱因斯坦揭示出，科学家对社会问题和政治问题之所以不感兴趣，其原因在于智力工作的不幸专门化，从而造成对政治问题和人的问题愚昧无知，必须通过耐心的政治启蒙来消除这种不幸。他把荷兰大科学家洛伦兹作为楷模，号召人们像洛伦兹那样"去思想，去认识，去行动，决不接受致命的妥协。为了保卫公理和人的尊严而不得不战斗的时候，我们决不逃避战斗。要是我们这样做了，我们不久就将回到那种允许我们享有人性的态度"（*E*3, p. 150）。当然，他也认识到，既要从事呕心沥血的脑力劳动，还要保持做一个完整的人，确实是困难的。但是，爱因斯坦并未像一些知识分子那样躲避政治，或在碰到政治问题时采取阻力最小的政策，他以自己切实的行动表明，他是一个一身正气的完整的人。像他这样在科学上有开创性贡献，在社会政治问题上又如此有道德心和责任感，在历史上难觅第二人。

爱因斯坦所处的时代，是一个社会危机此起彼伏、文明价值日益式微、精神时疫无孔不入的时代，其生存环境是相当严峻、险恶的。加之在当时，科学家积极参与公共事务的情况在旧的学术传统中是没有先例的，而爱因斯坦的超越国家和个人的政治见解又往往遭到当局的嫉恨和迫害，遇到群氓的嘲讽和反对，以及受蒙蔽的民众的不理解和冷遇。在这种情况下，要站出来讲真话并付诸行动，需要何等的道德力量和勇气！爱因斯坦意识到这一点，他在一封信中透露出自己的心境："什么应该存在和什么不应该存在的感情，犹如树木的生长和死亡一样，在这里任何肥料都无能为力。在厚颜无耻的社会里，一个人的能力只能做到为他人提供榜样，并英勇地捍卫道德基础。许多年来我力求达到这一点，但成就时大时小。"爱因斯坦一生都坚信："人类一切珍宝的基础，是道德基点。"[143]可以毫不夸张地说，他身体力行，达到了世人可望而不可即的道德峰巅。

即使在日常生活领域，爱因斯坦也是一个心灵最自由、精神最纯洁、品德最高尚、人格最完美的人。这方面的事例不胜枚举，我们将专辟一章论述。在广大公众心目中至今仍在活着的爱因斯坦，是集智慧、勇敢和仁慈于一身的爱因斯坦，是最善良、最有人性的爱因斯坦，是银发散乱、头纹深陷、眼神慈祥、面容可亲的爱因斯坦。波普尔这样描绘道："很难传达对爱因斯坦个性的印象。也许可以这样说，同他在一起感到很自在。不能不信任他，不能不无保留地信赖他的直率、他的和蔼、他的判断力强、他的智慧以及他的几乎是儿童般的天真。"[144]库兹涅佐夫高度评价作为人的爱因斯坦的永恒价值：

---

[143] C. 塞利希：《爱因斯坦》，黑龙江人民出版社（哈尔滨），1979年第一版，第229—230页，206。

[144] K. 波普尔：《无穷的探索——思想自传》，邱仁宗等译，福建人民出版社（福州），1984年第一版，第138页。

在人类记忆里保存着的不仅是爱因斯坦的物理理论的内容，而且也有他的生活、心理特点、情感内容、生活的插曲，甚至容貌。爱因斯坦的不朽——这不仅仅是思想的不朽，也是人的不朽。（EZ, p.322）

人们常说"金无足赤，人无完人"，但是我还是想借哈姆莱特之口就爱因斯坦说："他是一个人——一个完人。"⑭⑤因为我们实在找不出更好的修辞手段来做概括性的结论了，不知读者是否也有同感？

_____

⑭⑤ 这句话间接引自（EZ, p.6）。在《莎士比亚全集》（9）（朱生豪译，北京：人民文学出版社，1978 年第一版）中的译文是："他是一个堂堂男子；整个说起来，我再也见不到像他那样的人了。"

第一编

爱因斯坦的科学哲学

第二章　温和经验论思想

踏遍姑苏觅胜迹，
扑朔迷离又一奇。
千古风流今何在？
唯有春风似相识。

—— 李醒民《姑苏怀古》

霍耳顿教授在 1960 年代末发表的一篇著名论文《马赫、爱因斯坦和对实在的探索》[①]中这样写道："在我们这个世纪的思想史中，有一章可以题为'阿尔伯特·爱因斯坦的哲学历程'，这是一段从以感觉论和经验论为中心的科学哲学，到以理性论的实在论为基础的哲学历程。"霍耳顿在论文中还首次披露了爱因斯坦 1938 年 1 月 24 日写给兰佐斯（C. Lanczos, 1892—1974）的信。爱因斯坦在信中明确地讲了他的哲学"转变"及其主要原因：

---

① G. 霍耳顿：《科学思想史论集》，许良英编，河北教育出版社（石家庄），1990 年第一版，第 38—83 页。

从有点类似马赫的那种怀疑的经验论出发，经过引力问题，我转变成为一个有信仰的理性论者，也就是说，成为一个到数学的简单性中去寻求真理的唯一可靠源泉的人。逻辑简单的东西，当然不一定就是物理上真实的东西。但是，物理上真实的东西一定是逻辑上简单的东西，也就是说，它在基础上具有统一性。（$E1$, p.380）

霍耳顿论文的主要学术贡献在于，他通过翔实的考证和史料，详细地描绘了爱因斯坦哲学逐渐转变的历程，尤其是对马赫哲学态度的演变，他认为爱因斯坦转变后的哲学思想是理性论的实在论，并揭示出其形成受到以开普勒和普朗克为代表的自然科学家的影响。

细究霍耳顿论的论文，我们不难看到，他把爱因斯坦的哲学"转变"视为重大的"改变方向的过程"，视为转折性的质变。这也许有点言过其实。事实上，在爱因斯坦的早期（1916年之前）哲学思想中，不仅有经验论的因素，而且也包含着理性论（霍耳顿强调了这一点）、实在论、约定论和整体论的成分。爱因斯坦的所谓"转变"，只是经验要素在知识论中的减弱和理性要素的增强，是对激进经验论的远离，他并没有抛弃经验论的合理内核和怀疑批判精神。这基本上是一个量变过程，是一个自然的、连续的、渐进的演化过程（他的实在论思想更有一个复杂的演化过程）。纵观爱因斯坦的一生，他的哲学思想是一以贯之的，并不存在明显的断裂或鸿沟，甚至不存在重大的转向。

一、早期的怀疑经验论的倾向、渊源和"转变"

怀疑的经验论亦可称批判的经验论。爱因斯坦怀疑和批判态度的萌生，肇始于他在十二岁那年阅读通俗自然科学书籍、抛弃使他得到首次解放的宗教天堂之时。当时，他对所有权威和流行信念都持怀疑态度。从此，怀疑和批判精神就成为爱因斯坦的主要精神气质之一，它非但没有随时间的推移和年龄的增长而减弱，而且更加条理化、理性化和科学化。尤其是 1897 年初读马赫的《力学史评》，马赫对经典科学中的顽固的教条主义的怀疑批判使爱因斯坦经受了新的洗礼，从而成为终生的科学概念的批判者和革新家。

上大学时，爱因斯坦有几位卓越的数学老师，按理说应该在数学方面得到深造，可是他"大部分时间却是在物理实验室工作，迷恋于同直接经验接触"（*E*1, p.7）。他曾设计了用热电偶检测地球运动引起光速变化的实验，由于得不到设备和支持，实验最终未能完成。爱因斯坦的女婿凯泽尔（R. Kayser）在传记中写道："谁也无法使他参加数学讨论会，他还没有看到掌握存在于数学之中的创造力的可能性。他希望完全凭经验进行研究，以适应他当时的科学情绪。作为一位自然科学家，他是一位纯粹的经验论者。"[②] 凯泽尔断言早期的爱因斯坦是"纯粹的经验论者"固然失之偏颇，但至少道出了爱因斯坦当时的经验论思想倾向是相当明显

---

② A. Reiser, *Albert Einstein , A Biographical Portrait*, Albert & Charles Boni, New York, 1931, pp.51—52. 作者在这里用的是笔名。

的。对于一个与自然科学打交道的人来说，自发地倾向于朴素的实在论和经验论，倒是十分自然的事情。

爱因斯坦的这一倾向也表现在他与奥斯特瓦尔德的关系上。在1901年，面对失业的爱因斯坦两次给这位莱比锡大学的化学教授写信，恳请谋取一个实验员职位（看来他相信自己是一个实验论者），他说他是"一个对绝对测量很熟悉的数理工作者"。爱因斯坦选中奥斯特瓦尔德并非偶然。因为奥斯特瓦尔德不仅是一位第一流的物理化学家，而且还是世纪之交一位活跃的哲学家。他反对对自然现象作纯力学的解释，坚定地怀疑并批判了力学自然观。以他为代表的能量论者认为，只要能测量观察中所出现的各种量（例如能量、压力、体积、温度、热、电位、质量等）即可，用不着把它们归结为假想的原子过程或动力学的量③。他们谴责像以太这类具有无法直接观测到的性质的概念。他们发出号召，要求重新考察作为所有物理推理基础的基本原理，尤其是要考虑牛顿运动定律、力和作用的概念、绝对运动和相对运动概念的适用范围。所有这些破除迷信的要求（除了反原子论），肯定与年轻的爱因斯坦的志趣十分契合，而且现象论的思想也与他当时的经验论追求相近。

奥斯特瓦尔德是批判学派④的代表人物之一。批判学派

③ 李醒民：《奥斯特瓦尔德的能量学和唯能论》，《自然辩证法研究》（北京），第5卷（1989），第6期，第65—70页。

④ 李醒民：《世纪之交物理学革命中的两个学派》，《自然辩证法通讯》（北京），第3卷（1981），第6期，第33—40页；李醒民：《论批判学派》，《社会科学战线》（长春），1991年第1期，第99—107页。

否认物理学仅仅是经典力学的简单继续。他们希望摆脱传统的枷锁，认为这种传统过于狭隘、过于专横了。作为世纪之交期间物理学的革新派，他们对经典力学的一些基本概念和基本原理以及力学自然观进行了大胆质疑和尖锐批判。这是批判学派的根本特征，也是它的鲜明标识。爱因斯坦在青年时代读过这些代表人物的著作，熟悉他们的科学和哲学思想，肯定从中受到莫大的影响和有益的启迪。以往的研究者往往只注意马赫，而忽略批判学派对爱因斯坦的总体作用，这不能不认为是一个很大的缺憾。

例如，皮尔逊在《科学规范》中标榜"批判是科学的生命"（他把这作为该书标题页的警句）。他说：

在像当代这样的本质上是科学探索的时代，怀疑和批判的盛行不应该被看作是绝望和没落的征兆，它是进步的保障之一。科学最致命的征候之一也许是科学统治集团的成规，该集团把对它的结论的一切怀疑，把对它的结果的一切批判都打上异端的烙印。

他还指出，与不动脑筋的推断、轻松的和过分轻率的信仰相比，诚实的怀疑对科学共同体来说更健全、更有社会性。怀疑至少是通向科学探索的第一阶段，达到这一阶段远胜于无论什么智力进步也未做出。他洞察到，科学原理中的形而上学概念的模糊性，使物理学家比纯粹数学家和历史学家更容易陷进自然神学和灵学这样的伪科学的泥沼，必须要有质朴的拓荒者清除妨碍物理学发展的形而上学概念的莽丛。皮尔逊正是以消除科学中的形而上学为宗旨，以科学的怀疑批判精神为武器，探讨了机械论的局限，否认经典力学的普适性，揭示了牛顿运动定律和基本概念的"形而上学的朦胧"，并重新表述了力学定律和有关定义。皮尔逊的哲学是观念论和感觉论的，他把他的时空观、运动观、物质观、因果观都建筑在感觉论的基础上⑤。皮尔逊的怀疑和批判精神，必定会使爱因斯坦大受鼓舞和启迪，他的感觉论和清除形而上学的思想也无疑会助长爱因斯坦的经验论，但是爱因斯坦并未接受皮尔逊的观念论，因为爱因斯坦朴素的实在论思想从小就牢固确立了。

彭加勒是对世纪之交物理学的现状和未来发展趋势最有真知灼见的老一辈科学家。他不仅把分析批判的矛头对准经典力学，而且也指向经典物理学，揭示出经典理论与实验事实难以调和的矛盾。他不只摧毁旧的绝对时空和绝对运动概念，还提出了建设性的建议：同时性的定义、相对性原理和光速不变原理。这对爱因斯坦创立狭义相对论肯定有直接的影响。而且，彭加勒在认识论（经验论、理性论和约定论哲学）、方法论以及自然观、科学观等方面，也大大影响了爱因斯坦⑥。爱因斯坦虽然承认彭加勒对他的思想发展"有一

---

⑤ 李醒民：《简论皮尔逊的科学哲学》，《自然辩证法研究》（北京），第 7 卷（1991），第 3 期，第 60—65 页。

⑥ 李醒民：《理性的沉思》，辽宁教育出版社（沈阳），1992 年第一版，第 77—104 页，第 264—297 页。

定的影响"（*E*3, p.487），但并没有像针对马赫和休谟那样强调得引人注目。这也许是学术界长期轻视乃至忽视彭加勒对爱因斯坦有重大影响的一个原因。

　　几乎可以肯定，爱因斯坦读过迪昂的《力学的进化》（1903）和《物理学理论的目的和结构》（1906）[⑦]。迪昂指出，十九世纪中期，理性力学被认为像欧几里得几何学一样，"放到一个不可动摇的基础上"，但是物理科学急剧的、激动人心的、持续的成长开始"摇撼"和"触动"了这种平静和自信，"力学赖以建立的基础的可靠性受到怀疑，它再次向新的发展迈进"。"可以肯定，这种怀疑状况对于每一个思考者都是有价值的考虑对象；因为关于力学命运，关于它将发展它的理论的方法，都取决于自然哲学的真正形式。"迪昂在批判力学自然观时说："所有现象都能用力学说明的假设既不为真，也不为假；这样说时没有意义。"这是因为，该假设不符合"实验方法程序"，"超越了物理学方法"[⑧]。迪昂对爱因斯坦的最大影响是整体论，但是他对经典力学基础的怀疑批判，对科学中的形而上学和归纳法的反对，对工具论和实证论方法的推崇，无疑是爱因斯坦早期哲学思想的又一源泉。

---

⑦ D. Howard, Einstein and Duhem , *Synthese*, 83 ·（1990），pp.363—384. 迪昂的前一本书由弗兰克在 1912 年译为德文出版，后一本书由 F. 阿德勒翻译为德文，于 1908 年出版。

⑧ P. Duhem, *The Evolution of Mechanics*, Translated by M. Cole, Sijthoff & Noordhoff, Maryland ，U. S. A. ，1980, pp.x1—xli, 97—98.

马赫是批判学派的首领。爱因斯坦青年时代曾两次读过马赫的《力学史评》。马赫以怀疑的经验论哲学为武器,把那些从经验领域里排除出去而放到虚无缥缈的先验的顶峰上去的基本观念,一个个从柏拉图的奥林帕斯天堂拖下来,揭露出它们的世俗血统,把这些观念从强加给它们的禁忌中解放出来。对于世纪之交被力学先验论和力学自然观统治和禁锢的物理学界,马赫的怀疑批判无疑是一股清凉的风,它起到了启蒙思想和破除迷信的巨大作用,是物理学革命行将到来的先声[9]。

马赫的历史批判著作对一代自然科学家产生了发聋振聩的影响,甚至那些自命为马赫反对派的人,也像吮吸母亲的乳汁一样地汲取了马赫的不少思想营养。马赫的怀疑批判精神、思考方式、科学和哲学思想,对年轻的爱因斯坦产生了举足轻重的影响。爱因斯坦后来多次坦率地承认马赫是相对论的先驱,并认为"马赫的真正伟大,就在于他的坚不可摧的怀疑论和独立性"(E1, p.10)。但是,即使在爱因斯坦处于马赫圈子之中的时候,他也没有接受马赫的反实在论(例如反原子论)和轻视理论化的立场,他对马赫关于概念和感觉经验关系的理解也是发生学的,而不是认识论的。

对爱因斯坦早期怀疑论的经验论的哲学形成而言,无论如何不能忽视英国启蒙哲学家休谟的影响。事实上,爱因斯

---

⑨ 李醒民:《物理学革命行将到来的先声——马赫在"力学史评"中对经典力学的批判》,《自然辩证法通讯》(北京),第 4 卷(1982),第 6 期,第 15—23 页。

坦认为，与马赫相比，休谟对他的"直接影响要更大些"
（*E*3, p. 476）。他甚至认为，康德的《导论》"读起来无论
如何是有味的，尽管它还没有他的先辈休谟的著作那样好。
休谟还有一个健全得多的本能。"（*E*1, p. 105）休谟是哲学
史上著名的怀疑论和经验论的代表人物，爱因斯坦不满意康
德的先验论，他所谓的休谟的"健全得多的本能"，大概指
的就是休谟的怀疑论和经验论。休谟正是以此为武器，打碎
了教条主义或独断论的迷梦，给人们指出了一个完全不同的
方向。休谟认为[⑩]，我们的一切观念都来自感觉，我们的一
切知识都来自经验，他把他的时空观念也建筑在感觉论的基
础上，例如他说空间或广延观念只是分布于某种秩序中的可
见的点或可触知的点的概念。休谟指出宗教迷信的浮夸是危
险的，应当加以怀疑，在人生的各种事情上，应该一概保持
怀疑论的态度，因为怀疑论哲学远胜于各种各样的迷信。他
把极端的怀疑论即皮朗（Pyrrhon of Elis，约公元前 360—前
272 年）主义与温和的怀疑论明确加以区分，他反对前者而
赞同后者。他还把怀疑论的矛头对准了因果性这一形而上学
概念：因果性只不过人们的一种习惯和信念，它不是理性的
孩子，而只不过是想象力的私生子。休谟对感知强加于因果
律和时间观念的限制所做的分析，使爱因斯坦认识到，光速
较之我们日常遇到的其他物体的速度有更重要的意义。休谟
的怀疑论在当时犹如晴空霹雳，惊醒了沉浸在独断论迷梦中

---

⑩ 休谟：《人性论》（上册），关文运译，商务印书馆（北京），
1980 年第一版。参见其中的有关章节。

的康德。有趣的是在一个半世纪后，休谟怀疑论的"火星"又幸运地"遇到了一个易燃的火捻"[11]，这个"火捻"就是爱因斯坦，它进而引燃了二十世纪物理学革命的熊熊烈焰。

据霍耳顿研究，在爱因斯坦的狭义相对论论文中，既有大胆的假设和虚构的成分（这是理性论思想的体现），也有明显的经验论和操作论的成分。而且，马赫的思维方式对爱因斯坦的影响也十分明显，它显著地表现在两个相互关联的方面。第一，爱因斯坦在他的论文开始就坚持，只有对各种概念，尤其是对时间和空间概念的意义进行认识论的分析，才能理解物理学的基本问题。第二，爱因斯坦认为各种感觉，也就是各种"事件"所提供的东西等同于实在，而不是把实在放在感觉经验之外或感觉经验之后的位置上。论文一开头，对测量和对空间、时间概念的工具论的（因而也就是感觉论的或经验论的）观点就极其明显。关于同时性的定义，更是操作式的定义，这直接启发布里奇曼于1920年代创立了操作论哲学。爱因斯坦引入的"事件"一词，在论文中屡屡出现，这个概念与马赫的"要素"概念几乎是完全吻合的。在爱因斯坦看来，就像一个事件的时间只有通过感觉经验（也就是用置于同一地点的时钟作原则上允许的测量）和我们的意识联系起来才有意义一样，一个事件的地点或空间坐标也只有通过作原则上允许的测量（就是把米尺在同一时间放在该处）进入我们的感觉经验时才有意义。这种工具

---

[11] 这里借用的是康德的比喻。参见康德：《导论》，庞景仁译，商务印书馆（北京），1978年第一版，第6页。

论的或操作论的定义，体现了马赫关于物理学中的任何陈述都必须表述可观测量之间的关系的要求（这是实证论的要求）。这种强烈的经验论色彩，使爱因斯坦论文中的其他哲学内容相形之下黯然失色。难怪那些自命为马赫哲学继承者的人，即新实证论的维也纳学派，热情地接受了爱因斯坦的著作。它为这个学派早期的成长，在哲学上提供了极大的帮助。

尽管怀疑的经验论在爱因斯坦早期的哲学思想中是相当明显的，而且在他的科学探索中发挥了相当大的作用，但这毕竟不是他的哲学思想的完整画面。否则，就很难解释狭义相对论的创立和他早期的其他科学贡献。事实上，在爱因斯坦早期哲学思想中，也包含着诸多相互关联、相互制约的哲学成分和方法论要素。我在一篇关于狭义相对论创立的认识论和方法论分析的论文[12]中指出：怀疑的经验论是破旧的锐利武器，理性论的实在论是立新的坚实基础，经验约定论[13]是构筑理论框架的有力工具。它们各司其职、各显其能、珠联璧合、相得益彰，引导爱因斯坦谱写出"思想领域中最高的音乐神韵"。

爱因斯坦的哲学历程，在一定程度上是从赞同、相信马赫哲学，再到偏离、背弃，直至公开决裂和与马赫分道扬镳的历程。霍耳顿把这出戏剧分为四幕：爱因斯坦早期对马赫

---

[12] 李醒民：《哲学是全部科学研究之母》（上、下），《社会科学战线》（长春），1986 年第 2 期，第 79—83 页；第 3 期，第 127—132 页。

[13] 李醒民：《论爱因斯坦的经验约定论思想》，《自然辩证法通讯》（北京），第 9 卷（1987），第 4 期，第 12—20 页。

学说主要特点的接受；爱因斯坦与马赫的书信往来和会面；1921 年披露的马赫对爱因斯坦相对论的意想不到的抨击；爱因斯坦自己进一步发展了一种关于知识论的哲学，他在其中摒弃了许多（尽管不是全部）他早期的马赫主义信条。关于爱因斯坦哲学思想转变的具体过程，霍耳顿在他的论文中做了详尽的描绘，此处不拟赘述。

诚如爱因斯坦所说，引力问题的解决（1915 年 11 月）对他的哲学思想"转变"起了关键作用。抛弃坐标必须具有直接度规意义，显然牺牲了感官知觉的至高无上的地位。把不变性作为先决条件，使他看到纯粹思维在某种意义上的确可以把握实在。这很自然地使爱因斯坦做出这样的抉择：反对对单个操作经验的目录表的忠诚，而赞成对物理理论基础的统一性这一古老希望的忠诚。

但是，爱因斯坦的"转变"并不是骤然的突变，而是有一个缓慢的渐变过程（霍耳顿注意到这一点）。他在 1916 年 3 月 14 日还发表了悼念马赫逝世的动人颂词。可是时隔一年，他在给贝索的两封信中开始对马赫"不敬"（称马赫为"瘦马"和"劣马"），并认为"马赫那匹小马不可能创造出什么有生命力的东西，而只能扑灭有害的虫豸"（*E*3, pp. 430—432）。在 1918 年和 1919 年，他分别在给贝索和厄任费斯脱的信中，对"事实"和"经验"的理解已完全不同于马赫。爱因斯坦认识到，经验在物理理论结构中的作用，归根结底不是通过经验的"原子"，不是通过个别感觉或原始命题，而是通过对整个物理经验的某种创造性的融合或综合（这是整体论的思想）。因此，在爱因斯坦看来，永动机不可能，惯性定律，光速不变性，麦克斯韦方程的有效性，匀速平移的相对性，惯性质量和引力质量相等都是"经验事实"，马赫当然是不会同意这种"滥用"的。尽管有这些看法和分歧，爱因斯坦在马赫逝世后好几年还自称是马赫的"门生"。而且在马赫的《物理光学原理》出版前，爱因斯坦还没有重视他的狭义相对论论文中大胆的基本假设的成分。他于 1921 年 6 月 13 日在伦敦皇家学院的讲话中仍然申明：相对论起源于直接的经验事实，而不是起源于思辨（$E1$, p.164）。

1921 年，马赫的遗著出版了。马赫早在 1913 年写的序言中就开始改变初衷，断然否认他是"相对论的先驱"，理由是相对论"变得越来越教条主义"（$E1$, p.74）。恍然大悟的爱因斯坦以此为契机，于 1922 年 4 月 6 日在访问法国时发表公开谈话（$E1$, pp.108—109），首次正式批评马赫"编目录"而不是"建立体系"的科学观，并严厉地指出"马赫可算是一位高明的力学家，但却是一位可怜的哲学家"。

在与马赫偏离和决裂的一段时间内，爱因斯坦还在继续追求许多逻辑实证论者仍能接受的现象论的一种比较精致的形式。渐渐地，他对马赫的哲学基础看得越来越清楚了，并且有意识地加以匡正。例如，他批评马赫"不仅把感觉作为必须研究的唯一材料，而且把感觉本身当作建造实在世界的砖块"的感觉论的或反实在论的立场；批评马赫否认科学理论的"思辨性"、否认概念形成中"自由构造的元素"的实证论的或反形而上学的立场。[14] 这促使爱因斯坦把经验在科学中的地位加以限制，并选取了一条理性论的实在论哲学。

许良英教授同意霍耳顿的分析和论断。他在一篇有分量的论文[15] 中列举五大事例进而表明，即使在早期，理性论在爱因斯坦的思想中就占主导地位，只不过不及后期那样明显罢了；而且，爱因斯坦的理性论思想主要来自历史上最彻底的理性论哲学家斯宾诺莎，是对斯宾诺莎思想进行批判改造的结果。

仔细考察一下不难发现，霍耳顿与许良英的观点之间似有不尽相同之处。对此的解释也许是，在早期，在科学实践中，以及在涉及与物理学直接相关的问题时，爱因斯坦的理性论思想表现得比较明显、比较坚定。但是，从哲学认识论本身看，爱因斯坦的理性论思想在早期似乎还没有清醒的"自我意识"，还没有形成一个比较和谐、比较完整的观点系统。也就是说，爱因斯坦早期的理性论思想在"实践"中发挥了重要作用，但在"理论"上还没有一个完备的纲领。但是，无论说经验论还是理性论在爱因斯坦的早期思想中占主导地位，似乎都存在着难以自圆其说的困难。因为

爱因斯坦的科学哲学是一种独特而微妙的多元（不止两元）张力哲学，它的发展变化是量变而非质变，也就是

---

[14] 爱因斯坦对马赫的某些批评因出于误解而失之偏颇，详见李醒民：《马赫》，东大图书公司印行（台北），1995年第一版，第282—298页。
[15] 许良英：《爱因斯坦的唯理论思想和现代科学》，《自然辩证法通讯》（北京），第6卷（1984），第2期，第10—17页。

说，只是各元之间张力大小的调整和均衡，而不是排斥或去掉哪一元。

二、对经验的弱化和再定位：在科学理论的起点和终点

怀疑和批判精神是爱因斯坦终生的守护神，他一生的事业证实了奥斯特瓦尔德的名言："对一个研究者来说，怀疑不仅是许可的，而且是他最首要的金科玉律，虔信对他的技艺来说是禁忌的。"他高度评价并切实履行利希滕贝格的格言："公认的意见和每个人都认为已成定论的东西，往往值得加以研究。"⑯对此我们不拟赘述。在这里，我们仅想就爱因斯坦后来关于经验及经验论在科学知识中的作用和地位问题展开论述。

对于经验论的合理内核，爱因斯坦终生是信守不渝的。即使在他的天平偏向理性论一边时，他也充分肯定了观察实验和经验事实在科学中的重大作用："纯粹逻辑思维不能给我们任何关于经验世界的知识；一切关于实在的知识，都是从经验开始，又终结于经验。用纯粹逻辑方法所得到的命题，对于实在来说是完全空洞的。"（*E*1, p.313）但是，二十世纪的物理学，毕竟明显地打上了理论化和体系化的

---

⑯ F. 赫尔内克：《原子时代的先驱者》，徐新民等译，科学技术文献出版社（北京），1981 年第一版，第 152 页。

印记，削弱了经验并淡化了经验论。正如爱因斯坦所洞察到的：

> 诚然，没有经验基础就很难发现真理。但是，如果我们探索得愈是深入，我们的理论所包罗的范围变得愈是广大，那么在决定这些理论时，经验知识所发挥的作用就愈小。（RS, pp.32—33）

这种削弱和淡化体现在爱因斯坦处理理论内容和经验事实或概念与经验的关系上。一方面，爱因斯坦承认概念在发生学意义上对于经验的依赖性："观念世界还是一点也离不开我们的经验本性而独立，正像衣服之不能离开人体的形状而独立一样。"（E1, p.157）另一方面，他又强调"概念对于感觉经验的逻辑独立性"；他在这里使用了一个耐人寻味的比喻："这种关系不是像肉汤和肉的关系，而倒有点像衣帽间牌子上的号码同大衣的关系。"（E1, p.345）

号码同大衣（而非肉汤和肉）的关系之比喻隐含着，概念和经验的关系是间接的、直觉的、非逻辑的。爱因斯坦多次申明：概念愈是普遍，"它同感觉经验的关系愈是间接"，这种关系"纯粹是直觉的联系，并不具有逻辑的本性"，即"不能用逻辑的工具从经验中推导出来"（E1, pp.245, 5, 157）。爱因斯坦 1952 年 5 月在致索洛文的信[17]中，用下图及说明形象地描绘了"思维领域同感官的直

---

[17] 参见（E1, pp.541—542），译文根据其他资料稍有改动。按照爱

接经验之间的永恒存在的有问题的联系"：

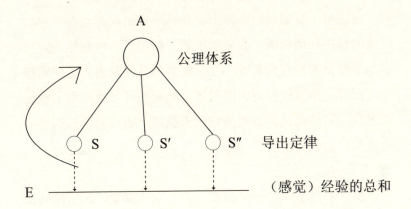

（1）E（经验）是已知的。（2）A 是假设或者公理。由它们推出一定的结论来。从心理状态方面来说，A 是以 E 为基础的，但是在 A 同 E 之间不存在任何必然的联系，而只有一个不是必然的直觉的（心理的）联系，它不是必然的，是可以改变的。（3）由 A 通过逻辑的道路推导出各个个别的结论 s。s 可以假定是正确的。（4）s 然后可以同 E 联系起来（用实验验证）。这一步骤也是属于超逻辑的（直觉的），因为 s 中出现的概念同经验 E 之间不存在必然的逻辑联系。但是 s 同 E 之间的联系实际上比 A 同 E 之间的联系要不确定得多，松弛得多。如果这种对应不能可靠无误地

因斯坦的观点，假设或公理是基本概念之间的基本关系，他又称其为基本原理、基本假定、基本定律、基本前提等。爱因斯坦所画的原始草图可参见 A. I. Miller, *Imagery in Scientific Thought*, Birkhäuser Boston Inc., 1984, p.45.

建立起来（虽然在逻辑上它是无法理解的），那么逻辑机器对于"理解真理"将是毫无价值的。

在这里，爱因斯坦实际上也在科学理论的起点和终点对经验的作用和地位做了必要的限制。在起点，他断然否定知识源于经验的径直性和唯一性。概念不是经验内容的逻辑推论，原理不能通过纯逻辑的程序从经验径直导出；走上理论的道路，只能通过构造性的尝试去摸索，通过创造性的思维去建构。他说：

> 知识不能单从经验中得出，而只能从理智的发明同观察到的事实两者的比较中得出。（E1, p.278）

在这里，经验只是引起理论家的建构冲动，仅起提示作用，因此表面的现象、单纯的观察、个别的经验对理论家的用处并不是太大的，他必须发明出概念和原理作为理论的逻辑起点，才能继续前进。否则，再多的实验事实也不会导致广义相对论和引力场方程。

在终点，爱因斯坦合理地坚持了经验论的一个重要原则：经验归根到底是唯一权威的判定者，唯有经验才能判定真理，理论必须符合事实的要求将永远被保留下去（EZ, pp.480—481；E1, p.508）。他说："一个物理概念的正确与否，唯一地取决于它对所经验到的事实的明晰的而无歧义的联系。"（E1, p.165）但是，出于约定论和整体论的考虑，爱因斯坦在知识的终点对经验的功能也做了恰当的限制。第一，检验理论的经验是经验的"总和"或"复合"，而不是单个的经验或经验原子。第二，把经验的证实（verification）冲淡为经验的确认（confirmation）[18]。第三，用"内部的完美"这一辅助的价值标准补充和限定"外部的确认"这一根本的或终极的经验标准，从而构成所谓的双标尺评价系统[19]。第四，由于 S 同 E 之间的联系也是直觉的，且比 A 同 E 之间的联系更松弛、更不确定，因此不管证实、确认还是证伪，都呈现出十分复杂的状况。除了逻辑方面的缘由（例如从假前提可导出真结果，理论原则上不能被实验一劳永逸地证明正确）外，还存在以下的现实问题：

首先，要从作为前提的原理推导出能够同经验对照的结论，将需要艰苦的努力，也许还需要新的数学方法，这个过程有时是相当漫长的，尤其是在理论的基础和可检验的推论之间的距离变得越来越大之时（$E1$, p.508；$E3$, p.382）。

其次，由于时机、技术等客观条件的限制，要断定理论是否符合实在，往往要做多年的实验研究，在相对论中就有

---

[18] 卡尔纳普把证实理解为对真理的完全的和确定的公认，从而认为任何完全的证实是不可能的。如果在检验性实验的连续系列中没有发现否定的例子，而肯定的例子的数目却增加起来，那么我们对于这个规律的信心就将逐步地增强，从而可以说它的确认在逐渐增长。因此，他认为，不可能有绝对的证实，只可能有逐渐的确认，维特根斯坦（L. Wittgenstein, 1889—1951）的可证实原则必须被更加灵活的可确认原则代替。参见《现代西方哲学论著选辑》，洪谦主编，商务印书馆（北京），1993 年第一版，第 498—500 页，第 507 页。

[19] 李醒民：《科学理论的评价标准》，《哲学研究》（北京），1985 年第 6 期，第 29—35 页。在（$E1$, pp.11—12）中将两个标准译为"外部的证实"和"内在的完备"，似不妥、不确。

这样的情况（E1, p.77）。

再次，外部的确认要求即理论不应当同经验事实相矛盾看似明显，实则应用却非常困难。因为人们总可用人为的补充假设使理论适应事实，从而保全普遍的理论基础（E1, p.10）。

最后，观察是一个十分复杂的过程，而理论又双向地与观察相互作用（E 1, p.211）。对实验结果的错误诠释，实验仪器的失灵，有时也被误以为确认了理论。在这方面，爱因斯坦也许受到彭加勒和迪昂下述思想的启示：在把理论与实验比较时需要语言翻译和诠释[20]。

在科学实践中，爱因斯坦也是以同样的态度对待所谓的证实或证伪的。1906 年，当考夫曼声称他关于电子质量同速度关系的实验与洛伦兹和爱因斯坦的假设不兼容时，彭加勒犹豫不决，洛伦兹悲观失望，而爱因斯坦则对该实验存疑，认为"这个问题只有在有了多方面的观测资料以后，才能足够可靠地解决。"[21]1907 年，他在并不了解厄缶实验的结果的情况下就提出了等效原理，他说没有一个人过分地重视观察。1919 年，当爱因斯坦收到爱丁顿证实太阳光线弯曲的电报时，施奈德问他："如果不是这样的确认，你会怎么样呢？"他反驳说："那么我会为亲爱的上帝遗憾。该理论是

---

[20] 李醒民：《论科学中的语言翻译》，《大自然探索》（成都），第 15 卷（1996），第 2 期，第 100—106 页。

[21] 《爱因斯坦文集》第二卷，范岱年等译，商务印书馆（北京），1977 年第一版，第 181 页。

正确的。"[22]1952 年，玻恩就弗洛伊德里希（Freundlich）的实验分析写信给爱因斯坦，认为爱因斯坦的引力公式不十分正确，在红移情况下甚至更糟。爱因斯坦答复说："弗洛伊德里希一点也未使我动摇。即使光线偏折、近日点进动或谱线红移是未知的，引力方程还会是可信的，因为它们免去了惯性系（它影响一切而自身却不受影响）的幽灵。真正奇怪的是，人在正常情况下不愿听最强烈的证据，尽管他们总是倾向于过高估计测量的精度。"[23] 由此可见，爱因斯坦对理论的估价不受无足轻重的实验证实或证伪的影响；凯泽尔说爱因斯坦早期是纯粹的经验论者，显然言之过甚，波普尔把爱因斯坦设想成证伪主义者[24] 无疑是一厢情愿。

作为一位理论物理学家，爱因斯坦深知经验和实证方法的局限性——"用准经验方法不能钻进事物的深处"（E3, p.483）。他说：

> 要创立一门理论，仅仅收集一下记录在案的现象是远远不够的，还必须有深入事物本质的大胆的、创造性的思维能力。因此，物理学家不应该仅仅满足于研究那些从

[22] I. Rosenthat-Schneider , Reminiscenses of Einstein, *Some Strangeness in the Proportion*, H. Woolf （ed. ）, Addison-Wesley Publishing Company, Inc. , 1980, pp.521—523.

[23] P. K. Feyerabend , *Problem of Empiricism, Philosophical Papers*, Volume 2 , Cambridge University Press, 1981, pp.198—199.

[24] K. 波普尔：《无穷的探索——思想自传》，邱仁宗等译，福建人民出版社（福州），1984 年第一版，第 36 页。

> 属于事物现象的表面因素，相反地，他应该进而采取理
> 性方法，探索事物的根本性质。（*RS*, p.33）

况且，这里还有一个抓紧时机的问题。正如爱因斯坦所说：
"伟大的思想需要立即加工，不必等待用自然现象进行认真
的检验。"[25]

三、坚决反对经验论的激进变种及其方法论

以弗兰克为代表的逻辑经验论者认为，爱因斯坦是"实
证论的和经验论的"，尽管他也看到爱因斯坦对马赫思想的
背离以及与实证论某些信条的冲突[26]。以布里奇曼和玻恩为
代表的实证论科学家，或认为爱因斯坦是操作论的先驱[27]，
或认为爱因斯坦使用了实证论的可观察性原则[28]。连爱因斯
坦本人在提到 1905 年前后自己的思想状况时也说："在那
个时期，我的思维方式比后来更接近实证论，……我背离实

---

[25] K. 塞利希：《爱因斯坦》，黑龙江人民出版社（哈尔滨），1979
年第一版，第 132 页。

[26] P. Frank, *Einstein: His Lif e and Times*, London, 1949, pp.259—263.

[27] P. W. 布里奇曼：《爱因斯坦理论和操作主义观点》，陈颖译，《世
界科学》（上海），1983 年第 2 期，第 49—53 页。

[28] 这个原则说，概念和观念，若不能为经验所验证，则在物理学中
就不应该有它们的位置；它要求排除不能被观察到的事物。参见 M. 玻
恩：《爱因斯坦的相对论》，彭安石译，河北人民出版社（石家庄），
1981 年第一版，第 3—4 页。

证论只是在我完成广义相对论之时。"㉙

让我们遵循爱因斯坦不要听其言而要观其行的教导㉚，考察一下问题的来龙去脉吧。其实，即使在早年，爱因斯坦也不能算是名副其实的实证论者。他在 1891 年皈依科学时就确立了朴素实在论思想，相信存在着独立于我们的外在世界（E1, p.2）。在 1891—1895 年间的读书笔记中，他针对莱布尼兹的单子论评论说："要从我们思维的不完备推论出客体的不完备，那是错误的。"㉛ 这也许是爱因斯坦理性论的实在论思想的最早流露。1901 年 4 月，他在完成处女作毛细管论文后写信给格罗斯曼，明确表达了追求内在统一性的理性论思想："从那些看来同直接可见的真理十分不同的各种复杂的现象中认识到它们的统一性，那是一种壮丽的感觉。"（E3, pp.347—348）在世纪之交关于原子和分子实在性的争论中，他坚定地站在原子论一边。前面提到，他 1905 年的相对论论文的假设虚构成分，他 1907 年对考夫曼实验的质疑，也都是非经验论的乃至反实证论的行为。

在哲学"转变"之后，爱因斯坦利用各种机会，有意识

㉙ A. Fine, Einstein's Realism, *Science and Reality*, Edited by J. T. Cushing, University of Not re Dame Press, 1984, pp.106—133.

㉚ 爱因斯坦 1933 年在《关于理论物理学的方法》的讲演中说："如果你们想要从理论物理学家那里发现有关他们所用的方法的任何东西，我劝你们就得遵守这样一条原则：不要听他们的言论，而要注意他们的行动。"（E1, p.312）

㉛ 许良英：《一项宏伟的历史工程》，《自然辩证法通讯》（北京），第 10 卷（1988），第 1 期，第 58—63 页。

地批判实证论。他在 1918 年 9 月写信给波恩数学家斯图迪
（E. Study, 1862—1930）：

> 实证论者或实用主义者只要反对存在着锚泊在"先验的
> 东西"中的概念，它就是强有力的。在他热心研究的对
> 象中，当他忘记所有知识都存在于概念和判断之中时，
> 那么这就是一个弱点，该弱点不在于事物的本性，而在
> 于他个人的气质，正像用愚蠢的战斗反对假设一样，参
> 见迪昂所写的清晰的书[32]。无论如何，对原子的挑剔就
> 依赖这个弱点。哦，在这个世界上，对人来说事物是多
> 么难以对付；通向独创性的道路是通过非理性（在科学
> 中）、通过丑陋性（在艺术中）引导的——至少许多人
> 发现行得通的道路是这样。[33]

请注意，爱因斯坦在这里充分肯定了实证论抗衡先验论的积
极作用，同时尖锐指出实证论轻视或敌视科学知识理论化的
弱点。

在与马赫决裂之后，爱因斯坦又在 1930 年断然与石里
克分道扬镳，因为后者的思想由 1920 年代的实在论的约定
论倒向逻辑实证论。他在 1930 年 9 月的信中这样批评石里

---

[32] 这也许是爱因斯坦在论著和通信中唯一提及迪昂之处。迪昂的书
指的是《物理学理论的目的和结构》，这是爱因斯坦读过该书的一个
证据。

[33] D. Howard, Was Einstein Really a Realist? *Perspectives on
Science*, 1 （1993）, pp. 204—251.

克对深刻理论的敌视:

> 从普遍的观点来看,你的描述与我看待事物的方式并不
> 相应,因为我发现你的整个概念可以说太实证论了。事
> 实上,物理学提供感觉经验之间的关系,但仅仅是间接
> 提供的。依我之见,物理学的本质特征绝不是用这个断
> 言就能详尽无遗地概括的。我率直地向你提出:物理学
> 是用概念尝试构造实在世界及其受定律支配的结构的模
> 型。的确,它必须严格地描述我们可以达到的那些感觉
> 经验之间的经验关系;不过,它只是这样才与感觉经验
> 联系起来。[34]

爱因斯坦对实证论的批判和反对一直持续到晚年。1953
年5月19日,他写信给希耳普(P. Schilpp),谢绝为活着
的哲学家文库卡尔纳普卷撰写论文。他虽然觉得集成一卷专
论卡尔纳普是一个好主意,但是除非他的问题使之变得紧迫
需要,否则不会屈服于这个要小心对待的材料。他说明自己
只研究了一点文献,无法公正地评判"一大群不停地叽叽喳
喳叫的实证论的小鸟"。此时,他也许回想起马赫等人的实
证论在世纪之交所起的摧枯拉朽的巨大历史作用,对眼下的
逻辑实证论表示了强烈的不满:

---

[34] D. Howard, Realism and Conventionalism in Einstein's Philosophy of Science: The Einstein-Schlick Correspondence, *Philosophia Naturalis*, 21 (1984), pp.616—629.

我认为，实证论的老马——它原先似乎是生气勃勃的、活蹦乱跳的——在它必然要通过的精致化之后，已变得骨瘦如柴，着实让人可怜，它陷于相当枯燥无味的、琐细无益的分析了。在它富于青春活力的日子里，它在它的对手软弱的情况下养育了自己。现在，它长得有身份了，在它自己的权力范围和乏味细节的情况下，它处在不得不苟延残喘的困难境地。[35]

爱因斯坦还在 1946 年郑重申明："我不是一个实证论者，我相信外部实在的世界构成一个我们不可放弃的基础。"（*E*3, p.383）他在 1955 年 4 月还把"从物理学中产生出来的哲学"即"逻辑实证论"称为"坏的哲学"（*E*1, p.628）。

爱因斯坦对实证论的反感和反对，集中体现在他始终不渝地与量子论的哥本哈根诠释的斗争中。他在 1938 年 4 月写信给索洛文说：

正如在马赫时代曾经非常有害地为一种教条唯物论所统治一样，当今则过分地受到一种主观主义和实证论的统治。对于把自然界看成是客观实在的观点，现在人们认为这是一种过时了的偏见，而认为量子理论家们的观点是天经地义。对暗示的顺从，人比马还要驯服。每个时

---

[35] D. Howard, Einstein and Duhem, *Synthese*, 83 （1990），pp.363—384. 迪昂的前一本书由弗兰克在 1912 年译为德文出版，后一本书由 F. 阿德勒翻译为德文，于 1908 年出版。

代都有它的时髦的东西，而大多数人从来看不见统治他们的暴君。（E1, p.381）

他在 1948 年 3 月给老朋友玻恩的信中率直地表示："我要把你的实证论的哲学撕得粉碎，以此来自娱。"（E1, p.440）他在《对批评的回答》（1949）中表明，他"不喜欢"统计诠释中的"那种基本的实证论的态度"；这种态度之所以"站不住脚"，是因为"它会变成同贝克莱（G. Berkeley, 1685—1753）的原理'存在就是被感知'一样的东西"（E1, p.466）。而且，他在 1953 年还指出"这种纯粹的实证论立场"的另一个"致命的弱点"，即"它将导致把一切用语言表达出来的命题都说成毫无意义"（E1, p.591）。

实证论的一个突出特征是，力图从科学中清除一切形而上学。因此，捍卫形而上学在科学中的必要权利，就成为爱因斯坦批判实证论的题中应有之意。他早在前面引用的信中就对石里克说："你将为爱因斯坦是一个'形而上学家'而感到奇怪。但是，在这方面，每一个四条腿和两条腿的动物实际上都是形而上学家。"[36] 他揭示出实证论者反形而上学的渊源：休谟的清晰批判在决定性地推进哲学的同时，也为哲学造成了一种危险（这并非休谟的过失），即"产生了一种致命的'对形而上学的恐惧'，它已成为现代经验论哲学

---

[36] D. Howard, Realism and Conventionalism in Einstein's Philosophy of Science: The Einstein-Schlick Correspondence, *Philosophia Naturalis*, 21 （1984）, pp.616—629.

推理的一种疾病"。这种恐惧的"幽灵"造成了"一些损害",例如引起把事物设想为一束性质,而性质则必须从感觉材料中取得。但是,"人没有'形而上学'毕竟是不行的"(E1, pp.410—411)。他确信:"每一个真正的理论家都是一位温和的形而上学者,尽管他可以把自己想象成一个多么纯粹的'实证论者'。"(E1, p.496)

爱因斯坦对实证论的重要方法论原则即可观察性原则持明显的否定态度。不可否认,爱因斯坦在创立狭义相对论时也受益于该原则[37],但是他不满意实证论对它的错误使用和诠释。他在1926年春同海森伯就量子力学的哲学背景谈话(E1, pp.210—217)时说:"在原则上,试图单靠可观察量来建立理论,那是完全错误的。实际上,恰恰相反,是理论决定我们能够观察到的东西。"爱因斯坦看到,由于观察渗透理论以及观察需要理论诠释,从而使观察呈现出十分复杂的特征。当我们宣称我们能够观察某种新事物时,实际上隐含地假定现存的有关规律是有效起作用的。于是,"只有理论,即只有关于自然规律的知识,才能使我们从感觉印象推论出基本现象。"(E1, p.211)与此同时,爱因斯坦还揭示了可观察性原则的另一个重大缺陷,即它对"外部实在的世界"的不合理的否认:

---

[37] 爱因斯坦即使在反对可观察性原则时,也肯定了该原则所包含的积极意义:"一个人把实际观察到的东西记在心中,是会有启发性帮助的。""理论之所以能够成立,其根据就在于它同大量的单个观察关联着,而理论的'真理性'也正在此。"(E1, pp.211, 115)

实证论声称：凡是不能观察到的，都是不存在的。但是这种观点在科学上是站不住脚的，因为人们"能够"观察什么或者"不能够"观察什么，那是不可能做出有效的断言的。倒是必须说：只有我们观察到的东西才是存在的。但是这种说法显然也是错误的，因为可观察的世界并不"存在"。我们所观察到的不是世界。（*E*3, p. 383）

正是出于这样两种考虑，爱因斯坦明确表示："我实在完全不喜欢死抱住可观察的东西这个当今正时髦的'实证论'倾向。"（*E*1, p. 336）

爱因斯坦不仅严厉地批评了马赫的描述论的科学观（前已述及），而且也敏锐地批评了经验论的另外两个激进变种——现象论和操作论。他指出现象论的物理学由于"尽量使用那些接近经验的概念"，因而"在很大程度上就必须放弃基础的统一性"（*E*1, p. 353）。针对布里奇曼的操作论，爱因斯坦批评道：

为了使一个逻辑体系能被认为是物理理论，没有必要要求它的全部论断都能被独立地解释、并且"在操作上"是可"检验"的；事实上，这种要求从来没有一个理论达到过，而且也根本不可能达到。为了使一个理论能被认为是物理的理论，只要它一般地包含着经验上可以检验的论断就行了。[38]

确实，假如真的把操作论的要求贯彻到底，那就不可能有理论物理学。况且，操作论排斥思想实验，也是爱因斯坦决不会同意的。其实，爱因斯坦在早期的科学工作中就蕴涵着反对现象论和操作论[39]的因素：追求统一性，使用思辨性的概念和思想实验。其实，相对论的语义指称并非仅是量杆和时钟，它也适用于用量杆和时钟无法操作的微观世界。

爱因斯坦对经验论的方法论即归纳法也持批判立场，这既源于他的科学实践，也受到休谟以及批判学派代表人物马赫、彭加勒、迪昂对归纳法持保留或批评态度的影响。他在《物理学中的归纳和演绎》（1919）中写道：

> 人们使自己处理自然科学起源的最简单的概念可能是按照归纳法的概念。分离的事实如此选择和收集，以致它们之间合法的关联清楚地呈现出来。……可是，迅速考虑一下实际的发展告诉我们，在科学知识中伟大的进展步骤只是在很小的程度上起源于这种方式。因为如果研究者在没有任何预想的看法的情况下着手他的工作，他

---

[38] 爱因斯坦接着说："这种说法是完全不严谨的，因为'可检验性'是这样一种性质，它不仅涉及论断本身，并且也涉及其中包含的概念同经验的对应关系。"（E1, p.475）

[39] 当时还无此称谓。操作论（operationalism or operationism）是布里奇曼在《现代物理学的逻辑》（1927）中首次提出的。它主张一切物理对象、过程和性质都可借助于一套操作和实验来定义。

应该如何从大量的最复杂的经验中选择那些简单得足以容许合法的关联变得明显的事实呢？[40]

爱因斯坦虽然肯定了归纳法的某些局部作用，但是他认为，无论从发生学或科学发展史来看，把科学视为"一种纯粹的经验事业"，把科学发展看作"不断的归纳过程"，都是十分错误的，"因为它忽略了直觉和演绎在精密科学发展中所起的巨大作用"。爱因斯坦强调："科学一旦从他的原始状态脱胎出来以后，仅仅靠着排列的过程已不能使理论获得进展。由经验材料作为引导，研究者宁愿提出一种思想体系，它一般地是在逻辑上从少数几个公理的基本假定建立起来的。我们把这样的思想体系叫作理论。"（E1, p.115）在爱因斯坦看来，作为理论的前提的基本概念和基本假设，并不是归纳法所能导致的，而是思维的自由创造。把牛顿的"我不做假设"当作任何健全的自然科学的基础，以为用纯粹归纳法可以建立理论，是十九世纪的经验论者的幻想和根本错误（E1, pp.309, 357）。

爱因斯坦看到，伴随着科学理论化和体系化的大趋势，归纳法的地位已经下降并有被取而代之之势。他认为："归纳法作为发现一般真理的工具似乎被高估了。问题的恰当形式是：哪一种真理具有较高的等级，是归纳地发现的真理，

[40] G. Holton, *The Scientific Imagination: Case Studies*, Cambridge University Press, 1978, p.99.

还是导致进一步演绎的真理？答案几乎是毫无疑问的。"[41]
他指出："适用于科学幼年时代的以归纳为主的方法，正在
让位给探索性的演绎法。"（E1, p.262）在 1952 年 3 月致
贝索的信中，爱因斯坦谈及他对经验论和归纳法的总的估
价，我们不妨作为本节的小结照录如下：

> 广泛的事实材料对于建立可望成功的理论是必不可少
> 的。材料本身并不是一个演绎性理论的出发点；但是，
> 在这些材料的影响下，可以找到一个普遍原理，这个原
> 理又可以作为逻辑性（演绎性）理论的出发点。但是，
> 从经验材料到逻辑性演绎以之为基础的普遍原理，在这
> 两者之间并没有一条逻辑道路。
>
> 因此，我不相信，存在着通过归纳达到认识的穆勒
> （J. S. Mill, 1806—1873）道路，至少作为逻辑方法是
> 不存在的。举例来说，我想，并不存在从中推导出数的
> 概念的任何经验。
>
> 理论越向前发展，以下情况就越清楚：从经验事实中是
> 不能归纳出基本规律来的（比如引力场方程或量子力学
> 中的薛定谔方程）。
>
> 一般地可以这样说：从特殊到一般的道路是直觉性的，而
> 从一般到特殊的道路则是逻辑性的。（E3, pp.490—491）

---

[41] A. Moszkowski, *Einstein: The Searcher, His Work Explained from Diologues with Einstein*, Trans lated by H. L. Brose, Methuen & Co. Lt d. , London, 1921, p.181.

四、双向弱化的温和经验论

在 20 世纪中叶，逻辑经验论者热情地把爱因斯坦奉为守护神或同盟者，但是他并不领这个"情"，因为他的观点与逻辑经验论分歧甚多。在近些年，法因（A. Fine）[42] 认为爱因斯坦的立场接近范弗拉森（van Fraassen）[43] 的建构经验论，尼古拉斯·麦克斯韦（Nicholas Maxwell）[44] 则认为爱因斯坦的哲学是目的取向的经验论。其实，只要把爱因斯坦的主张与那些经验论变种的含义略加比较，就不难发现其武断之嫌或以偏概全之处。

纵观爱因斯坦的科学哲学思想，经验论甚至不是其主流或主要方面。对于传统的或标准的经验论（我们的概念或理论来源于感觉经验，并要根据感觉经验加以检验或证明），爱因斯坦在肯定其合理内核的同时，在知识的起点（从经验

[42] A. Fine, Einstein's Realism, *Science and Reality*, Edited by J. T. Cushing, University of Not re Dame Press, 1984, pp. 106—133.

[43] B. C. van Fraassen, *The Scientific Image*, Clarendon Press, Oxford, 1980, p. 12. 建构经验论（constructive empiricism）的含义是："科学旨在给予我们经验上合适的理论；而接受一个理论所包含的仅仅相信它在经验上是合适的。"

[44] N. Maxwell, Induction and Scientific Realism: Einstein Versus van Fraassen, *Brit. J. Phil. Sci.*, 44 （1993），pp. 61—79, 81—101, 275—305. 该文系统论述了目的取向的经验论（aim-oriented-empiricism）的长处、涵义等。作者认为："按照目的取向的经验论，甚至在辩护的上下文中，科学必须预设，宇宙是以种种方式可以理解的。""在爱因斯坦之后，物理学和物理学哲学应该形成一个整体的学科——目的取向的经验论的自然哲学。"

到理论）和终点（从理论到经验）做了双向的弱化：经验在理论的形成时仅起提示作用，在理论的检验中仅起有限度的确认作用。而且，爱因斯坦还用非经验论乃至反经验论的因素——诸如约定论（概念和原理是精神的自由创造或约定，约定的原理可免去经验否证）、整体论（理论的整体而非每一个单个命题具有经验内容，检验理论的经验是经验总和而非经验原子）、理性论（纯粹思维在某种意义上可以把握实在）、实在论（承认外部世界和某些不可观察物的实在性）——对经验论加以牵制和限定，从而在多元思想的格局中保持了必要的张力。因此，我们的结论是：爱因斯坦的科学哲学包含着双向弱化的温和经验论的合理的思想因素，但他本人不能算是一个经验论者（即使在早期，也不能算是一个纯粹的经验论者）。

第三章　基础约定论思想

烟波江上何须愁，

君看春水天际流。

纵令昔人乘鹤去，

自有来者筑新楼。

————李醒民：《黄鹤楼》

　　在约定论的创始人和集大成者彭加勒[①]以及其他思想家的影响下，在爱因斯坦早期的科学实践和哲学思想中，就浸透着约定论的思想因素。爱因斯坦后来依据自己的亲身体验，对约定论做了较为系统的阐释与发展，把它作为一个重要的方法论原则，用来构筑物理学理论的基础（逻辑前提），从而使这一源远流长的哲学思想[②]在现代科学中焕发

---

① 李醒民：《彭加勒》，东大图书公司印行（台北），1994年第一版，第99—142页，第254—262页。

② 在古希腊哲学家留基伯（Leucippus，活动时期公元前五世纪）、德谟克利特（Democritus，约公元前460—约公元前370年）、第欧根尼（Diogenes，？—约公元前320年）那里，就有约定的思想萌芽。参见李醒民：《论彭加勒的经验约定论》，《中国社会科学》（北京），

出新的活力，形成了爱因斯坦自己的基础约定论思想。

一、早期的约定论思想之来源

爱因斯坦早期的约定论思想之来源大体有三个方面：一是亥姆霍兹等人的启示，二是批判学派的巨大影响，三是与石里克多年的思想交流。

爱因斯坦在大学和奥林比亚科学院时期读过亥姆霍兹的科学和哲学著作，他认为亥姆霍兹是一位给人印象深刻的人物。亥姆霍兹关于假设作为定律的基础，关于几何学与经验和实在关系等观点，都会对爱因斯坦有所启示。此外，高斯和黎曼的非欧几何学思想对爱因斯坦约定论思想的形成也具有强烈的暗示，他一直把他们二人视为巨人。

人们也许很难相信，作为实证论者的马赫居然是约定论的先驱之一[③]。在马赫看来，学科及其分支的划分，术语、概念、测量单位的定义，感觉的质都是约定或具有约定的性质。对于这些思想，爱因斯坦恐怕不会没有印象。

爱因斯坦早在奥林比亚科学院时期就认真读过彭加勒的《科学与假设》，这是一本集中体现了作者约定论思想的科学哲学名著。此外有证据[④]表明，他也读过或了解彭加勒的

1988 年第 2 期，第 99—111 页。

③ 李醒民：《马赫》，东大图书公司印行（台北），1995 年第一版，第 104—105 页。

④ 李醒民：《论爱因斯坦的经验约定论思想》，《自然辩证法通讯》

另外两本名著:《科学的价值》和《科学与方法》。爱因斯坦肯定在某种程度上领会了彭加勒温和约定论或经验约定论的八大内涵[⑤]及其精神实质[⑥]——数学中的公理和物理学中的基本原理既非先验综合判断,亦非经验事实,它们原来都是约定;约定是我们精神的自由活动的产品,但自由并非任意之谓,它要受到实验事实的引导和避免一切矛盾的限制;约定是我们强加于科学的,并未强加于自然界,而且并非整个科学都是约定的,约定只是出于方便,无所谓真假;约定有巨大的方法论功能,在从事实过渡到实验定律,尤其是从实验定律上升到原理时,其方法论功能更为显著;等等。爱因斯坦多次表示,他的相对论不符合康德的先验论(某些概念是预先存在于我们的意识中的),而与彭加勒的约定论(概念是约定)有一致之处,必须把康德的"先验的"冲淡为"约定的"(E1, pp.168—169, 104)。他认为彭加勒在《科学与假设》中所做的阐述,已清楚地认识到经验对概念的关系(E1, p.157),即概念实际是约定,经验对其形成仅起提示作用。对于彭加勒几何学约定论思想,他认为"从永恒的观点来看,彭加勒是正确的"(E1, p.140),远比斯图迪的实在论观点深刻[⑦]。但是,爱因斯坦不同意彭加勒关于因欧

(北京),第 9 卷(1987),第 4 期,第 12—20 页。

⑤ 李醒民:《彭加勒》,东大图书公司印行(台北),1994 年第一版,第 115—125 页。

⑥ H. Poincaré, *La Science et I'Hypothése*, Paris ,Érnest Flammarion Edietur, 1920, pp.5—7, 65—67, 104, 162—166.

⑦ H. M. 萨斯:《爱因斯坦论"真正的文化"以及几何学在科学体

几里得几何学最简单而必须首选的看法，而认为"真正的关键不仅在于几何学本身的最大可能的简单性，而在于全部物理学（包括几何学）的最大可能的简单性。"（E1, p.474）

在迪昂的科学哲学思想中，也包含着约定论的因素[8]，例如判决实验不可能，理论的经验内容保证了科学的连续性（在理论变革中抛弃的只是约定成分），理论多元论，自然秩序的实在性，与彭加勒约定论八大内涵中的四个相同或相近。尤其是，迪昂的整体论的不充分决定论为约定论提供了强有力的支持。但是，迪昂的约定论思想不仅弱于勒卢阿（E. Le Roy, 1870—1954）的激进约定论，而且也弱于彭加勒的温和约定论。他与彭加勒都批评勒卢阿的科学处方观，他还反对彭加勒把假设视为方便的约定，以及物理学家可以相继使用相互之间不兼容的理论。爱因斯坦在接受迪昂的整体论时，不用说也会注意到他的约定论思想。

至于石里克对爱因斯坦约定论思想确立的影响，霍华德在一篇有分量的论文[9]中做了出色的研究。霍华德指出，爱因斯坦从1915年起与石里克进行了多年的通信和智力交流，

系中的地位》，《自然科学哲学问题》（北京），1980 年第 3 期，第 47—49 页。爱因斯坦的评论涉及《科学与方法》一书。

[8] 李醒民：《迪昂》，东大图书公司印行（台北），1996 年第一版，第 339—345 页。

[9] D. Howard, Realism and Conventionalism in Einstein's Philosophy of Science: The Einstein-Schlick Correspondence, *Philosophia Naturalis*, 21 （1984），pp.616—629.

石里克早期的实在论的约定论哲学[10]影响了爱因斯坦。这种影响的契机在于：爱因斯坦在 1915 年解决了广义相对论中的空穴概念问题（时间和空间丧失了实在性，因为坐标系的选择是一种任意的约定）；他们共同反对新康德主义的先验时空观。

1917 年 3 月，石里克发表了长篇论文《当代物理学中的空间和时间》，后又将其扩充为单行本出版。单行本的最后一章涉及他的约定论的科学哲学：科学理论包含着约定以及约定论的理论多元论（这也是彭加勒的观点）。单行本的最后一章给爱因斯坦留下了深刻的印象。他在 1917 年 5 月 21 日写信给石里克[11]，称这一章是"出色的"。这封信是他写给石里克的信件中的最重要的一封信，因为它表明了爱因斯坦的发展中的科学哲学。爱因斯坦在信中详细地评论了石里克的实在论的约定论。其基本思想是：我们现在在物理学中称之为"实在的"东西，是在空时中排列的东西，而不是

---

⑩ 逻辑实证论者把马赫的实证论（物理学定律是用简单形式组织起来的观察概要）和彭加勒的约定论（物理学原理是人的精神的自由创造）这两种对立的东西视为他们的智力运动的两翼：经验的一翼和逻辑的一翼。石里克的约定论也来自彭加勒（以及迪昂）。他赞同彭加勒的观点：要是没有任何约定，我们就根本无法成功地建立理论。参见 D. Howard, Realism and Conventionalism in Einstein's Philosophy of Science: The Einstein-Schlick Correspondence, *Philosophia Naturalis*, 21（1984），pp. 616—629.

⑪ D. Howard, Realism and Conventionalism in Einstein's Philosophy of Science: The Einstein-Schlick Correspondence, *Philosophia Naturalis*, 21（1984），pp. 616—629.

直接给予的东西；物理学理论能够在经验水平上一致，而在"事件"方面却不一致，事件构成了物理学研究的实在。这一点基本上与石里克原先引用的迪昂命题——"没有什么东西强迫我们把一种世界图像仅仅看作是独一无二的世界图像"——相一致。

1918 年 6—7 月间，爱因斯坦写信给玻恩。信中隐含地称赞了康德弘扬人类理性和先验组织原则在认识中的巨大意义，同时又明确反对康德把知性的纯粹概念和纯粹范畴看作是先验的和不变的："我正在读康德的《导论》，并且开始理解到这个人发散出来的那种发人深思的力量。只要你一旦对他的先验综合判断的存在让了步，你就落入了圈套。我必须把这个'先验的'冲淡成为'约定的'，才不致同他非发生矛盾不可，可是即使那样，在细节上还是格格不入。"（E1, p.104）

在后来的许多场合中，爱因斯坦明显地继续对石里克表示高度的敬意，继续支持石里克的约定论立场。1919 年圣诞节（12 月 25 日），爱因斯坦发表了一个简短的、但却十分有趣的论文——《物理学中的归纳和演绎》。他在批判了理论是用归纳法从经验推出的观点之后写道：

> 如果在理论推导中存在着逻辑错误，就能够认为它是错误的，或者事实与理论的结果不一致，也能够认为理论是不正确的。但是，理论的真理性从来也不能被确认。因为人们永远不知道，即使在将来不会遇到经验与它的结果相矛盾；而且，还有其他观念体系总是可以得到

的，它们能够把同样的给定的事实联系在一起。如果两个理论都是合用的，它们二者都与已知的实际材料一致，那么除了研究者的直觉观点外，没有其他标准宁愿选择这个或那个。这样一来，我们就可以理解，拥有理论和事实的聪明的研究人员也可以是矛盾的理论的热情支持者。

这与石里克1915年的下述说法在精神实质上是相通的："在某些情况下，几个理论可以同时为真，那时它们提供了不同的、但在每种情况下都是完全单义的关于事实的标示。"可以看出，爱因斯坦和石里克都认为，经验不能唯一的决定一个正确的理论，因此人们对理论的选择具有约定的逻辑地位。不过，他们二人也像彭加勒一样地指出，就结果而言，人们选择理论并不是完全自由的。石里克认为，不存在完全自由约定的问题，约定总是以最简单和最方便的形式呈现出来。爱因斯坦也以类似的口吻说，尽管在原则上总是存在着许多经验上等价的理论，实际上科学家从中选择总要受到历史条件的限制，以致所做出的选择总是以最好的形式出现[12]。

新康德主义者在1919年对爱因斯坦相对论做出了越来越多的反应，他们或批评相对论，或力图使之与康德哲学协

---

[12] D. Howard, Realism and Conventionalism in Einstein's Philosophy of Science: The Einstein-Schlick Correspondence, *Philosophia Naturalis*, 21 （1984）, pp.616—629.

调，这股洪流直到 1920 年代中期还未减弱。爱因斯坦和石里克等逻辑经验论者在反对新康德主义⑬的斗争中结成了统一阵线。1920 年 6 月 5 日，爱因斯坦在致新康德主义者卡西勒的信中表明，他不同意卡西勒对相对论及其推论的哲学诠释：

> 我能够理解你关于空间和时间思维的观念论的方式，我甚至相信人们能够这样达到一致的观点。在我这位非哲学家看来，哲学的对立性似乎是比原则化的类型更重要的对立性。马赫称之为关联（connection）的东西对你来说是理想的，经验首先使它们成为可能。但是你强调认识的这一面，而马赫想使它们尽可能无意义。我承认，人们必须用某种概念的功能处理经验，以便使科学成为可能的；但是我不相信，在借助我们理智的本性选择这些功能时，我们处在任何强制之下。如果概念体系涉及经验的方式未被确立起来，那么我认为它们是空洞

---

⑬ 据施奈德回忆，爱因斯坦 1919 年 9 月 15 日写信给她说："康德受到赞美的时间观点使我想起安徒生（H. C. Andersen, 1805—1875）关于皇帝新衣的童话，不过它关心的不是皇帝的衣服，而是直观的形式。"在此前后，当她与爱因斯坦争论康德的一些复杂问题，并提到康德主义者对康德做各种大相径庭的诠释时，爱因斯坦发表了如下评论："康德是一条具有许许多多里程碑的大道。于是，所有的小狗都跑来了，每一只都把他的贡献存放在里程碑上。"参见 D. Howard, Einstein, Kant and the Origins of Logical Empiricism, in *Language, Logic, and the Structure of Scientific Theories*, Edited by W. Salmon and G. Wolters, University of Pittsburgh Press, 1994, pp. 45—105.

的。在我看来，这好像是最基本的，倘若为对我们有利，我们常常在思想中把纯粹的概念关系孤立起来，以便容许在逻辑上更纯粹地保证所出现的关联的话。[14]

爱因斯坦在这里未言明地表达了这样的思想：起统摄作用的概念不是由于实在的本性或理智的本性唯一地强加给我们的，它们实际上是约定的事情。一年后，石里克也站在约定论的立场批评了卡西勒，从而受到爱因斯坦的高度赞赏。不过，爱因斯坦此后与石里克和赖兴巴赫等人的分歧逐渐显露出来：石里克等坚持约定的同位定义和经验命题的二分法，而爱因斯坦则认为二者的区分具有任意性和相对性；也就是说，"那些命题应该被看作是定义，那些应该被看作是自然规律，这问题主要取决于所选用的表示方法。"（$E1$, p.344）

在 1922 年 9 月 27 日给茨席默（E. Zschimmer）的信中，爱因斯坦更明确阐述了用彭加勒的约定论取代康德的先验论的观点。针对茨席默反驳新康德主义对相对论的攻击，爱因斯坦写道：

你在你的文章中完成的东西在我看来似乎是正确的，至少从物理学方面看来是这样，这就是我能够确定地判断的一切。不过，依我之见，反对相对论和康德哲学的重

---

[14] D. Howard, Einstein, Kant and the Origins of Logical Empiricism, in *Language, Logic, and the Structure of Scientific Theories*, Edited by W. Salmon and G. Wolters, University of Pittsburgh Press, 1994, pp.45—105.

要问题并未足够尖锐地暴露出来：也为"先验的"相对论打下基础的空时形式等是作为约定而估价的方便的描述工具呢，或者它们是仅仅被人的思维特征所必需的、在细节上不可改变的给予的东西呢？我本人占有前一种观点，这也是诸如亥姆霍兹和彭加勒所陈述的观点。就我而言，康德的观点倒不如说是后者。[15]

在 1922 年 4 月访法时关于康德哲学和马赫哲学的谈话中，在 1924 年评论温特尼茨（J. Winternitz）的《相对论和认识论》中，爱因斯坦重申了同样的观点。

1928 年，爱因斯坦在评论梅耶松（M. É. MeyeRSon, 1859—1933）的《相对论的演绎法》时，进一步论述了约定在科学体系中的地位和作用：

我们正在寻求的这个体系中，没有一个特点，没有一个细节能够由于我们思想的本性，而先验地知道它必定是属于这个体系的。关于逻辑和因果性的形式也同样如此。我们没有权利问科学体系必须怎样来构造，而只能问：在它已经完成的各个发展阶段上，它实际上曾经是怎样建造起来的？所以，从逻辑的观点看来，这个体系的逻辑基础以及它的内部结构都是"约定的"。它们之

---

⑮ D. Howard, Einstein, Kant and the Origins of Logical Empiricism, in *Language, Logic, and the Structure of Scientific Theories*, Edited by W. Salmon and G. Wolters, University of Pittsburgh Press, 1994, pp. 45—105.

所以能站得住脚，在于这个体系在事实面前的有效性，
在于它的思想的统一性，也在于它所要求的前提为数很
少。（E3, pp.368—369）

爱因斯坦对约定论的赞同、强调与阐释、发展持续了一生，
例如在 1936 年的《物理学和实在》中就多次涉及他的约定
论思想。直到晚年，他在《对批评的回答》中，还这样写
道："这里所提倡的理论态度同康德的区别仅仅在于，我们
并不认为'范畴'是不变的（受悟性的本性制约的），而认
为（在逻辑的意义上）是自由的约定。要是不一般的规定范
畴和概念，思维就像在真空里呼吸一样是不可能的，仅就这
一点而论，这些范畴才好像是先验的。"（E1, p.471）

在这里，有两个问题有必要予以澄清。霍华德提出，约
定论作为一个明晰的主题在爱因斯坦思想中首次出现于 20
世纪 10 年代中后期[16]，即在 1917 年春接受了石里克的实在
论的约定论[17]。读者不要误解，以为爱因斯坦的约定论思想
也是萌生在这个时期（我很难断定霍华德是否有这个意思，
也许有）。事实上，爱因斯坦在 20 世纪头几年读了彭加勒
的书后，就可能汲取了约定论的精神实质。约定论成为爱因
斯坦 1905 年构筑狭义相对论的理论基础或逻辑前提的得力
工具：两个基本原理分明是在经验事实的引导下，通过大胆

[16] D. Howard, Einstein and Duhem, *Synthese*, 83 （1990）, pp.363—384.

[17] D. Howard, Realism and Conventionalism in Einstein's Philosophy
of Science: The Einstein-Schlick Correspondence, *Philosophia
Naturalis*, 21 （1984）, pp.616—629.

的约定提升为公理的；同时性与其说是操作定义，还不如说是约定。在这一点，爱因斯坦无论在哲学上还是在物理学上，都受到彭加勒强烈的、直接的影响[18]。

霍华德在1996年3月26日写给我的学术通信中认为，迪昂对爱因斯坦理解约定论有更为重要的影响[19]。这是值得商榷的。实际情况是，迪昂的整体论对爱因斯坦的影响较大，而就约定论而言，彭加勒（他也有整体论思想，这作为有机组成部分包含在他的约定论中）对爱因斯坦的影响要大于迪昂。其理由在于：爱因斯坦读彭加勒不仅早，而且十分投入[20]，而他直到1909年才有可能读迪昂；在世纪之交，彭加勒无论在科学上还是在哲学上，都比迪昂名气大、影

---

[18] 李醒民：《彭加勒》，东大图书公司印行（台北），1994年第一版，第18—21页，第243—278页。

[19] 霍华德的这段话如下："知道你自己的关于爱因斯坦的工作，我感到好奇。你的1987年的论文《论爱因斯坦的经验约定论思想》看来是十分有趣的。然而，在彭加勒对爱因斯坦的影响这个问题上我不同意你。依我之见，皮埃尔·迪昂对爱因斯坦理解约定论有更重要的影响。这并不是说爱因斯坦未从彭加勒那里学到许多东西，他确实学了。但是，爱因斯坦捍卫的特定的约定论版本是迪昂的版本。尤其是迪昂的认识论的整体论，对爱因斯坦理解维也纳逻辑实证论什么是错误的至关重要。我已在我的论文《爱因斯坦和迪昂》和《爱因斯坦、康德和逻辑经验论的起源》中详尽地探讨了这些论题，几周前我把二文的副本寄给你了。"

[20] 索洛文回忆说：特别是彭加勒的《科学与假设》，对我们印象极深，我们用好几个星期紧张地读它。有时念一页半页甚或一句话，立刻就会引起强烈的争论。当问题比较重要时，争论会持续数日之久。（E1, p.570）

响大；彭加勒约定论的内涵比迪昂的丰富，程度比迪昂的显著、强烈，能更多地触动和影响爱因斯坦；爱因斯坦不仅在创立狭义相对论时受益于彭加勒的约定论，而且他后来的不少阐述也接近于它，并多次坦率地提及、承认彭加勒约定论对他的恩惠（当然，爱因斯坦绝少提到迪昂，是由于他对迪昂的极端民族主义和沙文主义十分反感）。爱因斯坦读迪昂，主要是汲取了迪昂的整体论，此外也强固了他早就具有的约定论思想，并从整体论的不充分决定论对约定论做了更深刻的理解（这点也能从彭加勒的书中习得）。

二、对约定论的阐释与发展

爱因斯坦的约定论思想似不及彭加勒的内涵广泛，但在某些方面则做了更为明确、更为严格、更为深入的阐释与发展。例如第一，明确阐述了科学理论体系的结构，严格界定约定主要在构筑科学理论的逻辑前提即基本概念和基本原理时起重大作用。第二，响亮地提出了基本概念和基本原理是思维的自由创造、理智的自由发明，阐明了从感觉经验达到它们的直觉途径及微妙关系。第三，形象地阐述了对基本概念和基本原理的选择的自由是一种类似猜字谜的特殊自由，并明确指出了选择的双重标准。第四，严格区分了作为纯粹命题集的非解释系统和与感觉经验或实在相联系的解释系统，指出真理仅适合于后一种系统，这在他关于几何学与经验和实在的关系中阐述得尤为详尽。对此我已做过论述[21]，故不拟在此赘述。这里只想谈谈与爱因斯坦约定论思想相关的原理理论、直觉和发明、探索性的演绎法和内在的完美标准。

在马赫重视普遍原理[22]，迪昂推崇逻辑，特别是彭加勒关于原理物理学思想的启示下，在玻耳兹曼和赫兹构筑物理学理论的数学框架的示范作用影响下，爱因斯坦早在1905年之前就从科学探索中认识到，根据已知事实用构造性的努力去发现真实定律是行不通的，只有发现普遍的形式原理才能得到可靠的结果，热力学就是摆在他面前的一个成功范例。爱因斯坦就是按照这样的思路构筑相对论的理论大厦的。1919年，他把这样构筑的理论体系命名为"原理理论"[23]：

---

[21] 李醒民：《论爱因斯坦的经验约定论思想》，《自然辩证法通讯》（北京），第9卷（1987），第4期，第258—260页。以及李醒民：《彭加勒》，东大图书公司印行（台北），1994年第一版，第274—276页。

[22] P. K. Feyeraband, Mach's Theory of Research and Its Relation to Einstein, *Stud. Hist. Phil. Sci.*, 15（1984），pp. 1—22. 以及李醒民：《马赫》，东大图书公司印行（台北），1995年第一版，第292—294页。

[23] 与原理理论对应的是"构造性理论"，物理学中的大多数理论都是这种类型的，即从比较简单的形式图式出发，并以此为材料，对比较复杂的现象构造出一幅图像。气体分子运动论就是这样力图把机械的、热的和扩散的过程都归结为分子运动，即用分子假设来构造这些过程。"构造性理论的优点是完备、有适应性和明确；原理理论的优点是逻辑上完整和基础巩固。"（*E1*, pp. 109—110）

它们使用的是分析方法，而不是综合方法。形成它们的基础和出发点的元素，不是用假设构造出来的，而是在经验中发现到的，它们是自然过程的普遍特征即原理，这些原理给出了各个过程或者它们的理论表述所必须满足的数学形式的判据。（E1, p.110）

在这里请注意：爱因斯坦此时还未彻底淡化他的经验论思想，认为基本概念和原理是从经验中归纳或抽象出来的。后来他逐渐认识到，它们原来是自由选择的约定。不过，这种选择自由是一种特殊的自由：它不同于作家写小说的自由，而倒多少像猜一个设计得很巧妙的字谜时的那种自由（E1, p.345）。

按照爱因斯坦的观点，原理理论是由三大块组成：逻辑前提（基本概念和基本概念之间的基本关系即基本原理，也称基本假设、基本公理等），导出命题或推论，经验事实或观察资料。其中"那些不能在逻辑上进一步简化的基本概念和基本假设，组成了理论的根本部分，它们不是理性所能触动的。一切理论的崇高目标，就在于使这些不能简化的元素尽可能简单，并且在数目上尽可能少，同时不至于放弃对任何经验内容的适当表示。"（E1, p.314）正由于科学理论的进化是朝着"具有可想象的最大的统一性和最少的逻辑基础概念"的方向进行的（这也是爱因斯坦的作为方法论之一的逻辑简单性原则），因而科学体系就具有层次性和暂定性（E1, pp.344—346）。理论体系的逻辑基础愈简单（在逻辑上独立的元素愈少），它距经验的距离也就愈大，从而二者之间在思维上的距离随之增大，这就造成了"科学理论基础具有纯粹虚构的特征"，即"基本原理的虚构特征"（*E*1, pp. 314, 315）。

爱因斯坦多次强调，作为原理理论的逻辑前提之基本概念和基本原理是"人类精神的自由创造"和"人类理智的自由发明"（*E*1, pp. 342, 314）。在这里，爱因斯坦使用"发明"一词而不用"发现"是意味深长的。科学家是发明还是发现理论，这与经验观察和实验资料对他的思维的影响程度有关。爱因斯坦批评马赫认为理论产生于发现（理论是对经验材料的整理）而不是发明，因为马赫没有辨认出在概念形成中自由构造的元素（*E*1, p. 438）。诚如米勒所阐释的，爱因斯坦实际上认为，发明是精神跨越理性深渊的能力，这个深渊是以感觉和资料为一方，以概念和公理的创造为另一方。虽然爱因斯坦有时混用发明和发现这两个概念，但他始终认为发明乃是通向创造性科学思维的途径[24]。

请听爱因斯坦本人是怎样说的：使用"发现"一词是要受到反对的，因为发现相当于正在逐渐意识到已经形成的事物；这与证明相关，证明不再具有"发现"的特征，而是具有导致发现的手段的特征。他强调指出，发现实际上不是创造性行为！他把显著的重要性赋予发明：

　　发明在这里是作为一种建设性的行为出现的。因此，这

---

[24] A. I. Miller, *Imagery in Scientific Thought*, Birkhäuser Boston Inc., 1984, p. 4.

并不是构造一种在素材中基本上原有的东西，而是达到逻辑一贯的体系的思想方法的创造。……真正有价值的因素是直觉！⑤

约定论是爱因斯坦所谓的自由发明的核心（这显然与实证论的归纳途径相悖，也不同于马赫关于概念的自然发展和服从心理学规律的学说），直觉在思维的两个逻辑不连续的飞跃——形成或选择概念以及把概念关联起来以形成公理——中起着跨越作用，而且在思维同经验联系的两个方向上均存在"超逻辑的（直觉的）"的"步骤"（E1, p.542），这一切与传统的科学哲学相比，的确是够新奇、够大胆的。正由于认识到直觉在约定或自由发明概念和公理中的举足轻重的作用，所以他公开表白："我相信直觉和灵感。"（E1, p.284）而且，他也明确断言："从特殊到一般的道路是直觉性的"（E3, p.490）。他还这样写道：

科学中的所有伟大成就都是从直觉知识开始的，即在演绎然后由以进行的公理中。只要我们得到的还不是逻辑有序的思想杂多的真正概观，达到这样的公理便是可能的；于是，一般地，直觉是发现这样的公理的必要条件。在具有数学倾向的大多数精神中，都不能

⑤ A. Moszkowski, *Einstein: The Searcher, His Work Explained from Diologues with Einstein*, Translated by H. L. Brose, Methuen & Co. Ltd. , London, 1921, pp.94—96.

够否认，这种直觉本身也作为他们的创造性能力的特征显示出来。㉖

直觉和惊奇感是爱因斯坦科学思维的两大特征，也是他的科学本能的集中体现和他的知识动力学学说中的最活跃的要素。在爱因斯坦的科学研究中，直觉不时地打动他的心灵的敏感的琴弦，使他聆听到宇宙先定和谐的音乐——直觉在这里使科学创造与艺术创造完美地融合起来。

探索性的演绎法㉗可以说是爱因斯坦的约定论的和理性论的方法论，他在 1914 年就系统地表述了这种别具一格的科学方法。与传统的演绎法相比，该方法的显著特色在于它的逻辑前提既不是不证自明的公理，也不是由思维的本性（先验地）得到的或通过归纳、抽象（经验地）得到的，而是思维的跳跃，是在经验事实引导下的约定的产物。于是，理论家的方法就分为两步：第一步是发明作为演绎出发点的原理，这是一个非逻辑的步骤；第二步则是常规的推理过程。一旦基本原理建立起来，推理就一个接着一个，往往还会显示出一些预料不到的关系，远远超出这些原理所依据的实在的范围。但是，只要原理尚未得出，个别经验事实对理论家是毫无用处的；实际上，单靠一些从经验中抽象出来的

㉖ A. Moszkowski, *Einstein: The Searcher, His Work Explained from Diologues with Einstein*, Translated by H. L. Brose, Methuen & Co. Ltd., London, 1921, p. 180.

㉗ 李醒民：《论爱因斯坦的探索性的演绎法》，《自然科学发现经验的探索》，福建科学技术出版社（福州），1988 年第一版，第 215—233 页。

孤立的一般定律，他甚至什么也作不出来。在他没有揭示出
那些作为演绎推理基础的原理之前，他在经验研究的个别结
论面前总是无能为力的（*E*1, pp.75—76）。爱因斯坦以相对
论为例，说明了理论科学在现代发展的基本特征，也说明了
探索性演绎法的基本内涵、精神实质和实施要点：

> 初始的假设变得愈来愈抽象，离经验愈来愈远。另一方
> 面，它更接近一切科学的伟大目标，即要从尽可能少的
> 假设或者公理出发，通过逻辑的演绎，概括尽可能多的
> 经验事实。同时，从公理引向经验事实或者可证实的结
> 论的思路也就愈来愈长，愈来愈微妙。理论科学家在他
> 探索理论时，就不得不愈来愈听从纯粹数学的、形式的
> 考虑，因为实验家的物理经验不能把他提高到最抽象的
> 领域中去。适用于科学幼年时代的以归纳为主的方法，
> 正在让位给探索性的演绎法。这样一种理论结构，在它
> 能导出那些可以同经验做比较的结论之前，需要加以彻
> 底的精心推敲。在这里，所观察到的事实无疑也还是最
> 高的裁决者；但是，公理同它们的可证实的结论被一条
> 很宽的鸿沟分隔开来，在没有通过极其辛勤而艰巨的思
> 考把这两者连接起来以前，它不能做出裁决。理论家在
> 着手这项十分艰巨的工作时，应当清醒地意识到，他的
> 努力也许只会使他的理论注定要受到致命的打击。对于
> 承担这种劳动的理论家，不应当吹毛求疵地说他是"异
> 想天开"；相反，应当允许他有权去自由发挥他的幻
> 想，因为除此以外就没有别的道路可以达到目的。他的

幻想并不是无聊的白日做梦，而是为求得逻辑上最简单的可能性及其结论的探索。（E1, pp.262—263）

内部的完美标准除了在科学的终点作为外部的确认标准的辅助和补充（在缺乏及时、广泛的经验关联时起关键作用）外，它在评价作为约定结果的理论的基础或出发点时还起着不可替代的特殊作用。在这一点，它与爱因斯坦的另外两个方法论逻辑简单性原则㉘和准美学原则是相通的，实际上也是对科学理论尤其是它的约定的逻辑前提的直觉评价。爱因斯坦在谈到第二个标准即内部的完美的含义时说：

第二个观点涉及的不是〔理论〕同观察材料的关系问题，而是关于理论本身的前提，关于人们可以简单地，但比较含糊地称之为前提（基本概念以及这些概念之间作为基础的关系）的"自然性"或者"逻辑简单性"。这个观点从来都在选择和评价各种理论时起着重大的作用，但是确切地把它表达出来却有很大困难。这里的问题不单是列举逻辑上独立的前提问题（如果这种列举竟是毫不含糊地可能的话），而是一种在不可通约的质之间作相互权衡的问题。（E1, p.10）

㉘ 霍华德认为，由于广义相对论的成功和1931年宇宙膨胀的发现促使从场方程消除了宇宙学常数（它起初是以特设假设的形式添加的，为的是阻止非静态解），爱因斯坦从而偏爱和强化了对逻辑简单性原则的信任。参见 D. Howard, Was Einstein Really a Realist? *Perspectives on Science*, 1 （1993），pp.204—251.

不用说，这样的权衡不可能是有程序的方法，因此预言家以此做判断时的意见倾向于一致只能是直觉的洞察或文化背景的理由。也许是为了便于运用这条标准，爱因斯坦还提出两个附加判据——我姑且称其为论点的确定性和选择的非任意性——作为补充。其一是，在几种基础同样"简单"的理论中，那种对理论体系的可能性质限制最严格的理论（即含有最确定的论点的理论）被认为是比较优越的。其二是，从逻辑的观点看，如果一种理论并不是从那些等价的和以类似方式构造起来的理论中任意选出的，那么我们就给予这种理论以较高的评价（$E1$, pp.10—11）。

爱因斯坦之所以看重内部的完美标准，除了他具有敏锐的审美鉴赏力和天生的艺术家的素质外，也与第一个标准即外部的确认的"局限性"和科学现实有关。他说："第一个观点是很明显的：理论不应当同经验事实相矛盾。这个要求初看起来似乎很明显，但应用起来却非常伤脑筋。因为人们常常，甚至总是可以用人为的补充假设来使理论同事实相适应，从而坚持一种普遍的理论基础。"（$E1$, p.10）请注意，这段话也体现了爱因斯坦的与约定论相通的整体论的不充分决定性。此外，科学家之所以从逻辑形式上评价理论，是因为"只要数学上暂时还存在难以克服的困难而不能确立这个理论的经验内涵，逻辑简单性就是衡量这个理论的价值的唯一准则，即使是一个当然还不充分的准则。"（$E3$, p.501）

三、科学信念实际上是最根本、更深邃的约定

科学信念是科学家在进行科学探索时，对自己的研究对象（自然界）和研究结果（理论本体，尤其是它的形式和结构）所具有的自以为可以确信的看法。这种看法是一种总括性的信条或纲领式的预设，它是历史的、社会的、文化的积淀和科学家个人智力的、心理的、气质的成分相互综合的产物。科学信念既不能被经验证实，也不能被经验证伪，但是科学家还是坚信它们；事实上，它们也往往不会使科学家受骗，因为它们是合理性的洞察和直觉的领悟。科学信念是科学研究中的重要因素，它们有意或无意地浮现在科学家心灵的深处，影响乃至决定着科学家的研究方向、探索目标、最终结果，也是激励科学家为知识的独立价值而奋斗的强大动力。科学信念比较接近霍耳顿所谓的科学基旨[29]。质而言之，科学信念实际上是一种最根本、更深邃的约定或约定式的预设，它或隐或显地渗透在科学理论的基础之中。

爱因斯坦的科学信念或约定式的科学预设有哪些呢？

1. 客观性。从少年时代起，爱因斯坦就坚信外部世界及

[29] 霍耳顿在 1960 年代提出了一个有助于理解科学思想发展的新概念：科学基旨。他把科学的内容类比为一个三维空间，认为传统的科学哲学只考虑经验的（现象的）内容和分析的（逻辑的）内容这二维，而忽视了信念、直觉、预想这类历史、社会、心理因素这个第三维，他称其为 theme 或 thema（许良英教授将其译为"基旨"）。参见 G. 霍耳顿：《科学思想史论集》，许良英编，河北教育出版社（石家庄），1990 年第一版，第 11 页，1—5。

其规律的独立的客观存在，这种信念此后从未被动摇过。在他看来，关于宇宙的本性有两种截然不同的观点：世界是依存于人的统一整体；世界是离开人的精神而独立的实在。他坚定地支持后者而反对前者。他说："相信有一个离开知觉主体而独立的外在世界，是一切科学的基础。"（*E*1, p. 292）他赞赏开普勒确信"自然界是受规律支配的"，深挚地信仰"自然规律的存在"（*E*1, p. 274）。他认为，即使牛顿引力理论的公理是人造的，但是理论的完全成功暗示了"客观世界的高度规律性"的"奇迹"，这是"不可能先验地预先设想的"，也无法"证明其存在"（*E*1, p. 533）。但是，通过装载经验的理论以及负荷理论的观察和实验，科学家可以直觉地领悟客观实在。

从自然界和自然规律的客观性出发，爱因斯坦确信真与美不同，即科学真理也具有独立于人的客观性。他不同意印度哲学家和诗人泰戈尔（R. Tagore, 1861—1941）否认客观世界和客观真理的意见：独立于我们之外的世界是不存在的，真和美都不是离开人而独立的东西，体现在万能的人之中的真理，实际上应当是人的真理。他说："我虽然不能证明科学真理必须被看作是一种其正确性不以人为转移的真理，但是我毫不动摇地确信这一点。……无论如何，只要有离开人而独立的实在，那也就有同这个实在有关系的真理；而对前者的否定同样就要引起对后者的否定。"他进而表明：

相信真理是离开人类而存在的，我们这种自然观是不能得到解释或证明的。但是，这是谁也不能缺少的一种信仰——甚至原始人也不可能没有。我们认为真理具有一种超乎人类的客观性，这种离开我们的存在、离开我们的经验以及我们的精神而独立的实在，是我们必不可少的——尽管我们还讲不出它究竟意味着什么。（E1, pp.268—272）

以此为根据，爱因斯坦反对科学中的主观唯心论，尤其反对量子力学中的主观主义诠释。但是，爱因斯坦的客观性不是神目观的，而是人目观的。他也清醒地看到，作为人为的和为人的科学，毕竟多少有其主观性的一面。他这样写道：当一个人在讲科学问题时，"我"这个渺小的字眼在他的解释中应当没有地位。但是，当他是在讲科学的目的和目标时，他就应当允许讲到他自己。因为一个人所经验到的没有比他自己的目标和愿望更直接的了。（E1, p.299）

2. 可知性。爱因斯坦同样从少年时代就确信，世界是可知的或可理解的，世界这个伟大而永恒的谜至少部分地能为感官观察和理性思维所把握（E1, p.2）。他后来这样写道："相信世界在本质上是有秩序的和可认识的这一信念，是一切科学工作的基础。""毫无疑问，任何科学工作，除完全不需要理性干预的工作以外，都是从世界的合理性和可知性这种坚定的信念出发的（这种信念是宗教感情的亲属）。"（E1, p.284）所谓"可理解性"，爱因斯坦意指：感觉印象之间产生了某种秩序，这种秩序的产生，是通过普遍概念及其相互关系的创造，并且通过这些概念同感觉经验的某种确定的关系（E1, p.343）。在爱因斯坦看来，这种关于世界的合理性或者可理解性的信念，这种对经验世界中所显示出来的高超理性的坚定信仰，有点像宗教的感情（E1, p.244）。因为世界的永久不可理解的事情就是它的可理解性，这是一个奇迹，一个永恒的秘密（E1, pp.343, 533）。面对可以为人理解的世界的神奇结构和实在的理性本质，爱因斯坦怎么能不油然而生宗教般的神秘感、敬畏感和惊奇感呢？

3. 和谐性。爱因斯坦在 1918 年十分推崇莱布尼兹"非常中肯表述的""先定的和谐"㉚，并对这种"神秘的和谐"怀有"赞赏和敬仰的感情"（E1, p.277）。他把和谐性视为科学探索的前提条件和动力（无穷的毅力和耐心的源泉）：

> 要是不相信我们的理论构造能够把握实在，要是不相信我们世界的内在和谐，我们就不可能有科学。这种信念是，并且永远是一切科学创造的根本动力。在我们的一切努力中，在每一次新旧观点之间戏剧性的冲突中，我们都认识到求理解的永恒的欲望，以及对于我们世界的和谐坚定信念，都随着求理解的障碍的增长而不断地加强。（E1, p.379）

在爱因斯坦的心目中，这种先定的和谐体现在世界本身的规

㉚ "先定的和谐"（harmonia paestabilita）是莱布尼兹所用的术语，指的是"单子"之间，特别是心同物之间，存在着一种预先被永远确定了的和谐。（E1, p.102）

律性或合律性之中，体现在人的精神能够通过理论对它加以把握之中，此即所谓世界的和谐和思想领域中的崇高和谐之真谛。客体之间和主体客之间的真关系或对立统一造成和谐，这种先定的和谐通过个人的直觉拨动心灵的琴弦，从而使科学家领悟实在事物的神韵（关系或结构）。

4. 统一性。统一性是爱因斯坦为科学和科学理论所预设的目标，他继承了古希腊哲人的优良传统，并在现代科学中加以发扬光大。他赞扬斯宾塞（H. Spencer, 1820—1903）"终生为知识的统一而艰苦奋斗"（$E1$, p.312），批评现象论的物理学"放弃基础的统一性"（$E1$, p.353）。他对缺乏统一性的理论感到无法容忍，而对认识到杂多现象中的统一则欢欣鼓舞，并为追求统一性而奋斗了一生。爱因斯坦追求的统一性主要是指"物理学领域中的逻辑的统一"（$E1$, p.299），是"力求整个理论前提的统一和简化（也就是解释为一种逻辑原理的马赫的经济原理）"（$E1$, p.495）。科学理论体系在向"具有可想象的最大的统一性"目标进化中所表现出的层次，"相当于为统一性而斗争的发展过程中所取得的进步的几个阶段。对于终极目的来说，中间层次只有暂时的性质。它们终究要作为不相干的东西而消失掉。"（$E1$, pp.345—346）

5. 简单性。简单性是从古代的毕达哥拉斯（Pythagoras, 创作时期公元前五世纪），经中世纪的奥康姆（William of Ockham, 约1285—约1349），到近代的哥白尼和牛顿所一直坚持的一个思维原则，马赫和彭加勒则分别把它发展为思维经济和力戒特设假设。爱因斯坦的独特贡献在于，他结合现代科学实践，赋予它以逻辑简单性的含义，并把它与和谐性、统一性、对称性和美、真等概念，与准美学原则和内部的完美标准沟通起来，形成一个密切相关的整体。

爱因斯坦一向认为物理学定律"应该是简单的"，他对不是简单的定律"不会感兴趣"[31]。爱因斯坦所说的简单性，"并不是指学生在精通这种体系时产生的困难最小，而是指这种体系所包含的彼此独立的假设或公理最少；因为这些逻辑上彼此独立的公理的内容，正是那种尚未理解的东西的残余。"（*E*1, p.299）他把"基础的逻辑简单性"或"逻辑统一"视为"唯一事关紧要的"东西（*E*1, p.442），乃至视为"一切理论的崇高目标"（*E*1, p.314）。这是因为，一种理论的前提的简单性越大，它所涉及的事物的种类越多，它的应用范围越广，它给人们的印象也就越深，它在其基本概念可以应用的范围内决不会被推翻（*E*1, p.15）。他认为广义相对论就是这样的具有逻辑简单性和"刚性"的理论。这里的刚性意味着，不管该理论是对的还是错的，它都是无可修改的（*E*1, p.503）。尤其难能可贵的是，爱因斯坦从中看到在现代科学理论化中经验论因素减弱、约定论和理性论成分增强的大趋势：

如果理论的基本概念和基本假设是"接近于经验"的，

[31] J. A. Wheeler, Mercer Street and Other Memories, *Albert Einstein, His Influence on Physics, Philosophy and Politics*, P.C. Aichelburg and R. U. Sexl （eds.）, Friedr Vieweg & Sohn, Braunschweig, 1979, pp.201—211.

这理论就具有重大的优点，对这样一种理论以较大的信任，那肯定也是理所当然的。特别是因为要由经验来反驳这种理论，所费的时间和精力都要比较少得多，完全走错路的危险也就比较少。但随着我们知识深度的增加，在我们探求物理理论基础的逻辑简单性和统一性时，我们势必愈来愈要放弃这种优点。必须承认，为了要得到逻辑的简单性而放弃"对经验的接近"，在这方面，广义相对论已经走得比以前的各种物理理论都要远得多了。（$E1$, p. 502）

爱因斯坦的逻辑简单性原则在科学的起点（建构理论）起导向作用，在科学的终点（检验理论）起评价作用，它是通向深入认识的可行途径。他把理论的逻辑简单性等同于理论之美。他除在给兰佐斯的信中明确讲到逻辑简单性与真的关系（$E1$, p. 380）之外，还多次涉及这个问题：逻辑上简单的理论不一定能保证它是真的，不一定能在经验到的实在中体现出来，但是借助它却能够理解所有感觉经验的总和。这个被认为不可思议的信条已由科学的发展给以惊人的支持。（$E1$, pp. 496, 502）与此同时，爱因斯坦也相信"自然界是简单的"（$E1$, p. 28），"自然规律的简单性也是一种客观事实，而且正确的概念图式必须使这种简单性的主观方面和客观方面保持平衡"（$E1$, p. 214）。因此，说爱因斯坦在简单性问题上"没有关于自然的预设，只有关于我们知识的预设"[32]是不对的。爱因斯坦的简单性概念是本体论的、认识论的和方法论的三位一体的概念。

6. 因果性。从亚里士多德的四因说，到当代科学和哲学前沿，因果性问题一直是争论的主题。面对量子论的统计描述和诠释，面对颠扑不破的因果性信仰遭到哥本哈根学派的威胁，深受斯宾诺莎绝对必需的实在因果性思想感染的爱因斯坦多次表示，要放弃牛顿的科学遗产即严格的或完全的因果性，他是非常难过的、十分难以忍受的，他的科学本能坚决反对这样做。他在1924年给玻恩夫妇的信中典型地表白了这种态度：

> 我决不愿意被迫放弃严格的因果性，而对它不进行比我迄今所已进行过得更强有力的保卫。我觉得完全不能容忍这样的想法，即认为电子受到辐射的照射，不仅它的跃迁时刻，而且它的方向，都由它自己的自由意志去选择。在那种情况下，我宁愿做一个补鞋匠，或者甚至做一个赌场里的雇员，而不愿意做一个物理学家。固然，我要给量子以明确形式的尝试再三失败了，但是我决不放弃希望。况且即使永远行不通，总还有那样的安慰：这种不成功完全是属于我的。（*E*1, p.193）

---

[32] Y. Elkana, The Myth of Simplicity , *Albert Einstein, Historical and Cultural Perspectives*, Edited by G. Holton and Y. Elkana, Princeton University Press, 1982, pp. 205—251.

爱因斯坦几年后在写给普朗克的信中进而强调：理解量子现象无须像量子物理学家那样削弱经典的因果性，相反倒是应该加强（*SD*, p. 572）。他揭示出，量子物理学的非决定论是主观的非决定论，它必定同某种东西有关（*E*1, p. 301）。难怪有人提出，爱因斯坦认为因果陈述是基本哲学的陈述[33]，因果律在宇宙中的统治是至高无上的[34]。这些评论无疑注意到爱因斯坦重视因果性的一面，但它们与爱因斯坦的本来思想是有出入的。

在爱因斯坦看来，因果性概念或对自然界做严格因果解释的假设并非起源于人类精神（在此点他不赞成康德），也不能用逻辑的方法从经验中推导出来（在此点他同意休谟），而是人类理智长期适应的结果（在此点他与马赫、彭加勒的进化认识论一致）。相信自然现象必须遵守因果规律，归根结底是以有限的成就为基础的，这些成就是作为人类理智为确立自然现象之间的相互关系所做的努力的结果而获得的。但是，它是无法被证明的，它实质是约定，是信念，是建构理论的纲领，因而没有绝对的性质（在此点他大大淡化了斯宾诺莎的观念）。（*E*1, pp. 6, 234）由此可见，爱因斯坦是（或主要是）从认识论上，而不是从本体论上看待和理解因果性的，即是从对物理学的理论化的角度把握因果性的。他说："我完全意识到，因果性并非存在于与可观

---

[33] P. K. Feyerabend, *Problem of Empiricism, Philosophical Papers*, Volume 2, Cambridge University Press, 1981, p. 199.

[34] I. Paul, *Science, Theology and Einstein*, Oxford University Press, New York, 1982, p. 124.

察的东西的关系中；我认为这种认识是结论性的。但是，依我之见，人们不应该由此得出结论说，理论应该建立在根本的统计定律之上。"[35] 他还进而表示：当我们已接受一个把关联描述得合理的理论时，我们才谈到因果性；对我们来说，因果关联只能作为理论构造的特征才存在。他在谈到海森伯的不确定性（测不准）公式时明确指出，在微观层次遇到的不确定性仅仅是认识论的（而不是本体论的）不确定性，人们必须用理论是否更好的问题代替因果性是否在自然界中成立的问题：

> 关于因果性（或决定论）是成立还是不成立的选择不是在经验上可以决定的。按照这种看法，从来也不能肯定地说客观世界是"因果的"。取而代之的是，人们必须问，因果理论是否证明比非因果理论要好。实际上不清楚的是，人们何时应该称一个理论是"因果的"。代替"因果的"，我宁愿说其根本定律没有使用概率概念的理论。[36]

爱因斯坦不肯定客观世界的因果性，并不是说他否认或不关心实在问题。爱因斯坦把因果性作为一个有机成分，融入他的实在论的理论概念之中，从而形成他的因果实在论思

---

[35] I. Paul, *Science, Theology and Einstein*, Oxford University Press, New York, 1982, p. 84.

[36] A. Fine, Einstein's Realism, *Science and Reality*, Edited by J. T. Cushing, University of Notre Dame Press, 1984, pp. 106—133.

想。爱因斯坦认为，值得认真考虑的唯一一种实在论是用严格的、非概率定律建立起来的实在论。这有爱因斯坦两段寓意深刻的言论为证：

> 实际上，中心问题不是"因果性"问题，而是实在的存在问题，以及是否存在某种对于在理论上加以描述的实在严格有效的（非统计学的）定律的问题。对于可观察事物不存在这样的定律，是至为明显的。但问题是：有什么东西可以代替作为理论纲领的"实在"？（*E*3, pp.483—484）

这是 1950 年 4 月致贝索的信的引文。两个月后，他又致信索洛文："关于统计论同决定论的对立问题是这样的：从直接经验的观点来看，并没有精确的决定论。这一点大家完全同意。问题在于：对于自然界的理论描述，究竟应不应该是决定论的。此外，特别存在着这样的问题：究竟是不是存在一个完全非统计性的关于实在（就单个事件而论）的概念图像？只是在这一点上，人们的意见才有分歧。"（*E*1, p.509）

爱因斯坦始终坚持古典力学关于因果律的合理内核。他在纪念牛顿逝世二百周年致皇家学会的信中这样写道："但愿牛顿方法的精神给我们以恢复物理实在和牛顿教导的最深刻的特征——严格因果性——之间一致的能力。"[37] 不

---

[37] A. Fine, Einstein's Realism, *Science and Reality*, Edited by

过，他也清楚地表明，迄今所流行的因果原理的表述方式是
"相当不成熟的"，目前应用因果原理的粗糙办法是"十
分肤浅的"。为了适应量子物理学显示出来的非常复杂的
过程，"我们必须进一步扩大和改善我们的因果性概念"
（*E*1, p.302）。爱因斯坦 1945 年在一次谈话中说：

> 我们必须把作为指向理论的一个公设的因果性和作为指
> 向可观察量的一个公设的因果性区别开来。后一要求始
> 终得不到满足——经验的因果性并不存在——而且以后
> 还将仍然如此。我认为，把因果性看成现在和将来之间
> 时间上的必然序列，这样一种公式是太狭窄了。那只是
> 因果律的一种形式——而不是唯一的形式。按照广义相
> 对论，时间失去了它的独立性，变成了称之为世界的四
> 维系的一个坐标。在四维空间的世界里，因果性只是两
> 个间断（breaks）之间的一种联系。这就构成了因果律，
> 因为它符合广义相对论。（*E*3, pp.382—383）

爱因斯坦关于因果性的丰富内容和深刻含义的观念源于他对
相对论的反思和对量子论的洞察。事实上，他在上述谈话之
前二十多年就认识到：迄今我们只是从因果性的观点看待物
理学定律的，因为我们总是从确定的时间横截面开始的，即
通过采用宇宙中的现象的时间横截面，例如作为对应于现
在时刻的截面。但是，我相信自然定律、自然过程比在我

J. T. Cushing, University of Notre Dame Press, 1984, pp.106—133.

们的时间因果性（time-causality）所包含的东西显出更高程度的关联的均一性！这种可能性是对量子论思考的结果。可以设想，属于确定的时间横截面的东西本身完全可能没有结构，即它可能包含一切在物理学上可以设想的事物，例如具有任意大小和任意电荷的电子，具有任何比重的铁等等。根据我们的因果性，我们调整我们的思想适应比在自然界中似乎已实现的结构限度较低的序。实在的自然比我们定律所隐含的有更多的限制。打个比方，假如我们认为自然是一首诗，那么我们就像一个发现韵脚、但却未发现格律和韵律的儿童[38]。后来，他又一次谈到同样的主题，说亚里士多德、康德的形而上学的因果性概念和牛顿描述事件在自然界出现时的有规律的秩序的概念，均难以适应新的科学现状。他还以学钢琴少年做比喻：他刚刚弄明白了一个键同直接在它前面或后面的那个键的关系，这在一定范围内对弹一首非常简单、非常原始的乐曲也许足够了，但是这还解释不了巴赫（J. S. Bach, 1685—1750）的"赋格曲"（E1, pp. 301—302）。爱因斯坦的意思是：与时间稳定地关联在一起的因果性概念必然是拟人的，是我们读入对自然的理解中的东西，而不是从自然中读出的东西。这样一来，随着时间概念的变革，因果性概念也要随之变化。

有人对爱因斯坦的因果性概念做了详尽的研究[39]，认

[38] A. Moszkowski, *Einstein: The Searcher, His Work Explained from Diologues with Einstein*, Translated by H. L. Brose, Methuen & Co. Ltd., London, 1921, pp. 159—160.

[39] Y. Ben-Menahem, Struggling with Causality: Einstein's

为它由下述四个概念构成的一个密集概念：（a）规律性；（b）定域性；（c）导致守恒律的对称考虑；（d）因果相互作用的交互性。作者得出的结论是：（1）由于（b）——（d）不是休谟因果性概念的要素，爱因斯坦的概念即埋置在相对论中的概念明显地是非休谟的概念。（2）按照休谟概念，牛顿力学是一种范式上的因果理论。然而爱因斯坦却认为这个理论在因果上是欠缺的，因为它没有遵守（b）和（d）。狭义相对论（部分地）是由于希望校正（b）而促动的，广义相对论是由于希望校正（d）而促动的。（3）具有讽刺意味的是，基于密集的因果性概念之上的广义相对论开辟了对因果性概念作约定论理解的道路。（4）关于人的自由，爱因斯坦宣称信奉斯宾诺莎的自由，然而他提出了在斯宾诺莎那儿找不到的软决定论版本。爱因斯坦关于因果性的概念，直接或间接地影响了当代的因果性学说[40]。

Case, *Science in Context*, 36 （1993），pp. 291—310.

[40] 当代因果性学说有三个学派。作用学派将因和果看作事件，因果关系定义在原因所属的物质客体对结果所属的物质客体的作用上，这个作用运用状态空间模型描述，该学派与洛克一脉相承。条件学派根本撇开对因果之间作用或作用力的形而上学分析，从条件逻辑上分析因果关系，将因果关系看作事件关系，原因被理解成结果出现的一个特定条件，即 INUS 条件（所谓一个事件的原因，并不是这个事件的结果的充分条件，也不是这个事件的结果的必要条件，而是这个事件的结果的非必要的但充分的条件中的一个不充分的但必要的或盈余的部分），该学派与休谟、穆勒一脉相承。概率学派认为 $Pr(B) < Pr(B|A)$ 时，称 A 是 B 的原因，其代表人物有邦格（M. A. Bunge）、马奇（J. L. Mackie）、波普尔和萨普斯（P. Suppes）。参见张华夏：《关于因果性的本体论和自然哲学》，《自然辩证法通讯》（北京），

7. 不变性。不变性或协变性纯粹是爱因斯坦的科学和哲学创造，它与彭加勒的不变性思想[41]似乎只有逻辑上的（而无发生学上的）联系。爱因斯坦在狭义相对论中得出，物理定律对于（从一个惯性系转移到另一个任意选定的惯性系的）洛伦兹变换是不变的。他从广义相对论中看到，表示自然规律的方程，对于坐标系的一切连续变换，都必定是协变的。事实上，在创立引力理论时，爱因斯坦已有意识地运用不变性原理这一限制性原理，寻找对于任何坐标变换都是协变的场方程。这样一来，不变性既是爱因斯坦运用自如的方法论原则，也成为他强加于物理学理论和自然定律之上的一个约定和信念。由于不变性实际上就是自然定律在变换中的对称性，即空间和时间在抽象的数学含义上是对称的，故而杨振宁把不变性原理称为"对称支配相互作用原理"，并认为对称性考虑已从被动角色转为主动角色，在二十世纪的物理学起着举足轻重的作用[42]。此外，不变性也隐含着自然定律的客观性，因为客观性在于理论的基本形式，而不在于观察和感知。按照杨振宁对不变性的解释，不变性原理是不是

第 18 卷（1996），第 4 期，第 10—18 页。

[41] 彭加勒的约定论认为，在约定变化下存在着不变性，即科学理论中所包含的经验内容即用微分方程表达的真关系不随约定改变而变化，科学的客观性、合理性和可翻译性均依赖于这种不变性。对于变换群的不变量的研究也是导致彭加勒提出约定论的理由之一。参见李醒民：《彭加勒》，东大图书公司印行（台北），1994 年第一版，第 122—123 页，第 110—111 页，第 113—114 页。

[42] 杨振宁：《对称和物理学》，《二十一世纪》（香港），1991 年 8 月，第 6 期，第 69—79 页。

表示因果性的最高程度的数学形式呢？

　　在这里顺便涉及一下物理学定律是否随时间变化的问题。亥姆霍兹对定律的不变性表示微弱的怀疑。彭加勒认真而机智地讨论了这个问题[43]，似乎没有做出明确的回答[44]。爱因斯坦的回答则是断然否定的：

　　　　因为物理的自然的定律就定义而言是事件遵守的法则，而不管它们何处、何时发生。因此，即使我们不得不为经验的结果使定律依赖于时间，那么必然的步骤就是寻求独立于时间的定律，这便会把依赖时间的定律作为特例包括在它自身之内。依赖时间的定律会被从物理学定律的范畴中排除出去，从而只会起从独立于时间的定律演绎出的结果的作用。[45]

⑬ H. 彭加勒：《最后的沉思》，商务印书馆（北京），1995 年第一版，第 3—18 页。

⑭ 李醒民：《理性的沉思》，辽宁教育出版社（沈阳），1992 年第一版，第 115—122 页。

⑮ A. Moszkowski, *Einstein: The Searcher, His Work Explained from Diologues with Einstein*, Translated by H. L. Brose, Methuen & Co. Ltd. , London, 1921, p. 202. 但作者认为彭加勒对该问题的回答是："不！"这误解了彭加勒的观点。

第四章　意义整体论思想

老当益壮慕邓林，

不尽精卫填海心。

莫道姚黄惭魏紫，

自留江山一段春。

—— 李醒民《读书有感》

整体论以及其中蕴含的不充分决定论[①]（经验无法充分地决定理论的取舍）是爱因斯坦科学哲学思想的一个重要组成部分。爱因斯坦的整体论直接受惠于迪昂（以及彭加勒），并在与石里克的通信和他本人的科学实践中加以磨砺和精制，最终先于奎因（W. Quine, 1908—）两年明确将其发展为意义整体论，从而在科学哲学史上留下了不可磨灭的一页。

[①] H. I. Brown 在他的论文 Prospective Realism, *Stud. Hist. Phil. Sci.*, 21（1990）, pp. 211—242 中认为，不充分决定（underdetermination）发生在三个范围：接受任何普遍概括；用观察证据驳斥普遍命题；相信不可观察物。可是，迪昂的不充分决定论主要是整体论的逻辑蕴涵或推论。该文未注意这一点，不能不是一个缺憾。

一、爱因斯坦受惠于迪昂

迪昂是法国著名的物理学家、科学史家和科学哲学家[②]，他在 1906 年出版了影响深远的科学哲学名著《物理学理论的目的和结构》，系统地阐述了他的独创性的整体论思想[③]。迪昂的理论整体论的内涵和精神实质可以概括如下。H_1：物理学理论是一个整体，比较只能是理论描述与观察资料两个系统的整体比较。H_2：不可能把孤立的假设和假设群与理论分离开来加以检验。H_3：实验无法绝对自主地证实、反驳或否决一个理论。H_4：判决实验不可能，归谬法在物理学中行不通。H_5：观察和实验渗透、负荷、承诺理论，物理学理论中的理论描述和观察资料两个系统以此结合成一个更大的整体。H_6：经验虽然是选择理论假设的最终标准，但决断则是由受历史指导的卓识（good sense）做出的。H_7：反归纳主义即归纳法在理论科学中是不切实际的。H_8：反对强约定论，同意弱约定论的某些与整体论相关的主张；这与彭加勒约定论八大内涵[④]中的 C_4（判决实验不可能），C_5（理论的经验内容在约定变化下是不变量），C_6（理论多元论），C_7（隐含本体论的约定性和真关系的实在性）相同或

---

② 李醒民：《皮埃尔·迪昂：科学家、科学史家和科学哲学家》，《自然辩证法通讯》（北京），第 11 卷（1989），第 2 期，第 67—78 页。

③ P. Duhem, *The Aim and Structure of Physical Theory*, Translated by P. P. Wiener, Princeton University Press, 1954, cf. PART II, Chapter IV, V, VI.

④ 李醒民：《彭加勒》，东大图书公司印行（台北），1994 年第一版，

相近 [5]。其中，H_3，H_4 以及 H_5，H_6，H_7，H_8 都体现了不充分决定论的思想。

据霍华德的详尽研究 [6]，爱因斯坦很可能在 1909 年秋就首次获知迪昂的《结构》，并在此后读了它。事情是这样的：F. 阿德勒在 1906 年秋读了马赫的《认识与谬误》第二版（1906），马赫在序言及正文中多次盛赞迪昂的《结构》，并强调他们之间的一致 [7]。原来，马赫已经向出版商巴思（Barth）推荐翻译此书，巴思约请阿德勒担当译者。就这样，《结构》的德文版于 1908 年出版，马赫和阿德勒分别写了序言和译者前言，都强调了马赫与迪昂的广泛一致，而缩小了二人的思想差异（整体论与马赫哲学本来不很兼容，当时无论马赫还是马赫的追随者都未能清楚、深刻地指出这一点）。在 1909 年秋至 1911 年 3 月，爱因斯坦和阿德勒住在苏黎世同一幢公寓的上下层，他们关系十分密切，经常在一起讨论科学和哲学问题。因此，爱因斯坦不可能不了解《结构》，这也可以从他 1918 年 9 月 25 日给斯图迪的信（信中提及该书）得到印证。

爱因斯坦读过《结构》并对它有兴趣，也可以从以下事实得到旁证。第一，爱因斯坦当时还是马赫的热情推崇者，

第 115—125 页。

⑤ 李醒民：《迪昂》，东大图书公司印行（台北），1996 年第一版，第七章。

⑥ D. Howard, Einstein and Duhem, *Synthese*, 83 （1990）, pp.363—384.

⑦ 李醒民：《马赫》，东大图书公司印行（台北），1995 年第一版，第 258—259 页。

他对马赫大力举荐的书不会漠然置之。第二，弗兰克是马赫的积极追随者和迪昂的《力学进化》德文本（1912）的译者，他与爱因斯坦过从甚密，可能会促使爱因斯坦对迪昂发生兴趣。第三，迪昂的整体论对纽拉特（O. Neurath, 1882—1945）有直接的、巨大的影响，纽拉特可能也是爱因斯坦整体论思想的一个源泉，奥本海默在1940年代与爱因斯坦讨论过纽拉特著名的干船坞比喻[⑧]。第四，在世纪之交的科学哲学语境中，主要不是实在论与工具论之争，而是约定论与新康德主义之争，在这种背景下，爱因斯坦显然会倾向于彭加勒和迪昂。第五，从爱因斯坦早年构筑相对论时对假设的重视，对深刻的原理理论的追求，对相对论逻辑完整性和基础牢固性的坚信，以及对考夫曼所谓的判决实验的怀疑，显然是在约定论、理性论和整体论的思想引导下的作为，或者起码也会使他对整体论产生同情和好感。

在这里尚须指明的是，彭加勒的整体论思想（尤其是他的约定论的或整体论的不充分决定论）也可能影响了爱因斯坦。

---

⑧ 纽拉特的比喻说："把决然确立的纯粹记录语句作为科学的出发点是办不到的。白板是不存在的。我们像水手一样必须在大海上修复船只，而绝不可能在干船坞中拆卸并用最好的材料修复它。"参见《现代西方哲学论著选辑》，洪谦主编，商务印书馆（北京），1993年第一版，第559页。

二、走向意义整体论

爱因斯坦是从汲取迪昂的理论整体论开始逐渐走向意义整体论的，并在 1949 年达到目标。下面，我们拟尽可能开列一个详细的时间表，顺便稍做评论。

如前所述，爱因斯坦在 1909—1910 年间就接受了迪昂的整体论思想。他正确地看到，迪昂的思想比马赫的实证论能更多地使经验容纳假设和深刻的理论。因为它要求经验的有效不是针对单个科学概念和命题，而是针对整个理论本体；同时，经验也不是以单个的观察和实验面对理论，而是以经验的总和与之对应。紧接着在 1910—1911 年冬季学期，他就诉诸理论和经验之间关系的整体论观点，以削弱初学物理的学生把一个确定的量归因于物体内每一点的电荷，尽管这样的点是达不到检验粒子的：

> 我们已经看到经验如何导致电荷概念的引入。它是借助带电体相互施加的力定义的。但是现在，我们把该概念的应用扩展到定义找不到直接应用的情况，只要我们把电力设想为不是施加在物质粒子上而是施加在电上的力。我们建立起一个概念体系，它的个别部分并不对应于经验事实，而只有理论资料的某个总和才与经验事实的某个总和对应。
>
> 我们发现，这样的电的连续区仅仅对于描述有质物体内的关系总和是可以应用的。在这里，我们再次把电场强

度的矢量定义为施加在有质物体内部单位正电荷上的机
械力的矢量。但是，这样定义的力不再是实验可以直接
达到的。正是理论结构的一部分只有作为一个整体，才
是真或是假，即对应于或不对应于经验。⑨

不难看出，这与迪昂的 H_1，H_2（以及 H_3 中的部分内容）完
全符合。

在 1915—1921 年间，爱因斯坦和石里克都具有迪昂和
彭加勒的整体论的和约定论的不充分决定性思想，他们二人
在较为频繁的通信中切磋琢磨。石里克关于不充分决定论的
许多讨论是从爱因斯坦的丰富评论中引出的，他赞同仅有经
验不能毫不含糊地决定我们的理论选择。爱因斯坦同意简单
性必然是我们在经验等价的理论中选择的向导，但是他最终
还是诉诸外部的确认。他对不充分决定论隐含的关于理论主
张描述唯一深刻实在的东西持谨慎态度，他在前述的给石里
克的信（1917 年 5 月 21 日）⑩ 中认真看待理论选择的经验不
充分决定性。他关于两个不同的人赞同和不赞同的范围的叙

⑨ D. Howard, Einstein, Kant and the Origins of Logical Empiricism, in *Language, Logic, and the Structure of Scientific Theories*, Edited by W. Salmon and G. Wolters, University of Pittsburgh Press, 1994，pp. 45—105.

⑩ D. Howard, Realism and Convention alism in Einstein's Philosophy of Science: The Einstein-Schlick Correspondence, *Philosophia Naturalis*, 21（1984），pp.616—629. 也可参见本书第三章。

述表明，两个经验上等价的理论之间在深刻理论水平上的差异具有更为深邃的意义，而不能像石里克那样仅仅把差异的特点归结为"表达方式的不同"。爱因斯坦的建议是，在理论的深刻的本体论水平上，两个不同的人能够有两个不同的实在。他之所以欢迎迪昂的整体论的不充分决定论，是因为它对深刻的理论而言是十分适宜的[11]。

爱因斯坦十分清楚，实证论的经验意义的实证概念——每一个可接受的科学术语作为它的由感觉要素构造的结果必须拥有它自己的单个的经验内容——太狭隘了，根本难以容纳深刻的理论，其实只要它所属的理论整体具有经验内容就可以了。他在 1918 年 9 月 25 日给斯图迪的信中，把迪昂的书与实证论借口无经验内容而反对假设的观点对立起来。

理论由经验证据不充分决定的思想，是爱因斯坦 20 世纪 10 年代后期一个十分活跃的思想。在 1918 年庆祝普朗克六十寿辰时，爱因斯坦强烈地表达了这一思想，并责备认识论者对此没有给予足够的重视：

> 物理学家的最高使命是要得到那些普遍的基本定律，由此世界体系就能用单纯的演绎法建立起来。要通向这些定律，并没有逻辑的道路；只有通过那种以对经验的共鸣的理解为依据的直觉，才能得到这些定律。由于这种方法论上的不确定性，人们可以假定，会有许多个同样

---

⑪ D. Howard, Was Einstein Really a Realist? *Perspectives on Science*, 1（1993），pp. 204—251.

站得住脚的理论物理体系；这种看法在理论上无疑是正确的。但是，物理学的发展表明，在某一时期，在所有可想象的构造中，总有一个显得比别的都要高明许多。凡是真正研究过这个问题的人，都不会否认唯一的决定理论体系的，实际上是现象世界，尽管在现象同它们的理论原理之间并没有逻辑的桥梁；这就是莱布尼兹非常中肯地表述的"先定的和谐"。（E1, p. 102）

在这里，爱因斯坦立足于方法论上的不确定性阐明不充分决定论，并把它与他的各种哲学思想因素融会贯通，从本体论、认识论和方法论上加以全面透视，恰如其分地把它置于他的理论体系的构架之中。此时，爱因斯坦在整体论观念的某些方面，已经深化或超越了迪昂。

1919 年 12 月 25 日，爱因斯坦再次返回到整体论的不充分决定性主题。他在《物理学中的归纳和演绎》[12] 中，明确区分了休谟的归纳不确定性和迪昂的整体论的不充分决定性。而且，他认为经验上等价的理论甚至可以是矛盾的，这一看法比石里克的不同表达方式的诠释更激进，它显然来自彭加勒[13]，因为迪昂是反对彭加勒可以使用相互矛盾的理论的观点[14]的。

在 1920 年代，爱因斯坦对整体论的支持变得更频繁、

---

[12] 参见第三章中的引文。

[13] H. 彭加勒：《科学的价值》，李醒民译，光明日报出版社（北京），1988 年第一版，第 160 页。

[14] P. Duhem, *The Aim and Structure of Physical Theory*, Translated by

更强烈了。1921 年，他在《几何学和经验》中赞同彭加勒关于只有几何学加物理学（G+P）的整个系统是可检验的，至少从永恒的观点来看是如此（E1, pp. 139—140）。

1924 年，爱因斯坦就埃尔斯巴赫（A. Elsbach）的《康德和爱因斯坦》发表了详尽的评论。该评论从整体论的观点出发，不仅反对新康德主义，而且也反对石里克和赖兴巴赫关于约定的同位定义和经验的命题截然两分的观点，而坚持认为这种先验的—后验的东西的区分具有任意性。尤其值得注意的是，该评论已隐含了意义整体论的萌芽。爱因斯坦在断言相对论与康德的先验学说不兼容之后写道：

> 乍看起来，这并未排除人们至少坚持康德的成问题的东西，例如卡西勒就坚持这一点。我甚至持有这样的见解：这一立场未能被自然科学的发展严格驳倒。因为人们将总是能够说，批判哲学家迄今在先验元素的建立中犯了错误，而且人们将总是能够建立不与给定的物理体系矛盾的先验元素的系统。让我简短地指出，我为什么不觉得这种立场是自然的。一个物理学理论由 A，B，C，D 部分（元素）组成，它们一起构成了把相干的实验（感觉经验）正确关联起来的逻辑整体。于是，情况倾向于，比四个元素少的集合，例如 A，B，D 而无 C，不再就这些实验说任何事情，A，B，C 而无 D 的集合也是这样。人们从而自由地把这些元素中的三个例

P. P. Wiener, Princeton University Press, 1954, cf. PART II, pp. 294—328.

如 A，B，C 视为先验的，而只把 D 视为经验上受限制的。但是，在这种情况下，人们依然不满意的总是，在选择人们指定为先验的那些元素时存在着任意性，而且这完全与该理论有一天会被另一个理论——它用其他元素代替了这些要素中的某些要素（或全部四个要素）——替代的事实无关。⑮

1928 年，他在评论梅耶松的《相对论的演绎法》时，重申"概念的总体"同"经验的对象"或"全部实验数据"的"对应"或"一致"（E3, p.368）。

在 1936 年的《物理学和实在》中，爱因斯坦进一步阐明了他反对定义和经验陈述（自然定律）截然二分的观点，并初步触及意义整体论的问题：

我们把那种典型的感觉的复合直接地并且直觉地联系在一起的概念叫作"原始概念"。其他一切观念——从物理学的观点来看——只在它们通过命题同原始观念联系在一起的时候才具有意义。这些命题，一部分是概念的定义（以及那些在逻辑上从这些概念推导出来的陈述）；一部分是不能从定义推导出来的命题，它们至少表示"原始概念"之间的间接关系，从而也就表示感觉

⑮ D. Howard, Einstein, Kant and the Origins of Logical Empiricism, in *Language, Logic, and the Structure of Scientific Theories*, Edited by W. Salmon and G. Wolters, University of Pittsburgh Press, 1994 , pp.45—105.

经验之间的间接关系。后一种命题是"关于实在的陈述"，即自然定律，那就是这样一些命题，当它们用于原始概念所概括的感觉经验时，它们应当显示出有效性来。至于哪些命题应当被看作是定义，哪些应当被看作是自然定律，这问题主要取决于所选用的表示方法。只有当人们从物理学的观点来检验在什么程度上所考察的整个概念体系实际上具有内容的时候，做出这种区别才真正成为绝对必要的。[16]（*E*1, p.344）

在 1938 年出版的《物理学的进化》中，爱因斯坦和英费尔德明确以整体论的语言写道："实际上用实验证明或反驳的是我们的整个猜测系统。没有一个假定能够被孤立起来加以单独检验。"[17]

在接着的年代，强调理论和经验之关系的整体论观点遍及爱因斯坦的论著。典型的是他在 1946 年的《自述》中强调：在逻辑上完全任意的概念体系要尽可能同感觉经验的总和做到可靠的（直觉的）和完备的对应，体系的真理内容不仅取决于这种对应，而且其中的正确命题也是从该体系的真理内容中取得其"真理性"的（*E*1, pp.5—6）。在这里值得注意的是：与概念体系"对应"的是"感觉经验的总和"；

---

⑯ 译文按照文献 ⑨ 有所改动。

⑰ A. Einstein and L. Infeld ，*The Evolution of Physics*, Simon and Shuster, New York ，1938, pp.30—31. 中译本《物理学的进化》（周肇威译，上海科学技术出版社，1962 年第一版）第 23 页中的译文不确、有误。

没有命题具有绝对可分离的真理性或意义内容。在 1949 年的《对批评的回答》中，他在批评赖兴巴赫的意义的证实原则时，明确地阐述了意义整体论思想：

> 在上述情况下，如果你认为距离是一个合法的概念，那么它如何与你的基本原则（意义 = 可证实性）一致呢？难道你能不达到这样的地步，即你否认几何学陈述的意义，而只承认它们达至完备发展的相对论（相对论作为一个已完成的产物根本还不存在）才有意义吗？难道你能不承认，按照你的意思，"意义"无论是什么，它都不属于物理学理论的单个概念和陈述，这样的意义就其使在经验上被给予的东西变成"可理解的"而言而属于整个体系吗？如果单个概念只有在理论的逻辑结构的框架内才是必不可少的，如果作为一个整体经受检验的是理论，那么为什么在理论中出现的单个概念终究需要任何孤立的辩护呢？[18]

在同一篇评论中，他明确表示不相信马根瑙（H. Margenau）关于理论的每一个量值和每一个论断都要求有"客观意义"（在这个理论的框架内）的观点，因为当一个理论具有群特征时，即假定同样的物理状况容许有几种描述方式而其中每一种都同样有根据时，就会发生问题。"在这种情况下，我们显然不能认为单个的（不能消去的）量值具有完全客观的

---

[18] 中译文译自文献 ⑨，与（$E1$, p.474）中的译文有所不同。

意义（比如粒子速度的 x 分量或者粒子的 x 坐标）。这种情况在物理学中经常存在。在这种情况下，我们必须把客观意义仅限于给理论的普遍定律，也就是说，我们必须要求：这些定律对于体系的每一种被这个群认为是合理的描述都是有效的。因此，不是'客观性'要求预先假定有群特征，而是群特征迫使我们去精炼客观性概念。"（E1, pp. 476—477）

顺便提一下，1952 年 11 月 16 日，爱因斯坦在奥本海默的陪同下拜访了正在普林斯顿的卡尔纳普。卡尔那普在日记中记载了他们的谈话："关于实在。我说，只有马赫提出这样的阐述：感觉资料是唯一的实在。他说，实证论者只不过想从某种保险地给定的东西开始，可是却没有这样的起点。我同意，没有基岩，只有纽拉特要修复的船飘浮着。对此，他断然赞同。"[19] 爱因斯坦在谈话中特别赞赏纽拉特整体论的干船坞比喻，他还补充说："要是实证论现在放宽到这样的程度，那就会同我们的想法以及任何其他哲学观点不再有任何分歧了。"（E3, p. 394）

三、几点原则性的看法

1. 无论是马赫还是马赫的追随者弗兰克等，都没有清醒地认识到马赫的实证论与迪昂的整体论的分歧。当时的思想家在反形而上学的共同旗帜下把马赫和迪昂视为莱伊

---

[19] D. Howard, Einstein and Duhem, *Synthese*, 83 （1990）, pp. 363—384.

（A. Rey, 1873—1940）所谓的"新实证论"的两个代表人物，弗兰克还称迪昂是"马赫思想路线在法国的最重要的代表"[20]。A. 阿德勒虽然注意到二人的分歧，但却缩小或低估了思想差异。唯有爱因斯坦，一开始就认识到迪昂的理论整体论的深层意蕴，并以此平衡马赫的激进的实证论，并把它从科学理论的认识论发展到科学词汇表的语义学或意义整体论（单个概念和命题并不具有独立的经验意义）。

2. 爱因斯坦的意义整体论思想不仅先于奎因（1951年），而且它实际上也包含着对经验论的两个教条（其一是相信在分析的、或以意义为根据的而不依赖于事实的真理与综合的、或以事实为根据的真理之间有根本的区分。另一个教条是还原论：相信每一个有意义的陈述都等值于某种以指称直接经验的名词为基础的逻辑构造）[21]的明确反对。爱因斯坦是意义解放的先驱。

3. 爱因斯坦早期绝不是纯粹的经验论者，除理性论外，带有不充分决定论的整体论和约定论也是他的哲学思想的明显特征。由于这种思想比经验论或实证论更能容纳假设和深刻的理论，所以他才能建构起像相对论这样的逻辑结构严谨的原理理论，也才能提出理论的双标尺评价标准（理论在原则上的不充分决定和在实践上最终由经验取舍）。

4. 爱因斯坦的整体论的不充分决定论和约定论的理论

---

[20] D. Howard, Was Einstein Really a Realist? *Perspectives on Science*, 1（1993），pp. 204—251.

[21] W. 奎因：《从逻辑的观点看》，江天骥等译，上海译文出版社（上海），1987 年第一版，页 19。

多元论承诺，在经验上等价的不同理论并非仅仅是表达方式的差异，而是在理论的深刻的本体论水平上对应着不同的实在。这意味着，对应于同一经验总和的不同理论在层次上是不同的：理论进化得越深刻，其逻辑前提越简单，其本体论的物理实在越深奥。正是在这种意义上，爱因斯坦反对科学实在论的终极的、不变的物理实在观。

5. 爱因斯坦的整体论和约定论思想，决定了他对新康德主义和逻辑经验论所采取的批评态度：他用它们削弱或抗衡康德的先验论和石里克、卡尔纳普等人的分析—综合命题决然二分及意义证实原则。

6. 波普尔把爱因斯坦描绘成一个证伪主义者，实在是大大误解了爱因斯坦。其原因是显而易见的：他忽视或低估了爱因斯坦的整体论和约定论思想在其哲学中的鲜明性和重要性。

第五章　科学理性论思想

百卉随风沦落英，

唯有晚荷死守红。

动问落霞孤鹜时，

可有秋实慰晚情？

—— 李醒民《晚荷》

科学理性论是爱因斯坦式的理性论，是古代理性论和近代理性论的现代版本，是爱因斯坦把他所汲取的传统理性论的思想精髓与他所创造的现代科学的思想成果加以相互切磋琢磨的产物。它充分体现了现代科学的理论进路、思想意向和精神气质，成为二十世纪科学和哲学的主旋律之一。

一、科学理性论思想的形成和发展

霍耳顿[①]和许良英[②]曾撰文指出，爱因斯坦早年就具有理

---

① G. 霍耳顿：《科学思想史论》，许良英编，河北教育出版社（石家庄），1990 年第一版，第 38—83 页。

② 许良英：《爱因斯坦的唯理论思想和现代科学》，《自然辩证法通讯》

性论思想，后者还列举五个事例加以证明（我们前面已涉及这些例子）。尤其是，爱因斯坦 1905 年的狭义相对论论文从开头到整个构架，都渗透着理性论的因素，而且理性论的实在论也确实是他创新的坚实思想基础 ③。

爱因斯坦理性论思想的形成不仅与他的科学实践密切相关，也是他善于批判地汲取前人和时人的思想财富的结果。除霍耳顿所论的开普勒、普朗克和许良英所论的斯宾诺莎（他是历史上最伟大、最彻底的理性论思想家之一）外，德国科学家（有人说十九世纪的德国科学家都是哲学家，而且理性论的传统在他们之中是很浓厚的）基尔霍夫、亥姆霍兹、赫兹、玻耳兹曼、弗普尔的著作和教科书也对爱因斯坦有所影响。爱因斯坦在大学不仅从中自学了麦克斯韦的电磁理论，而且看到实验并不能决定性地解决面临的问题，必须构造新的公理化的数学框架，来建设物理学的大厦 ④。据库兹涅佐夫研究，爱因斯坦也在陀思妥耶夫斯基的创作中获得了启迪和动力。因为陀氏的创作的诗体是理性论的，它显示出小说作品中的理智的旋律；因为陀氏小说的主题是在自身矛盾中挣扎的（如传统的信仰与叛逆的理性之间的张力），是为了力图表现人的思想的思想（*EZ*, pp.526—596）。

（北京），第 6 卷（1984），第 2 期，第 10—17 页。

③ 李醒民：《哲学是全部科学研究之母——狭义相对论创立的认识论和方法论分析》（上、下），《社会科学战线》（长春），1986 年第 2 期，页 79—83；1986 年第 3 期，第 127—132 页。

④ G. Holton, *Thematic Origins of Scientific Thought*, Harvard University Press, 1974, pp.197—217.

其实，爱因斯坦理性论的思想渊源远不止以上数人，他显然也受到伽利略、牛顿、笛卡儿、莱布尼兹、休谟、康德以及批判学派的代表人物尤其是彭加勒的影响。这往往被许多研究者忽视、遗漏乃至遗忘，有必要在此加以弥补。

伽利略在他所处的时代代表"理性的思维"（$E1$, p.579），他的理性论是与实在论的本体论相联系的。他认为宇宙乃是某种有秩序的、有联系的、统一的东西，人的理性能够从客观的和因果关系的角度理解它和反映它。伽利略敢于大胆思辨和运用想象力，因为他那时所掌握的实验方法是不完善的，经验材料也是有限的。伽利略很重视实验，但他并没有把经验论和理性论对立起来，而是使二者和谐地起作用。

对于牛顿来说，"自然界是一本打开的书，一本他读起来毫不费力的书"（$E1$, p.287）。牛顿用具有思辨特征的概念（质点、绝对时空等）和微分定律，揭示了自然界的完整的因果性链条，成功地把"天上的力学"和"地上的力学"统一起来，构造了一个逻辑完备的理论体系，从中能够逻辑地、定量地演绎出范围很广的现象，并且能同经验相符合。牛顿伟大的理智成就必定给爱因斯坦留下极为深刻的印象，以致他在修正和背离牛顿的理论基础和研究纲领时，还赞颂牛顿所发现的道路，是一位具有最高思维能力和创造能力的人在那个时代所能发现的唯一道路。牛顿并不像人们通常误解的那样，是纯粹经验论和"归纳法的驴子"[5]，他也是一

---

⑤ F. 恩格斯：《自然辩证法》，人民出版社（北京），1984 年第一版，

位理性论者，他的四条推理原则就体现了自然界和科学中的统一性和简单性，他也大胆运用了假设和演绎。

笛卡儿是近代理性论的始祖，斯宾诺莎和莱布尼兹都是笛卡儿主义者。笛卡儿认为，世界图像从逻辑上说是建筑在少数原始公设基础之上的，是单值的，绝对准确的，并在这种意义上是实在世界的反映。笛卡儿关于物理学就是几何学的思想对爱因斯坦也有所启示。爱因斯坦也曾多次提及并赞赏莱布尼兹的"先定的和谐"思想，并认为思想和实在二者的和谐是理性可以直觉地把握的，而不是经验地或逻辑地把握的。

休谟是近代经验论的代表人物，但他也不是一位纯粹的经验论者，尽管他认为经验高于理性，感官胜于思想。休谟的怀疑论就是带有理性论成分的怀疑论，他大胆地向人们推荐理性的哲学，而贬斥非理性的宗教和迷信。休谟清楚地了解到，有些概念，比如因果性概念，是不能用逻辑的方法从经验材料中推导出来的。休谟对感知的分析，强有力的揭示出自然界的精确定律是无法从经验事实归纳出来的。他认为世上没有什么东西比人的想象更为自由；想象虽然不能超出内外感官所提供的那些原始观念，可是它有无限的能力可以按照虚构和幻想的各种方式来混杂、组合、分离、分割这些观念。爱因斯坦对科学理论基础虚构特征的洞察，对概念形成的非归纳、非逻辑途径的洞悉，都与休谟的启示或多或少有关（*E*1, p.6）。

第 66 页。

康德是近代哲学的巨擘，是一位承前启后的哲学大师，康德之后的各种哲学流派都可以从康德那里找到它的思想渊源。康德对独断论的形而上学的反叛，康德用理性过滤神性，伸张人类理性的力量，确立人在认识自然中的主宰地位，提出人为自然立法的口号，无一不给爱因斯坦以激励和启示。爱因斯坦多次读过康德的《纯粹理性批判》以及《导论》，他完全能感受到康德学说那种发人深思的力量。他认为康德哲学中最重要的东西，是构成科学的先验概念，尽管他并不赞同康德的先验论。他还指出：

> 借助于思维，我们的全部感觉经验就能够整理出秩序来，这是一个使我们叹服的事实，但却是一个我们永远无法理解的事实。可以说："世界的永久秘密就在于它的可理解性。"要是没有这种可理解性，关于实在的外在世界的假设就会是毫无意义的，这是伊曼努耳·康德的伟大的认识之一。（$E1$, p.343）

彭加勒也是一位热情的理性论者。他断言，经验并非一切，学者也不是被动的，学者应该充分发挥"思维之箭"的优势，主动地去迎接真理。他赋予假设以极高的认识地位，认为科学家无假设便不能前进一步。即使在他为经验的重要性辩护时，他依然认为科学概念和原理是人类理智的自由创造物，实验事实更多的是引导而不是限制科学家的选择。他还把科学的审美判断视为发明的工具和评价理论的标准，从而降低了经验在科学中的绝对地位。

"不论平地与山尖，无限风光尽被占。"⑥爱因斯坦就这样像采花酿蜜的蜜蜂一样，把广泛汲取的思想营养与他对自己的科学创造的过程和结果（尤其是相对论）的反思融会贯通，最终走向了科学理性论。

爱因斯坦科学理性论思想的典型表述之一是他1938年写给兰佐斯的信⑦，在此之前（1933）他还有一段十分精彩的论述：

> 迄今为止，我们的经验已经使我们有理由相信，自然界是可以想象到的最简单的数学观念的实际体现。我坚信，我们能够用纯粹数学的构造来发现概念以及把这些概念联系起来的定律，这些概念和定律是理解自然现象的钥匙。经验可以提示合适的数学概念，但是数学概念无论如何不能从经验中推导出来。当然，经验始终是数学构造的物理效用的唯一判据。但是这种创造的原理却存在于数学之中。因此，在某种意义上，我认为，像古代人梦想的，纯粹思维能够把握实在，这种看法是正确的。（*E*1, p.316）

这一精彩论述充分体现了科学理性论的本体论、认识论和方法论的原则性主张。这种从现代科学的土壤中萌生，适应现代科学需要的理性论思想，与科学本身是多么贴近！在这里

---

⑥ 罗隐：《蜂》。

⑦ 参见（*E*1, p.380），我们在本书第二章开头已引用。

尚须辩明的是，由于爱因斯坦在经验和理性之间保持了必要的张力，由于他所说的"在某种意义上"指的是启示方法的意义而非真理判据的意义，由于该论述中隐含的自然的理性和人的思维的微妙和谐，因此仅仅依据"纯粹思维能够把握实在"的词组，就说爱因斯坦的论述"提出了一种准柏拉图式的本体论"[8]，这似乎是有欠公允的。

其实，爱因斯坦是坚决反对观念论和先验论的。他明确表示，尽管观念世界不能逻辑地从经验推导出来，可是观念世界还是一点也离不开我们的经验本性而独立。他对柏拉图把"理念"视为最高的实在不以为然，认为斯宾诺莎以及黑格尔也继承了这种"偏见"，幻想用纯粹思辨去发现一切可知的东西。他责备观念论和先验论哲学家对科学思想的进步起过有害的影响，赞扬休谟和马赫把科学思想的基本观念从柏拉图的奥林帕斯天堂拖下来的壮举（*E*1, pp. 157, 406, 548）。

爱因斯坦在形成自己的科学理性论时，也清楚地看到斯宾诺莎和康德的理性论的致命弱点，并采取了清醒的批判态度。他指出，像斯宾诺莎那样相信，凡是能用纯粹的思辨去了解的东西，都可以在现实世界中找到，这不过是"哲学童年时代"的"幻想"和"偏见"（*E*1, p. 406）。他不同意斯宾诺莎把普遍真理视为先验的，也不赞成斯宾诺莎因经验知识缺乏确定性和必然性而排斥它们。关于康德，爱因斯坦虽

---

[8]　B. Kanitscheider, Einstein's Treatment of Theoretical Concepts, *Albert Einstein , His Influence on Physics, Philosophy and Politics*, P. C. Aichelburg and R. U. Sexl （eds. ）, Friedr. Viewey & Sohn , Braun-schweig, 1979, pp. 137—158.

然对康德先天的"感性直观纯形式"（时间和空间）和"知性的纯粹概念或纯粹范畴"（因果关系等十二个范畴）在认识中的意义做了肯定，但他并未落入康德的"圈套"而对这些先验的综合判断让步。他用怀疑的经验论修正和改造了它们，清除了极端理性论中的先验因素，加强了理性论中的实在论倾向，同时又坚持了理性论的合理的基本原则。

爱因斯坦十分不满极端的理性论。在他看来，理性虽然是人们认识世界和获得客观知识的极其重要的手段，但人的价值目标和道德准则并不能用理性辩护，因此超越理性限度的极端形式的理性论立场是片面的。他说：

> 信念的确能够最好地用经验和清楚的思维来支持。按照这种观点，人们必须毫无保留地赞同极端的理性论者。然而，极端的理性论者的弱点在于，那些对我们的行为和判断来说是必要的和决定性的信念，并不能够唯一地沿着牢固的科学途径找到。⑨

即使在科学领域，理性也不能仅仅停留在思维的王国里天马行空，独往独来，它必须落实在经验和实在的土地上，否则它不仅缺乏活力与生气，而且也无法形成真正的物理学理论。爱因斯坦一而再地重申过这样的思想。

与传统的理性论相比，爱因斯坦的科学理性论具有以下

⑨ A. Einstein, *Out of My Later Years*, Philosophical Library, New York, 1950, pp. 21—22.

鲜明的特色[⑩]：它是科学自己的哲学；它立足于实在论的地基上；它清除了传统理性论中的先验因素并反对极端理性论；它与其对立面经验论保持了必要的张力；它把探索性的演绎法作为自己的方法论；它抛弃了科学概念的"显然性"。关于最后一个特色，库兹涅佐夫指出：

> 爱因斯坦的思想是实验的和数学的反常的伟大综合，是在一种理论的范围内抛弃经验的显然性（继承了哥白尼的传统），抛弃习以为常的、显然是先验的、数学的（在相对论中）以及逻辑的（在量子论中）规范。对科学思维风格的这种作用本是不可逆的，它的痕迹将永远保存。此外，为了推翻绝对时空的古典观念，相对论除了不得不反对具体的物理概念，还要尖锐反对科学中的教条主义。相对性原理、光速不变原理、质能相当性、波粒二象性、等效原理、时空弯曲等观念，本质上都是相当革命的，是不可能自发地走过来的。它包含着如此反常地粉碎"显然性"，以至于它的进行没有自觉的和彻底的推翻整个教条主义的勇气是不可能的，这种反教条主义的矛头正是对准着概念的现象的显然性的。

---

⑩ 李醒民：《走向科学理性论——也论爱因斯坦的哲学历程》，《自然辩证法通讯》（北京），第 15 卷（1993），第 3 期，第 1—9 页。

二、理性、数学和思辨的作用

要理解爱因斯坦的科学理性论，就必须了解他关于理性、数学和思辨在科学中的地位和功能的观点。

爱因斯坦是理性的使徒。对理性的颂扬，是他的科学的、哲学的、社会的和伦理之思想的主旋律；按照理性行事，是他终生信守的最高行为准则。在科学领域，他充分肯定了理性的重大作用，这种理性是以理论的逻辑结构的完整性为特征的。他这样说过：

> 虽然事件和经验事实是整个科学的根底，但是它们并不构成科学的内容和它的真正本质：它们不过是组成这门科学的题材的资料。……事实上，表现在我们的"自然规律"中的普遍性的联系，不是仅仅由观察资料建立起来的；除非我们从理性的构造入手，否则这些联系就无法表述和推导出来，而理性的构造不能只是经验的结果。其次，科学并不满足于提出经验规律；它倒是试图建造这样一个逻辑体系，这个体系是以为数最少的前提为根据，并把一切自然定律都包括在它的结论之中。这个体系——或者更确切地说它所代表的概念的总体——是同经验的对象相对应的。另一方面，理性要使这个体系同全部实验数据，也就是同我们所经验到的一切一致起来，它就必须符合前科学关于实物世界的观念。因此，整个科学是建立在哲学实在论体系之上的。

（*E*3, p.368）

在这里，爱因斯坦不仅在科学中赋予理性和经验以恰当的地位和功能，尤其是强调了理性的能动作用，从而把科学理性论与经验论和实在论关联起来，相互加以限定和制约。联想到前节的那段精彩论述，我们不难看出：爱因斯坦继承了十七世纪理性论者的本体论传统，即关于世界理性、宇宙和谐的观念，这种和谐包含着"奇迹"和"惊讶"，从而表现出对于认识着的精神的独立性。在爱因斯坦看来，自然界本身包含着客观理性，这种客观理性通过人的理智发明和经验观察是可以部分把握到的。他题写在壁炉上的名言是："上帝难以捉摸，但不怀恶意。"这充分体现了他的科学理性论的本体论。这句话中的"上帝"乃是存在的客观的、按其本性完全是自然规律性的别名，是客观理性的别名。尽管宇宙的客观和谐可能表现出"反常的"相互关系（"上帝难以捉摸"），但这种和谐是存在着的，是可以猜想和认识到的（"但不怀恶意"）。实在论也是科学自己的哲学，爱因斯坦使二者完美地协调起来，从而使古老的、朴素的实在论思想也得以"升华"为真正的科学的实在论。

关于理性和经验在科学中的张力关系和应有职分，爱因斯坦还有两段原则性的论述。他说：

我们就这样规定了纯粹理性和经验在物理学理论体系中的地位。这种体系的结构是理性的产品；经验内容及其相互关系都必须在理论的结论中表示出来。整个体系，特别是那些作为它的基础的概念和基本原理，其唯一的价值和根据，就在于这种表示的可能性。此外，这些概念和原理都是人类理智的自由发明，既不能用这种理智的本性，也不能以其他任何先验方式来证明它们是正确的。（E1, p.314）

他进而表明："思维本身始终不会得到关于外界客体的知识。感性知觉是一切研究的出发点。只有考虑到理论思维同感觉材料的全部总和的关系，才能达到理论思维的真理性。"（E1, p.523）显而易见，爱因斯坦重视理性，但并未把它捧到至高无上的地位。也许可以这样说：理性和经验是科学的两翼，二者缺一不可；没有理性的经验"科学"是杂物仓库，没有经验的理性"科学"是海市蜃楼。

爱因斯坦虽然偏爱形象思维，但是随着广义相对论的建立和理性论思想的生根，他认为数学对物理学的"侵入"不仅是必要的，而且也是十分重要的。他指出：理论物理学家的世界图像"要求尽可能达到最高标准的严格精确性，这样的标准只有用数学语言才能达到"（E1, p.101）。这是因为，数学命题是绝对可靠的和无可争辩的，而其他一切科学的命题在某种程度上都是可争辩的，并随时有可能被新发现的事实推翻。因此，"数学能给予精密自然科学以某种程度的可靠性，没有数学，这些科学是达不到这种可靠性的。"（E1, p.136）

与此同时，爱因斯坦也清楚地认识到，数学的可靠性是以牺牲它与物理实在的接触为代价的："只要数学的命题是涉及实在的，它们就是不可靠的；只要它们是可靠的，它们就不涉及实在。"（E1, p.136）作为以客观世界为研究对象的物理学就不能像纯粹数学那样脱离实在去构造虚无缥缈的海市蜃楼，它必须把数学的可靠性与物理的实在性有机地结合起来：既不丧失物理学的客观内容，又能借助数学达到必需的精确性和可靠性。诚如爱因斯坦所说：

> 数学只研究概念之间的相互关系，而不考虑它们对于经验的关系。物理学也研究数学概念；但这些概念只是由于明白地确定了它们对于经验对象的关系，才得到了物理的内容。（E1, p.455）

爱因斯坦在肯定数学在科学中的巨大意义时，也不同意过分夸大数学的功用和应用范围。他在评述康德的数学观点时指出，康德一方面考虑到日常生活知识的果实，在其中我们日常的感知和经验被混合起来，不能被归纳法和演绎考虑分开。与此相对并被视为较高阶的正好是科学的结构，也就是说在其中我们找到相关思想的简洁的差异，它们建立在规则的根基上，并形成演绎链条的环节。无论何时我们的科学从感觉源泉分离出这种逻辑有序的知识，它都具有数学的特征，其中包含的真理量相应地将由康德的标准来决定。但是，当康德要求我们把这一尺度用于所有可以达到的科学知识时，他要求得太多了。如果他的评论是作为规则的度量，那么划出限度似乎是可取的。生物科学大部分在将来还得走它的与纯粹数学无关的道路。针对伽利略关于"自然这本书是用数学语言写成的"之名言，爱因斯坦的态度是有保留的：

> 如果我们无条件地接受它，我们就必须认为所有研究路线是纯粹数学的，这就会排除某些十分重要的可能性，尤其是某些显示出自己是极其富有成果的直觉形式。因此，按照伽利略的诠释，自然这本书对歌德来说就会难以辨认，因为他的心智完全是非数学的，事实上是反数学的。但是，他具有表达为情感的、特殊的直觉形式，从而使他与自然直接接触，其结果他获得了比许多精密研究者更清楚的远见。[11]

关于思辨性，爱因斯坦洞察到任何理论都是思辨性的，承认科学的思辨性质已经成为公共的财富。这是因为，我们用感性知觉只能间接地得到关于外在世界的客体的知识，可是物理科学则要建立这样一些实际发生的事件和现象的概念，以便在感性知觉之间确立起有规律的联系，这显然只有借助思辨的理论才能完成。不过，当一个理论的基本概念比较"接近于经验"时，它的思辨特征就不易识别出来。可是如果一种理论要从前提推出能同观察相对照的结论，需要繁难复杂的逻辑过程，那么任何人都会看出这种理论的思辨

---

[11] A. Moszkowski, *Einstein: The Searcher, His Work Explained from Diologues with Einstein*, Translated by H. L. Brose, Methuen & Co. Ltd., London, 1921, pp.179—180.

性。在这种场合下，那些对认识论分析没有经验的人，以及那些在他们所熟悉的领域里觉察不到理论思维的不可靠性的人，几乎不可避免地都会感到厌恶。爱因斯坦批评了马赫对理论的思辨性不能容许的偏颇态度，重申凡是能够思维的理论都具有思辨性。（E1, pp. 309, 439, 502）

由于科学理论具有的思辨性质，由于理论能够用实验证明，但却没有导致从实验达到理论的逻辑通道，因此爱因斯坦不得不号召科学家要"自由思辨"（E1, p. 505），要"大胆思辨而不是经验的堆积"（E3, p. 496）。他本人正是这样做的，他在 1944 年写给玻恩的信中说："在我们的科学期望中，我们已成为对立的两极。你相信掷骰子的上帝，我却信仰客观存在的世界中的完备定律和秩序，而我正试图用放荡不羁的思辨方式去把握这个世界。"（E1, p. 415）爱因斯坦在创建相对论时，不也是游刃有余地运用了理性论的思辨方法吗？不过，爱因斯坦在 1918 年也说过：思辨并不比经验更高超，从来没有一个真正有用的和深刻的理论是单靠纯思辨去发现的。他认为狭义相对论依据的是光速不变性、真空中的麦克斯韦方程和平移的相对性这些经验事实，广义相对论依据的是惯性质量同引力质量相等（请注意爱因斯坦对"经验事实"的独特理解）。黎曼的成就也不是纯思辨的结果，它以高斯的量杆概念为依据的（E3, pp. 438—439）。爱因斯坦的这些观点虽说是在从经验论向理性论的回摆时讲的，但他对脱离经验的纯思辨的局限性的认识无疑是正确的。

三、思维是什么呢?

笛卡尔的名言"我思故我在",一语道破了思维是人的存在的本质。思维的确提升了人,解放了人,使人获得动物所没有的自由。但是,准确地说,"思维"是什么呢?爱因斯坦提出了这个与理性论相关的深奥问题,并对它做出了精湛而独到的回答:

> 当接受感觉印象时出现记忆形象,这还不是"思维"。而且,当这样一些形象形成一个系列时,其中每一个形象引起另一个形象,这也还不是"思维"。可是,当某一形象在这样的系列中反复出现时,那么正是由于这种再现,它就成为这个系列的一个起支配作用的元素,因为它把那些本身没有联系的系列联结了起来。这种元素便成为一种工具,一种概念。我认为,从自由联想或者"做梦"到思维的过渡,是由"概念"在其中所起的或多或少的支配作用来表征的。概念绝不是一定要同通过感觉可以知觉的和可以再现的符号(词)联系起来的;但是如果有了这样的联系,那么思维因此就成为可以交流的了。($E1$, p.3)

在另一处,爱因斯坦把思维定义为:"运用概念,创造并使用概念之间的确定的函数关系,并且把感觉经验同这些概念对应起来。"他还表明:借助于思维,我们的全部感觉经验

就能够整理出秩序来，这是一个使我们叹服的事实，但却是一个我们永远无法理解的事实。（E1, p.343）

在这里，爱因斯坦不仅准确地为思维下了定义，而且也在私人思维和公共思维（社会化思维）之间做了区分。关于私人思维，他说："我们的思维不用符号（词）绝大部分也都能进行，而且在很大程度上是无意识地进行的。否则，为什么我们有时会完全自发地对某一经验感到'惊奇'呢？""我们每个人都不是曾经在已经明白了'事物'之间的关系之后还要为推敲词而煞费苦心吗？"（E1, pp.3—4, 396）作为公共思维或个人之间可交流的思维，则必须使用词（指示知觉的是词组而不是单词）和语言。爱因斯坦是这样看待思维和语言的关系的：如果一个人在构成或者在可能构成他的概念时可以不用周围的语言来指导，那么我们就可能倾向于认为思维的作用是同语言完全无关的。但是在这样的条件下生长起来的一个人的精神状态会是非常贫乏的。因此，我们可以下结论说，一个人的智力发展和他形成概念的方法在很大程度上是取决于语言的。这使我们体会到，语言的相同，多少就意味着精神状态的相同。在这个意义上，思维同语言是联结在一起的。不过，爱因斯坦在肯定语言是"真正的推理工具"时，也明确指出语言可能成为"错误和欺诈的危险源泉"，这一切取决于词和词组与印象世界对应的程度（E1, pp.395—396）。

在爱因斯坦看来，"我们的一切思维都是概念的一种自由游戏；至于这种游戏的合理性，那就要看我们借助于它来概括感觉经验所能达到的程度。'真理'这个概念还不能用于这样的结构；按照我的意见，只有在这种游戏的元素和规则已经取得了广泛的一致意见（约定）的时候，才谈得上这个'真理'概念。"（E1, p.3）在另一处，他把这种思想阐述得更为详细：

> 照我的见解，关于各个概念的形成和它们之间的联系方式，以及我们怎样把这些概念同感觉经验对应起来，这中间并没有什么东西是能够先验地说出的。在创造这种感觉经验的秩序时，指导我们的是：只有成功与否才是决定因素。所需要的只是定下一套规则，因为没有这样的规则，就不可能取得所希望有的知识。人们可以把这些规则同游戏的规则相比较，在游戏中，规则本身是随意的，但只有严格遵守它们，游戏才有可能。可是，这种规则永无终极。它只有用于某一特殊领域，才会有效（也就是不存在康德意义下的终极范畴）。（E1, p.343）

爱因斯坦虽然强调"一切思维只有通过它同感觉材料的关系才能得到实质的内容"，"这一命题是完全正确的"，但是为了维护思维的最大自由和能动性，他却认为"以这一命题作为基础的思维规定却是错误的"。其原因在于，"只要彻底贯彻这种主张，就会把任何思维都当作'形而上学的'而绝对地排斥掉。"因此：

> 为了使思维不致蜕变为"形而上学"或空谈，只要概念体系中有足够的命题同感觉经验有足够巩固的联系就

行了，同时从整理和通盘考察感觉经验的任务来看，概念体系应当表现得尽可能统一和经济。可是除此以外，这种"体系"（在逻辑上来看）就不过是一种按照（在逻辑上）任意规定的游戏规则来对符号进行的自由游戏。这一切都适用于日常生活中的思想，也同样适用于科学中比较有意识和有系统地构造出来的思想。（E1, pp.409—410）

这是因为，"整个科学不过是日常思维的一种提炼"（E1, p.341）。在爱因斯坦看来，科学思维和日常思维的区别不是在根本上，而仅仅在于形成概念的科学方法使得概念和结论有比较严格的定义；在于实验材料的选择比较谨慎和有系统；同时也在于逻辑上比较经济，即逻辑上独立的基本概念和公理尽可能地少。（E1, p.384）

爱因斯坦在回答法国数学家阿达玛(J. S. Hadamard, 1865—1963)关于数学领域的创造心理的征询时，饶有兴味地传达了他的思维机制和特征（E1, pp.416—417）。他说：

写下来的词句或说出来的语言在我的思维机制里似乎不起任何作用。那些似乎可用来作为思维元素的心理实体，是一些能够"随意地"使之再现并且结合起来的符号和多少有点清晰的印象。

当然，在那些元素和有关的逻辑概念之间有着某种联系。也很清楚，希望在最后得到逻辑上相联系的概念这一愿望，就是用上述元素进行这种相当模糊活动的情绪上的基础。但是从心理学的观点来看，在创造性思维同语词或其他可以与别人交往的符号的逻辑构造之间有任何联系之前，这种结合的活动似乎就是创造性思维的基本特征。

爱因斯坦进而表明，上述那些元素是视觉型的[12]，也有一些是肌肉型的。只在第二阶段，当上述联想活动充分建立起来并且能够随意再现的时候，才有必要费神地去寻求惯用的词或者其他符号。在语词出现的阶段中，这些语词纯粹是听觉的，它们只在第二阶段才参与进来。其实，早在给阿达玛写信数十年之前，爱因斯坦就表明，他关于相对论的思维不是以任何语词的阐明出现的："我十分罕有地用词思维。一种思想来到了，此后我才力图用词语表达它。"某些人相信他们总是用词思维，他对此一笑置之。[13]

从爱因斯坦的上述体验以及他关于思维的论述来看，作为擅长逻辑思维的科学家，他也十分重视想象或形象思维，即对他而言的视觉意象的心理意象方式的思维，这是他的创

[12] 听觉的、感觉的和视觉的模式的心理意象（mental imagery）在创造性思维中起中心作用。莫扎特的听觉意象容许他听到一首新交响乐的"整个集合"。彭加勒的感觉意象引导他一瞥即见地感觉到数学证明的全过程。爱因斯坦的创造性思维产生于视觉意象，而用词语表达则是第二阶段的困难任务。视觉意象对爱因斯坦构造狭义相对论起了十分重要的作用。参见 A. I. Miller, *Imagery in Scientific Thought*, Birkhäuser Boston Inc. , 1984, p.221.

[13] R. Jakobson, Einstein and The Science of Language, *Albert Einstein, Historical and Cultural Perspectives*, Edited by G. Holton and

造性思维的特征。这一特征充分体现在他对思想实验——一种在思维中进行的理想化的和抽象化的实验方法，科学家用它把大自然放在精神之眼下来检验——的偏爱和炉火纯青的运用上。爱因斯坦的科学思维是富于想象乃至幻想的，他认为没有想象就达不到实在。他说："人的形象思维对于非欧几里得几何决不注定是无能为力的。"（E1, p.148）他的一段著名的言论是：

> 想象力比知识更重要，因为知识是有限的，而想象力概括着世界上的一切，推动着进步，并且是知识进化的源泉。严格地说，想象力是科学研究中的实在因素。（E1, p.284）

在这方面，爱因斯坦不像斯宾诺莎那样轻视想象，而像休谟那样推崇想象：人的想象是世界上最为自由的东西[14]。

善于形象思维和富于想象力，使爱因斯坦的思维成为所谓的"雅努斯[15]思维"。该思维在科学创造中具有重大的作用，它能同时把两个或多个对立面或对照物统一在一起。爱因斯坦天才的思维在于，它不是单一的线性过程，而是长于把彼此相去甚远的元素关联起来，把截然不同的领域的概念

Y. Elkana, Princeton University Press, 1982, pp.139—150.

[14] D. 休谟：《人类理解研究》，关文运译，商务印书馆（北京），1957年第一版，第45页。

[15] 雅努斯（Janus）是罗马神话中的兽性精灵，司掌门。这个神有几张（二、四或六张）面对不同方向的脸。

结合起来，并以直觉或审美判断选择出最美妙、最有用的组合。这是一个错综复杂的网络过程，只有直觉才能引导思维迅速摆脱迷宫，跨越感觉资料和概念公理之间的鸿沟。因此，爱因斯坦宁可认为创造性科学思维的结果是"发明"，而不是有序地整理经验材料的"发现"（$E1$, p.438）。以往人们往往把想象和直觉视为纯粹的非理性的东西，这是不对的。实际上，想象和直觉这种非语言的意识是右脑的特殊的认知能力，它们直接指向理论逻辑前提的提出和鉴别。爱因斯坦的大脑，尤其是他的右脑，是大自然的神奇的杰作，是大自然给予人类的最伟大的赠品。

强烈的好奇心和惊奇感也是爱因斯坦创造性思维的一大特征，它们不断地把他吸引到新的思想天地。在少年时代，爱因斯坦就为罗盘和几何学小书惊奇不已。他在《自述》中反思儿时的经历时说：

> 这种"惊奇"似乎只是当经验同我们的充分固定的概念世界有冲突时才会发生。每当我们尖锐而强烈地经历到这种冲突时，它就会以一种决定性的方式反过来做用于我们的思维世界。这个思维世界的发展，在某种意义上说就是对"惊奇"的不断摆脱。（$E1$, p.4）

好奇心和惊奇感后来成为爱因斯坦创造性思维的源泉。例如，在创立广义相对论时，他就对引力场中一切物体都具有同一加速度（即惯性质量与引力质量相等）的存在"感到极为惊奇，并猜想其中必定有一把可以更加深入地了解惯性和引力的钥匙"。在由此认识到"它的全部重要性之后"，他就把"在狭义相对论的框子里处理引力问题的企图当作不合适的东西抛弃了"（$E1$, p.320）。

由此可见，惊奇是发现具有本质性问题的理智型的人的强烈情感和深沉体验，是顿悟到解决问题的微妙途径。惊奇的价值在于：它提供了摆脱传统的思维框架、旧有的逻辑结构和流行的语境文脉，跃入新的思维空间的契机；也就是说，他使思维者超越了日常经验的水平和科学推理的水平，达到创造性思维的境界。要知道，"本来理智活动的目标，就是要把'奇迹'转变为理智所掌握的东西。"（$E1$, p.402）难怪爱因斯坦说："谁要是不再有好奇心也不再有惊奇感，他就无异于行尸走肉，他的眼睛是迷糊不清的。"（$E3$, p.45）

第六章　纲领实在论思想

杂花纷呈醉流莺，
出水菡萏晚更明。
待到水天一色时，
秋实华章几多情？

—— 李醒民《菡萏》

爱因斯坦的实在论思想早在十二岁时就确立起来了，从此他一直相信存在着独立于人的、能为观察和思维部分把握的外在世界。后来在玻耳兹曼、普朗克等人的影响下，他在自己的早期科学工作中也体现了实在论的思想。以 1915 年与石里克的通信为契机，尤其是对物理科学的历史、现状和理论基础的哲学反思，他逐渐精制了他的物理实在观和实在论思想，终于形成了他的独树一帜的纲领实在论。由于爱因斯坦从未系统地对它们加以阐述，我们在此只能依据他的零散的言论加以重构。

一、物理实在观：双重实在

作为一位物理学家，爱因斯坦并未像有些画家、音乐家、诗人、思辨哲学家那样把颜色、音符、语词、理念当作实在（不过他认为可以分别以这些东西把握实在），他心目中的实在是所谓的物理实在。他这样说过：

> 物理学是从概念上把握实在的一种尝试，尽管实在被认为是独立于它正在被观察的[①]。人们就是在这种意义上来谈论"物理实在"的。（*E*1, p.36）

经过较为详尽的考察，我们发现爱因斯坦的物理实在观实际上包含着双重实在：本体实在和理论实在。本体实在常被爱因斯坦称为外部世界、物理世界、实在世界、客观实在和存在的实在等，它在其外在性而非不可知的意义上相当于康德意义上的"物自体"。理论实在是在物理学理论中概念化的实在，物理学家正是用它来建构简化的和易于领悟的世界图像的，从而思辨地、直觉地把握本体实在的。爱因斯坦不承认经验实在或常识实在，他明显不满意朴素实在论的观点。下面我们将分而述之。

1. 关于外部世界的存在或实在性问题，观念论者认为外

---

① （*E*1, p.36）中的译文有误，现依据下述文献重译。*Albert Einstein: Philosopher-Scientist*, Edited by P. A. Schilpp, Tudor Publishing Company, New York, 1949, p.81.

部世界只不过是人的精神的显现；逻辑实证论者则说这个问题无意义，并拒绝回答[②]；实在论者的答案是：是的，外部世界存在着。我们在讨论爱因斯坦的科学信念时已涉及他的实在论的回答，他的下述言论也显示了他关于外部世界的实在性和合理性的思想：

> 我相信在宇宙的有秩序的和谐中显露他自己的上帝。我相信理智在整个自然中处处展示出来。科学工作的基础是下述信念：世界是一个有秩序的和可以理解的实体，而不是偶然性的事物。[③]

爱因斯坦明白，"我们不能从逻辑上来证明外在世界的存在"（E1, p.305），但它却是我们不可缺少的科学信念和科学预设，否则科学家便没有科学探索的深厚根基和深沉动机。另一方面，爱因斯坦并未停留在信念或信仰的水平来看待外在世界，他也从经验和理性的水平对此加以阐释：感官知觉间接地提供了关于外在世界或"物理实在"的信息，我们可以用思辨的方法把握它（E1, p.292）。他汲取了皮

[②] 例如石里克就认为该问题是一个"无意义的假问题"，只是"表达说话人的一种感情和一种心理状态而已"。参见《现代西方哲学论著选辑》（上册），洪谦主编，商务印书馆（北京），1993年第一版，第421页，436。

[③] G. Hodson, *The Kingdom of the Gods*, Adyar: Theosophical Publishing House, 1970, p.17. 引文中的上帝是斯宾诺莎的上帝，即自然或实体。

亚杰（J. Piaget, 1896—1980）的一些思想，用以说明这个问题。他说：在建立"实在的外在世界"时，第一步是形成有形物体的概念和各种不同的有形物体的概念。在我们的许多感觉经验当中，我们在头脑里任意取出某些反复出现的感觉印象的复合（部分地同那些被解释为标记别人的感觉经验的感觉印象结合在一起），并给它们一个概念——有形物体的概念。从逻辑上来看，这个概念并不等同于上述那些感觉印象的总和；它却是人类（或者动物）头脑的一种自由创造。但是另一方面，这个概念的意义和根据都唯一地归源于那个使我们联想起它的感觉印象的总和。第二步见至于这样的事实：在我们的思维（它决定我们的期望）中，我们给有形物体这个概念以一种独立的意义，它高度独立于那个原来产生这个概念的感觉印象。这就是我们把"实在的存在"加给有形物体时所指的意思。这样处置的理由在于，借助这些概念以及它们之间的心理上的关系，我们就能够在感觉印象的迷宫里找到方向。这些观念和关系，虽然都是头脑里的自由创造，但是比起单个的感觉经验本身来，我们觉得它们更强有力，更不可改变，而单个感觉经验所不同于幻想或者错觉结果的那种特征，是永远完全无法保证的。另一方面，这些概念和关系，实际上关于实在物体的假设，一般说来关于"实在世界"的存在这个假设，确实只有在同感觉印象相联系（在这些感觉印象之间形成了一种心理上的联系）时，才站得住脚（$E1$, pp.342—343）。爱因斯坦进而就外在实在重申：

　　"实在"绝不是直接给予我们的，给予我们的只不过是我们的知觉材料；而其中只有那些容许用无歧义的语言来表述的材料才构成科学的原料。从知觉材料到达"实在"，到达理智，只有一条途径，那就是有意识的或无意识的理智构造的途径，它完全是自由地和任意地进行的。日常思维中属于"实在"领域的最基本的概念，是持续存在着的客体这个概念，……这样的概念像其他一切概念一样，都是思辨构造类型的概念。否则，人们就不可能正确对待那些在物理学上要求描述实在的概念，而且有被如下幻觉引入歧途的危险，那就是以为我们日常经验的"实在"是"真正存在的"，而物理学的某些概念只是"单纯的观念"，它们同"实在"之间被一条不可逾越的鸿沟隔开。但是事实上，断定"实在"是独立于我们的感觉而存在的，这是理智构造的结果。我们恰巧相信这种构造，要超过用我们的感觉所做的那些解释。（E1, pp.512—513）

　　按照爱因斯坦的意思，事情就是这样明明白白而又显得不可思议：外部世界不是直接给予我们的，而是由感觉经验间接提供给我们关于它的信息，但是我们却断言它独立于我们的感觉经验而存在着，这只能来自以直觉为基础的理智构造，这种理智构造或科学理论比感觉经验能更深刻地把握外在实在。

　　爱因斯坦关于外部世界独立存在的断言无疑具有形而上学的性质，但是他到此为止，竭力不使他的物理实在观进一步形而上学化，而是使它走向科学化和理论化，即走向研究纲领。早在 1918 年，他在批评斯图迪的激进的科学实在论时就明确指出：

> "物理世界是实在的。"这被设定是基本的假设。在这里"假设"意味着什么？就我而言，假设是一种陈述，它的真暂且必须被假定，但是它的意义必须提升到超出所有的模棱两可。然而，在我看来，上面的说法本身好像是没有意义的，仿佛人们说："物理世界是公鸡喔喔叫。"对我来说情况似乎是，"实在的东西"本质上是空洞的、无意义的范畴（鸽子窝）。它的范畴的重要性仅仅在于下述事实：我能用它做某些事情，而不能用它做某些其他事情。……我承认，自然科学涉及"实在的东西"，但是我还不是一个实在论者。④

霍华德认为，爱因斯坦说他自己不是实在论者出自他的约定论的和整体论的不充分决定论：如果两个独立地追求物理学的人能够提出具有截然不同的深度的本体论的理论，这些理论甚至是相互矛盾的但却在经验上等价，那么科学理论的实在论诠释在该词在二十世纪末叶哲学文献流行的意义上就无法受到辩护。我认为，霍华德的解释是可取的，但更重要的缘由也许在于，他不愿做过分形而上学化的、本质主义的、

---

④ D. Howard, Was Einstein Really a Realist? *Perspectives on Science*, 1（1993），pp. 204—251.

激进的实在论者（去探究实在的本性和外在性的意义），他要使他的物理实在观与他的经验论、理性论、约定论和整体论的思想相互协调、彼此限定。

爱因斯坦的这一思想也出现在他和英费尔德合写的书中：物理学的概念是人类智力的自由创造，它不是（虽然表面上看来好像是）单独地由外在世界所决定的。我们企图理解实在，多少有些像一个人想知道一个合上了表壳的表的内部机构。他看到表面和正在走动着的针，甚至可以听到滴答声，但是他无法打开表壳。如果他是机智的，他可以画出一些能解答他所观察到的一切事物的机构图来，但是他却永远不能完全肯定他的图就是唯一可以解释他所观察到的一切事物的图形。他永远不能把这幅图跟实在的机构加以比较，而且他甚至不能想象这种比较的可能性或有何意义⑤。爱因斯坦明白，希望理解存在和实在，是驱动研究者的强大推动力。但是，人们却害怕用这样的字眼，因为当人们必须解释"实在"和"理解"的真正意义是什么时，就会立即陷入困境（E1, p.298）。正是在这种语境中，他在 1949 年赞同地评论康德关于"实在不是给予我们的，而是（作为一个谜）提示给我们的"言论时说：

　　这显然意味着：有这样一种人与人之间相互理解的概念结构，其根据纯粹在于它的有效。这种概念结构确切谈

---

⑤ A. 爱因斯坦、L. 英费尔德：《物理学的进化》，周肇威译，上海科学技术出版社（上海），1962 年第一版，第 23 页。

到了"实在"（通过定义），而关于"实在的本性"的每一个进一步的提问都显得空无内容。（*E*1, p.476）

爱因斯坦关于独立于人的外部世界和不依赖于认识和知觉的物理实在的科学信念和科学预设，绝不是多余的形而上学累赘，对他来说这是科学研究的基础和追求目的，是研究者取之不竭的强大的动力源泉。他说："在研究者的不倦的努力后面，潜存在着一种强烈得多的，而且也是一种比较神秘的推动力：这就是人们希望去理解的存在和实在。"（*E*1, p.298）相信"理论构造能够把握实在"的信念，"永远是一切科学创造的根本动力"（*E*1, p.379）。在这方面，爱因斯坦于1926年在纪念马赫逝世七周年的集会上还讲过这样一段寓意隽永的话：

可以说，是实在的世界这一假设把"世界"从思维和经验主体中解放出来。极端的实证论者认为他们可以不用它来进行思维；在我看来这是一个幻想，只要他们不想放弃思维本身。⑥

2. 对于经验实在，他在马赫的影响下曾一度把感觉等同于实在，后来逐渐转变了立场。他在1917年致石里克的信中这样议论实在问题：马赫认为只有经验是实在的；而石

⑥ G. 霍耳顿：《科学思想史论》，许良英编，河北教育出版社（石家庄），1990年第一版，第68页。

里克断言经验和（物理自然的）事件是实在的；他自己的看法是，"实在的"一词是在不同的意义上使用的，或与经验有关，或与事件有关，也就是说，它是针对物理意义上的事态而言的。他进而论述说，如果两个人相互独立地研究物理学，他们将创造出在经验方面（马赫意义上的"要素"）一致的体系。两个人为把这些要素关联起来而设计的智力建筑物能够大相径庭。就事件而言，这两个建筑物不需要一致；因为这些建筑物确实属于概念结构。可以肯定，"在经验上不可避免地给出的"存在的意义上，只有"要素"而不是"事件"才是实在的。但是，如果我们把时空图式中排列的东西称之为"实在的"，那么毫无疑问，"事件"尤其是"实在的"。不用说，我们现在在物理学中称之为"实在的"东西，而不是"直接给予的"东西。直接给予的东西可以是假象，而在空时排列的东西可以是无结果的概念，这种概念无助于阐明直接给予的东西之间的联系[7]。在这里，爱因斯坦明确否认马赫的经验实在，他的事件实在似乎也是具有科学概念性质的理智构造（属于理论实在而非本体实在），而不是怀特海过程哲学的过程实在和事件实在[8]。

　　爱因斯坦 1921 年在普林斯顿讲过这样的话："借助于

---

[7] D. Howard, Realism and Conventionalism in Einstein's Philosophy of Science: The Einstein-Schlick Correspondence, *Philosophia Naturalis*, 21 （1984）, pp. 616—629.

[8] 怀特海说："自然是一个演化过程的结构。实在就是这个过程。……换句话说就是自然界中的事件。"参见 A. N. 怀特海：《科学与近代世界》，何钦译，商务印书馆（北京），1959 年第一版，第 70 页。

语言，各人能在一定程度上比较彼此的经验。由此得知，各人的某些感官知觉是彼此相互对应的，而对于另一些感官知觉却不能建立起这种对应。那些对于各个人都是共同的感官知觉因而也是非个人所特有的感官知觉，我们在习惯上把它当作是实在的。自然科学，特别是其中最基本的物理学，所研究的就是这种感官知觉。物理物体的概念，特别是刚体的概念，就是这类感官知觉的一种比较固定的复合。"（$E1$, pp.156—157）在这里，我们看到爱因斯坦还没有完全摆脱马赫感觉论思想（甚至使用了马赫的用语），但是他把感官知觉（经验）当作实在的似乎只是引用习惯说法而已。果然，他后来明确指出，把日常经验的"实在"看作"真正存在的"是"幻想"和"歧途"，而且像"物体"和"刚体"这样的概念都是思辨的构造，属于理论实在范畴。（$E1$, pp.512—513）其实早在普林斯顿讲演五年之后，他已彻底挣脱了马赫的羁绊：

> 哲学家和科学家经常批评马赫，而且也经常是恰当的，因为他把概念对"感觉"的逻辑上的独立性给勾销了，因为他想把存在的实在（没有对它的思辨就没有物理学）融化在经验的实在中去。[9]

他在1948年进而批评马赫不仅把"感觉"当作有待理解的

---

[9] G. 霍耳顿：《科学思想史论》，许良英编，河北教育出版社（石家庄），1990年第一版，第77页。

材料，而且在一定程度上把它看成是建造实在世界的材料，从而否定原子论乃至物理实在这个概念（*E*3, p.475）。

1945 年，爱因斯坦在批评"只有我们观察到的东西才是存在的"这一错误看法时，从经验和实在两个视角揭示出经验实在的虚幻性：

> 我相信，我们需要有一个概念世界来把我们的感觉变成可以为思想所利用的东西。认为我们知觉到这个实在，那是幻想。当我们说我们知觉到这个世界，我们就已经把我们的感觉转化成概念的东西了。我们的感觉所给予我们的东西，只有通过一种概念的构造，才能变成一种世界观。因此不能断言可观察的世界后面不存在一个〔客观的实在〕世界，因为这种可观察的世界本身并不存在——也就是说，世界并不是由我们的感觉给予我们的。（*E*3, p.384）

正是出于否定经验实在的立场，爱因斯坦才始终不渝地批评实证论的量子物理学家认为"实在的"仅仅是单个的观察结果，仅仅是"我"的经验（*E*1, pp.591—592）。不过，爱因斯坦在否认经验实在的同时，并未否认正是经验向我们间接地提供了外在世界的信息。

经验实在观不仅是纯粹实证论的，而且也是朴素实在论的。爱因斯坦虽然承认朴素实在论不仅"支配着人和动物的日常生活"，而且"它也是一切科学，尤其是自然科学的出发点"。但是他同时指出，这种比较平民化的朴素实在论——它的对立面是比较贵族化的极端理性论——认为，"事物'都是'像它们通过我们的感官而被我们察觉到的"，这也只不过是"哲学的童年时代"的"幻想"，必须加以"克服"。而引进不变的质点，意味着向高度精练的实在论进了一步（E1, pp. 406, 519）。显而易见，爱因斯坦是不满意甚至反对朴素实在论的，尽管他充分肯定了它的功用。

3. 理论实在是物理学理论中使用的基本概念或物理量所指称的东西，它是理论的本体论，是对应于客观实在的。这些为数不多的基本概念以及概述它们之间的基本关系的基本公理并不是客观实在直接呈现出来的，而是人们精神的自由发明，是直觉式的领悟，它们构成了描述客观实在的图像的基本框架，从而把科学理论和客观实在联系起来。爱因斯坦在谈及本体实在和理论实在的区别和关系时说：

> 对于一种物理学理论的任何严肃的考察，都必须考虑到那个独立于任何理论之外的客观实在同理论所使用的物理概念之间的区别。这些概念是用来对应客观实在的，我们利用它们来为自己描绘出实在的图像。（E1, p. 328）

与此同时，爱因斯坦还给出了理论中的物理实在即理论实在的判据："在一种完备的理论中，对于每一个实在的元素都该有一个对应的元素。使一个物理量成为实在的，它的充足条件是：要使体系不受干扰，就有可能对它做出确定的预测。"（E1, p. 328）这些言论出现在著名的 EPR 论文上，爱因斯坦不满意这篇由波多耳斯基执笔的论文，认为"主要观点被学究埋葬了"[10]。此后，他以精心阐述的可分离性原理和定域性原理，作为物理实在的判据。

理论实在作为人的精神的创造物，是以文字或数学符号的形式在理论中出现的。"对于这个领域的研究者来说，他的想象力的产物似乎是如此必然和自然的，以致他会认为，而且希望别人也会认为，它们不是思维的创造，而是既定的实在。"（$E1$, p.312）针对这种把理论实在等同于本体实在的倾向，爱因斯坦告诫说："哲学上和逻辑上的大多数错误是由于人类理智倾向于把符号当作某种实在的东西而发生的。"（$E1$, p.286）与此同时，他也反对用一条不可逾越的鸿沟把理论实在与本体实在绝对隔开的观点，而认为愈远离感觉经验的（即逻辑前提愈简单的）基本概念比接近感觉经验的概念愈能更深刻地揭示本体实在（$E1$, p.345）。他说："总原则要比单个物体更能反映实在。"（RS, p.74）他在1942年致兰佐斯的信中风趣地写道：

> 在我所认识的人中，只有你对物理学的看法与我相同，我们都认为应该通过一些本质上是简单的统一的东西来认识实在。谁也无法偷看上帝手里握着什么牌。但是，如果有人说上帝也掷骰子并用什么"传心术"（这是现代量子理论要上帝干的），那我是绝对不会相信的。（RS, p.60）

---

[10] D. Howard, Einstein on Locality and Separability, *Stud. Hist. Phil. Sci.*, 16 （1985）, pp.171—201.

在爱因斯坦看来，我们要选择那些元素构成理论实在，那是自由的。我们的选择是否妥当，完全取决于结果是否成功。（$E1$, p.513）他以欧几里得几何学为例加以考察：欧氏几何仅仅同空洞的概念（点、线、面）打交道，但是人们若以刚性杆代替直线，则几何学就变成一种物理理论，于是其中的定理（如毕达哥拉斯定理）就同实在发生了关系。再如，牛顿把空间和时间视为独立而实在的存在；笛卡儿则把空间视为物质的广延，而非独立的实在；莱布尼兹则明确反对牛顿的绝对时空概念，并使之彻底相对化；在狭义相对论中，实在不过是四维空时中的全部点的重合，是世界线的交点即事件；而广义相对论则取消了空时坐标的一切独立的实在性。这是理论实在术语相同而含义变得大相径庭的例子。此外，牛顿选取质点作为理论实在，法拉第和麦克斯韦选取场作为理论实在，术语和意义全变化了。不过，爱因斯坦对物理学中的这种二元理论实在深表不满："在理论物理学的一个特殊部门里，连续的场同质点一起看来好像都是物理实在的代表。这种二元论至今仍然存在，它必然会使每一个思想有条不紊的人感到不安。"（$E1$, p.294）他孜孜以求的统一场论，其目的正是为了消除理论实在的二元论。

按照爱因斯坦的观点，理论实在——我们关于客观实在的结构的概念或物理学的公理基础——并不像康德的范畴那样是一劳永逸的，而是伴随物理学的进化而改变的，其原因在于我们从感觉经验只能间接地得到关于外在世界的客体的知识，我们不得不借助思辨的方法和理论来把握本体实在。因此，爱因斯坦得出结论说：

> 我们关于物理实在的观念绝不会是最终的。为了以逻辑
> 上最完善的方式来正确地处理所知觉到的事实，我们必
> 须经常准备改变这些观念——也就是说，准备改变物理
> 学的公理基础。（E1, p.292）

爱因斯坦概述了我们关于物理实在的观念即理论实在所经历的变化：从前科学时代的物体，到牛顿和笛卡儿的空间、时间、原子（后者被赋予惯性和相互作用力），再到法拉第和麦克斯韦的电磁场（它与物质粒子一起成为独立的基本概念），直至相对论把空间和时间的属性也归结为连续的场，而由未来的理论实在形成的统一理论将会使场论和量子力学得到逻辑上令人满意的综合。爱因斯坦的结论是：物理学的进展创造了新的理论实在，现代物理学创造的理论实在同以前的相去甚远，但每一种物理学理论的目的依然是相同的，这就是渴望理解和把握客观实在（E1, pp.309—311, 377—379）。与科学宏伟的目标相比，爱因斯坦并未陶醉在科学的伟大进军中，他的头脑是相当冷静的："我在长期生活中学得的一件事是：我们的整个科学针对实在来估量是原始的和幼稚的——可是它却是我们所拥有的最精确的东西。"[11]

---

[11]　B. Hoffmann, *Albert Einstein: Creator and Rebel*, The Viking Press, New York, 1972, p.vii.

二、物理学中的实在是一种纲领

爱因斯坦把物理实在（本体实在和理论实在）视为一种纲领，他把实在论科学化为一种建构实在论的物理学理论的研究纲领。因此，也许可以把爱因斯坦的实在论命名为纲领实在论。

爱因斯坦在 1948 年致霍朗德（D. Holland）的信中说："实在世界存在的关联在物理学中总是根本的。没有它便不会有物理学和心理学的边界。那些定律起着支配物理实在的作用，现代发展在这方面没有改变。"⑫ 次年，他对这个话题做了进一步的考察和发挥。他在谈到必须在感官印象和纯粹观念，在感官印象的"主观的"因素和"客观的"因素之间做出区分时说，这种区分是科学思维和前科学思维的必要前提，是为了更好地把握直接感觉的世界。这种区分既没有概念上的定义，也没有逻辑—哲学上的根据，只有冒犯形而上学的"原罪"做出区分，才能使我们避免唯我论。这种区分是一种范畴或思维图式，其选择是不受约束的，其是否合格可由它的意识内容的效用和"易领悟"的程度来判断。上面所说的"客观因素"是不依赖于经验，即不依赖于知觉的。只要我们是在这样纲领式地确定下来的思维领域里活动，我们就是在进行物理的思维。如果物理思维能用它在思想上掌握经验的能力来证明自己正确，那么我们就认为它是

---

⑫ Y. Ben-Menahem, Struggling with Causality: Einstein's Case, *Science in Context*, 6（1993）, pp. 291—301.

"关于实在的知识"。爱因斯坦由此得出结论："物理学中的'实在'应当被认为是一种纲领"，这种纲领在宏观和微观领域都是行得通的（*E*1, pp. 469—470）。

爱因斯坦不止一次地重申他的纲领式的看法：像物理体系的"实在状态"这样的事是存在的，它不依赖于观察或量度而客观地存在着，并且原则上是可以用物理的表述方法来描述的。（然而究竟应当采用什么合适的表述方法和基本概念呢，质点？场？还是首先一定要找出规定方法？在我看来，现在还不知道。）这一关于实在的命题，由于它带有"形而上学"的性质，所以不具有自明的命题所具有的那种意义；实在说来，它只有纲领式的性质（*E*1, p. 537）。爱因斯坦在另一处概要地阐述了他的纲领的内涵：

> 对于概念和概念体系的正确性，只能从这种验证的观点才能做出判断。对于"物理实在"以及"外在世界的实在性""一个体系的实在状态"这些概念也是这样。没有先验的理由可以假定这些概念是思维上必要的，或者要禁止使用这些概念；起决定作用的是验证。在这些语词符号的后面有着这样的一个纲领，这是一个在量子理论出现以前一直在物理思维的发展中无条件地起着决定作用的纲领：一切都必须追溯到从空间—时间范围内来设想的客体，追溯到应当适合于这些客体的规律性关系。在这种描述中，在经验的知识上有关这些客体的东西是不出现的。在每一确定时刻给月亮定出一定的空间位置（相对于所用的坐标系）这件事，同是否观察这些

位置并无关系。当人们说到一个"实在的外在世界"的物理描述时，所指的就是这样的描述方式，不管这种描述所根据的基本东西（质点、场，如此等等）是怎样选择的（E1, pp.592—593）。

爱因斯坦在这里概括了他的纲领的实质性内涵，即实在的可分离性和定域性，他认为物理学家从来没有怀疑这个纲领的正确性。1955 年 1 月 8 日，他在致拉泽尔纳（M. Laserna）的信中也许是最后一次强调他的纲领："人们假定实在世界独立于任何感知行为而存在，这对物理学来说是基本的。但是，我们不知道这一点。我们只是把它看作我们科学努力的纲领。当然，这个纲领是前科学的，我们的日常语言已经建立在它的基础上。"[13]

法因在刚刚引用的论文中最先注意到爱因斯坦纲领式的实在论的特征，并详细地分析了他建构实在论的物理学理论的研究纲领的内涵。法因认为，使与"实在"有关的概念理论化并拒绝进一步询问概念的意义（使询问转向整个理论的经验合适性），构成了爱因斯坦实在论的基础。在爱因斯坦看来，"实在的"对象是用实在论的理论的基本概念描述的对象，"实在的外部世界"本身是概念模型所描述的结构，实在论的理论的成功还是失败决定着实在论的研究纲领是进

---

[13] A. Fine, Einstein's Realism, *Science and Reality*, Edited by T. T. Cushing, University of Notre Dame Press, 1984, pp.106—133.

步的还是退化的^⑭，而物理学的进化史则是实在论纲领的凯旋。法因把爱因斯坦的实在论纲领描绘成一个圆形图像：在圆心是相联系的独立于观察者和因果性的主要要求。重要的但并非必不可少的要求是空时描述（它包括可分离）和一元论的次要要求。这整个要求圆不是直接构造起来作为一组关于自然的信念，而宁可是使理论化，即是强加在理论上的一组信念。实在论的本身被理解的为构造如此设想的实在论的理论的纲领。法因的论述富有启发性。但是，他依据爱因斯坦的实在论具有深刻的经验内核，而断言它更接近范弗拉森的建构经验论而非科学实在论^⑮；并依据爱因斯坦迅速远离了他的实在论评论的认知力量，却接受了它的动机力量，而把它命名为动机实在论——这一切在我看来都有以偏概全之嫌。何况，爱因斯坦的实在论纲领并非一点也没有形而上学成分、一点也没有涉及自然界，尽管它主要是针对科学理论所做的预设和所持的信念的集合。

霍华德在文献⑩和④中提出，爱因斯坦在 1935 年的

---

⑭ 法因在这里忽略了爱因斯坦的逻辑简单性标准。不过，他在这里借用拉卡托斯的科学哲学分析问题应该引起注意。参见 I. 拉卡托斯：《科学研究纲领方法论》，兰征译，上海译文出版社（上海），1986年第一版，第 11—128 页。

⑮ 范弗拉森为建构经验所下的定义是："科学旨在给我们以经验上合适的理论；而接受一个理论所包含的是仅仅相信它在经验上是合适的。"他把科学实在论定义为："科学以其理论给我们一种本义上为真的关于世界是什么样子的描述；接受一个科学理论包含着相信它为真。"参见 B. C. Van Fraassen, *The Scientific Image*, Clarendon Press, Oxford, 1980, pp. 1, 12.

EPR 论文之后重新阐释了量子力学的不备性。它来自可分离性原理（也称间隔性原理或个体客观化原理）和定域性原理，前者断言任何两个在空间上分离的系统都具有它自己的分离状态，或空间上分离的系统总是具有独立的实在状态，或非零的空时分离是物理系统的个体性的充分条件；后者断言所有物理效应都以有限的亚光速传播，以致在以类空间隔分离的系统之间效应不能够传达，或独立系统的独立实在状态只能被低于光速传播的效应改变。这两个原理之间没有必然的关联，但前者实际上作为物理系统的个体性原理在更基本的层次上起作用，我们依靠它决定在给定的情况下是一个系统还是两个系统。爱因斯坦认为，这两个原理是实在论的物理学理论的本质性的基础和特征性的标志。因此，爱因斯坦的实在论并未对科学理论的诠释的哲学学说做出承诺，而是对十分特殊的一组物理学原理（最首要的是空时可分离性原理）做出承诺，即是说他的实在概念绝不是哲学偏见。霍华德的结论是：爱因斯坦的实在论不是当今科学哲学文献意义上的科学实在论；问爱因斯坦真的是实在论者吗，这种提问本身并不高明；对爱因斯坦来说，迪昂式的不充分决定论的整体论和约定论，不论比实证论还是实在论都更为重要。

尽管我不会完全赞同霍华德的结论，但他的细致分析和缜密论证却启示我们：可分离性原理和定域性原理不正是爱因斯坦的纲领实在论的基本内涵吗？事实确实如此。早在 1905 年，爱因斯坦在他的光量子论文中就涉及量子论不满足可分离性。到 1909 年，他终于理解，辐射的量子在下述方面不同于物质粒子：两个占据相空间特定相格的、在空间上被分离的光量子的合概率无法进行因子分解。在 1924 年，爱因斯坦已辨认出，量子力学不满足可分离性原理，它与满足该原理的相对论之间已无协调的可能性。在 1935 年 EPR 论文发表后，他在写给薛定谔的信中说："犹太教法典学者"玻尔"没有轻蔑'实在'，而认为实在是天真的怪物"；"如果人们不利用一个补充原理——'分离原理'的话，人们就无法查明犹太教法典学者。"⑯ 自 1935 年之后，爱因斯坦在通信和出版物中，不断申述他偏爱的、更为雅致的不完备性版本，并做了本质上的精练，把早先的可分离原理分解为前述的两个逻辑上独立的原理。下面是爱因斯坦的几次比较典型、比较明确的论述。

1936 年在《物理学与实在》中，他考察了由两个局部体系 A 和 B 所组成的力学体系，这两个体系只在有限的时间里发生相互作用。既然 B 在相互作用后只能有一个物理状态，要认为这个物理状态竟取决于我们对那个同 B 分隔开的体系 A 所进行的量度，那是不合理的。（$E1$, p.367）在 1946 年或 1947 年撰写的《自述》中，他认为我们应当无条件地坚持这样一个假定：体系 S_2 的实在状况（状态），同我们对那个在空间上同它分开的体系 S_1 所采取的措施无关。他明确表示根本不能接受下述两个主张：S_1 的量度会（用传心术的办法）改变 S_2 的实在状况；否认空间上互相分开的事物能有独立的实在状况（$E1$, p.38）。在 1948 年对玻恩著

---

⑯ D. Howard, Einstein on Locality and Separability, *Stud. Hist. Phil. Sci.*, 16 （1985）, pp.171—201.

作的评注中，他把这些思想讲得再清楚不过了：

我正想解释，当我说我们应当尽力掌握物理实在时，我所指的是什么意思。关于物理学的公理究竟是什么，我们大家都有一些想法。量子或者粒子当然不在此列；场，按照法拉第和麦克斯韦的见解，也许可能是，但不一定。但是，不论我们把什么样的看成是存在（"实际的"），它总是以某种方式限定在时间和空间之中。也就是说，空间 A 部分中的实在（在理论上）总是独立"存在"着，而同空间 B 中被看成是实在的东西无关。当一个物理体系扩展在空间 A 和 B 两个部分时，那么在 B 中所存在的总该是同 A 中所存在的无关地独立存在着。于是在 B 中实际存在的，应当同空间 A 部分中所进行的无论哪一种量度都无关；它同空间 A 中究竟是否进行了任何量度也不相干。如果人们坚持这个纲领，那么就难以认为量子理论的描述是关于物理上实在的东西的一种完备的表示。如果人们不顾这一点，还要那样认为，那么就不得不假定，作为在 A 中一次度量的结果，B 中物理上实的东西要经受一次突然的变化。我的物理学本能对这种观点愤愤不平。可是，如果人们抛弃了这样的假定：凡是在空间不同部分所存在的都有它自己的、独立的、实在的存在，那么我简直就看不出想要物理学进行描述的究竟是什么。因为被认为是"体系"的东西，归根结底不过是一种约定，而且我也看不出怎么能够以这样的方式来客观地划分世界，使我们能

够对世界的各部分进行陈述。（*E*1, p. 443）

在这段引文中值得注意的是，爱因斯坦集中阐明了可分离性原理并附带地提及定域性原理，并把它们视为物理学描述的纲领；他极力强调实在的东西具有真正的独立性，其中包括变化的自主性；他所谓的外部世界的外在性不是启发性的隐喻，也不纯粹是形而上学的假定，而是由两个原理体现的空间上分离事物的相互独立存在，是客观地划分世界的方式。在 1948 年的《量子力学和实在》中，他对两个原理的含义和功能做了进一步的论述：

如果有人问，与量子论无关的物理观念的领域的特征是什么？那么，他首先感受到的是：物理概念涉及一个实在的外在世界，也就是说，涉及对自称独立于感知主体的"实在的存在"的事物（物体、场等）所建立的观念，另一方面这些观念又尽可能地同感觉材料牢固地联系着。这些物理事物的又一特征是：它们被认为是分布在空间—时间连续区中的。物理学中事物的这种分布的一个本质方面是：它们要求在某一时间各自独立存在着，只要这些客体"是处于空间的不同部分之中"。要是不做这样的假定，即不承认空间中彼此远离的客体存在（"自在"）的独立性——这种假定首先来源于日常思维——那么惯常意义上的物理思维也就不可能了。要是不做出这种清楚的分离，也就很难看出有什么办法可以建立和检验物理定律。这个原则在场论中推到极端，那是由于把那些作为场论基础的并且各自独立存在的基元客体，以及作为场论所假设的那些基本定律，都定域在无限小的（四维）空间元里面。

下述观念表征着在空间中远离的两个客体（A和B）的相对独立性：作用于A的外界影响对B并没有直接影响。这就是人所共知的"定域作用原理"，这原理只有在场论才得到贯彻使用。要是把这条公理完全取消，那么（准）封闭体系的存在这一观念，从而那些在公认意义上可用经验来检验的定律的设立，就会成为不可能的了。[17]

在这里，爱因斯坦强调两个原理，尤其是可分离性原理，是进行物理学思维、建立和检验物理学定律的必要条件，因为没有可分离性，就不会有理论的本体论即理论实在。他竭力避免使实在论要求形而上学化，而极力使之科学化、理论化，使之成为建构实在论的物理学理论的纲领——这正是爱因斯坦的纲领实在论的精神实质之所在。

三、纲领实在论余墨

爱因斯坦纲领实在论的主要原理——可分离性原理——

---

[17] 这段引文依据文献 ④ 的英文引文对（*E1*, pp. 448—449）中的中译文做了某些校订。

并不是来自世纪之交的哲学文献和科学教科书，而是来自爱因斯坦的科学和科学哲学思考，是他的理智发明和思想创造。不用说，它也有某种思想渊源，霍华德在新近寄给我的论文[18]中对此做了缜密的考证和研究。他指出，不可分离性思想的萌芽可以追溯到牛顿、牛顿的同代人洛克（他把牛顿绝对空间的特征概括为个体化原理）。空间和时间作为个体化原理的争端也是莱布尼兹和牛顿主义者关注的中心议题。在中世纪和古代，也存在着对个体性问题的探讨和争论，特别是在托马斯·阿奎那（Thomas Aquinas, 1224/1225—1274）的著作里。最早的源头也许可以追寻到德谟克利特，他的虚空概念使原子相互之间保持分离。不过，爱因斯坦的思想启迪也许主要来自叔本华。

叔本华是爱因斯坦最喜爱的思想家之一，爱因斯坦早在大学时代就读过叔本华的著作。1920 年代，在柏林的爱因斯坦书房的墙上，挂着三位伟人的画像：法拉第、麦克斯韦、叔本华。在卡普特别墅，他常常翻阅显得破旧的叔本华的著作，显得十分惬意。在他的私人藏书室，摆放着 1894—1896年出版的《叔本华全集》十二卷。而且在那时，马赫、石里克、薛定谔、外尔（H. Weyl, 1885—1955）、泡利和卡西勒都涉及叔本华，尤其是卡西勒和石里克还议论过叔本华的个体化原理，这些人都与爱因斯坦有直接的思想联系和私人

---

[18] D. Howard, A Peek Behind the Veil of Maya: *Einstein, Schopenha -ur, and the Historical Backgro und of the Conception of Space as a Ground for the Individuation of Physical Systems*, 1996, pp. 1—75.（此文是作者寄赠给我的复印件，文献出处系手写，难以辨认。）

交往。更何况叔本华的学说还被引入二十世纪关于空时问题的讨论之中。因此，爱因斯坦肯定了解或熟悉叔本华的下述观念：

> 正是仅仅借助于时间和空间，是同一的某些事物按照其本性和概念显现出是不同的，是共有的和相继的事物的复多（plurality）。因此，时间和空间是个体化原理。我们称时间和空间为个体化原理，只是因为通过它们并在它们之中均匀的复多才是可能的。它们是自然知识的基本形式。[19]

当然，这并不是说在叔本华和爱因斯坦之间只有一个简单的等号。要知道，叔本华的"时间和空间是个体化原理"只是在十九世纪对经典的时空概念所做的抽象的哲学思辨，而爱因斯坦的可分离性原理则是在二十世纪科学的四维空时世界中所做的理论化的、纲领式的概括。另外，爱因斯坦和莱布尼兹都否定牛顿的绝对时空观，但爱因斯坦同时却继承了牛顿使物理体系个体化的思想，而莱布尼兹把这一点也给否定了。

霍华德注意到，就可分离性而言，无论人们采纳物质粒子还是场作为本体论上的本源，都不会造成什么差异。可分

---

[19] . Howard, A Peek Behind the Veil of Maya: *Einstein, Schopenha -ur, and the Historical Backgro und of the Conception of Space as a Ground for the Individuation of Physical Systems*, 1996, pp. 1—75.

离性观念、空间作为个体化原理，首先是在原子论的传统里成长起来的。但是，爱因斯坦在相对论或场论中，通过可分离性原理把每一个空时点在结果上作为可分离的物理体系来处理，赋予它自己以可分离的、实在的物理状态，从而把可分离性原理运用到炉火纯青的地步。

另一方面，爱因斯坦也正是依据纲领实在论及其两个原理，揭示出量子力学的描述是不完备的，批评量子力学诠释的反实在论的实证论根基。爱因斯坦早就"对量子的实在性不再存疑"（E3, p. 434），但是"量子力学定律中出现的各种量，并不要求描述物理实在本身，而只是描述我们所考察的物理实在出现的概率。"（E1, p. 295）"因此，在这里存在着把主观世界与客观世界混淆起来的问题。属于量子物理学的非决定论是主观的非决定论。"[20] 他坚定地相信并且希望："有人会发现一种比我的命运所能找到的更加合乎实在论的办法，或者说得妥当点，会发现一种更加明确的基础。"（E1, p. 415）这样一来，"物理学就能够阐明时间和空间中的实在，而用不着超距的鬼怪作用。"（E1, p. 436）但量子物理学家却公然违反可分离性和定域性准则，"正在同实在——作为某种同实验证明无关而独立的实在——玩弄着多么危险的游戏。"（E1, p. 516）。这是因为

在目前的量子理论中，实在状态根本无法描述，这个理

---

[20] M. Beller, Einstein and Bohr's Rhetoric of Complementarity, *Science in Context*, 6（1993），pp. 241—255.

论只描述实在状态的一种（不完备的）知识。"正统的"量子理论家根本否认实在状态的概念（根据实证论的考虑）。于是，人们就落到一个善良的贝克莱主教所落到的境地中去了。（E3, p.494）

爱因斯坦的纲领实在论的进路启示了理解贝尔（J. S. Bell）定理的新方式，因为它表明贝尔不等式本身是可分离性和定域性原理的推论。但是，1970年代以来诸多违背贝尔不等式的实验并未决定性地否定可分离性原理，这除了实验本身尚待完善外，更重要的是整体论的不充分决定论并未从逻辑上保证实验对可分离性的否定。

其实，就在爱因斯坦固守他的纲领实在论的年代，他也考虑过取代场论纲领的方案。他说他之所以要坚持连续统，并不是由于偏见，而是由于无法想象出任何有系统的东西来代替它（E1, p.482）。1950年，他对是否永远保留所有基本概念都可以归结为"空间——时间的概念"的问题的回答是："最好报以微笑。"（E1, pp.523—524）1954年，他在一封信中写道："我认为非常有可能，物理学不是建立在场的概念上，即不是建立在连续统上的。如果是这样，那么我的全部空中楼阁——包括引力论在内——甚至连其他现代物理学也一样，都将荡然无存。"（E3, p.504）1955年，他在去世后出版的《相对论的意义》（第五版）附录二中说出了他的最后的疑虑和猜想：

人们能够给出实在根本不能够用连续场描述的健全理

由。从量子现象似乎肯定地得出，有限能量的有限系统完全能够用有限数的集合（量子数）来描述。这好像与连续理论不一致，必定导致发现描述实在的纯代数理论的尝试。但是，没有一个人知道如何得到这样一个理论的基础。[21]

在这里，只要我们回想一下爱因斯坦"我们关于物理实在的观念绝不会是最终的"[22]言论，就会看到他最后的态度是多么合情合理，多么顺理成章，又多么毋固毋我、锐意进取！

---

[21] J. Stachel, The Other Einstein: Einstein Contra Field Theory, *Science in Context*, 6（1993），pp. 275—290.

[22] 魏茨泽克（C. F. von Weizs§cker）说，科学描绘的世界图画"并非由于其坚持的东西，而是由于其遗漏的东西才成为谬误"。这也许可以引申对爱因斯坦言论的理解。魏茨泽克的话转引自 I. B. 巴伯:《科学与宗教》，阮炜等译，四川人民出版社（成都），1993 年第一版，第 337 页。

第七章　独特而绝妙的多元张力哲学

烟雾蒙蒙锁骊山，

远近高低皆不见。

天亦有情何须怨，

别有气象万万千。

—— 李醒民《雾中游骊山》

从前面的论述不难看出，爱因斯坦的科学哲学是一个由多元哲学构成的兼容并蓄、和谐共存的统一综合体。这些不同的乃至异质的哲学思想既相互限定、珠联璧合，又彼此砥砺、相得益彰，保持着恰到好处的"必要的张力"，从而显得磊落轶荡、气象万千。这样独特而绝妙的哲学思想很难用一两个"主义"或"论"来囊括或简称，我不妨称其为多元张力哲学。而且，纵观爱因斯坦一生的哲学思想之演变，这种多元张力哲学的特征基本是一以贯之的，并不存在突然的转变或明显的断裂（更不存在早期的爱因斯坦和后期的爱因斯坦），变化的只是各元之间张力的增损和调整，而不是统统去掉哪一元。

一、被肢解的爱因斯坦

爱因斯坦的科学哲学本来是数极并存而又融为一体的多元张力哲学,可是许多哲学家和科学家或出于自己哲学体系的偏见,或囿于某种狭隘的认识论立场,极力从爱因斯坦的众多言论中撷拾片言只语,作为证明自己看法的"铁证"和反对别人观点的"旗帜"。爱因斯坦这头"哲学巨象"就这样被"肢解"了!在这里,我们不由自主地想起瞎子摸象和井底之蛙的寓言。

弗兰克在 1947 年就注意到:许多人认为爱因斯坦是"一种类型的实证论的守护神",并被实证论的反对者视为"邪恶的精神"。尽管他认识到爱因斯坦的哲学态度"不是如此简单的",但还是把爱因斯坦划入"实证论和经验论"之列[①]。霍耳顿在 1960 年也提到,从极端实证论者到批判实在论者,都能从爱因斯坦著作中找到某些部分,挂在自己的旗杆上作为反对别人的战斗旗帜。但是,他仍然认为爱因斯坦是从感觉论和经验论为中心的科学哲学转变为理性论的实在论的[②]。确实,从 1930 年代爱因斯坦首次被加冕为逻辑经验论的圣徒,到 1960 年代实在论的重新勃兴时期又被册封为实在论早期的斗士,此后类似的举动一直绵延不绝。例如,波普尔把爱因斯坦描绘成批判理性论者和证伪主义者[③],费

---

① P. Frank, *Einstein: His Life and Times,* London, 1949, pp. 259, 261.

② G. 霍耳顿:《科学思想史论集》,许良英编,河北教育出版社(石家庄),1990 年第一版,第 24 页,第 38 页。

③ K. 波普尔:《客观知识》,舒伟光等译,上海译文出版社(上海),

耶阿本德则视其为方法论的无政府主义者④。近些年，法因宣称爱因斯坦的哲学是动机实在论，接近范弗拉森的建构经验论，并让爱因斯坦乘上他的自然本体论的方舟⑤；霍华德则把以整体论和约定论的不充分决定论的变种，看作是爱因斯坦成熟的科学哲学的基本要素⑥；N. 麦克斯韦则把爱因斯坦划入他所杜撰的目标取向的经验论的范畴，并认为相对论就是按此模式发现的⑦。

其实，爱因斯坦的科学哲学不属于任何一个现成的哲学体系，但却明显地高于其中的每一个流派。爱因斯坦有着极强的独立性和批判精神，他在青少年时代博览群书时就不做各种哲学派别的俘虏，他在早期科学实践中就不墨守单一的认识论和方法论。他善于汲取各种不同的乃至相左的思想遗产的长处，又融入了自己的反思和创造，从而在事实与理论、经验与理性、感觉世界与思维世界的永恒反题的张力中开辟自己的道路，从而造成了一个又一个的科学奇迹和思想闪光。难怪玻恩称赞爱因斯坦"是一位发现正确比例的能手"（*E*1, p.414）。

1987 年第一版，第 26 页。

④ P. Feyerabend, *Against Method*, Verso, 1978, pp.213, 18, 56—57.

⑤ A. Fine, *The Shaky Game*, University of Chicago Press, 1986, p.9.

⑥ D. Howard, Was Einstein Really a Realist? *Perspectives on Science*, 1（1993），pp.204—251.

⑦ N. Maxwell, Einstein, Aim-oriented Empiricism and the Discovery of Special and General Relativity, *Brit. J. Phi. Sci.*, 44 （1993），pp.275—305.

二、多元张力哲学及其例证

爱因斯坦的科学哲学主要是在实在论、经验论、理性论、约定论、整体论诸元或多极之间保持必要的张力的，我们在前面各章已多处涉及。问题在于，他为什么要自觉地采取这样一种多元张力哲学的立场呢？

首先是因为爱因斯坦清醒地认识到，哲学史上任何一个认真的、严肃的、沉思的哲学派别，都有其长短优劣之处，都有其合理的积极因素。正确的思想方法是使它们和谐互补，而不是把某元推向极端，或干脆排斥对立的一极。诚如爱因斯坦 1918 年所说：

> 我对任何"主义"并不感到惬意和熟悉。对我来说，情况仿佛总是，只要这样的主义在它的薄弱处使自己怀有对立的主义，它就是强有力的；但是，如果后者被扼杀，而只有它处于旷野，那么它的脚底下原来也是不稳固的。⑧

其次是问题的驱使。科学家在实践中面对各种各样的亟待解决的问题，需要用不同的思路和方法去灵活处理，才能收到事半功倍之效；而墨守一隅，则往往难以自拔。爱因斯坦谈到在理性论和极端经验论之间摇摆的原因时说：一个逻

---

⑧ D. Howard, Was Einstein Really a Realist? *Perspectives on Science*, 1（1993），pp.204—251.

辑的概念体系，如果它的概念和论断必然同经验世界发生关系，那么它就是物理学。无论谁想要建立这样一种体系，就会在任意选择中遇到一种危险的障碍（富有的困境）。这就是为什么他要力求把他的概念尽可能直接而必然地同经验世界联系起来。在这种情况下，他的态度是经验论的。这条途径常常是有成效的，但是它总是受到怀疑，因为特殊概念和个别论断毕竟只能断定经验所给的东西同整个体系发生关系时所碰到的某件事。因此他认识到，从经验所给的东西到概念世界不存在逻辑的途径。他的态度于是比较接近理性论了，因为他认识到体系的逻辑独立性。这种态度的危险在于，人们在探求这种体系时会失去同经验世界的一切接触。爱因斯坦认为，在这两个极端摇摆是不可避免的（E1, p. 476）。依我之见，这种"摇摆"实际上是在对立的两极之间力图保持必要的张力，即寻找微妙的平衡或恰当的支点。

再次，是外部条件的约束，使科学家的态度不同于构造体系的职业哲学家。爱因斯坦说：

> 寻求一个明确体系的认识论者，一旦他要力求贯彻这样的体系，他就会倾向于按照他的体系的意义来解释科学的思想内容，同时排斥那些不适合于他的体系的东西。然而，科学家对认识论体系的追求却没有可能走得那么远。他感激地接受认识论的概念分析；但是，经验事实给他规定的外部条件，不容许他在构造他的概念世界时过分拘泥于一种认识论体系。因而，从一个有体系的认

识论者看来，他必定像一个肆无忌惮的机会主义者：就
他力求描述一个独立于知觉作用以外的世界而论，他像
一个实在论者；就他把概念和理论看成是人的精神的自
由发明（不能从经验所给定的东西中逻辑地推导出来）
而论，他像一个唯心论者；就他认为他的概念和理论只
有在它们对感觉经验之间的关系提供逻辑表示的限度内
才能站得住脚而论，他像一个实证论者。就他认为逻辑
简单性的观点是他的研究工作所不可缺少的一个有效工
具而论，他甚至还是一个柏拉图主义者或者毕达哥拉斯
主义者。（E1, p.480）

因此，爱因斯坦不赞成下述经不起审查的错误观点：伽利略
之所以成为近代科学之父，乃是由于他以经验的、实验的方
法代替了思辨的、演绎的方法。他一针见血地指出，任何一
种经验方法都有其思辨概念和思辨体系；而且任何一种思辨
思维，它的概念经过比较仔细的考察之后，都会显露出它们
所由产生的经验材料。把经验的态度同演绎的态度截然对立
起来，那是错误的，而且也不代表伽利略的思想。实际上，
直到十九世纪，结构完全脱离内容的逻辑（数学）体系才完
全抽取出来。况且，伽利略所掌握的实验方法是很不完备
的，只有最大胆的思辨才有可能把经验材料之间的空隙弥补
起来（E1, p.585）。

　　我们已经详细论述了爱因斯坦在创立狭义相对论过程中

多元张力哲学所起的显著作用⑨，也多次涉及 1905 年相对论论文中的多元哲学蕴涵。在这篇论文中，既有经验论和操作论的成分（量杆和时钟的可观察、可操作定义，提出两个原理的经验启示，推论的可检验性等，但相对论的语义指称并非由量杆和时钟构成，因为该理论也适用于微观世界），也有理性论（对称性的考虑，追求逻辑统一性和简单性，用探索性的演绎法形成的原理理论等）、约定论（大胆选择的假设，同时性的约定等）、整体论（该理论是一个有层次、有结构、逻辑严密的整体，像考夫曼实验那样的单个实验很难撼动它，除非摧毁其整个基础）、实在论（作为研究纲领已渗透在整个理论中）的诸多因素。下面，我们拟以爱因斯坦的真理观为例加以剖析。

爱因斯坦说过："'科学的真理'这个名词，即使要给他一个准确的意义也是困难的。'真理'这个词的意义随着我们所讲的究竟是经验事实，是数学命题，还是科学理论，而各不相同。"（$E1$, p.244）爱因斯坦在这里实际上已隐含了他的真理观的多元张力哲学特征。

爱因斯坦相信"真理是离开人类而存在的"，且"具有一种超乎人类的客观性"（$E1$, p.271）。他认为，"'真'这个词，习惯上我们归根结底总是指那种同'实在'客体的对应关系"（$E1$, p.95）。物理学家"关于几何学定律

---

⑨ 李醒民：《哲学是全部科学研究之母——狭义相对论创立的认识论和方法论分析》（上、下），《社会科学战线》（长春），1986 年第 2 期，第 79—83 页；1986 年第 3 期，第 127—132 页。

是否真"，这就"必须把几何学的基本概念同自然界的客体联系起来"（*E*1, p.158）。他还指出，科学理论"只是某种近似的真理"，"自然规律的真理性是无限的"（*E*1, pp.236, 523）。这一切，都落入实在论的真理观的范畴内。

爱因斯坦的经验论的真理观在于，他承认理论成立的根据是"它同大量的单个观察关联着，而理论的'真理性'也正在此"（*E*1, p.115）；"我们的陈述的'真理'内容"就建立在基本概念和基本关系"同我们的感觉具有'对应'关系"（*E*1, p.513）。他断定"唯有经验能够判定真理"，尽管这样做"不会是容易的"（*E*1, p.508）。他还提请人们注意："真"（Wahr）和"被验证"（编辑注：参考原版书 bewahern 的 a 上面有两点）（sichbewahren）这两个概念在语言上的亲缘关系的基础，在于其本质上的关系，而不应仅仅从实用的意义上加以误解（*E*1, p.592）。

爱因斯坦虽然基本上把"真（理）"视为理论与实在或经验的符合或对应，但他并未否定关于"数学命题"的真理的问题（*E*1, p.244）；他在毫无保留地承认几何学命题是"具有纯粹形式内容的逻辑上正确的命题"（*E*1, p.249）时，也在"有局限性"的意义上承认其"真理性"（*E*1, p.96）。作为一个温和的形而上学者，爱因斯坦相信："逻辑上简单的东西不一定都能在经验到的实在中体现出来，但是根据建立在一些具有最大简单性前提之上的概念体系，能够'理解'所有感觉经验的总和"（*E*1, p.496），其根据在于"物理上真的东西"和"逻辑上简单的东西""在基础上具有统一性"（*E*1, p.380）。难怪爱因斯坦把内在的完美这个合情合理的标准作为评价科学理论真理性的一个重要标尺，难怪他依据广义相对论的"逻辑简单性和'刚性'"而对它的真理性深信不疑（*E*1, p.503）。不仅如此，爱因斯坦的理性论的真理观还体现在下述的 1951 年所写的短笺中：

> 真（理）是我们赋予命题的一种质。当我们把这个标签赋予一个命题时，我们为演绎而接受它，演绎和一般而言的推理过程是我们把一致性（cohesion）引入感知世界的工具。标签"真的"是以把这个意图作为最佳意图的方式被使用的。[10]

爱因斯坦的约定论的真理观集中体现在下述思想之中：思维是概念的自由游戏，但只有在这种游戏的元素和规则被约定时，才谈得上"真理"概念（*E*1, p.3）。例如，把欧几里得几何学的直线与刚体杆相对应，就可以谈论它的命题真理性。就物理学而言，理论多元论（对应于同一经验材料的复合可以有几种理论）的现实也要求在同样为真的理论中做出选择，这里也有约定的问题。

爱因斯坦的意义整体论表明，命题是从它所属的体系的内容中获取意义的。同样地，正确的命题也是从它所属的真

---

[10] A. Fine, Einstein's Realism, *Science and Reality*, Edited by J. T. Cushing, University of Notre Dame Press, 1984, pp.106—133.

理内容中取得其"真理性"的,而体系的真理内容则取决于它同经验总和的对应(E1, p.6)。他还提出这样一个原则性的论断:"只有考虑到理论思维同感觉经验材料的全部总和的关系,才能达到理论思维的真理性。"(E1, p.523)爱因斯坦的整体论的真理观跃然纸上。

综上所述不难看出,爱因斯坦的真理观不仅有传统的真理符合(对应)论和真理融贯(一致)论的成分,也有新创的真理评价论(内在论的真理观)和真理整体论的要素,它融入了爱因斯坦多元哲学思想的积极因素,彼此之间在必要的张力关系中保持着动态的平衡与微妙的和谐。如果说1905年的狭义相对论是爱因斯坦的多元张力哲学在"实践"中的集中显现的话,那么他的真理观则是其多元张力哲学在"理论"上的显著展示。

三、最后的补遗性评论

我曾在一篇较有分量的论文[11]中以爱因斯坦和近代科学发展为案例,详细论述了在对立的两极保持必要张力的丰富内涵和哲学依据。在这里,我仅想就该文未涉及或未展开的一些问题发表一点简短的评论。

---

[11] 李醒民:《善于在对立的两极保持必要的张力——一种卓有成效的科学认识论和方法论准则》,《中国社会科学》(北京),1986年第4期,第143—156页。

1. 卡西勒在《人论》中曾多次阐述，艺术不断地在两个相反的极之间——客观与主观、欢乐与悲伤、希望与恐惧、狂喜与绝望、梦与醉——摇摆，艺术都来自两种对立力量的相互渗透。他在对语言、艺术、历史和科学全面考察的基础上，提出了一个普遍性的命题：

> 在所有人类活动中我们发现一种基本的两极性，这种两极性可以以不同的方式来描述。我们可以说它是稳定和进化之间的一种张力，它是坚持固定不变的生活形式的倾向和打破这种僵化格式的倾向之间的一种张力。……这种二元性可以在文化生活的所有领域中看到，所不同的只是各种对立因素的比例。有时是这一因素占优势，有时是那一因素占优势。这种优势在很大程度上决定了种种个别形式的特征，并且使它们各自具有自己的特殊面貌。……这种多样性和相异性并不意味着不一致或不和谐。所有这些功能都是相辅相成的。每一种功能都开启了一个新的地平线并且向我们展示了人性的一个新方面。不和谐者就是与它自身的相和谐；对立面并不是彼此排斥，而且互相依存："对立造成和谐，正如弓与六弦琴。"⑫

泡利在谈到两个对立的极端的概念——客观世界和体验

---

⑫ E. 卡西勒：《人论》，甘阳译，上海译文出版社（上海），1985年第一版，第176页，第189页，第207页，第283—284页，第288页。

其统一的主体——时也说，二者在人类思想史上都极其富有成果，尽管它们之中哪一个也不符合真正的真理。我们的思想大致在这两个对立的极端概念之间摆动，我们必须承受这两极产生的张力[13]。

参照这些言论反观爱因斯坦的多元张力哲学，能使我们深入洞察这种哲学精髓的深邃意义，尽管他本人似乎没有使用"张力"一词。不知爱因斯坦是否了解卡西勒和泡利的言论，也不知道他是否熟悉亚里士多德、孔子、托马斯·阿奎那和帕斯卡（B. Pascal, 1623—1662）的居间、适中、中道、中庸、中项观点，反正两极张力的思想贯穿在他的整个哲学之中。不过，爱因斯坦的多元张力哲学也有其特点和独创性：它是具有合适比例的动态平衡，而不是位于中点的或静态的；它是多元或多极之间的网状张力，而不是二元或两极之间的线性张力（请注意，诸多两极之间的线性张力，交织在一起便构成多极网状张力）；它把在科学中富有生命力的旧哲学传统和新哲学创造有机地综合起来，锻造出适应现代科学发展需要的现代科学哲学。

2. 爱因斯坦的多元张力哲学使他在传统与革新之间保持了必要的张力。对于传统，他既尊重、继承，又批判、变革。他推翻了牛顿的绝对时空观，但仍赞颂牛顿发现的道路在那个时代"是一位具有最高思维能力和创造力的人所能发现的唯一的道路"（E1, p.15），牛顿的"伟大而

---

⑬ W. 海森伯：《科学真理和宗教真理》，《自然科学哲学问题》（北京），1980 年第 3 期，第 40—46 页。

明晰的观念，对于一切时代都将保持着它的独特的意义"（*E*1, p. 113），相对论绝不是"同古典物理学的思想方式截然不同的一种新的思维方式"（*E*3, p. 369）。作为传统的叛逆者，作为科学和哲学的大革新家，爱因斯坦尤为重视和汲取人类的思想遗产和他人的思维成果。他认为一个人只是自己关起门来冥思苦想，而拒绝汲取别人的思想和经验，那么他所想的一定是单调无味的和毫无价值的。要注意学习启蒙者的最宝贵的思想遗产，克服现代派的势利俗气（*E*3, p. 303）。

3. 爱因斯坦的多元张力哲学与他不满实在概念的二元论、追求科学理论的统一性是兼容的、一致的。在这里，关键是要把在科学探索中起启迪和引导作用的哲学思想与科学活动的结果的科学理论区分开来。科学需要有逻辑统一性，科学基础的二元论状况（如粒子和场）是科学不完备、不完美的中间过程和过渡状态，它最终必须趋向逻辑统一。对于构造体系的职业哲学家来说，他也许需要一元论的逻辑起点（如水、奴斯、数、理念、物质、精神、实在、存在、元气、仁、道等）。可是，对于像爱因斯坦这样的哲人科学家，他并不想构造庞大的哲学体系，他只是想兼收并蓄，博采众长，优势互补，从而铸造一种既能有助于解决科学问题，又能说明科学基础的哲学，这样就自然而然地形成了多元张力的特征。爱因斯坦相信自然现象之间存在着内在的统一性，这种统一性通过思维自由创造的理论总和可以认识，从而也就更深刻地把握了实在。正是这种多元张力哲学，指引爱因斯坦追求和探索在基础上是一元论的科学理论的。

4. 以往的研究者往往看不清多元张力是爱因斯坦哲学的特色，更认识不到它的深刻意蕴。他们认为爱因斯坦的哲学思想"庞杂""多少有点混乱"（*E*1, p.5），甚至指责爱因斯坦"在基本的哲学问题上居然安于做一个无原则的'机会主义者'，这显示出他的哲学思想的矛盾和局限性"（*JNE*, p.373）。前面的诸多论述，已使这种观点不攻自破。我们在此只想指出，爱因斯坦的张力哲学不是庞杂，而是丰富多彩；不是混乱和矛盾，而是在对立中和谐互补，从而形成一个有机的整体；不是有局限性，而是虚怀若谷的开放性、包容性和广博性；不是无原则的机会主义，而是既坚持原则，又审时度势，具有高度的灵活性和应变能力——这正是爱因斯坦所谓的哲学上的"机会主义"之隐喻的含义。对于政治上的机会主义者，他是很鄙视的，能够撕下他们的假面具，他就感到痛快（*JNE*, p.203）。

5. 某种最好的科学哲学是由实践的科学家，尤其是由哲人科学家（作为科学家的哲学家）[14] 做出的，而很少是由关在书斋或泡在图书馆的职业哲学家做出的。这已由批判学派的代表人物马赫、彭加勒、迪昂、皮尔逊、奥斯特瓦尔德以及爱因斯坦、玻尔等二十世纪的物理学家所证明。这是因为，科学家在创造科学知识之时，也同时创造了知识论，创造了科学的认识论和方法论，这二者是互为因果，相辅相成的。而且，哲人科学家在创造知识和知识论的过程中，也时

---

[14] 李醒民：《论作为科学家的哲学家》，《求索》（长沙），1990年第 5 期，第 51—57 页。

常不得不反思科学的基础和思维的本性，否则他就寸步难行。一座座科学思想和哲学思想的里程碑就这样设置在人类思想的发展史上。对于科学与哲学的这种同条共贯的密切关系，爱因斯坦深有体会地说：

> 认识论同科学的相互关系是值得注意的。它们互为依存。认识论要是不同科学接触，就会成为一个空架子。科学要是没有认识论——只要这是可以设想的——就是原始的混乱的东西。（*E*1, p.480）

他还说："如果把哲学理解为在最普遍和最广泛的形式中对知识的追求，那么哲学显然就可以被认为是全部科学研究之母。可是，科学的各个领域对那些研究哲学的学者们也发生强烈的影响，此外还强烈地影响着每一代的哲学思想。"（*E*1, p.519）

世界哲学家书系

爱因斯坦（下）

EINSTEIN

李醒民　著

东北师范大学出版社
NORTHEAST NORMAL UNIVERSITY PRESS

图书在版编目（CIP）数据

爱因斯坦：全二册 / 李醒民著 . — 长春：东北师
范大学出版社，2020.1
（世界哲学家书系）
ISBN 978-7-5681-6678-2

Ⅰ．①爱… Ⅱ．①李… Ⅲ．①爱因斯坦（Einstein,
Albert 1879-1955）—传记 Ⅳ．① K837.126.11

中国版本图书馆 CIP 数据核字（2020）第 020360 号

责任编辑：包瑞峰　　　　封面设计：丁　瑶
责任校对：张　彬　　　　责任印制：许　冰

东北师范大学出版社出版发行

长春净月经济开发区金宝街 118 号（邮政编码：130117）

电话：0431-84568126

网址：http://www.nenup.com

厦门市竞成印刷有限公司

厦门市湖里区后坑前社 37 号

2020 年 6 月第 1 版　2020 年 6 月第 1 版第 1 次印刷

幅面尺寸：142mm×210mm　印张：11　字数：228.8 千

定价：128.00 元（全二册）

（版权所有，盗版必究）

目　录

第二编　爱因斯坦的社会哲学

第三编　爱因斯坦的人生哲学

第二编

爱因斯坦的社会哲学

第八章　开放的世界主义

莫道天下西湖好，
绿水逶迤烟波淼。
吞天巨浪排空起，
胜景当数钱塘潮。

—— 李醒民《游西湖》

　　作为一位从事具有世界性和国际性的科学工作的科学家和具有远大眼光的深思熟虑的思想家，作为一个对德国国家主义和军国主义深恶痛绝的、处处遭受迫害和敌视的犹太人，作为一位具有正义感、责任感、公正性、独立性和离群性①的正直的人，爱因斯坦无论在本能、情感还是理智上，都坚定地站在广阔的世界主义和国际主义立场上，去反对狭隘的民族主义或国家主义，从而赢得了"世界公民"的美誉。莱曼（S. H. H. Lehman）称爱因斯坦是"伟大的世界

---

① 许多研究者都认为，爱因斯坦的性格特征可用"离群性"（apartness 或 aloofness）来刻画，这种离群性使他在政治判断中依然忠实于他的纯朴的径直性。

公民，是这个时代真正的巨人之一"②。汤川秀树（Hideki Yukawa, 1907—1981）把爱因斯坦形容为一头理想主义的和世界主义的大象（*JNE*, p. 211）。

一、倡导世界主义和国际主义

在国内，"世界主义"和"国际主义"是两个被狭隘理解、被严重误解和曲解的词汇③。爱因斯坦对国际主义的解

---

② W. Cahn, *Einstein, A Pictoral Biography*, The Citade Press, New York, 1955, p. 122.

③ 《现代汉语词典》（商务印书馆，1983 年第二版）对"世界主义"的解释是："现代资产阶级妄图统治世界的一种反动理论，宣传国家主权已经成了'过时的概念'，主张'消除民族界限'，组织所谓'世界政府'。世界主义是帝国主义用来破坏各国主权和民族独立运动的工具。"对"国际主义"的解释是："马克思主义关于国际无产阶级团结的思想，是国际共产主义运动的指导原则之一，它要求全世界无产阶级在争取民族解放、消灭资本主义制度和建设共产主义的斗争中，在马克思主义的原则基础上联合起来，紧密团结，互相支援，一切以国际无产阶级的根本利益为前提，把本国无产阶级的利益和国际无产阶级的利益结合在一起，把本国人民的革命斗争和其他国家人民的革命斗争联系在一起，反对共同的阶级敌人。"而在 *Webster's Ninth New Collegiate Dictionary*（Merrian-Webster Inc., 1983）中，对 cosmopolitanism（世界主义）的同根词 cosmopolitan（1844）的解释是："1. 具有全世界的而不是有限的或地方的范围或方面；2. 具有广泛的国际的丰富经验；3. 由来自世界所有部分或大部分的人、成分或要素构成的东西；4. 在世界大部分和各种生态条件下找到的东西。"对 internationalism（1851）（国际主义）的解释是："1. 国家之间的

释是：

> 国际主义意味着国家之间的合理性的关系、民族之间
> 的健全联合和理解、在不干涉任何民族习俗的情况下
> 为相互推进而彼此合作，我想该词的意思是这样。
> （*HPS*, p. 72）

在爱因斯坦看来，源于传统的和惯例的影响的国家特征并不
与国际主义矛盾，而国际主义包容着文明人的共同理智因
素④。他深刻地揭示出，狭隘的民族主义对国际主义精神构
成巨大威胁，"在这种国际主义恢复之前，就不会有和平，
战争的创伤也不会痊愈。"（*HPS*, p. 72）他赞同费歇尔
（E. H. Fischer, 1852—1919）的下述观点："不管你喜欢还
是不喜欢，科学现在是并将永远是国际主义的。"他号召科
学家中间的伟大人物坚定不移地拥护国际主义事业，与世界
各地志趣相投的男人和女人保持密切的接触，为复活国际交
往的伟大任务做出贡献（*HPS*, pp. 92—93）。他还强调要培
育青年人的国际主义精神⑤。

特性、原则、利益或前景；2. 国家之间的运作政策；3. 赞成这样的政
策的态度或信念。"

④ A. Moszkowski, *Einstein, The Searcher, His Work Explained from Diologues with Einstein*, Translated by H. L. Brose, Methuen & Co. Ltd. , London, 1921, p. 239.

⑤ A. Einstein, *The World As I See It*, Translated by A. Harris, Philosophi -cal Library, New York, 1949, p. 93.

爱因斯坦虽然对"世界主义"一词没有直接下定义，但是他用自己的言行表明，他总是站在全世界和全人类的立场来观察问题和处理问题，处处为人的长远利益、根本福祉和终极价值着想，憧憬建立一个和平、民主、自由、幸福的世界秩序和美好社会。事实上，爱因斯坦从第一次世界大战时起就成为一个名副其实的世界主义者或世界公民了。

爱因斯坦"从来也没有把自己同任何一个特定的国家联系在一起"（*RS*, p. 75）。他在 1933 年宣布不回德国时说："我的国籍是一件奇怪的事情。虽然我的真正国籍是瑞士，但是由于我的正式职位我是德国公民。无论如何，对于一个有国际主义精神的人来说，特定国家的国籍是不重要的。人道比国家的公民身份更重要。"（*HPS*, p. 283）他还就国籍一事挪揄说："如果我的理论被证明是正确的，那么德国将为我是伟大的德国人而欢呼，法国人将称我是世界公民。如果它被证明是错误的，那么法国人将称我是德国人，而德国人将称我是犹太人。"[6] 爱因斯坦在一封信中发出自己内心深处的心声：

> 按照最终的分析，我们中每一个人都是人，不管是美国人、德国人、犹太人还是非犹太人。如果这一立场——唯一高贵的立场——被普遍接受的话，那么我应该是最幸福的人了。事实上，我觉得可悲的是，在我们生活的

---

[6] W. Cahn, *Einstein, A Pictoral Biography*, The Citade Press, New York, 1955, p. 28.

世界上，国籍和文化传统的差异在这么大的程度上把人们分隔开来。但是，由于这是无法回避的现实，人们不能拒绝承认它。……（HPS, p. 341）

爱因斯坦自觉地意识到自己既做学者又做世界公民的责任，他为倡导世界主义理想而奔走呼号。在他看来，人具有"现在被民族自我中心主义推入幕后的较高的共同情感，为此人的价值具有独立于政治和国界的有效性"[7]。他进而强调指出：

直到认识并接受，创造和坚持对所有人来说是体面的生活条件是所有人的共同义务，此时我们才能以某种程度的正当理由说，人类是文明的。[8]

为此，爱因斯坦吁请人们增强对邻人的理解，公正地处理事务，乐于帮助同胞，这样才能使人类社会持久，才能保证个人安宁[9]。

关于世界主义与国家的关系，爱因斯坦的观点是："人类的福利必须高于对自己国家的忠诚——事实上必须高于任

[7] A. Einstein, *The World As I See It*, Translated by A. Harris, Philosophi-cal Library, New York, 1949, p. 75.

[8] A. Einstein, *Out of My Later Years*, Philosophical Library, New York, 1950, pp. 258—259.

[9] A. Einstein, *Out of My Later Years*, Philosophical Library, New York, 1950, p. 254.

何事物和一切事物。"（*HPS*, p. 142）必须停止借助于"应该为我们国家做什么？"来思考问题。相反地，我们应当问自己："为了给更大的世界共同体打好基础，我们的共同体必须做些什么？"因为没有这个更大的共同体，单个的国家也不会持久（*HPS*, p. 81）。爱因斯坦呼吁：

> 每一个国家的利益都必须服从更广泛的共同体的利益。为了这种新的政治思想和情感的斗争是严重的斗争，因为具有数世纪反对它的传统。……但愿我们的联合努力成功地在各国之间建立相互信赖的桥梁。[10]

爱因斯坦世界主义的具体体现就是他始终如一地倡导建立超国家的维护世界和平的组织——世界政府或世界联邦。早在 1914 年第一次世界大战爆发时，他就倡议欧洲联合，建立欧洲联邦。当 1919 年国联成立和 1945 年联合国成立时，他对它们都曾寄托希望，希望它们能过渡和改造为世界政府。这一善良愿望在第二次世界大战后由于核威胁的加剧而变得更加强烈和急迫：1946 年，爱因斯坦向在芝加哥举行的"争取成立世界联邦政府"学生集会发表广播讲话，题目是《世界政府——我们的目标》。这也许是他投身世界政府运动的最高潮。

爱因斯坦早就认为，为了维护国际和平需要部分放弃国

---

[10] A. Einstein, *The World As I See It*, Translated by A. Harris, Philosophi-cal Library, New York, 1949, p. 79.

家主权，以支持为调解国际争端而拥有行政和司法权力的国际组织，该组织还可被授权保持一支军事力量。但是，他并没有设想这样的世界政府可以取代现有国家政府的功能。世界政府的权威仅限于直接与维和有关的事务，任何对于成员国最高权力的侵犯都受到世界政府组织契约的限制。"它将致力于超国家的安全，因此它将反对国家至上的概念，这种概念正是煽起战争的强烈因素。"（$E3$, p. 232）

当然，爱因斯坦也注意到，世界政府弄不好也会变成暴力统治。他担心这种暴力统治，但是更担心再来一次战争。在他看来，任何政府在某种程度上都必然是一种祸害，而世界政府比起大得多的战争祸害来，还是要好一些，尤其是在面临核战争的情势下。为了防止世界政府沦为暴力统治，除了制定公正的法规外，其委员会的成员资格不能根据任何专断的民主准则做出，必须由成员国人民通过无记名投票选出。

爱因斯坦的世界主义思想和世界政府构想不仅遭到军国主义者和战争狂人的反对，也在 1947 年受到苏联科学家的抨击（$E3$, pp. 247—251）。他们批评爱因斯坦已走上一条错误和危险的道路：他盲目相信世界政府是包治世界罪恶的灵丹妙药，是持久和平的监护人，这实际上已使他沦为和平和国际合作最凶恶的敌人的阴谋和野心的支持者了，因为世界政府只不过是垄断资本家为了夺取世界霸权而打出的漂亮招牌而已。对于这些责难，爱因斯坦在有礼貌的回答（$E3$, pp. 241—246）中申述了自己的理由：

如果我们死抱住无限制的国家主权这种概念和习惯不肯放，那就只能意味着每个国家都保有使用武力来达到自己目的的权力。在这样的情况下，每个国家都不得不感觉到它必须为可能发生的战争而做准备，这意味着每个国家都必须全力以赴来取得对其他任何国家的军事优势。这个目的终于会愈来愈支配我们的整个公共生活，并且在战争灾难实际上还远未临到我们头上以前，就已毒害了我们青年的心灵。只要我们还保留着一丝一毫清醒的理性和人性，我们就不应当对此容忍。

仅仅由于这些考虑，我才拥护"世界政府"这一概念，一点也没有留心别人在为同一目的操劳时会想起什么。我之所以要拥护世界政府，是因为我深信没有别的道路可能消除这个一直威胁人类的最可怕的危险。要避免总毁灭这个目标，应当具有超过其他任何目标的优先权。

在爱因斯坦看来，苏联科学家的论据好像是"神话"。他分析了造成神话的原因：把社会主义和资本主义的对抗看得很严重，在经济领域内强烈反对无政府状态却在国际政治领域里拥护无政府状态，人为的隔绝状态造成的不幸隔阂等等。不用说，这里还有一个思想方法问题。诚如爱因斯坦所说：要在人类事务中理智地行动，只有力求充分地了解对方的思想、动机和忧虑，做到设身处地从对方的角度去观察世界。一切善良的人都应当尽可能地贡献力量来增进相互了解，诚恳地寻求可行的解决办法，而不是幻想自己知道了"真理"，或者知道了所要遵循的"正确道路"。

为了"实现公正的和理性的世界秩序"（*HPS*, p. 66），爱因斯坦认为知识分子负有不可推卸的重大责任，并身体力行地参与各种促进各国知识分子合作的国际活动。他说：

> 依我之见，知识分子只有通过他们的科学贡献和艺术成就，才能充分地促进国际和解和人与人的兄弟关系。创造性的工作使人超出了个人的和利己的国家目标。要全神贯注地致力于下述问题和抱负：所有深思熟虑的人都具有创造同志关系的意识，这种意识最终必然会把所有国家的学者和艺术家重新联合起来。不可避免的是，政治激情时常会把那些心胸狭隘和缺乏独立思考能力的人分裂开来。知识分子任何时候也不应该极力强调人类怀有激情遗产的世界特征。在他们的公开宣言或任何其他的公众活动中，他们必须永远不容许他们自己被利用来为政治激情服务。（*HPS*, p. 67）

爱因斯坦一直相信，各国之间的联合和知识分子的合作不仅仅是一个理想主义的问题，而是一个急迫的必然的问题（*HPS*, p. 81）。直到 1953 年，他还对通过建立世界政府避免原子弹毁灭人类持十分乐观的态度（*E3*, p. 320）。不过在临终之时，他在未完成的手稿中也清醒地认识到实现世界政府这一远大目标面临的巨大困难："没有一个处于负责地位的政治家敢于采取超国家安全这一唯一能提供一点和平希望的路线，因为对于一个政治家来说，遵循这样一条路线，就等于政治上自杀。政治激情一旦被煽动起来，就会逼着它

的受骗者……"（E3, p. 339）

不管今天人们就爱因斯坦的世界主义和世界政府主张如何评论，但是不可否认，爱因斯坦的意愿是善良的，态度是诚恳的，构想是理性的，行动是切实的，是一位经历了两次世界大战恶果的科学家所能勾勒的最佳蓝图和理想。当今遍及全球的地区联盟和区域组织日渐增多，世界各国在裁军、经贸、环保、教育、科技和文化诸多方面的合作不断加强，以及联合国在解决世界争端中建设性作用的与日俱增，也许是对爱因斯坦在天之灵的最大安慰。

二、反对民族主义或国家主义

作为眼光远大和视野宽广的科学家，自然而然地是不会赞成和接受民族主义或国家主义⑪的狭隘思想的。哥白尼、马赫⑫和爱因斯坦就是这样的科学家。爱因斯坦褒扬哥白尼具有"内心的独立性"，没有"民族骄傲"的"无聊癖好"（E1, p. 601）；赞颂马赫没有那个时代特有的"时代病"

---

⑪ 民族主义或国家主义是 nationalism 的两种译法，本书对其一般不加区分，有时依据上下文采用不同译名。

⑫ 马赫说："阶级意识、阶级偏见、民族感情和狭隘的地方主义，对于某些目的是很重要的。可是，这种见识不是眼光广阔的科学家的观点，至少在研究的时刻不是这样。所有这些以我为中心的见识只适合于实用目的。当然，科学家也会屈服于习惯。"参见 E. 马赫：《感觉的分析》，洪谦等译，商务印书馆（北京），1986 年第二版，第 18 页。

即"民族狂热病"（*E*1, p. 90）。

　　民族主义是一组观念和情绪的复合物，是世界主义的对立面。爱因斯坦对此始终如一地持针锋相对的反对态度。他一针见血地指出，"民族虚荣心和妒忌心"是"欧洲历史上邪恶的遗传病"（*HPS*, p. 151），"民族的自负和妄自尊大妨碍了悔罪之心的产生"[⑬]；"为盲目的仇恨所支持的夸大的民族主义"是"我们时代的致命的疾病"（*E*3, p. 152）；"民族主义是一种幼稚病，它是人类的麻疹"[⑭]，这种痼疾的危害和后果是相当严重的。诚如爱因斯坦所揭示的："民族主义的激情已经破坏了知识分子共同体"，"学者已经成了民族传统的代言人，而且失去了他们关于知识分子联邦的观念。"（*E*3, p. 60）"思想狭隘的民族主义处处使国际主义精神处于危险之中。"[⑮]"倘若民族主义的愤怒情绪进一步将我们吞没，我们就注定要灭亡。"（*HPX*, p. 142）爱因斯坦看到，种族灵魂的这种疾病和精神错乱无法用海洋和国界来防止，必须下决心从个人自身克服作起：

　　　　我们看到，如果人类的智力和文化遗产要被证明是赐福而不是祸根，那么就需要做出巨大的努力。鉴于以前一

[⑬] A. Einstein, *Out of My Later Years*, Philosophical Library, New York, 1950, p. 266.

[⑭] W. Cahn, *Einstein, A Pictoral Biography*, The Citade Press, New York, 1955, pp. 104.

[⑮] A. Einstein, *The World As I See It*, Translated by A. Harris, Philosophi-cal Library, New York, 1949, p. 93.

个人使自己摆脱个人利己主义，从而使他成为有价值的社会成员就足够了，今天还必须要求他克服民族利己主义和阶级利己主义。他只有达到这样的高度，才能够有助于改善人类的命运。[⑯]

爱因斯坦在反对狭隘的民族主义的同时，也坚决反对民族压迫和种族歧视，同情和支持被压迫的弱小民族争取独立解放和自由平等的正义斗争。他对美国黑人的悲惨状况尤为关注，多次发表文章和谈话，甚至在林肯（A. Lincoln, 1809—1865）颁布"黑奴解放令"84周年之际直接写信给杜鲁门（H. S. Truman, 1884—1972），维护黑人要求不受暴行侵害的正义事业。他尖锐地指出，种族偏见不幸已成为美国的一种传统，尤其是歧视黑人的传统偏见更为可悲和不光彩。这是中了致命的错误见解的毒，唯一的补救办法是启蒙和教育。有善良意志的人应该有勇气和这种根深蒂固的偏见做斗争，用文字和行动树立榜样，并教育子女不要受偏见的影响（*E*3, pp. 263, 209—211）。谈到少数民族，爱因斯坦写道：

少数民族——尤其是当组成它的个体能够因生理特征被识别时——被他们生活于其中的多数派作为下等人看待，这似乎是一个普遍的事实。这样的命运悲剧不仅在于这些少数民族在社会和经济事务中无意识服从的不公

---

⑯ A. Einstein, *The World As I See It*, Translated by A. Harris, Philosophi-cal Library, New York, 1949, pp. 257, 80.

平待遇，而且也在于在多数派暗示的影响下，大部分受害者本身屈服于相同的偏见，并认为他们的兄弟是下等人。这种从属的但更为重要的弊病能够通过少数民族更密切的联合和审慎的教育来克服，从而能够实现他们的心灵自由。美国黑人在这个方向上的努力完全值得推崇和支援。[17]

爱因斯坦对备受侵略和苦难的中国人民也怀有兄弟般的情谊。1931 年"九一八"事变之后，他一再向全世界呼吁，用联合经济抵制的办法制止日本对中国的侵略。1937 年，他为"七君子事件"发出正义声援。1922 年底和 1923 年初，他在访日时途经香港和上海，对中国劳苦大众深表关注和同情[18]。他谴责欧洲人在上海成了统治阶级，把中国人当作他们的奴仆，残酷地虐待他们，待他们连牛马也不如。他哀叹香港华人受到野蛮的奴役和残酷的剥削，每天为五美分的工资不停地砸石子。他斥责英国人是奢侈的寄生虫，扬扬自得而不知人民的反抗运动已难以压抑。对于受外国人压迫的中国人，爱因斯坦寄予无限的厚望："再过五十年，中国人必定能够赶上外国人。"

爱因斯坦也坚定地反对国家崇拜和极端的国家主义。他

---

[17] A. Einstein, *The World As I See It*, Translated by A. Harris, Philosophi-cal Library, New York, 1949, pp. 78—79.

[18] 金子务：《爱因斯坦对亚洲的感受——1922 年在中国上海、香港的见闻》，刘淑君译，《科学与哲学》（北京），1986 年第 4 辑，第 143—158 页。

反复强调："没有余地要把国家和阶级奉为神圣，更不用说要把个人奉为神圣了"，"真正的民主主义者""很少是崇拜他们的国家的"（*E*3, p. 175）。他赞扬波佩尔—林科伊斯（J. Popper-Lykeus, 1838—1921）就是"体现时代良心的出色人物"，"不盲目崇拜"国家和社会。

按照爱因斯坦的观点，"国家至上的概念""正是煽起战争的强烈因素"，"很少有人能够逃脱"这种"新式偶像"的"煽动力量"；这种煽动所导致的"领土问题和权力之争"，"尽管已是陈腐了的东西，但仍然压倒了共同幸福和正义的基本要求"（*E*3, pp. 232, 261, 206）。他以犀利的笔锋揭示出："极端的国家主义是这样一种精神状态：它使总是必须准备战争的国家走火入魔，从而人为地被诱入歧途。""国家主义是对军国主义和侵略的理想主义的理论诠释。"（*HPS*, pp. 414, 323）他进而揭开了国家主义的漂亮迷人的伪装：

> 国际秩序的最高障碍是铺张扬厉的国家主义精神，这种国家主义精神却起了一个有感染力的、但却被误用了的名字——爱国主义。在刚过去的一个世纪中，这个虚假的偶像产生了不幸的、极其有害的影响。（*HPS*, p. 209）

在看待国家与个人的关系上，充分显露出爱因斯坦深厚的人道主义情怀。他说："在人生丰富多彩的表演中，我觉得真正可贵的，不是政治上的国家，而是有创造性的、有感情的个人，是人格。"（*E*3, p. 44）在爱因斯坦看来，国家不是目的，国家不仅是而且应该是它的公民手中的工具。
他说：

> 最重要的宽容就是国家和社会对个人的宽容。为了确保
> 个人自身发展所不可缺少的安全，国家当然是必要的。
> 但如果国家变成主体，个人却沦为唯命是从的工具，那
> 么所有好的价值就全部丧失了。必须首先砸碎磐石然后
> 才能长出树木，必须先松土然后植物才能茁壮成长。同
> 样，只有在人类社会达到足够的开放水平、个人能够自
> 由发展自己能力的时候，人类社会才能取得有价值的成
> 就。（*RS*, pp. 78—79）

爱因斯坦认为，德国人已沦为国家无用的牺牲品。德国国家
主义的军事组织要求把个人降格为忠顺的、毫无意志的爪
牙，要求把青年人训练为机械地、毫无异议地顺从他们上司
的奴仆。简而言之，这意味着统统放弃个人自由和个人尊严
（*HPS*, pp. 321—322）。他斩钉截铁地表示："国家是为人
而建立的，而人不是为国家而生存。""国家应该是我们的
勤务员，我们不应该是国家的奴隶。"（*HPS*, p. 207）

　　爱因斯坦在反对国家主义的同时，更是旗帜鲜明地反对
走向国家主义极端的沙文主义。他一针见血地指出，国家主
义和沙文主义是世界上诸多罪恶的渊薮，而沙文主义极易从
国家主义的病体中滋生："人类受到太强烈、太狭隘的国家
主义概念的折磨。目前的国家主义的浪潮是一种严重的疾
病。它只要得到最轻微的诱发，或者有时不需要诱发就完全

转化为沙文主义。"（*HPS*, p. 71）为此，他号召国际间团结一致的精神应该加强，应该同阻碍世界和平的沙文主义进行斗争。他开列了根治沙文主义的处方：在学校里，历史课应该用来作为讲述人类文明进步的工具，而不应该用来灌输帝国主义势力和军事成功的理想。应该启发学生对于不同民族的特性有一种深怀同情的理解，这种理解应该包括那些通常认为是"原始的"或"落后的"民族在内（*E*3, p. 123）。

爱因斯坦对"在伟大人物身上发现的狭隘国家主义偏见极为失望"，对在别的方面是理智、能干和聪明的人"从宗教狂热堕入国家主义的疯狂"感到焦虑 （*HPS*, pp. 29, 31—32）。他呼吁德国人和法国人以四海之内皆兄弟的信念对抗时疫的流行和蔓延：

> 国家主义的激情处处煽起了烈焰，很难判断哪一个更加是不祥之兆 —— 是你的人民的胜利还是我们的失败；两种威胁都使邻国之间的深仇大恨永久存在。可是，罪恶的根源在目前的历史前后关联中是找不到的，相反地却能在欧洲有教养的阶级一代一代传下来的传统之中发现，这些传统对基督教道德满嘴的好话，实际上则公然藐视它们 —— 干坏事和压迫人的人将享受荣誉和荣耀，遭到不公正的人要忍受耻辱和污辱。这些古老的、邪恶的传统预示了我们大陆（指欧洲大陆）必定毁灭的危险。我们将以四海之内皆兄弟的热情信念反对这些传统，不这样做，无论人还是国家，都不能相互和谐地生存。（*HPS*, pp. 63—64）

对于德国人中那些国家主义乃至军国主义的盲目追随者和疯狂鼓吹者，爱因斯坦则给予毫不留情的抨击或义正词严的谴责。他指出，许多德国人用脊髓置换了脑髓，用兽性代替了理性。德国人作为整个民族，是要对大屠杀负责的，并为此而应该受到惩罚。因为站在纳粹党背后的，是德国人民——在希特勒已经在他的书中和演讲中把他的可耻意图讲得一清二楚而没有一点可能发生误解之后，他们还是要选举他。德国人是唯一没有做任何认真的反抗来保护无辜受害者的民族。因此，在他们全面溃败而悲叹其命运之时，善良的人们千万不要被他们的眼泪所蒙骗，而是要牢记：他们曾经存心利用别人的人性，来为他们最近的、最严重的反人性的罪行做准备（*E*3, p. 198）。对于德国知识分子在两次世界大战中的拙劣表现，爱因斯坦更是看在眼里，记在心上。他早就洞察到，德国有教养阶层缺乏勇气是灾难性的。德国科学界的代表人物之所以未尽其责捍卫智力价值，是因为他们完全丧失了对智力价值的热爱。这就是劣等的邪恶个人能够攫取权力并用他的可鄙思想教训民众的唯一原因（*HPS*, p. 294）。他说："我们有理由谴责德国知识分子，因为他们无条件地屈从那个要不得的政府的控制。他们犯了罪，给他们惩罚，那是正确的，即使他们自称他们在法律上是被迫去干的。"（*E*3, p. 213）"德国人的罪恶，真是记载在所谓文明国家的历史中的最令人深恶痛绝的罪恶。德国知识分子——作为一个整体来看——他们的行为并不见得比暴徒好多少。而且甚至到现在，还看不出任何悔改的表现，也看不出有真正想丝毫弥补大屠杀后果的任何愿望。"

（E3, p. 266）有鉴于此，爱因斯坦在二战后仅同少数有正义感、有骨气的科学家保持私人友谊，拒绝参与任何代表德国公共生活的活动。这表明，与其说爱因斯坦厌恶德国人，毋宁说厌恶这些人的国家主义和军国主义的思想和行为。

三、犹太性和犹太复国主义

爱因斯坦对犹太性[19]的看法和对犹太复国主义[20]的态度，也体现了他的世界主义和反民族主义的立场，以及他主持正义、株守公道、襟怀坦荡的品格。

爱因斯坦的犹太性意识既不是自发的，也不是自觉的，无论是到小学上学还是去布拉格教书，都是外部强加给他的。即使日后他明确认识到自己的犹太人身份，并目睹犹太人备受歧视和惨遭迫害时，他增强的只是爱憎分明的情感和理智，而不是犹太性。对爱因斯坦来说，他似乎还在不断地削弱他的犹太性——不是为了安全（在 1930 年代德国的反犹恐怖气氛中，人们完全有理由那样做），而是出于真正的

---

[19] Judaism 可译为犹太教，其含义是：对犹太风俗（或仪式）的遵守，犹太人的文化、社会和宗教的信仰，全体犹太人。我在此将其译为"犹太性"，与 Jewishness 同义。

[20] Zionism（犹太复国主义）：犹太民族主义运动，目标是在犹太人的古代故乡巴勒斯坦创立和维持一个犹太民族国家。其思想萌芽出现在十六和十七世纪，1897 年正式形成一个政治运动。其后不断有移民迁入，在二战前达到高潮。1947 年联合国建议阿以分治，1948 年以色列国建立。

普遍性（universality），由于他认为普遍性意识是与全人类保持联系的共同纽带。因此，爱因斯坦对犹太人的某些古老的清规戒律不以为然[21]，他甚至觉得要确定一个犹太人也是十分困难的事[22]；因为他认为仪式主义的犹太教徒是错误的，他在表格中填写的犹太教仅具有象征意义。

在爱因斯坦看来，犹太人共同体是一个由血缘和传统的纽带、而不仅仅是由宗教结合在一起的共同体：世界上其他人对他们的态度是这一点的充分证据[23]。他还说：

> 它是一个道德传统的共同体，这在重压时期总是表现出它的力量和生气。在所有时代，它都产生了体现西方世

---

[21] 这里有一个轶事很能说明问题。一次，有个陌生人在街上问爱因斯坦，在哪里可以找到按犹太教规要求的清洁食物的餐馆。爱因斯坦提到一个地方，并指明了方向。那人不十分满意，苦恼地说："你能确保它是清洁的餐馆吗？"爱因斯坦笑着回答："是的，它是清洁的。可是，只有公牛是清洁的，因为它只吃草。"参见 P. A. Bucky, *The Private Albert Einstein*, A Universal Press Syndicate Company, Kansas City, 1993, p. 83.

[22] 爱因斯坦说："请你想象一个蜗牛，我们能够开始最仔细地描述它。你在海洋中看到的蜗牛由蜷伏在小屋内的身体构成，它总是负荷着小屋。但是让我们描绘一下，如果我们剥除蜗牛的外壳，会发生什么呢？难道我们还会把没有掩护的身体描述为蜗牛吗？正是以同样的方式，按这种方式脱去他的信仰外壳的犹太人，甚或选择不同信仰的人，还是犹太人吗？"参见 P. A. Bucky, *The Private Albert Einstein*, A Universal Press Syndicate Company, Kansas City, 1993, p. 87.

[23] A. Einstein, *The World As I See It*, Translated by A. Harris, Philosophi -cal Library, New York, 1949, p. 108.

界良心的人、人类命运和正义的捍卫者。㉔

在回答"你认为存在任何像'犹太人的观点'这样的事
吗?"时,他说:"不,肯定不存在。只有在下述说法中
我将证明这一点合格:也许仅在哲学上存在着犹太人的观
点。我甚至把犹太教没有看成一种教义。我认为所谓的犹
太教的上帝实际上恰恰是对迷信的否定。"㉕正是出于这样
的看法,他在 1920 年秋写信给柏林的正式的犹太人团体:
"就像我感到我自己是一个犹太人一样,我在同一程度上
感到我远离了传统的宗教形式。""没有人能够被强迫加
入宗教团体。多谢上帝,那些时期永远逝去了。我特此一
劳永逸地宣布:我不打算参加……而且将依然不与任何正
式的宗教群体发生联系。"㉖他事后同意仅在文化的意义上
而不是宗教的意义上作为犹太人团体的成员。尽管爱因斯
坦在给玻恩的信中说他是"一个在什么地方都无根的人——
处处是外人"㉗,但他还是以犹太人而自豪。在纽约河岸大
教堂的世界最伟大学者的雕像群中,爱因斯坦的雕像是唯

㉔ A. Einstein, *The World As I See It*, Translated by A. Harris, Philosophi
-cal Library, New York, 1949, p. 94.

㉕ P. A. Bucky, *The Private Albert Einstein*, A Universal Press
Syndicate Company, Kansas City, 1993, p. 88.

㉖ B. Hoffmann, *Albert Einstein, Creator and Rebel*, The Viking
Press, New York, 1972, p. 144.

㉗ F. Gilbert, Einstein's Europe, *Some Strangeness in the
Proportion, A Centennial Synposium to Celebrate the Achivements of
Albert Einstein*, Edited by H. Woolf, Addison-Wesley Publishing

一健在者的雕像。当有人问及他自己处于圣者之中时有何感想，他回答说："我为此荣誉而自豪，这不是由于我的缘故，而是因为我是一位犹太人。"在晚年，他在内心对犹太民族和以色列国存有依恋之情，他对其他国家和民族是没有这种特殊的感情的（虽则是十分亲善和理智的）。他的"我是一个人，一个善良的欧洲人，一个犹太人"（*HPS*, p. 316）的表白，说明他总是首先以世界公民的眼光看问题的，总是把理智放在感情之上[28]。

爱因斯坦对犹太复国主义的态度有一个演进过程。他1911年去布拉格时，那里有不少优秀的犹太作家和哲学家，他们力劝他对犹太问题发生兴趣。当时，他对犹太复国主义持轻蔑态度，认为热衷于犹太问题是落后而狭隘的人所干的事情，这种人由于卑微的种族利益而忘记更重大的问题。1914年，一战的爆发和爱因斯坦移居柏林后的个人遭遇以及犹太人备受歧视的事实，似乎为他思想的转变奠定了心理基础。1919年，在与著名的德国犹太复国主义者布卢门菲尔德（K. Blumenfeld）多次谈话和接触后，他虽然对犹太民族运动的必要性和巴勒斯坦的犹太人农业新村心存疑虑，但原有的态度毕竟有所松动："我反对民族主义，但是赞成犹太复

Company, Inc. , 1980, pp. 13—27.

[28] 爱因斯坦1929年在给阿达玛的信中说："当涉及人类事务时，我的感情比起我的理智来要起更加决定性的作用。"（*HPS*, p. 141）从上下文看，这似乎是托词。事实证明，他的决断总是理智的。也许只是在感情与理智的取向一致时，他的感情才格外强烈，起主导作用。在公共事务中，他似乎无感情用事的时候。

国主义事业。这理由我今天已经明白。如果一个人有两只胳臂，而他却不断地说，我有一只右臂，那么他就是一个沙文主义者。如果一个人缺了右胳臂，那么他就得尽力弥补那只缺失的胳臂。因此，从做人的态度上说，我是民族主义的反对者。作为犹太人，我从今天起赞成犹太复国主义的民族努力。"（*JNE*, p. 198）

从此，犹太复国主义已处于爱因斯坦的兴趣范围，但还没有在他的头脑生根，他只是谨慎地、在某种程度上犹豫地支持这项事业。要知道，爱因斯坦并非言听计从、随波逐流之人：他的判断和决定均出自他的内心，不是来自外面的灌输和劝说。1920 年反犹分子猖狂攻击相对论，1922 年德国外长、犹太人拉特瑙惨遭暗杀以及随之而来的纳粹的威胁，坚定了爱因斯坦的赞同和支持态度。与此同时，爱因斯坦在行动上也迈出了切实的步伐：1921 年他陪同犹太复国主义领袖魏茨曼访美为希伯来大学筹款，1923 年他由日本返回时访问了巴勒斯坦。此时，他不顾犹太人和非犹太人的种种非议，勇敢地投身于犹太人的事业。他在访美几个月之后就巴勒斯坦重建所做的讲演中说：

我们犹太人应该再次逐渐意识到我们作为一个民族的存在，重新获得对健康存在来说是必要的自尊。我们必须再次了解我们祖先和我们历史的光荣，再次依靠作为一个民族的我们，自己去处理打算增强我们共同体意识的文化任务。在人类种族的文化发展中，我们作为个人起作用是不够的，我们也必须对待只有作为一个整体的民

族才能够完成的任务。只有如此，犹太人才能获得社会
兴旺。

正是从这种观点出发，我想让你们看看犹太复国主义运
动。今天，历史赋予我们以积极参加我们民族土地上的
经济和文化重建的任务。热心人、有杰出才能的人已经
扫清了道路，我们种族中许多出色的成员正准备全心全
意地献身于这项事业。但愿他们之中的每一个人都充分
认识到这一工作的重要性，尽其所能致力于它的成功。㉙

与此同时，爱因斯坦对犹太民族的感情也变得炽烈起
来："我看到高尚的犹太人被卑鄙地用漫画讽刺，这种情景
使我的心在淌血。我看到学校、报纸、连环漫画和非犹太
多数派的其他力量暗中破坏我的大多数同胞的自信，我感
到不能容许这种事态继续下去。"㉚ 他发出号召：全体犹太
人都应该感谢犹太复国主义的恩义。犹太复国主义运动在
犹太人中间恢复了共同体的意识：在巴勒斯坦所实现的生
产事业㉛，把一大批犹太人兄弟从极其悲惨的困境中拯救出
来，特别是把不少青年人引向愉快的、创造性的劳动生活

㉙ A. Einstein, *The World As I See It*, Translated by A. Harris, Philosophi
-cal Library, New York, 1949, p. 100.

㉚ A. Einstein, *The World As I See It*, Translated by A. Harris, Philosophi
-cal Library, New York, 1949, p. 109.

㉛ 显然是指第二批犹太移民（1904—1914）在巴勒斯坦建立的集体化
农庄"基布兹"（Kibbutz）和第三批移民（1918—1923）建立的小自
耕农的合作化农庄"莫夏夫"（Moshav）。爱因斯坦称赞：这些人靠

（*E*3, pp. 151—152）。由于这一切，爱因斯坦被犹太人看作"犹太人合作的象征"和"犹太圣人"（*E*3, pp. 450, 452）。作为犹太圣人，他对不会祖先的语言"不能不感到惭愧"，可是他"宁可惭愧，而不愿学它"（*E*3, p. 485）。

爱因斯坦的言行，尤其是他支持在巴勒斯坦建立一个犹太民族家园的主张，被人误解或指控为民族主义。对此，爱因斯坦认为，在特定的情况下，这是有正当理由的，因为世界用不断存在的反犹主义迫使犹太人掘壕沟防御[32]。在致一位误解者的信中，他在指出只有致力于犹太人的共同事业，才能使反犹主义者恢复健康之后写道：

> 你称这一切为民族主义，并且做了某些谴责。但是，一个共同的目的——没有它我们在这个敌对的世界上既不能生也不能死——总能够被用那个邪恶的名字来称呼。无论如何，民族主义的目的都不是强权，而是尊严和兴旺。假如我们不是被迫生活在不宽容的、思想狭隘的和凶暴的人群中间，那么我会第一个为了全人类的利益而

他们自己的双手把沙漠变成繁荣的新村，他们是在自愿的基础上挑选出来的整个犹太民族的精华，是一群坚毅刚强、满怀信心、公正无私的优秀人。他们不是卖高价的无知的苦力，而是智力活跃的自由人。由于他们同荒芜的土地做和平的斗争，从而使整个犹太民族直接或间接受益（*E*3, p. 51）

[32] P. A. Bucky, *The Private Albert Einstein*, A Universal Press Syndicate Company, Kansas City, 1993, pp. 88—89.

抛弃全部民族主义。[33]

事实上，爱因斯坦对犹太复国主义的理解以及他自己的主张都不是狭隘民族主义的。他在巴勒斯坦重建的讲演中说："犹太复国主义领导人怀有的目标不是政治目标，而是社会目标和文化目标。"[34] "危机也净化了我们对巴勒斯坦问题的态度。这已经清楚地表明，我们并不是企图创建一个政治社会，我们的目的与犹太民族的古老传统一致，是在该词的最广泛意义上创建一个文化社会。情况既然如此，对我们来说，这就是要以开放的、慷慨的和尊重的方式与我们的兄弟阿拉伯人肩并肩地解决生存问题。" "我们培育在巴勒斯坦建立我们自己的文化家园的希望，这将有助于唤起近东地区新的经济生活和精神生活。"[35] 显然，爱因斯坦不主张建立犹太人的政治国家，他赞同两个民族一个国家的思想。这种主张在他 1938 年的发言中得以重现：

我非常愿意看到同阿拉伯人在和平共处的基础上达成公

[33] A. Einstein, *The World As I See It*, Translated by A. Harris, Philosophi -cal Library, New York, 1949, p. 109.

[34] 这是爱因斯坦 1921 年对 Zionism 的理解。因此，爱因斯坦心目中的 Zionism 没有"复国"之义，也许译为"犹太主义"更为名副其实。后来，他也许觉察到自己与犹太复国主义领导人的思想分歧，曾对派斯（A. Pais）说："正如弗洛伊德常说的，我和魏茨曼的关系在心理上是矛盾的。"（*SD*, p. 383）

[35] A. Einstein, *The World As I See It*, Translated by A. Harris, Philosophi -cal Library, New York, 1949, pp. 95—97.

平合理的建议，而不希望创立一个犹太国。除了实际的考虑以外，我所认识到的犹太民族的本性是同犹太国的思想相抵触的，而不管它的边界、军队和世俗权力多么有节制。我怕从内部损害犹太民族——特别是由我们自己的行列里发展起来的一种狭隘的民族主义所造成的损害——会持续下去，甚至在没有犹太国的时候，我们就已经不得不同这种狭隘的民族主义进行坚决的斗争。我们已经不是马卡比⑯时代的犹太人了。回到政治意义上的国家，就等于离开我们共同的精神，这种精神应归功于我们先哲的天才。如果外界的需要竟然要迫使我们背上这种"国家"包袱，那就只好让我们用机智和耐心去背上它吧。（E3, pp. 152—153）

在以色列立国之后，爱因斯坦承认了现实，并对"我们犹太人在以色列用惊人的精力和无比的自我牺牲精神所完成的事业"表示"喜悦和钦佩"。他同时揭示出，这样的结果不是我们的过错，也不是我们邻人的过错，而是委任统治国英国不让我们实现统一的巴勒斯坦，不让犹太人和阿拉伯人以平等的地位自由地生活在和平之中。这是英国统治者臭名

---

⑯ 此处"马卡比"（Maccabee）系指"马卡比兹"（Maccabees 或 Maccabaeus）。马卡比兹是犹太爱国主义者家族，他们在公元前175—前164年举行起义，把犹太民族从叙利亚的统治下解放出来，建立起一个祭司王朝。公元前63年，罗马帝国统帅庞培（Pompey，公元前106—前48年）攻占了耶路撒冷，此后两千年，直到1948年成立以色列国之前，犹太民族再没有建立过一个独立的国家。（E3, p. 153）

昭著的"分而治之"的诡计:在被统治的人们中间制造不和,使他们不至于团结起来摆脱加在他们身上的枷锁[37]。他在此时仍在申述他的初衷:"巴勒斯坦的犹太人并不是为了他们自己取得政治独立而斗争,而是为在许多国家里连生存都处于危险中的犹太人取得自由移民的权利而斗争;也是为了所有那些渴望在自己人中间生活的人获得自由移民的权利而斗争。可以毫不夸大地说,他们的斗争可能付出的代价在历史上也许是无与伦比的。"(E3, pp. 277—279)

在对待犹太人和以色列的问题上,爱因斯坦始终把处理好与阿拉伯民族的关系放在考虑的中心。他早就表明,在犹太人和阿拉伯人之间建立满意的伙伴关系,是两个民族自己的重要事务,其重要性不亚于巴勒斯坦的重建。对此,犹太人和非犹太人都必须是理性的和理智的。犹太人必须意识到相异种族的存在,从中得出合乎逻辑的结论,对非犹太人采取有礼貌的、善意的、一贯有节制的态度。对立对阿、犹两个民族来说都是不值得的,它只能够通过找到双方都同意的中间道路来改变[38]。在巴勒斯坦,没有同阿拉伯人的谅解和合作是不行的,根本谈不到把阿拉伯人从他们的土地上撵走(E3, p. 456)。对于在巴勒斯坦新村的自由劳动者,爱因斯

---

[37] 爱因斯坦在这里有先见之明:"不错,现在枷锁已经丢掉,但是纠纷的种子却已经结出果实,这对今后一个时期仍然会造成损害——我们希望这个时间不会太长。"(E3, p. 278)遗憾的是,这种损害延续了近半个世纪还未到头。

[38] A. Einstein, *The World As I See It*, Translated by A. Harris, Philosophical Library, New York, 1949, pp. 93—94, 107—108, 110.

坦寄予厚望：

> 只有这个劳动者阶级才有能力同阿拉伯人建立起健康的
> 关系，这是犹太复国主义的最重要的政治工作。行政管
> 理机关变动不居，但是最后调准各个民族生活基调的，
> 还是人与人之间的关系。因此，支持"劳动的巴勒斯
> 坦"，就是同时在巴勒斯坦促进一种人道主义的和值得
> 推崇的政策，并且有效地抵制那些狭隘民族主义的暗
> 流。而如今，整个政治界，以至在比较小的程度上巴勒
> 斯坦那个小小的政治界，都受到这种狭隘民族主义的损
> 害。（*E*3, pp. 51—52）

为了以诚实和善意解决阿拉伯和犹太民族之间存在的困难，
爱因斯坦甚至自己设想了一个补救方案：由双方各派四名代
表，组成一个秘密的理事会协调、处理面临的问题[39]。

---

[39] 爱因斯坦方案的细节如下：双方的四位代表必须独立于所有政治
派别，分别来自医学、律师、工会和牧师界。八人每周会见一次。
他们不是维护他们的职业和民族的局部利益，而是诚心诚意地、尽其
全力地服务于该地区全体居民的利益。他们的评议绝对保密，私下也
不许泄露。每方有不少于三人同意就可做出决议，并以全体理事会
的名义发表。如果成员持异议，他可以退出理事会，但仍有保守秘
密的义务。如果上述四个选举代表的团体不满意理事会的方案，它
可以另换一个代表。这个秘密理事会虽无确定的权力，但它无论如
何会导致分歧逐渐化解，扫清短暂的政治尘埃。参见 A. Einstein, *The
World As I See It*, Translated by A. Harris, Philosophical Library, New
York, 1949, pp. 110—111.

以色列国的建立和随之而来的中东战争使爱因斯坦十分忧虑和沉重。他虽然认为，我们处境的不幸迫使我们通过武力维护我们的权利，这是防止完全灭绝的唯一道路；但他还是确信，与阿拉伯的关系必须以富有成效的合作和相互尊重与信赖为基石，因为借此才能使两个民族获得真正的独立[40]。他呼吁以色列尽可能密切地遵守犹太人在漫长的历史进程中所形成的道德理想。这些理想之一是和平，它建立在谅解和自我克制的基础上，而不是建立在暴力的基础上。（*E*3, p. 277）在临终前几个月，他多次在信中对阿、以紧张关系表示关注和遗憾。他谴责杜勒斯（J. F. Dulles, 1888—1959）在该问题上的鼠目寸光的帝国主义和军国主义政策，对阿、以双方的民族主义态度颇有微词，并吁请以色列平等对待阿拉伯公民，发展同阿拉伯世界各国的健康的睦邻关系。（*E*3, pp. 328, 334）就在临终前几天，他还对以色列同埃及之间的冲突忧心忡忡。他在为以色列独立纪念日准备的未完成的讲稿中这样写道："我今天不是以一个美国公民，也不是以一个犹太人的身份同你们讲话，而是以一个试图用最大的严肃性来客观地考察事物的人的身份同你们讲话。我所想做的事，不过是要以我的微弱的能力来为真理和正义服务，准备为此甘冒不为任何人欢迎的危险。"（*E*3, p. 338）联想到爱因斯坦明智地谢绝就任以色列第二任总统的邀请，他的世界主义的世界公民的情怀岂不是昭然若揭吗？

---

[40] A. Einstein, *The World As I See It*, Translated by A. Harris, Philosophi-cal Library, New York, 1949, p. 272.

以色列驻美大使埃班（A. Eban）曾说："作为科学家的爱因斯坦和作为犹太人的爱因斯坦表现出一种完美的和谐。这些考虑加上他对欧洲犹太人的灾难的深挚情感，……说明了他致力和支持以色列民族复兴的炽热的热忱。"[41] 不管埃班评论的旨意和侧重何在，它无论如何吐露出爱因斯坦在世界主义和民族感情之间保持了恰到好处的张力。想想犹太人千百年来因种种莫须有的罪名遭到妒忌、歧视、排斥、迫害和屠杀，我们不能不慨叹爱因斯坦保持必要的张力之不易！

---

[41] W. Cahn, *Einstein, A Pictoral Biography*, The Citade Press, New York, 1955, p. 92.

第九章 战斗的和平主义

> 欲登镇海览穗城，
>
> 重门深锁意难从。
>
> 名威南粤禁不住，
>
> 似听当年炮声隆。
>
> —— 李醒民《登镇海楼未成》

在爱因斯坦的一生中，除了科学之外，他最关切、投入时间和精力最多的事业就是反对战争和争取和平了。从 1914 年签署第一个反战声明到 1955 年签署罗素—爱因斯坦废止战争宣言，爱因斯坦走出象牙之塔，在四十年间撰写了数百篇文章和信件，并身体力行，为和平事业奔走呼号、殚精竭虑。在爱因斯坦的心目中，"人与人之间的善良意愿和地球上的和平"是"一切事业中最伟大的事业"（*HPS*, p. 176），保卫和平这一对人类来说生死攸关的事情是一个"伦理公设"，是每一个有良心的人都不能逃避的"道德责任"①。爱因斯坦不是通过乞求、退缩，幻想强权恩赐和平，而是

---

① A. Einstein, *Out of My Latter Years*, Philosophical Library, New York, 1950, p. 106.

通过唤醒民众，奋起抗争，全力以赴地争取和平。难怪狄拉克称其为"伟大的和平战士和自由战士"[②]，难怪内森（O. Nathan）和诺登（H. Norden）称其和平主义为"富于战斗性的和平主义"[③]。其实，爱因斯坦本人也剖白："我不仅是一个和平主义者，而且是一个战斗的和平主义者。我愿为和平而斗争。"（*HPS*, p. 175）

爱因斯坦一生的和平活动分为三个时期：一战爆发到纳粹窃权（1914—1933），纳粹窃权到二战（1933—1945），二战之后（1945—1955）。在第一个时期，他积极从事公开的和秘密的反战活动，号召拒服兵役，战后为恢复各国人民之间的相互谅解奔走，参与国际知识分子合作委员会。在第二个时期，他告别了绝对和平主义，呼吁爱好和平的人民提高警惕，防止纳粹的进攻，并挺身而出反对德国军国主义和法西斯主义，反对英国的绥靖主义和美国的孤立主义。在第三个时期，他为根除战争加紧倡导世界政府的建立，大力反对冷战和核战争威胁，反对美国国内的政治迫害。在本章，我们不打算叙述爱因斯坦的具体活动[④]，仅拟就他的和平主

---

② P. A. M. 狄拉克：《爱因斯坦对物理学的贡献》，傅震译，《世界科学》（上海），1980 年第 11 期，页 53—54。

③ 这两位作者写道："到 1928 年前后，他似乎明确支持自第一次世界大战以来显著高涨起来的有组织的运动，以代替个人反对战争。在其后五年间，直到希特勒在德国夺取了权力，这种富于战斗性的和平主义形式在爱因斯坦的政治思考中处于支配地位。"（*HPS*, p. 127）

④ 有兴趣的读者可参见 *HPS* 和 *HPX* 文献。这本名为《巨人箴言录：爱因斯坦论和平》的著作篇幅浩大，资料翔实。

义思想以及战争与和平的观点加以剖析和论述。

一、和平主义思想的基础

爱因斯坦反对战争、渴望和平的思想不是通过复杂的推理过程，而是通过对战争的恐怖、残暴以及它在物质上和精神上引起的毁灭和创伤的深切感受和强烈憎恶而径直地达到的。因此可以说，爱因斯坦的和平主义思想在某种程度上是本能的。诚如他本人在 1929 年所言：

> 我的和平主义是一种本能的感情，这种感情支配着我，屠杀另外的人的想法对我来说是令人憎恶的。我的态度不是理智的理论的结果，而是由对每一种残酷行径和仇视的深恶痛绝引起的。（*HPS*, p. 139）

早在一战爆发之时，爱因斯坦就对"堕落的物种"所干的"蠢事"感到"怜悯和作呕"（*HPS*, p. 16）。一战之后首次访问法国时，爱因斯坦在索洛文的陪同下参观了圣康坦战争废墟，满目疮痍的情景给他留下了不可磨灭的印象。他反复说，战争是可怖的，必须不惜一切代价废除战争。（*HPS*, p. 78）在爱因斯坦对战争本能厌恶的表象背后，也有着深厚的思想底蕴，而且二者往往是交织在一起的。例如，是年（1922）在一本和平主义运动的小册子中，他这样写道：

战争对国际合作的发展构成最可怕的障碍，尤其是在它对文化的影响方面。战争完全破坏了知识分子从事创造性工作的必不可少的那些条件。如果他碰巧是年轻力壮的，那么他的活力将被拴在起破坏作用的发动机上，而年长的人将陷入仇恨和灰心丧气之中。而且战争导致国家枯竭，导致长期的经济萧条。因此，凡是珍爱文化价值的人，都不能不是和平主义者。（*HPS*, pp. 85—86）

爱因斯坦多次谴责战争是"可耻和卑劣"的，是"最邪恶的行为"，它"严重地危害世界文明的真正幸存"，是"原始时代的残酷而野蛮的遗风"（*HPS*, pp. 183, 218）。如果战争的目的达到了，"欧洲就会变成贫瘠的荒漠，因为人类共同体的生命在野蛮、兽行、恐怖和憎恨的基础上不能长期延续下去"⑤。

爱因斯坦曾经深情地对汤川秀树说："我自己也是东方人。"（*JNE*, p. 211）这也许不仅仅是地理概念上的，恐怕更多的是就思想基础而言的。在爱因斯坦的和平主义思想中，我们不难发现东方儒家的仁爱平和、佛教的非暴力和四无量心的影子，尤其是犹太教和犹太人传统中的上帝之爱、生命神圣、十诫律法等，作为文化遗传基因已根植在他的心灵深处。他指出，犹太人在漫长的历史进程中所形成的道德理想之一就是和平，它基于相互谅解和自我克制而非暴力

---

⑤ A. Einstein, *Out of My Latter Years*, Philosophical Library, New York, 1950, p. 254.

（*E*3, p. 277）。在爱因斯坦看来，犹太教几乎只涉及人生的道德态度和对待生命的道德态度，其生命观的本质在于它对天地间万物的生命的肯定态度，在于对个人以外的生命和对一切有灵性的东西的尊敬。这种"超越个人意义上的生命的神圣化"是犹太教"最纯粹和最有生命力的表现之一"⑥。因此，爱因斯坦深信："只有生命和个人神圣不可侵犯的原则不再成为政治争论的主题，那么才能够有效地为和平事业服务。""不能使战争人性化，只能消除它。"（*HPS*, pp. 244, 232）

坚持生命神圣和珍爱文化价值是爱因斯坦反战的两个主要情感源泉和思想基础。此外，对自由的崇尚，对宇宙规律的敬畏，也增强了他的反战卫和的责任感和使命感。这是因为，只要战争作为一种被接受的惯例存在，那么个人的思想自由——他把这种自由视为人类社会的基本原则——就不会实现。军事机构的存在，把年轻人训练成为最臭名昭著的自私目的服务的毫无思想的工具，战争将在平民生活中引起道德沦丧——这一切都是与自由人的尊严水火不容的。而且，人在战争中的堕落行为亵渎了庄严的宇宙规律，千百万人的任性屠杀与自然进程格格不入，而他作为科学家却对宇宙规律和自然进程怀有深深的敬畏之情。这也是他对战争暴

---

⑥ 爱因斯坦还说：在过神圣的安息日时，生命神圣化的基本原则连动物也明白地包括在戒律的范围内，这种要把一切有生命的东西都理想地团结起来的感情多么强烈。拉特瑙一次同他谈话时说过："当一个犹太人说他要打猎取乐时，那是说谎。"这再简单不过地表明了犹太人对生命的神圣感。（*E*3, pp. 103—104）

行深恶痛绝的根源之一，也是他反战卫和的真正动力之一（*HPS*, pp. 2, 4）。

爱因斯坦成熟的和平主义是战斗的和健全的和平主义。这种战斗的和平主义早已有之，不过在他 1928 年不再是孤军奋斗，而开始明确支持日益高涨起来的有组织的反战运动后才处于支配地位，并在 1930 年的一次讲演中达到高潮：

> 名副其实的和平主义者，他们的头脑并非想入非非，而是用现实主义的词句去思考，他们必须大胆地努力去作对和平主义事业有实际价值的事情，而不应当依旧仅仅满足于信奉和平主义的理想。需要的是行动而不是言论；言论只能使和平主义者一事无成。他们必须行动起来，从那些能够达到的事情开始。（*HPS*, p. 163）

次年，在刚引的自称是"战斗的和平主义者"的讲话中，爱因斯坦尽管相信富兰克林"从来也没有一次好的战争或一次坏的和平"，但他为和平而斗争的激情却溢于言表："每一项伟大的事业，起初都是由敢作敢为的少数派所倡导。一个人为他所信奉的事业（例如和平）而死，岂不是比为他所不信奉的事业（例如战争）而遭受痛苦更好些？"他接着说：

> 也许不可能在一代人的时间里根除好斗的本能。完全根除它甚至也不是称心如意的。人们应该继续战斗，但是他们应该为值得花费时间的事情去战斗，而不是为设想中的地理界线、种族偏见和在爱国主义色彩伪装下的私

人贪欲而战斗。他们的武器应该是精神的武器，而不是
炮弹和坦克。

爱因斯坦最后大声疾呼："我们必须准备为和平事业做出英
勇的牺牲，正如我们为战争不惜做出牺牲那样。在我的心目
中，没有什么任务比它更重要或更紧迫了。"（*HPS*, pp. 175—
176）

　　在纳粹上台之前，爱因斯坦是一个绝对的和平主义者，
幻想通过拒服兵役和废除军队来根除战争。他谴责"义
务兵役制是今天文明人类丧失个人尊严的最可耻的症状"
（*E3*, p. 39），强迫服兵役和战争服务从未成文的道德法的
观点来看是"非法的"，因为这与具有高尚道德境界的良心
是"不兼容的"（*HPS*, p. 180）。他认为，众人能够通过
在和平时期建立完全拒绝兵役的组织，来最有效地与战争体
制做斗争。只有当废除了所有军队和所有形式的义务兵役
时，国际争端的和平解决才有可能。作为一个开端，如果
杰出的公民都拥护拒绝服兵役的原则，那么这也许是最有
效的（*HPS*, pp. 128, 129—130）。他强调，强迫服兵役是
有害的国家主义的主要根源，必须同它做斗争。对于出于
良心而拒服兵役的人，必须在国际主义的基础上给予保护
（*E3*, p. 85）。他把拒服兵役的人比作机器中的沙粒，借助
这样对人类有用的沙粒，将损毁战争机器，或者至少将废弃
正在剥蚀的征兵制（*HPS*, p. 199）。而且，只有完全彻底地
消灭了强迫征兵制，就有可能以和好精神、人生乐趣和对一
切生命的爱来教育青年，也才能使我们中间最优秀的人不致

毁灭于以愚昧、恐惧和贪婪三大势力为靠山的政治机器的魔爪之中（*E3*, p. 88）。

正由于认识到强迫服兵役的危害和拒绝服兵役的意义，爱因斯坦发出号召：有名望的人应该支持青年人拒绝兵役；一切有思想的人都应当庄严宣誓，决不参与一切直接的或间接的军事活动（*E3*, p. 60）。他深信：

> 拒绝参加为任何种类的战争服务的国际运动是我们时代最鼓舞人心的发展之一。每一个有思想的、动机良好的和有良心的人，都应该在和平时期承担严肃的、无条件的义务：不以任何理由参加任何战争，或者不直接或间接地支持任何种类的战争。（*HPS*, pp. 128—129）

为了使世人确信战争是不道德的，就必须使他们摆脱服兵役的可耻奴役。为达此目的，爱因斯坦向和平主义者提出了两条具体的行动路线。其一是毫不妥协地反对战争，在任何情况下都拒绝服兵役。在实行征兵制国家，真正的和平主义者必须拒绝承担军事义务；在未实行征兵制的国家，他们必须在和平时期公开声明，在任何情况下都不会拿起武器。其二是通过国际立法，力图确立在和平时期拒绝服兵役的权利，这是一种不会把个人卷入与法律牵连的方针。这一立法容许他们去做某些有利于他们自己国家或全人类的艰苦的工作，甚或是危险的工作，以代替服兵役。他们会以此证明，他们的反战并非自私自利，而仅仅是下述信念的逻辑结果：国际纠纷能够用打仗以外的方式去解决。这进而会证明，他们反对战争不可能是由于怯懦，或者由于贪图个人安逸，或者不愿为他们国家或人类服务（*HPS*, pp. 163—164）。爱因斯坦呼吁，每一个真正的和平同情者都必须支持和帮助作为无战争世界开拓者的拒服兵役者，以唤醒世人对于征兵罪恶的良心。要给采取拒服兵役的革命性方法的人以物质上的和道义上的支持，从而使和平主义具有生机勃勃的结果，成为将吸引具有坚定性格的人的强大的运动（*HPS*, pp. 196, 171）。对于摆在拒服兵役者面前的道德与法律之间的两难抉择，爱因斯坦的看法是：权威甚至国家，都没有权利要求公民去执行在道德准则上普遍认为是犯罪的行为（*HPS*, p. 205）。

考虑到纳粹德国的咄咄逼人的侵略野心和险恶的国际环境，爱因斯坦具有完全改变自己主张的道义力量和道德勇气，也具有固守原则的坚定性和变换策略的灵活性。在 1933 年，他放弃了拒服兵役和绝对反战的斗争策略，但他从未停止争取和平以及倡导建立用和平手段解决国际争端的超国家机构。是年 7 月 1 日，他坦率地承认，时间似乎不利于进一步拥护激进的和平主义运动的某些主张。例如，面对德国的重新武装，人们难道有正当的理由劝说法国人和比利时人拒服兵役吗？人们难道应该赞成这样的政策吗？他直言不讳地对此做了否定的回答（*HPS*, p. 301）。7 月 20 日，他在写给一位反战者的信中表示，假如他是比利时人，他在目前的形势下决不会拒服兵役，相反却会心甘情愿地服兵役，因为这样做有助于拯救欧洲文明（*HPS*, p. 306）。

爱因斯坦策略的改变在和平主义队伍内激起轩然大波，他们或惊慌、或猜嫌、或义愤、或谴责，乃至攻击。他们指责爱因斯坦此前拒服兵役的主张是"幼稚的保证"和"虚伪的允诺";他的"向右转"和"自相矛盾"意味着他的"人性脆弱"和"精神软弱";爱因斯坦是"变节者"和"罪恶的叛徒";"这一切比公开宣称的敌人的无情固执还要糟"（*HPS*, pp. 309—313）。针对这些公开的或私下的误解,爱因斯坦不得不一再申述:他讨厌一切武装和任何种类的暴力,可是在目前的世界形势下,这些可恨的武器却提供了有效的防御。如果对这一事实熟视无睹,那就会因失算而让凶险的敌人占便宜。任何削弱德国邻国军事准备的企图,对欧洲文明及民主制度来说都是不幸的。虽然和平主义的目标依然不变,但是达到和平的方法必须适应变化着的环境（*HPS*, pp. 309, 312, 332）。在1935年的一篇文章中,爱因斯坦在论述了拒服兵役在先前曾经构成一种建设性的政策后分析说:

> 可是在今天,必须清楚地认识到,几个强国已使它们的公民不可能采取独立的政治立场。这些国家通过无孔不入的军事组织,借助适应于侵略性的对外政策的被控制的报刊、中央集权的无线电事业和教育系统,来散布虚假的消息,从而成功地把它们的公民引入歧途。在这些国家,拒绝服兵役对于有足够的勇气采取这种态度的人来说,就意味着殉道和死亡。另一方面,在那些还尊重它们的公民的政治权利的国家,拒绝服兵役则可能削弱文明世界健康部分抵制侵略的能力。因此在今天,有识之士不应该支持拒绝服兵役的政策,至少在特别处于危

险之中的欧洲不应该这样做。在当前的环境下，我不认为消极抵制是建设性的政策，即使它是以最英勇的方式进行的。不同的时期需要不同的方法，尽管最终的目标依然如故。（*HPS*, p. 339）

爱因斯坦极为钦佩甘地，但在这个时期他也看清了甘地纲领的弱点：虽然不抵抗是对付逆境最理智的办法，但它只有在理想的条件下才能实行。在印度实行不抵抗反对英国也许行得通，但它却不能用来在德国反对纳粹（*HPS*, p. 346）。他再次尖锐地指出，军事力量的任何增长都代表着对民主的威胁，这是完全正确的。如果民主国家在面对好战的法西斯主义国家时依然手无寸铁和毫无戒备，那么对民主构成的危险要大得多。有组织的力量只能用有组织的力量去对抗，此外别无他途。否则，整个世界就会落入最可怕的敌人之手，人民就会沦为奴隶。因此，每一个正直的男人和女人都必须为反对法西斯暴政而斗争，都必须暂时牺牲一定程度的个人自由。爱因斯坦在此把和平主义分为两类：健全的和平主义和不健全的和平主义。前者通过建立在有影响的机构基础上的世界秩序来防止战争，而不是通过对国际问题的纯粹消极态度来防止战争。而后者则是不负责任的和平主义，它在很大程度上给法国的失败以及英国今日所处的困境帮了忙（*HPS*, pp. 365, 421—422）。不用说，爱因斯坦是健全的和平主义者。

爱因斯坦支持和弃绝拒服兵役的态度都是真诚的，完全是策略灵活的表现。在 1950 年代，当美国扩军备战的政策对世界和平构成严重的障碍时，爱因斯坦的态度又一次发生变化。他在支持美国青年拒服兵役的斗争时说：

> 良心拒服兵役的人是革命者。在决定不服从法律时，他是在为改善社会这个最重要的事业牺牲自己的个人利益。在有决定性意义的问题上，这样做往往是使社会进步的唯一办法；尤其是当现有力量的对比上不容许有效地利用正常的合法政治组织时，就更加是这样。
> （$E3$, p. 297）

爱因斯坦表示，个人有权利和义务不参与他认为是错误的和有害的活动，其中最重要的是拒绝服兵役。因为对德国战犯的纽伦堡审判默认了这样一条原则：犯罪行为不能以执行政府的命令为借口而获得赦免；应以良心代替法律的权威。为此他坚持，个人应根据自己良心行事，即使这种行动势必要触犯国家的法律。这种观点由于下述客观根据被证明是正确的：盲目服从那些我们认为是不道德的国家法律，只会妨碍为改革这些不道德的法律而进行的斗争（$E3$, pp. 322, 328）。

在结束本节时，我们再涉及一下爱因斯坦对他自己的和平主义的评估。他在1950年代的两封信中说："我不是像你所称呼的虔诚的（religious）和平主义者。而且，我认为人们宁愿起来战斗，不愿让别人屠杀而不还手。在希特勒德国的情况下，人们的选择就是这样。我也不赞成单方面的裁军。我所拥护的是在超国家控制之下的武装的和平。"（$E3$, p. 295）"我没有说我是一个绝对的和平主义者，而是说我始终是一个令人信服的（convinced）和平主义者[⑦]。""我是一个坚定的（dedicated）和平主义者[⑧]，而不是一个绝对的和平主义者；这就是说我反对在任何情况下使用武力，除非碰到一个实质上以消灭生命为目的的敌人。"（E3, pp. 312—313）不管自我估价和他人评价如何，爱因斯坦自始至终是一个战斗的和平主义者，却是不争的事实。

二、战争的根源与和平的途径

前面已多次论及，爱因斯坦认为国家主义和军国主义传统是煽动战争的根源。这些传统通过教育系统的机制延续下去，就像遗传病一样代代相传。使得这些传统永久存在的首恶元凶是军事训练、对军事训练的颂扬，同样还有受重工业和军方控制的那部分报纸的宣传（HPS, p. 202）。

爱因斯坦注意到战争的经济原因。他不认为战争是由资本家唯一地、甚或最初地制造出来的，而是与武器生产有关的各国的强大工业集团阻挠国际争端的和平解决（HPS, pp. 203, 280）。他说：

根本的困难在于一些人的自私自利欲望，这些人把利

[⑦] （E3, p. 311）中将其译为"虔诚的和平主义者"，似不确，且与（E3, p. 259）的译文直接自相矛盾。

[⑧] （E3, p. 312）和（HPX, p. 291）中将其译为"虔诚的和平主义者"，似不确，且分别与（E3, p. 259）和（HPX, p. 251）的译文直接自相矛盾。

润置于人类利益之上。有些人拒不采取开明的思想，
他们依然鄙欲褊狭。只要他们保证有红利，他们就自
鸣得意、心满意足。因为这些人对财富的贪欲欲壑难
填，致使我们遭受到经济国家主义和战争的灾难。
（*HPS*, p. 345）

他还指出，政治权力的饥饿往往受到以纯粹唯利是图的经济
欲望为基础利益集团的支持；过去几乎毫无例外地左右政治
决策的，都是政治野心及经济利益的欲望，而不是专业知识
和建立在客观思考基础上的判断（*HPS*, **pp. 256**，430）。这
样一来，更使得废除战争和维护和平的前景雪上加霜。

在弗洛伊德[⑨]（S. Freud, 1856—1939）的影响下（也许
还有斯宾诺莎思想的启示），爱因斯坦还在人的本性中探寻
战争的根源。他表示赞同弗洛伊德的观点：侵略和破坏的本

⑨ 爱因斯坦对弗洛伊德工作的态度是同情的，但不是全部赞成；他
好像是把作为心理分析之父的弗洛伊德和作为社会哲学家的弗洛伊德
区别开来。弗洛伊德熟知爱因斯坦对心理分析的立场，并在1929年的
信中说：爱因斯坦对心理学的了解并不比他对数学的了解更多；虽然
他充分赞赏数学的理性存在，但爱因斯坦却否认心理学的正当地位。
爱因斯坦同年在日记中也写道："如果必须有一个精神病学家，那么
我会偏爱弗洛伊德。我不相信他，但是我很爱他的简明的风格以及他
的独创性的、虽则是越轨的思想。"爱因斯坦对心理分析的观点后来
有所修正。他在1936年写给弗洛伊德的信中评论说，由于他得知了几
个不容置疑的例证，他的看法有了改变。他写道："我认为这是一件
幸事；当一个伟大的、美妙的概念被证明与实在是和谐的时候，它总
是一件幸事。"（*HPS*, pp. 250—252）

能与爱的本能和生的欲望在人的心灵中不可分割地交织在一起。他进而发挥说，人在他的内部有一种憎恨和破坏的欲望，在正常时期，这种激情处于潜伏状态，它只有在异常的环境下才显露出来；但是，要使它发挥作用并集结为集体精神变态的力量，也是相当容易的。而且，人与人之间冲突的最典型、最残忍、最放肆的形式是蓄意的，因为在这里我们有最充分的理由发现使一切武装冲突不可能发生的途径和办法（*HPS*, pp. 252, 257）。他如下详细地展开了他的看法：

> 伟大的斯宾诺莎说过，人既不应该因为他的行为被憎恨，也不应该因为他的行为被鄙视。只有通过潜藏在人的行为中的动机，我们才能够希望防止人可能加害的可怕灾祸。
>
> 爱与恨、愉快地创造和残酷地毁坏的倾向，在每一个人的灵魂中密切地结合在一起。当在社会中存在着法律和秩序时，人的整体结构内部的这种不兼容和冲突没有变得明显起来。由于在正常环境下，这些破坏性的驱动在一般人身上受到压抑，依然是潜伏的。只有在臭味相投的罪犯身上，人的本性中的这些阴暗方面才不顾社会抑制性的影响而迸发出来。
>
> ……在不施加抑制性影响的情况下，反对残酷和暴虐的社会戒律变得不起作用了，人的本性中通常谨慎地隐藏或伪装起来的那些阴暗方面便无拘无束地干它们的可怕的事情。只有极其困难地成功获得真正的独立性和孤独的极个别人，才不愿参与集体犯罪。

48 · 爱因斯坦·下

（*HPS*, pp. 336—337）

尽管爱因斯坦觉得人的本性难以改变而无法完全防止战争灾祸，但他仍认为人的由动物遗传下来的杀害本能在数千年的文明条件下似乎逐渐消失了（*HPS*, p. 364）。至于如何废除战争，走和平之路，爱因斯坦的构想及行动如下。

1. 大张旗鼓地反对滋生战争温床、煽动侵略气焰、恶化国际气氛和毒害人们心灵的形形色色的"主义"。

爱因斯坦首先把斗争的矛头对准军国主义。因为军国主义作为军事体制化的国家主义是战争的元凶：军国主义国家为了加紧对外侵略，把国家置于严密的军事控制之下，实行法西斯军事独裁，强迫人民接受军事训练和军事服务，向人民灌输侵略好战思想，使政治、经济、文化等为侵略战争服务。爱因斯坦对德国的军国主义有切身体验和清醒的认识，他指出这从18 48年普鲁士势力在德国占上风时就开始了。他在二战前很久就洞察到，德国政府不依赖法律概念体系，而是依赖权力，依赖对大多数人的压制。受到军国主义毒害的群众变得精神错乱和变态，其广泛蔓延已构成可怕的症状（*E*3, pp. 443, 107）。1935年，他明睿地预见，德国正在急剧地武装起来，知识分子遭到流放和镇压，恐惧的瘟疫正在席卷欧洲，战争在两三年内将会爆发。德国是好战的，这个国家自1870年以来在心理上和道德上已经没落了（*HPS*, p. 344）。经历了两次世界大战之后的他在1947年对军国主义精神是这样揭露的：

军国主义的特征是只重视物质因素，如原子弹、战略基地、各式各样的武器、原料资源等，而同时把人本身、他的思想和志向看作是非常不重要的。在这种思想影响下，通常决定人的志向的那些目标就完全不见了。为了弥补这个空隙，军国主义精神就把占有"赤裸裸的霸权"作为目标的本身。这无疑是一个会使人上当的离奇的妄想。

今天，军国主义精神的存在，比过去任何时候都更危险；因为可以供侵略国利用的武器要比防御的武器威力强得多。这一事实不可避免地会产生一种导致预防性战争的思想。由于这些发展所造成的普遍的不安全，公民的政治权利正在所谓的国家利益的托词下受到牺牲。各种各样的政治迫害和政府干涉，比如对教学、研究和报纸的官方控制等等，看来是不可避免的了，因而也遇不到人民群众的抵抗，而这种抵抗本来是可以用来保护人民的。一切传统的社会准则都在改变，凡是对于军国主义空想的目标没有明显用处的东西都被看作是微不足道的。（*E*3, pp. 223—224）

正是基于这种透彻的认识，爱因斯坦在二战之后又积极投身到反对美国的军国主义的斗争洪流中。1948年，他和二十名知名人士签名，支持原子能科学家应急委员会编写的小册子《美国的军国主义化》。他赞同汤因比（A. J. Toynbee, 1889—1975）关于军国主义是"文明崩溃的最一般的原则"的观点，认为军国主义不仅导致战争，而且导致自由的丧失、创造和探索精神的摧残，危及自由社会的生存。他指出，当前的危险在于美国有可能完全重蹈当年德国军国主义的可怕覆辙，政权和权力日益转入军人手中，一切政治问题都从军事观点出发来考虑。由于美国的优势地位，这种军国主义观点最能超过德国人，并被强加在世界其余各国身上，从而成为压在人类头上最苦的苦役（*HPS*, pp. 148—149）。

爱因斯坦更把斗争的矛头对准最反动、最野蛮的独裁制度和思想体系的法西斯主义，因为法西斯主义对内实行恐怖统治，对外实行武力侵略、民族压迫，乃至种族灭绝。爱因斯坦早就敏锐地认识到法西斯威胁的凶兆：当墨索里尼（B. Mussolini, 1883—1945）1923 年篡夺意大利政权时，当纳粹 1930 年在国会大选中骗取多数票时，当日本军队 1931 年入侵中国东北时，他都及时发出警惕法西斯和制止其侵略行径的呼号。他在 1933 年尖锐地指出，在德国一群武装起来的暴徒成功地使有责任心的那部分民众缄默不语，并把一种来自下面的革命强加于人，这种革命不久将成功地破坏或扰乱社会中文明化的一切东西。除非今天依然生活在议会制之下的国家最终决定采取有魄力的行动，否则今天威胁我们文化价值的事情在几年之内将会变成严重的军事危险（*HPS*, p. 295）。在国内，德国人已沦为军国主义的无用的牺牲品，成为国家军事机器的工具或爪牙，失去了个人自由和人的尊严（*HPS*, p. 322）。爱因斯坦揭示出法西斯主义的本质："法西斯主义是完全适合军事目的政府形式。这明白地表现在下述事实上：元首[10]只有借助侵略行为才能继续把持权力，至少为公开上台要这样做。他必须永远在他的人民的眼前悬吊着真实的或假想的攻击目标，为此他正在要求人民牺牲他们的自由。"（*HPS*, p. 323）爱因斯坦仅用寥寥数笔，就把法西斯主义头子的丑恶嘴脸活灵活现地勾勒出来：

> 希特勒出现了，这个人智力有限，不适合做任何有益的工作，他对环境和造化的偏爱超过他的一切人都充满了忌妒和憎恨。他出身中下层阶级，恰恰具有充分的阶级私见，甚至仇视为争取较平等的生活水平而斗争的工人阶级。但是，他尤其仇恨的，正是永远与他无缘的文化和教育。由于极想攫取权力的野心，他发现他的讲演尽管混乱不堪、充满仇恨，但却博得了那些处境和取向与他本人类似的人的疯狂喝彩。他在大街上、在酒店里四处搜寻这种人类渣滓，并把他们组织在自己的周围。这就是他开始政治生涯的方法。（*HPS*, p. 349）

爱因斯坦对英国奉行的绥靖主义也大加抨击。他叹息良心和国际精神的衰微，致使与文明的最坏的敌人谈判，并把对法西斯罪行的屈从视为政治智慧[11]。爱因斯坦愤怒地谴责英国首相张伯伦（A. N. Chamberlain, 1869—1940）：他牺

---

[10] 元首（Füthrer）是纳粹党魁希特勒的称号。

[11] A. Einstein, *Ideas and Opinions*, Edited by K. Seelig, New Translations and Revisions, by S. Bargmann, Crown Publishers, Inc., New York, 1982, pp. 108—109.

牺东欧而希望希特勒向俄国发泄怒火，他在法国把左派挤到角落而把另一些人捧上台，他毁灭了西班牙；他在最后关头挽救了希特勒，一面把和平的桂冠戴在自己头上，一面驱使法国出卖捷克人；他做得如此巧妙，把大多数人都骗了，但这类诡计决不会有多大成果（*E*3, p. 468）。

爱因斯坦也大力敦促美国放弃错误的孤立主义政策。他早在 1931 年就分析说：刚刚过去的战争已显而易见，大陆之间已不再有任何屏障，一切国家的命运都密切地交织在一起。因此，美国人民必须开始认识到，他们对世界政治的发展负有重大的责任。无所事事的旁观者的角色是与美国不相称的。长期这样下去，对我们大家都是灾难性的（*HPS*, p. 169）。他号召美国知识分子承担起一份责任，劝服美国政府摆脱当下的孤立状态。他呼吁人们"不应该给孤立主义概念以支持，今天的孤立主义只能被描绘成具有最为鼠目寸光一类的自私自利的特征。"（*HPS*, pp. 334, 365）1938 年，他在纽约和平大会上发表祝词时说：

> 许多美国人，甚至和平主义者，都正在思考和谈论：让欧洲衰落吧，她不值得更好些，我们将隔岸观火，与之毫无关系。我认为，这样的态度不仅与美国人不相称，而且是眼光短浅的。由于对正义冷嘲热讽的蔑视，具有伟大文化的小国正在受到摧残，此时大国不应该袖手旁观。即使从明白的自私自利的观点来看，这样的态度也是近似的。野蛮和非人道的胜利只能在世界上导致美国将被迫战斗的局势，这便把世界置于比大多数人今天能

够预期到的还要不幸得多的境况之下。（*HPS*, p. 368）

直到 1939 年，爱因斯坦看到美国人还坚持通过孤立可能获得安全的虚幻信念，即使包括大不列颠及其帝国在内的欧洲都沦为新的野蛮行径的受害者。不过他预言，一旦像美国这样有活力的国家认清孤立主义思维背后的谬见，有效的对抗行动将会相当迅速地发展起来[⑫]（*HPS*, p. 373）。由于一年多之后还看不到美国介入的迹象，他又发出告诫：传统的中立概念在目前条件下相当于国家自杀，美国对英国的态度就像数年前英国对欧洲民主国家的态度一样是不幸的（*HPS*, pp. 417—418）。

2. 大声疾呼，唤起社会的道义力量和人们的良心与常识。

爱因斯坦认为，在道义事业中没有像组织这样的东西，也不可能有任何这样的东西（*HPS*, p. 193），但是人类的命运比以往任何时候都更要依赖它所能产生的道义力量（*E3*, p. 99）。他沉重地感觉到，在当下激情和冲突的喧嚣比平常更容易掩盖住合理思维和公平正义的影响的时代，人们的眼界被欲望和激情蒙蔽起来了，几乎听不到理性和正义的声音。可是，他没有失望。他相信，像迈蒙尼德（M. Maimonides, 1135—1204）这样的坚强人物的精神能够增强我们对所拥有的文化财富的热爱和尊重，并使我们在对

---

⑫ 1941 年 6 月 22 日，德国对苏联发动突然袭击，6 月 24 日美国对德宣战。12 月 7 日日本偷袭珍珠港，太平洋战争爆发。

当前黑暗野蛮势力的斗争中赢得胜利（*E*3, pp. 127—128）。他在描述了一些国家的民众丧失道义，向暴君低头，从而使得战争狂人恣意横行时说：

> 世界的其余部分对这些道德衰败的症状已经逐渐习以为常了。人们丧失了反对不义和维护正义的起码反应——这种反应归根结底是防止人类不至于堕落到野蛮状态的唯一保障。我深信，热烈追求正义和真理的热忱，其为改善人类状况所做的贡献，要胜过政治上的权谋术数，后者终久只会引起普遍的不信任。谁会怀疑摩西是一位比马基雅弗利[13]更好的人类领袖呢？
>
> 世界大战期间有人想使一位荷兰大科学家[14]相信，在人类历史中，强权胜过公理。他回答说："我不能否定你的主张的正确性，但是我知道，我决不愿意生活在这样的世界里！"
>
> 让我们都像这个人一样地去思想，去认识，去行动，决不接受致命的妥协。为了保卫公理和人的尊严而不得不战斗的时候，我们决不逃避战斗。要是我们这样做了，我们不久将回到那种允许我们享有人性的态度。
>
> （*E*3, p. 150）

---

[13] 摩西（Moses）是《圣经》中率领希伯来人出埃及摆脱奴役的领袖。马基雅弗利（N. Machiavelli, 1469—1527）是意大利政治家和历史学家，他在《君主论》中主张为达目的可不择手段地利用权术。

[14] 此人是洛伦兹。

有趣的是，爱因斯坦也认识到，恶能从负面强化清除自己的道义力量："在这种欺骗上建立起来并且靠恐怖来维持的暴政不可避免地要被它自身所产生的毒害所毁灭。因为日积月累的非正义行为的压力，使得人心中的道义力量加强了，这种力量会使公众生活得到解放并清除它的污泥浊水。"（E3, p. 153）不过他还是立足于从正面敦促和呼号："我们的希望在于克服今天严重威胁人类真正存在的普遍的道德衰落。让我们以我们的全部力量——不管多么微弱——为下述目标而努力：使人类从它目前的道德式微中恢复过来，在为人类的权利和正义以及为和谐的社会的斗争中获得新的生气和新的力量。"[15]

爱因斯坦多次号召和平主义者通过拒服兵役和其他反战行动，来唤醒世人的良心和常识。他说："但愿人们的良心和常识能被唤醒，这样我们才可能在国家生活中造就一个新时代，由此开始，我们将在某一天回过头来看战争，它原来是我们祖先不可理解的过失。"（HPS, p. 200）他明确表示：

> 过去数代人中有才干的人充分认清了保卫和平的重要性。当代技术发展使这个伦理上的基本原则变为文明人类的生死问题。积极参与解决和平问题是一个良心问题，没有一个善良的人能够回避这个问题。（HPS, p. 280）

---

[15] A. Einstein, *Out of My Latter Years*, Philosophical Library, New York, 1950, pp. 266—267.

爱因斯坦还多次强调：对国家法律的服从不应是盲目的。当良心道德准则与对国家的义务发生冲突时，应把前者放在首位，即个人仍应服从良心。个人倘若不这样做，那么不仅是国家，连国家制定的法律也将蜕化变质（*HPS*, pp. 79, 250）。他经常对人说："永远不要做违背良心的事，即使国家要求它。"他把这个道德命令与来自使徒的教诲联系起来："彼得和使徒回答说：我们必须服从上帝而不是人。"[⑯]

3. 用和平主义思想教育青少年和广大民众，在人们心中永远播下和平的种子。

爱因斯坦特别关心和平教育。他强调要从现实主义立场出发，唤起青年人认真关心普遍的和平问题，使他们增强国际间团结一致的精神，与阻碍世界和平的沙文主义做斗争（*E*3, p. 123）。他甚至认为，和平教育要从儿童乃至婴儿时期就开始做起，向他们灌输反对军国主义的思想。要教给他们和平而不是战争，教给他们爱而不是恨。全世界的母亲都有责任在她们的孩子心灵中播下和平的种子，学校的教育更是责无旁贷。为此应该重写教科书：清除颂扬战争、隐瞒战争恐怖、灌输民族仇恨和军国主义的污物，把新的精神注入其中，使古代的积怨和历史的偏见不再长存（*HPS*, p. 175）。同时，教育青年对生活有明智的看法，并通过对人性中最美好东西的追求，把美和兄弟情谊带进生活，作为人的主要愿望和最大幸福。消除战争的希望就在这里，爱因斯坦对此确

---

⑯ A. Vallentin , *Einstein, A Biography*, Translated from the French by M. Budberg , Weidenfeld and Nicolson, London, 1954, pp. 218—219.

信不疑（*HPS*, pp. 345—346）。

爱因斯坦把和平教育的希望寄托在教师身上：在塑造即将成熟的一代人的观点时，学校比任何其他机构具有更为显著的影响。因此，在教师中间培育和保持充满生气的和平主义思想，是十分重要的（*HPS*, p. 199）。另一方面，他认为像高尔基（M. Gorky, 1868—1936）这样既是他们自己社会的公仆，又是改善人类命运的斗士的有创造力的人物之工作，能使人变得崇高——命运总是由个人所感、所欲、所为的东西决定的。这就是为什么从长远的观点来看，对人的教育主要是有创造能力的人的任务，而并非主要是政治领导人的任务（*HPS*, pp. 273—274）。此外，知识分子还负有特殊的社会使命：他们不能希望通过直接介入政治斗争来取得成功，但他们可以保证让广大公众随时获得关于形势以及采取有效行动的可能性的简明消息。通过开启民智，他们能够帮助能干的政治家的工作不受阻于普遍的偏见和反动的观点（*HPX*, p. 69）。

4. 采取各种必要的措施和具体的行动，以减少或根除爆发战争的可能性。

爱因斯坦早在 1930 年就在反对征兵及对年轻人军训的宣言上签了名。该宣言揭露，军训是在杀人技巧方面进行精神的和身体的教育。它是为了战争的教育。它使战争心理永远存在。它阻挠人争取和平的意志的成长。每一个真诚地需要和平的人都应该要求废除年轻人的军训，都应该力促取消政治把征兵强加给公民的权力（*HPS*, p. 158）。他义正词严地指出，在地球上并不存在这样的权力：我们应该从它那里接受屠杀的命令，或接受为屠杀而进行训练的命令（*HPS*, p. 279）。军事训练大大腐蚀了人民健全的政治本能，严重地破坏了民主精神（*HPX*, p. 150）。他在1948年为反对美国实行普遍军训而发表声明：仅当存在着敌人入侵美国领土的危险时，进行强制军事训练才是必要的和正当的，而当前并无此危险存在。全民军训不仅对世界各国，而且对本国的幸福和安全都是有害的。其理由如下：这只会加剧军备竞赛，加剧美苏之间的紧张关系和增加战争的危险性；它将破坏本国的民主精神，巩固并加强业已强大到危险程度的军方的影响；它把一大部分人力和生产力转入非生产渠道，从而不必要地加重国家的经济负担；它必定在人民中间造成军国主义精神，这在以往给许多国家带来过灾难性后果（*HPX*, pp. 150—151）。

爱因斯坦一向把斗争目标指向战争本身并力主废除战争，因为他认为战争不是游戏，对战争行为规定准则和限度是一项完全无效的任务（*HPS*, p. 128）。由于这个终极目标并不是一蹴而就的，他在1933年前和二战后的和平时期也主张裁军和制止军备竞赛。他深信，通向裁军的第一个真正的成功步骤会产生有深刻教育意义的影响，欧洲国家的美好未来与综合裁军的成就息息相关；人民必须从政治家和外交官手中接管这件事，只有他们自己才能把裁军带到这个世界上（*HPS*, pp. 145, 146）。在爱因斯坦看来，不能简单地、无条件地要求裁军。要使裁军成功，每一个国家都要保证执行国际仲裁法庭的命令。要做好安全安排，使受威胁国家不致遭到侵略。要一举而就，不能用细小的步骤达到，否则将一事无成（*HPS*, pp. 200, 204, 223）。而且，只要还有强国不愿放弃用军国主义的办法来获得更为有利的世界地位，单是要求裁军是毫无用处的（*E3*, p. 122）。在二战之后，他也多次表示，他不赞成单方面裁军，他所拥护的是在超国家组织控制下用武力维持和平（*E3*, p. 295）。

在 1931 年日本侵占中国满洲后，爱因斯坦及时提出联合经济抵制的策略，这在某些方面比罗斯福总统《孤立侵略者》的演说早了五年。他说：

> 试设想一下美国、英国、德国和法国政府以严密的经济联合抵制相威胁，责成日本政府立即停止它在中国的战争行动。你相信随便哪一个日本政府会公然无视这样的威胁，而冒使它的国家陷入危险境地的风险吗？当时为什么不施加这样的压力呢？人和国家为什么要生活在一个他们必须为他们的幸存担惊受怕的世界上呢？答案在于，他们执行的是某种有利于他们自己可怜的、暂时的利益的方针，他们不愿意使他们的利己目的服从作为一个整体的社会的幸福和繁荣。（*HPS*, p. 225）

此后，爱因斯坦在各种场合都提出对日本实行国际经济联合制裁。他一再揭示出，文明世界的良心之所以没有强大到足以制止这种非正义的侵略行径，是因为军事工业的经济利益比正义的要求更为强有力，是因为日本和在它背后的大国的糟糕的阴谋诡计（削弱俄国并阻碍它的经济发展）（*HPS*, pp. 242, 245）。

爱因斯坦从作为一个和平主义者的生涯的开始，就积极倡导世界政府，这一主张在二战后成为他争取和平的中心议题。两次世界大战的惨痛教训使他深切认识到，无限制的国家权力使得战争难以避免，只有以超国家法律为依据并拥有必要维和军事能力的世界政府才是消除战争危险的唯一手段，尤其是在技术高度发展的条件下，只有一个具有足够强大的执行权力的超国家组织才能维护世界和平。这些认识基于他对国际安全格局和世界经济依赖的洞察：各国政府为达到他们所认为的那种国际安全而做出的可怜努力对当前的世界政治结构没有产生丝毫的效果，人们也未能认识到国际冲突的真正原因是敌对主权国的存在。政府和人民两者似乎从过去的经验中都一无所获，似乎都不能或不愿深入思考这一问题。当今世界现状迫使各国出于对本国安全的担忧而采取必然导致战争的行动。另一方面，在当今高度工业化和各国经济互相依赖的情况下，没有一个凌驾于各国之上的组织来指导国际关系而想获得和平是不可想象的。若要避免战争，达不到这样一个全面解决办法的任何其他办法都不过是幻想（*HPX*, p. 6）。在原子时代的第一年（1946），他在一篇专论中写道：

> 现代战争所使用的武器已经发展到这样一种地步，倘若发生世界大战，胜利者遭受的损失不见得比失败者小多少。只要存在着拥有独立武装的主权国，战争实际上就无法避免。我坚信，世界上大多数人是要和平和安全的，不希望他们的国家实行国家主权不受限制的政策。

> 人类要求和平的愿望只有通过建立世界政府才能实现。
> （*HPX*, p. 40）

此后爱因斯坦处处不忘记强调：只有世界政府才是医治战争这一疾病本身的根本性解决办法；除非建立起一个由所有国家组成的、拥有做出并实施必要决定的充分权力的组织，要想消除战争是不可能的（*HPX*, pp. 143, 325）。

爱因斯坦设想的世界政府的蓝图是：它拥有军事垄断权，其国际部队和官员在各国间经常轮换和换防，各国只保留治安部队而取消常备军，从而保证任何国家都无法使用它的军队和军事力量发动战争；它应该设立一个常设性的国际法庭，就各国之间的重大争执和冲突做出公正的裁决并加以切实执行，同时防止世界政府执行部门的越轨行为；它不干预各国的关税、移民立法权乃至政府组织形式，它的权力仅限于保证安全的范围之内，让它管一点经济事务也许是可取的（在现代条件下，经济纠纷也易引起国家冲突），它应有权干预少数人压迫多数人、从而易于变成战争策源地的国家；超国家安全体系的代表大会或委员会的代表必须由每一个成员国的人民通过无记名投票选出，他们代表人民而非政府，从而增强该组织的和平性质。爱因斯坦特别指出，世界联邦一开始就应有苏联参加。如果苏联暂时不参加，也要努力把其他国家组织起来，但不要造成反苏同盟的印象，同时保证苏联在担负与其他国家同样责任和权利的条件下随时加入的自由（*HPX*, pp. 165, 168）。他希望联合国通过修改章程和调整机构能够发展成超国家的政体，以便在谋求和平方面保持它的连续性。他相信世界政府能够通过协议和通过说服的力量建立起来，这样的代价是很低的。但是单单诉诸理性，其力量还不够，必须加上深挚的感情力量来建立世界政府（*E*3, pp. 234—235）。当然，他也意识到，就正义和理性而言，世界政府不见得比当今哪一个政府好，但是在目前，消除战争是进行任何其他卓有成效的改革的先决条件。更何况建立世界政府的危险没有国际无政府状态的危险大，后者会使我们永远生活在战争的阴影下，并且是政府用来把人民置于奴役地位的最有效的手段（*HPX*, pp. 253, 271）。

为了落实这一切措施，爱因斯坦吁请各国人民坚定信念，建立相互信任的气氛，并且立即行动起来。他说：由百折不挠的信念所支持的人的意志，比那些似乎是无敌的物质力量有更强大的威力（*E*3, p. 307）。他在 194 6 年对青年学生的讲话中表示：

> 持久的和平不会来自各国的继续相互威胁，只有通过诚恳的努力而创造出来的相互信任才会出现。人们应当假定：为人类在这个星球上实现合宜的生活条件的愿望，以及对那种无法形容的毁灭的恐惧，会使那些处于负责地位上的人更聪明些和更冷静些。但是，我的青年朋友们，你们不能等待这种情况的出现，你们应当努力激励年轻的一代去坚持有远见的和平政策。如果你们那样做了，那么你们不仅为你们自己获得有效的保护，你们还会比你们以前任何一代人更多地得到国家和后代子孙的感谢。（*E*3, pp. 216—217）

其实，早在纳粹上台之前，爱因斯坦就告诫他的志同道合者，名副其实的和平主义者需要的是行动而不是言论（*HPS*, p. 162）。爱因斯坦履行了自己的诺言：他对和平主义事业的支持并非仅仅限于道义上的支持，他身体力行，把自己对和平和其他社会问题的信念转化为具体的实际行动，脚踏实地奋斗了四十余年。

爱因斯坦号召人们要紧急行动起来，不能瞻前顾后、慢条斯理，更不能袖手旁观、坐等别人行动。他在布满战争阴云的 1930 年就指出：当那些贪婪的、被权力迷住的人日益加剧蹂躏我们的行星时，面对这样生死攸关的问题，人们不应该依然是完全迟钝的（*HPS*, p. 146）。在二战后面临原子战争的威胁时，他尖锐地提出了一个严峻的、可怕的、无法回避的问题：我们要置人类于末日，还是人类该弃绝战争？他以高度的责任感和紧迫感提醒人们：

> 没有侥幸避免危险的道路；前面没有时间让我们慢吞吞地前进，而把必要的改变推到遥远无期的将来；也没有时间让我们做讨价还价的谈判。形势要求我们勇敢地行动，要求根本改变我们的态度，改变全部政治概念。但愿那种促使阿耳弗雷德·诺贝尔设置巨额奖金的精神，那种人与人之间的信任和信赖的精神、宽大和友好的精神，在那些决定我们命运的人的心理会占优势。要不然，人类文明将在劫难逃（*E3*, p. 207）。

作为人，他向人类呼吁：记住你们的人性而忘掉其余。要是你们能这样做，展示在你们面前的是通向新乐园的道路；要是你们不这样做，那么摆在你们面前的就是普遍死亡的危险（*E*3, p. 343）。

三、二战后的新思维

在二战之后，随着冷战政治格局的出现和核武器这一达摩克利斯剑的高悬，爱因斯坦从维护和平的大局和拯救人类免遭毁灭的目标出发，大力倡导新思维，并将其付诸坚决的、创造性的行动。他多次表明，正如在纯科学领域改变思维吸纳更新、更有用的概念一样，我们现在必须改变在政治和法律领域中的思维。原子弹已经深刻地改变了我们所了解的世界的性质，旧的思维方式，包括旧的外交惯例和均势政治，都已变得毫无意义，人类发现自己正处在他的思维必须加以适应的新环境中。过去的思维和方法未能防止战争，未来的思维必须防止战争。"人类若要生存下去并走向更高级阶段，最根本的是要有一种新型的思维。"（*HPX*, pp. 52, 58, 86）前面我们已多次涉及爱因斯坦的某些新思维，这里拟将未曾提及的集中论述一下。

1. 坚决反对重新武装德国。爱因斯坦对普鲁士和德国军国主义的憎恨贯穿在他的一生，他对德国法西斯的滔天罪行更是不能容忍。他十分担心德国好战精神的复活和军事复兴，坚决反对盟国重新武装德国，始终认为这是对世界和平的致命威胁。他一针见血地指出，重新武装德国是美国自罗斯福总统逝世以来所采取的一系列作法中的一个环节，这些做法是向错误方向迈出的不祥步伐，将造成灾难性的后果（*HPX*, pp. 233, 282）。他指出，德国人的侵略精神是根深蒂固的，掩盖这种精神的表面上的力量衰落至多只是暂时的。人类社会上最难改变的是人的观念和价值观，因此在短期内不可能通过教育来改变德国人的侵略思想。他们丝毫不感到有罪和悲伤，其中几个像样的人并不能改变全体的形象。（*HPX*, pp. 77, 63, 38）他表示必须使德国在经济上自立，但又不可使之对原材料资源享有独占权，把德国的工业和经济实力控制在它没有任何希望和可能再玩弄阴谋和炫耀武力的地步。他把自己痛恨德国的私人感情与欧洲和世界重新接纳德国进入国际社会的客观必要性严格区别开来，他没有对与德国恢复正常的政治和外交关系提出批评，也对重建德国经济不持异议。他说："我并不赞成报复，但主张要有一个防止德国恢复侵略能力的安全政策。"（*HPX*, pp. 37, 77, 280）

2. 时刻警惕冷战幽灵的存在。二战之后，面对日益加剧的国际冷战气氛和国内的政治迫害，面对四处滋生的失败主义和绝望情绪，以及麻木不仁或胆小如鼠的得过且过者，爱因斯坦始终保持着冷静的头脑，一开始就发出"战争是赢得了，但和平却还没有"的告诫，不时唤醒人们警惕冷战的幽灵：

> 战争的可能性依然存在，战争的幽灵不可避免地左右着我们的许多行动。猜疑和怨恨的行动在不断增长；美国

已发展到这样的地步，他不得不在海岛上筑工事，制造更多的原子弹，阻碍科学的自由交流；军方要求巨额预算来加强研究并将之引入特殊渠道；向青年灌输民族主义精神。这一切都是在为战争的幽灵醒来的一天做准备。不幸的是，这些政策正是实际上把幽灵变成现实的最有效方法。（*HPX*, p. 73）

他洞见到当前的情况与 1918 年之后的局势完全相同，不同的只是舞台上的演员不同。他们表演之拙劣与那时一模一样，不过随时都会发生整个垮台的无法比拟的糟糕结局。他以恨铁不成钢的情感指出，人类降低到无知动物的水平，照样快快活活地过着朝不保夕的日子，把自己所处的险境忘得一干二净（*HPX*, pp. 139, 262）。他还进一步揭露了冷战幽灵存在的原因：美国实权人物不想结束冷战。美国统治集团在寻求避免与苏联发生冲突方面所做的工作，与苏联统治集团在这方面所做的工作一样少。这两个统治集团都是利用这一冲突为它们的国内政治目的服务，而完全置可能发生的后果于不顾（*HPX*, pp. 212—213）。

3. 要和平而不要原子战争。爱因斯坦十分关注原子武器可能给人类带来的灭顶之灾，他在战后以前所未有的热情担当起原子能科学家应急委员会主席，领导了国际反原子战争的运动。他不仅以"要原子战争还是要和平"为题发表了两次专门谈话（*E3*, pp. 199—204, 226—235），而且利用各种场合陈述他的看法。他的基本观点如下：第一，原子弹的出现在量上而不是在质上影响我们。也就是说，它所改变的只是战争的破坏性，而不是战争的根源、性质及消除办法。它只是使得根除战争、维护和平的问题更加紧迫地需要解决。第二，原子战争若不加以防止，它所造成的破坏规模是前所未有的和无法想象的，现存的文明不会幸存很多。但是，文明不会因在战争中使用原子弹而毁灭掉，残留下来的有思想的人和书籍能使我们从头开始重建文明。第三，原子武器的巨大威力改变了旧有的政治思维方式，也使建立在国家武装之上的旧安全体系荡然无存。除非通过世界政府用彻底放弃武力的手段解决争端，否则原子战争难以避免，因为仗打起来各国都是不择手段的。第四，原子弹的秘密难以长久保持，应该把该秘密交世界政府，实行超国家管理。联合国应当同美国或者任何别的国家公开宣布不主动地使用原子弹。第五，去反对制造某些特殊的武器，那是无济于事的，唯一的根本解决办法是消除战争和战争威胁。这是我们最终的奋斗目标，必须下决心抵制一切违反这个目标的活动。这对于任何一个意识到自己是隶属于社会的个人来说，是一个严峻的要求，但根本不是一个无法实现的要求。第六，原子反应的发现正像火柴的发明一样，不一定会导致人类的毁灭。但是我们必须竭尽全力防范它的滥用。这里的责任与其说在那些对科学进步有贡献的人，毋宁说在那些使用这些新发现的人——与其说在科学家，毋宁说在政治家。但是，科学家应该在这场控制原子以造福人类而不是毁灭人类的生死斗争中担负起自己的使命和义务。第七，原子能何时可用于和平的、建设性的目的，还不能做出任何估计。它也许在不久的将来是一种恩惠，但目前无论如何是一种威胁。这也许是件好事。它可以迫使人类把秩序带到国际事务中去，而要是没有恐怖的压力，这种秩序无疑是不会出现的。因为大规模的毁灭性武器是如此可怕，连最没有头脑的人也不会不认识到，企图通过一场世界大战来解决国家之间争端的做法是极其愚蠢的。由此看来，爱因斯坦是"核和平"思想的先驱。

4. 必须制止美、苏的军备竞赛。战后美、苏之间日益加剧的军备竞赛和两大阵营的尖锐对峙，使爱因斯坦心急如焚。他明确指出：军备竞赛每跨一步，就离灾难更近一步。它不仅不能防止战争，而且必然导致战争。相反地，只有有计划地在全世界实现裁军，才可能有真正的和平（HPX, p. 224）。他虽然认为美、苏两国都以此为国内政治服务，但美国在很大程度上应为战后发生的臭名昭著的军备竞赛负责，这一竞赛实际上使得战后安全问题获得国际解决的希望化为泡影。国家战备上每多一项措施，就离开持久和平的目标更远一步，也是钉在民主自由棺材上的一枚钉子。为了制止这种大规模的军备竞赛，美国应向苏联表明它愿意停止军备竞赛，愿意互相控制武器，在发生争议时愿意服从国际权威的裁决。必须要有强大的舆论压力，迫使美国政府确信这种做法是明智的（HPX, pp. 175, 46）。他赞赏印度在美、苏冲突中严守的中立政策，这种政策很可能促成各中立国家共同做出努力，找到一个从国际上解决和平问题的方法（HPX, p. 220）。尤其是，他在一封信中提出如下值得人们深思的新思维：

和平和安全问题远较社会主义和资本主义之间的冲突重

要。人类首先要保证生存，然后才谈得上选择何种生活方式。我完全赞同您的下述看法：一个真诚的人不可能无条件地赞同东西方阵营中的这一个或那一个，不论是社会主义阵营还是资本主义阵营，用传统的政治权术和欺诈行为争权夺利的做法总是令人厌恶的。

（*HPX*, p. 153）

爱因斯坦对美国扩军和侵略政策颇多批评。他指出，正当美国应该在确立国际安全方面担负起领导地位之时，由于受到军国主义和帝国主义的毒害，美国的政治态度和政策发生了令人厌恶的转变，干出了诸多破坏和平的劣迹，从而引起全世界的猜疑，加深了各国之间的不信任气氛。在美国已发现了当年德国那样的民族主义瘟疫的征兆和可怕的军国主义化，美国人神气十足地取代德国而重演纳粹的故技（*HPX*, pp. 11, 80, 85, 149, 252）。这一切并不是美国人民感情的表达，而是一小撮强权分子在作祟，他们利用手中的经济实力控制着各种政治机构，迫使人们毫无抵抗地默认，或与他们这伙恶势力为伍。这一小撮人实际上并不害怕苏联的军事行动。他们害怕的是一个强大的苏联在思想上的影响，这种影响会间接地削弱并从而危及他们的社会地位（*HPX*, pp. 12, 252）。在未来一段时期内，任何国家也不可能进攻美国，经济遭受破坏、政治上孤立的苏联更不可能。尽管苏联后来取得了一定的社会和经济成就，但他的政治制度要比西方残暴得多。不过，西方要比共产党世界更具侵略性（*HPX*, pp. 150, 271）。现时美国采取的实际做法对和平构成的威胁要比苏联大，苏联比美国面临巨大得多的威胁，相信美国处于危险之中纯属无稽之谈（*HPX*, pp. 163, 251）。正是出于这些客观估计，爱因斯坦坚决反对美国对苏联打一场先发制人的所谓预防性战争的图谋（*E3*, p. 257）。

尽管爱因斯坦对发生在苏联的许多事情持批判态度，但他始终把苏联的国内政治状况与西方对苏联的冷战态度严加区分，从不许假借他的名义进行任何危及国际和平的反苏活动，坚决反对用外部力量的干涉来压制苏联。他认为不应强迫苏联参加世界政府，而应采取灵活政策并创造条件，使苏联从自己的利益出发而放弃孤立主义立场。他指出西方过高地估计了苏联的危险，其实苏联是想维护和平的，因为它从武力冲突中什么也得不到（*HPX*, pp. 107, 186, 219）。

为了制止美、苏的军备竞赛和打破社、资两大阵营的对峙，爱因斯坦寄希望于弱小国家。他说：如果军事上弱小的国家通力合作，就能够对这两个主要对手施加压力，使它们接受联合国的调解，并保证无保留地服从联合国的决议，由此而和平地解决它们的争端（*E3*, pp. 275—276）。

5. 和平共处应成为一切政治行动的指导思想。面对美、苏之间带有歇斯底里成分的军备竞赛，以及双方以急如星火的速度在保密的堡垒后面完善大规模的破坏手段，爱因斯坦提出和平共处的思想作为处理国家关系的行动准则。他说：如果我们所采取的每一步骤都着眼于可能发生的冲突，我们就无法有真正的和平。因此，一切政治行动的指导思想应当是促成一切国家之间的和平共处。当前要做到这一点，首先必须消除相互的恐惧和不信任。不仅要郑重宣告放弃大规模的破坏性武器，而且要放弃武力政策。其次必须建立超国家的裁判和执行机构，使它有权解决同各国安全直接有关的问题，这种放弃才会生效。归根到底，人们的和平共处，首先是靠相互信任，其次才靠像法庭和警察这类组织。这一点对于国家也像对于人一样是正确的，而信任的基础是一种诚恳的互让关系。他希望世界人民习惯于这样一种思想：要保护国家利益，必须通过谈判，而不是诉诸武力（*E*3, pp. 283—284, 300）。他希望一切有责任心的人都同意，和平共处对于人类的生存是至关重要的，并按照这一信念行事（*HPX*, p. 317）。

第十章　自由的民主主义

列车疾驰似游龙，
夹岸青山相送迎。
眼底碧水流不尽，
头上翠峰摩苍穹。

—— 李醒民《车过南岭》

　　民主或民主主义^①（democracy）是自古希腊城邦时代起就出现的政治概念和实践，其内涵和外延后来几经变迁。现代的民主是一个相当复杂的综合体，其基本思想原则是：人民主权论，多数统治原则，保护少数，使人愉快，符合宪法的自由，参与各级的决策，平等主义以及别的诸多原则。其组织形式有直接民主，代议制民主，自由民主或立宪民主，社会民主或经济民主等。民主被证明是一种内容丰富、充满活力的政治完善原则，不可避免，每次朝民主方向的发展都令许多拥护者失望，但真正的理想总是能在民主思想的完善

①《社会科学百科全书》，A. 库珀、J. 库珀主编，上海译文出版社（上海），1989 年第一版，第 169—170 页。

中再次发现。难怪有人在把所有的政治都打为坏政治时，却认为民主是其中相对最好的；难怪当今所有的政党和政府都标榜自己具有民主的合法性并以民主的代言人自居。

爱因斯坦是一个名副其实、彻头彻尾的民主主义者。他说："我的政治理想是民主主义"（E3, p. 43），"我是一个信念十足的民主主义者"（RS, p. 75）。而且，爱因斯坦的民主主义思想之特点是以自由为本位和取向的，因此可以恰当地称他为自由的民主主义者或具有自由倾向的民主主义者。与此同时，他的民主主义不仅仅是理想的和观念的，也是现实的和实践的。因为他深知："如果没有一批愿意为自己的信念抛头颅洒热血、具有强烈的社会意识和正义感的男女勇士，那么人类社会就将陷于停滞，甚至倒退。"（RS, p. 75）在本章，我们拟集中论述爱因斯坦的自由的民主主义思想以及与之相关的问题。

一、民主的理念和实践

对爱因斯坦来说，真正的民主绝不是虚幻的空想，而是实实在在的理念和实践。在他的一生中，他始终不渝地信守他的和平、民主、自由这些基本的政治原则和价值标准，并为之奋斗终生。早在 1918 年一战行将结束之时，他就明确指出，德国的拯救唯一地在于迅速而彻底的民主化进程，它类似于西方大国的民主制度。只有通过创造一部民主的宪法——不管它可能有什么缺点——人们才能够达到充分程度

的权力分散，从而防止 1914 年事件的重演。现在的政体在国外处处不再受到信任。（*HPS*, p. 45）

1918 年 11 月 9 日，柏林的士兵和工人起义，结束了德皇的专制统治，德意志共和国 [②] 宣告成立。两天后，爱因斯坦向在瑞士的母亲写了报平安的明信片，他对新诞生的民主共和国的欣喜之情溢于言表：

> 伟大的事变发生了！我曾经害怕法律和秩序完全崩溃。可是到目前为止，运动已以真正宏伟的形式终结了，这是可以想象的最为惊心动魄的经历。最难以理解的是，人民竟欣然地接受了它。能亲身经受这样一种经历，是何等的荣幸！尽管破坏可能达到这样严重的程度，但是人们为报答如此荣耀的奖赏也会心甘情愿地忍受它。军国主义和官僚政治在这里被铲除得一干二净。[③]

爱因斯坦之所以对德国革命欢欣鼓舞，是因为他关心社会主义，尤其是他一心一意地致力于民主，珍视受民主保护的个人尊严和思想自由。这一点在是年底的一篇简要讲演中

[②] 亦称魏玛共和国（1919—1933），因 1919 年 2 月 6 日至 6 月 11 日在魏玛召开制宪会议而得名。它是由社会民主党人、中央党人和民主主义者组成的联合政府。魏玛宪法是一个以进步特点著称的政治文件，其中规定实行普选权和内阁制政府，做了各项有关公民权利的规定。魏玛共和国从一诞生就困难重重，德国人民对民主尚无经验，反动派和极端分子又极力反对它。

[③] 此处引文引自（*HPS*, p. 46），（*E3*, p. 6）中的几句译文有误。

表现得淋漓尽致。他（自称）"作为一个老资格的民主信奉者而不是最近的民主皈依者"说："我们的共同目标是民主，是人民的统治。"他认为只有下述两件事是神圣不可侵犯时，这个目标才能达到：首先，要心甘情愿地服从人民的意志，就像在投票选举中所表现的那样，即使当得票多的党处在他们自己的愿望和判断不一致的情况下，也应如此。为此，在当前的紧要关头，必须无条件地服从和竭尽全力支持公众意志的代表机构——士兵委员会和工人委员会。其次，所有真正的民主主义者都必须保持警惕，以免左派的新阶级专制代替右派的旧阶级专制。不要让复仇的情绪把我们引诱到这样一种致命的观点：以为暴力必须用暴力来对付，以为要把自由的概念灌输到我们同胞的头脑中去，就必须暂时需要无产阶级专政。武力只能产生苦难、憎恨和反作用。因此，我们必须无条件地要求目前专政的政府——我们必须自觉地遵守它的命令——不考虑党派的利益，立即筹备立宪会议的选举，从而尽可能地消除对新暴力的一切恐惧。只有在立宪会议召开了并且圆满地完成了它的任务之后，德国人民才能为他们给自己赢得的自由而自豪（*HPX*, pp. 47—48）。当希特勒在 1933 年 1 月 30 日通过阴谋和煽动手段爬上权力宝座时，他在决定不回德国的声明中庄严宣布：

> 只要我在重大事件上有任何选择，我就只想生活在这样的国家：在这个国家，在法律占优势的面前，存在着公民自由、宽容和全体公民的平等。公民自由意味着用言论和文字表达自己的政治信念的自由；宽容意味着尊重

他人的信念，而不管这些信念是什么。这些条件目前在德国都不存在。（*HPS*, p. 282）

爱因斯坦在上述事件中的表现以及他在 1937 年全力支持拯救西班牙共和政府和政治自由的行动充分证明，他是争取民主、反对暴政的无畏斗士，他的言论也充分展示了他对民主意义的敏锐而深刻的理解。他还特别强调：学术自由以及保护少数民族和宗教少数派，构成了民主的基础。使这一真理保持生命力，认清个人权利神圣不可侵犯的重要性，是教育的最重要的任务。他也表明：每一个公民都有责任尽其所能地表白他的政治观点。如果有才智、有能力的公民忽视这种责任，那么健康的民主政治就不可能成功（*HPS*, pp. 374, 435）。尤其是，他也认清了民主既不是目的，也不是万能的："政府的民主形式本身不能自动地解决问题；但它为那些问题的解决提供了有用的框架。一切最后都取决于公民的政治质量和道德质量。"（*E*3, p. 264）而且：

> 最完善的民主制度也不比人本身强，民主制度仅仅是人的工具。除非人民本身决心维护正义，除非人民发扬四海之内皆兄弟的精神，除非人民尊重真理并且有抵制盲目偏见和政治狂热的勇气，否则就不可能有真正的正义。（*HPX*, p. 104）

在这里，爱因斯坦对与民主相关的正义或公正情有独钟。这也许是因为，在自由、平等、正义这一组价值中，正义居于支配地位。正义给个人自由以数量上的限制，正义对平等和不平等的种类和程度也加以限制。这样一来，自由和平等才能在一个有限的范围内协调地达到它们各自的最大限度，并能克服自由意志论者和平均主义论者的极端主义的错误④。爱因斯坦号召人们做真理、正义和自由的勤务员，把那些在今天猖狂地反对理性的理想和个人自由、并试图以野蛮的暴力建立死气沉沉的国家奴隶制的人视为不共戴天的死敌（*E3*, p. 50）。他指出，对正义的要求足够强时，正义将会达到（*HPS*, pp. 245—246）。尽管敏感的人认为是"正义"的东西绝非总是一样的，可是每个时代的人民都应当尽力去做他们认为是"公正"的事，而不应该等到确定了是否可以一劳永逸地解决什么是"正义"的问题之后，才去考虑它（*E3*, p. 214）。

二、反对专制、极权和暴政

爱因斯坦在崇尚和争取民主的同时，也无情地抨击和反对专制、极权和暴政。他在1930年说：

在我看来，强迫的专制制度很快就会腐化堕落。因为暴

---

④ M. J. 阿德勒：《六大观念》，陈珠泉等译，团结出版社（北京），1989年第一版，第20页，第143页。

力所招引来的总是一些品德低劣的人，而且我相信，天才的暴君总是由无赖来继承，这是一条千古不易的规律。就是这个缘故，我总是强烈地反对今天我们在意大利和俄国所见到的那种制度。（*E*3, p. 44）

这是因为意大利处在法西斯阴影之下，而俄国则受秘密警察的统治，这种法西斯主义和布尔什维克主义都与爱因斯坦信奉的民主主义不兼容（*HPS*, p. 313）。他进而揭示出："专制政治的本质不仅在于一个实际上拥有无限权势的人把握权力这个事实，而且在于社会本身变成了奴役个人的工具。"（*HPS*, p. 321）专制政治的独裁者企图把社会的基础放在权威、盲目服从和强迫之上，极力破坏民主传统和人道精神，大肆推行国家主义、不宽容以及对个人实行政治迫害和经济压迫（*E*3, pp. 167, 175）。

在这里，爱因斯坦也对极权者和权欲熏心的人大加抨击。他一针见血地指出："开启权力之路所需的特质正是那些把生活变成地狱的特质。"（*HPX*, p. 63）他还说：权力在任何国家总是掌握在具有权力欲之人的手中，他们一旦取得权力就会变得肆无忌惮。不论政治制度如何，不论是民主政治还是极权政治，情况都是如此。权力之道不仅在于发号施令，还在于通过教育制度和一切公共媒体进行令人难以觉察的劝服和欺骗（*HPX*, pp. 201—202）。自古至今，领导人之所以能够掌权并不是凭借他们的思维和决策能力，而是凭借他们的号召力、说服力和利用同伴们的缺点的能力。怎样把权力托付给既有能力又心地善良的人，这是一个老难题，

迄今为止没有人能够解决这一难题（*RS*, p. 77）。爱因斯坦
的这些言论意味深长、寓意深刻，也许在今天还值得人们仔
细思考和玩味。

对于专制政权和极权政府对内肆行的暴政和对外强行的
暴力，爱因斯坦更是深恶痛绝。他说：

> 没有什么事情比目睹暴力征服珍贵的人的价值更让人痛
> 心的了。这是我们时代的令人发指的不幸，它甚至比个
> 人受难更令人痛苦。（*HPS*, p. 411）

正是基于这种认识，他"宁愿蒙受苦难，也不接受诉诸暴
力"（*HPS*, p. 43）。如前所述，即使对于所谓的正义的或
革命的暴力，爱因斯坦也是有条件地承认的。而且，他看到
它的负面影响。一位俄国学者把俄国共产主义的强迫和恐怖
（至少在开始时如此）与德国社会民主主义的失败加以比较
后得出结论：在尊重以高度的努力改善经济组织的过程中，
可以在一段时间内抛弃个人自由原则。对此，爱因斯坦的回
答是针锋相对的：

> 没有一种意图高尚到如此地步，以致为达到它而不择手
> 段也能得到辩护。暴力有时可以迅速地扫除障碍，但是
> 它从未证明自己是有创造性的。⑤

---

⑤ A. Einstein, *Out of My Latter Years*, Philosophical Library, New
York, 1950, p. 182.

由于厌恶暴力，爱因斯坦便顺理成章地认为，阶级的区分是不合理的，它最后所凭借的是以暴力为根据（*E*3, p. 42）。也许是出于对阶级斗争和暴力革命颇多微词，他对甘地的非暴力思想和伟大的人格力量发出由衷的赞赏：

> 他的人民的领导者，没有受到外部权威支持的领导者：一个其成功不是依靠手腕，也不是依靠权术的控制，而仅仅依靠他的人格的令人信服的力量的政治家；一个总是蔑视使用暴力的胜利的斗士；一个智慧的和谦卑的，始终如一和坚持不懈的，把他的全部精力献身于振奋他的人民和改善他们的命运的人；一个以单纯的人的尊严，从而每时每刻都以优胜者耸立而面对欧洲暴行的人。
>
> 未来的数代人也许将难以相信，像这样的人永远以血肉之躯在这个地球上行事处世。⑥

爱因斯坦坚信，极权者和独裁者的谎言、暴政和暴力终究是要失败的，有朝一日那些无法形容的滔天罪行都将受到惩罚。但是，所有的那些痛苦，所有的那些绝望，所有的那些被毫无道理地戕害的生命——所有这一切都是永远无法弥补的了（*RS*, p. 71）。爱因斯坦爱憎分明的情感以及对人的价

⑥ A. Einstein, *Out of My Latter Years*, Philosophical Library, New York, 1950, p. 240.

值和尊严之珍重的情怀，由此可见一斑。

对于美国的民主状况，爱因斯坦既看到令人赞叹不已的一面，也看到使人蹙额摇首的一面。也许是与充满专制和暴政的德国比较的结果，他对美国的民主政体和公民的民主意识给予高度的赞扬：国家的活动受到较多的限制，人人都有发展自己能力的平等机会，个人意识到自身的价值并对同胞尊严的自然尊重，富人阶层的社会责任感有较大发展等等。因此，他曾把美国看成民主的生活方式的堡垒和民主国家粉碎军国主义威胁和侵略的堡垒。与此同时，他也注意到，美国在社会分配方面不够公正，贫富差距相当悬殊。美国人的平等感和人的尊严感主要只限于白人，即便在白人中也有偏见（*E*3, pp. 11—15, 209—211；*HPS*, pp. 160—161）。但是，随着冷战时期美国军国主义思想的抬头，随着麦卡锡之流贪婪权力而竭力制造恐共病的倒行逆施，爱因斯坦不顾个人安危，挺身而出，与破坏民主精神和个人尊严，与侵犯公民权利和自由的邪恶势力进行坚决斗争。他在1954年写给比利时伊丽莎白王后的信中说："在我这个新祖国里，由于我无法保持沉默，无法忍受这里发生的一切，于是就成了一个'专爱捣乱的人'。而且我认为已没有什么可以失去的，上了年纪的人，为了受到种种限制的年轻人的利益，应当站出来讲话。我想，这也许对他们有帮助。"（*HPX*, p. 309）

三、自由人为自由上帝效力

斯宾诺莎在其民主和自由的宣言书《神学政治论》中说："自由比任何事物都珍贵"，"政治的真正目的是自由"⑦。爱因斯坦深谙并躬行此道，为自由和真理奋斗了一生。他多次引用有人对海涅的评论："他为上帝效劳，这个上帝比所有奥林比亚诸神都更伟大。我指的是自由上帝。"（*JNE*, p. 203）爱因斯坦像海涅一样终生为自由上帝效力，也像斯宾诺莎一样是一个自由人——纯依理性指导的人，对己、对物、对神具有透彻知识的人，最为乐观、充满生之信念的人，最有力量、最为主动的人，认识自然的永恒必然性且按此行动的人⑧。

斯宾诺莎把自由定义为："凡是仅仅由自身本性的必然性而存在，其行为仅仅由它自身决定的东西叫自由。"⑨尼采则称自由"是人所具有的自我负责的意志"⑩。今人的研究把自由分为三种：天生的自由、后天的自由和环境的自由⑪。爱因斯坦是怎样看待自由问题的呢？

---

⑦ 斯宾诺莎：《神学政治论》，温锡增译，商务印书馆（北京），1963 年第一版，第 12 页，第 272 页。

⑧ 洪汉鼎：《斯宾诺莎哲学研究》，人民出版社（北京），1993 年第一版，第 654—655 页。

⑨ 斯宾诺莎：《伦理学》，贺麟译，商务印书馆（北京），1959 年第一版，第 4 页。

⑩ F. 尼采：《上帝死了——尼采文选》，戚仁译，上海三联书店（上海），1989 年第一版，第 356 页。

⑪ 天生的自由（natural freedom）是人性中固有的自由，我们生来

在爱因斯坦看来，自由是这样一种社会条件：一个人不会因为他发表了关于知识的一般的和特殊的问题的意见和主张而遭受危险或者严重的损害。这首先必须由法律来保证。但是单靠法律还不能保证发表的自由；为了使每个人都能表白他的观点而无不利的后果，在全体人民中必须有宽容的精神。这种外在的自由的理想是永远不能完全达到的，但如果要使科学思想、哲学和一般的创造性思想得到尽可能快的进步，那就必须去始终不懈地去争取这种自由（*E*3, p. 180）。由于这种自由的实现取决于政治因素，因此科学家不能以专家的身份、而只能以公民的身份发挥影响。他们有义务在政治上积极起来，有勇气表明他们的信念和观点，并通过组织和集体的行动，不使言论和教学自由受到任何侵害，以高度的警惕性随时保护自己和社会（*E*3, p. 168）。

除了第一种外在的自由即外在的政治条件外，还有第二种外在的自由即外在的经济条件，唯此一切个人的精神发展才有可能。也就是说，人不应当为获得生活必需品而工作到既没有时间，也没有精力去从事个人活动的程度。没有一定程度的经济保障，自由就不会有什么意义。如果合理的分工和公正的分配问题得到解决，技术的进步就会提供这种自由的可能性（*E*3, pp. 180, 188）。

就拥有它，如同理性思考和综合言说的能力。后天的自由（acquired freedom）是与智慧和美德相联系的自由，为获得一定程度的美德和智慧的人拥有。环境的自由（circumstantial freedom）完全依赖于有利的外部环境。参见 M. J. 阿德勒：《六大观念》，陈珠泉等译，团结出版社（北京），1989 年第一版，第 144 页。

科学的发展以及一般的创造性精神活动的发展，还需要另一种自由，爱因斯坦称其为内心的自由：

> 这种精神上的自由在于思想上不受权威和社会偏见的束缚，也不受一般违背哲理的常规和习惯的束缚。这种内心的自由是大自然难得赋予的一种礼物，也是值得个人追求的一个目标。但社会也能做很多事来促进它的实现，至少不应该干涉它的发展。……只有不断地、自觉地争取外在的自由和内心的自由，精神上的发展和完善才有可能，由此人类的物质生活和精神生活才有可能得到改进。（*E*3, p. 180）

爱因斯坦郑重表明，国家或社会虽然有权利指望人们合作起来争取公共利益，但它却无权管辖人们的身体和心灵（*HPS*, p. 279）。即使它一意孤行，天生自由的人也是宁死不屈的，决不会任人宰割。当然，爱因斯坦理解和追求的自由并非绝对的、任性的自由，而是有必要的、合理的限度的。他说他不相信人类有那种在哲学意义上的自由，这是由于人的行为不仅受到外界的制约，而且也要适应内心的必然。他赞同叔本华的说法："人虽然能够做他所想做的，但不能要他所想要的。"[12]

---

[12] 爱因斯坦在此接着写道："这句话从我青年时代起，就对我是一个真正的启示；在我自己和别人生活面临困难的时候，它总是使我们得到安慰，并且永远是宽容的源泉。这种体会可以宽大为怀地减轻那种容易使人气馁的责任感，也可以防止我们过于严肃地对待自己和别

　　爱因斯坦念念不忘强调个人自由的社会意义和重要性。他说，欧洲知识分子的出色成就的基础是思想自由和教学自由，是追求真理的愿望必须优先于其他一切愿望的原则。只有在这一基础上，我们的文明才能在希腊产生，才能歌颂它在意大利文艺复兴时代的再生（E3, p. 48）。要是没有这种自由，就不会有莎士比亚、歌德、牛顿、法拉第、巴斯德（L. Pasteu r, 1822—1895）或利斯特（J. Lister, 1827—1912），人民群众就不会有像样的家庭生活，不会有铁路或无线电，不会有传染病的防治办法，不会有廉价的图书，不会有文化，不会有普遍的艺术享受，不会有把人从生产生活必需品的苦役中解放出来的机器。假如没有这种自由，大多数人就会不得不过被压迫和被奴役的生活。只有在自由的社会中，人们才能有所发明，并创造出文化价值，从而使现代人的生活更有意义（HPS, pp. 317—318）。他还说，教学自由以及书报上的言论自由是任何民族的健全和自然发展的基础。在这一点上，历史的教训——特别是最近的历史教训——实在是太清楚了。为维护和加强这些自由贡献出每一分力量，并且运用一切可能的影响，使舆论意识到现存的危险，这是每一个人应负的责任（E3, p. 140）。在爱因斯坦的心目中，确实是"生命诚可贵，自由价更高"。请听他是怎么说的：

人；它还导致一种特别给幽默以应有地位的人生观。"（E3, pp. 42—43）请读者仔细推敲、用心体会爱因斯坦这些隽语箴言！

> 个人自由给我们带来了知识和发明的每一个进展，要是
> 没有个人自由，每一个有自尊心的个人都会觉得生命不
> 值得活下去。（*HPS*, pp. 316—317）

他通过分析得出这样的结论：人们能够把已经做出的发现
的应用组织起来，但不能把发现的本身组织起来。只有自
由的个人，才能做出发现。但是可以有这样一种组织，科
学家在那里其自由和适当的工作条件能得到保证[13]。他认
为，集中只会在科学和艺术中导致片面性和僵化，因为这种
集中压制了，甚至禁止了不同意见和研究方向的任何竞争
（*E*3, p. 163）。

正由于清楚地认识到自由的重大意义和价值，更何况它
是诞生于古希腊、发祥于意大利的欧洲精神的遗产和欧洲文
明的特征，是用纯洁而伟大的殉道者的鲜血换来的宝贵财
富，因此爱因斯坦才不遗余力地为捍卫和争取个人自由和个
人权利而斗争，承担起社会良心的责任。1932 年，柏林一家
报纸请爱因斯坦就新闻自由阐述其立场，他如下写道：

> 限制甚或压制通过言论或文字对政治事务进行评论和批
> 评的自由的国家，必然要堕落下去。容忍这样的限制的
> 公民证明了他的政治劣根性，并进而助长了这种劣根

---

[13] 爱因斯坦接着问道："你能设想一个科学家组织能做出查尔斯·达
尔文那样的发现吗？"（*E*3, p. 203）这些话值得科研决策者和管理者
们心深思。

性。（*HPS*, p. 274）

他坚定不移地相信，在任何国家，只要它的公民被迫交出了出版、言论、集会和教学自由这些权利中的任何一个，就不应该把这样的国家视为文明的国家，而只不过是一个具有麻痹的臣民的国家。独立的个人属于这样的国家是不足取的，如果他有办法能够避免这样做的话（*HPS*, p. 274）。他在1933年那个阴霾密布的日子里尖锐指出：

> 不容否认，目前的世界局势正在威胁人的高贵存在的基础。有一些正在起作用的势力，企图毁灭自由、宽容和人的尊严这一欧洲遗产。法西斯主义、国家主义、军国主义和共产主义在形成各种各样的政治制度时，都通过国家导致对个人的镇压和奴役，并且终结了宽容和个人自由。

爱因斯坦号召，一切爱护更加尊严、更加满意的人性存在的人，一切相信他们理解当今威胁的潜在原因的人，都应该被迫发出他们的抗议声和警告声。如果我们不全力以赴地去行动，我们将注定堕入与古代亚洲专制政治统治下的完全无异的生活方式。事实上，由于现代的暴君有时比他们古代的老祖宗更没有理性，他们拥有随意支配大得多的施加暴力的技术手段以及诸如学校、无线电和报刊之类的心理武器，而一般人对此又无法抵御，因此情况还要糟糕得多。（*HPS*, p. 321）针对1950年代美国政府推行的政治迫害和破坏科学自由交流的政策，他无情地抨击这些无聊小动作的病根是精神不安症，并发表了不做科学家和教师而做管子工和小贩的声明，从而在美国知识界吹响了反迫害、争自由的号角。

作为一个科学家和思想家，爱因斯坦最为关心的是思想自由及其与之密切相关的学术自由。他在 1954 年"为保卫学术自由和公民权利而斗争"的问答中说：

> 我所理解的学术自由是，一个人有探求真理以及发表和讲授他认为正确的东西的权利。这种权利也包含着一种义务；一个人不应当隐瞒他已认识到是正确的东西的任何部分。显然，对学术自由的任何限制都会抑制知识的传播，从而也会妨碍合理性的判断和合理性的行动。

他进而指出，由于美国借口国家遭到所谓的外来危险，正在对学术自由进行威胁和破坏：教学和相互交换意见的自由、出版和其他使用传播工具的自由，都受到侵犯或阻挠（*E*3, p. 323）。他早就呼吁通过有组织的行动保卫学术自由，因为没有学术自由，民主社会的健康发展是不可能的（*HPS*, p. 430）。

尽管个人自由已明文写入民主国家的宪法，但为何屡遭侵害呢？爱因斯坦以美国为例揭示出，生产的集中使得生产资本集中到这个国家的少数人手里，这一小撮人以压倒一切的力量控制着对青年进行教育的机构，也控制着这个国家的大型报纸。同时，它还左右着政府。这本身就足以构成一种对这个国家知识分子自由的严重威胁。但还有另一事实，即这种经济的集中过程产生了前所未有的部分工作人员永远失业的问题，从而失去了外在自由的经济条件。只有当巨大的经济问题通过民主方式解决了，维护自由的困难才能解决，而这种解决办法的基础又必须以保护言论自由来做准备，使人民认识问题的真相和深层原因，这才是防止最严重损害的唯一方法（E3, pp. 139—140）。其次，是外在自由的政治条件的丧失：反动政客借助所谓的来自国外的威胁压制思想和学术自由，专制的政治力量侵入科学生活。对此，他力促知识分子采取各种方式进行抗争。

为了与侵犯自由的邪恶势力做斗争，爱因斯坦多次呼吁增强个人的道德感和责任感。他认为，虽然外界的强迫在一定程度上能够影响一个人的责任感，但绝不可能完全摧毁它。我们目前体制中存在的道德标准，以及我们一般的法律和习俗，都是各个时代的无数个人为表达他们认为正义的东西所做的努力积累起来的结果。体制若是得不到个人责任感的支持，从道义的意义上来说，它是无能为力的。因此，他特别强调要唤起和加强这种道德责任感，为人类的民主和自由事业做出重要贡献（E3, p. 286）。爱因斯坦本人身体力行，以高度的责任感和良心同不义和暴政做斗争。他说："我对社会上那些我认为是非常恶劣的和不幸的情况公开发表了意见，对它们沉默就会使我觉得是在犯同谋罪。"（E3, p. 321）爱因斯坦认为，从原则上讲，每个公民对于保卫本国宪法上的自由都应当有同等的责任，但知识分子更是任重道远：

就"知识分子"这个词的最广泛意义来说，他们则负有更大的责任，因为他们受过特殊的训练，他们对舆论的形成能够发挥特别强大的影响。这就可以解释为什么那些力求把我们引向独裁的人特别热衷于恫吓知识分子，并封住他们的嘴。因此，在当前这样的环境下，知识分子应认识到自己对社会所负的特殊责任，也就更加重要了。这应当包括拒绝同侵犯宪法上的个人权利的任何措施合作。（*E*3, p. 324）

对于那些趋向堕落，在强权面前吓破了胆而变成懦夫的知识分子，爱因斯坦给予无情的批评和谴责。他别无他法，只能以自己的切实行动唤起他们的良知。

最后简单提及一下：爱因斯坦的自由和民主思想无疑受到斯宾诺莎等自由思想者和启蒙思想家的影响。斯宾诺莎主张民主政治乃是最好的政治制度，因为它允许人民有思考和判断的自由，是最合乎人类天性而最不易受攻击的政治制度。他还把他的自由民主思想总结为六条基本原则[14]。斯宾诺莎精心"研磨"出的这些"镜片"，完全可以成为爱因斯坦观察问题的利器。尤其是，斯宾诺莎的下述言论当年肯定震撼了爱因斯坦敏感的心灵，时至今日它也能给读者以发蒙振聩的力量：

---

[14] 洪汉鼎：《斯宾诺莎哲学研究》，人民出版社（北京），1993年第一版，第691—693页。

把正直的人士像罪犯加以流放，因为他们有不同意见无法隐蔽，一个国家的不幸还能想象有甚于此的吗？我是说，人没有犯罪，没有作恶，只是因为他们开明，竟以敌人看待，置之死地，警戒恶人的断头台竟成一个活动场，在那里把容忍与德行最高的实例拿来示众，加以治权所能想到的污辱，还有比这个更有害的吗？自知是正直的人并不怕人按一个罪犯把自己处死，不怕受惩罚，他的心中没有因做了丢脸的事而引起的那种悔懊。他认为为正义而死不是惩罚，而是一种光荣，为自由而死是一种荣耀。[15]

---

[15] 斯宾诺莎：《神学政治论》，温锡增译，商务印书馆（北京），1963 年第一版，第 276 页。

第十一章　人道的社会主义

众芳摇落怯清寒，

暄妍未敢占故园。

惟送暗香催春使，

唤醒东风始怡然。

——李醒民《反林逋"山园小梅"诗意》

社会主义是一组富于变化且颇多歧义的政治理论和将这些理论付诸实践的政治运动。从十九世纪初在英国和法国萌生，到十九世纪二十年代至五十年代在欧洲勃兴，直至 20 世纪在东西方的大规模的社会实践，形形色色的社会主义思潮和运动都曾登台表演过，但至今仍无法用三言两语概括它的基本要义。爱因斯坦从青年时就自认是社会主义者，他积极支持社会主义的实践活动，并就社会主义问题发表了诸多见解，因此曾受到普林斯顿校友会的攻击、联邦政府的怀疑 ① 和麦卡锡分子的政治迫害。本章拟围绕他的以人道主义

① 新泽西州州议会 1933 年 1 月 30 日——希特勒正是这天爬上了德国总理的宝座——通过决议，邀请爱因斯坦任普林斯顿高级研究院教授

为核心的社会主义思想加以论述。

一、学术界首要的社会主义者

在学术界，在西方著名的科学家当中，也许只有朗之万是可与爱因斯坦媲美的社会主义者。爱因斯坦诚心诚意地拥护德国工人和士兵的十一月革命和魏玛共和国的建立，他在 1918 年 11 月 11 日写给母亲的明信片中欢喜雀跃：

> 请不要担心，迄今为止，一切都进行得十分顺利——的确给人留下了不可磨灭的印象。现在的领导似乎完全胜任他的任务。我为事态正在发展的方式感到十分愉悦。只有现在，我在这里才确实感到自由自在。战败创造了奇迹。学术共同体把我看作是一个首要的社会主义者（archsocialist）。[②]

他在 12 月 4 日写给贝索的信中说：某种伟大的事物真正出现了。军国主义宗教已经消失，我相信它不会卷土重来。看

会成员。但是，该院的校友会却猛烈攻击爱因斯坦是一个"有害于我们制度、历史和社会生活的学说的高谈阔论的外国人"，"由于他的共产主义与和平主义学说"，应该禁止他在普林斯顿讲演。美国联邦政府也发布通报，其中有爱因斯坦的嫌疑照片，声称他与第三共产国际有联系。（HPS, p. 281）

② 此处引文引自（HPS, p. 46），（E3, p. 6）中的几句译文似不确。

来德国南部将更多地模仿瑞士的榜样发展下去，而这里俄国的范例严重地占有优势。大多数的人由于有了断然措施而松了一口气，因为旧经济的消失意味着解放。虽说不少朕兆简直令人生疑，但是我的乐观是难以动摇的。"我享有一个无可指责的社会主义者的盛名。"（*E3*, p. 440）是年月底，在学生集会上的演说中，他号召大家全心全意地支持现在的社会民主主义的领导人，并祝愿他们领导人民摆脱严重的困难，实现民主的理想（*HPS*, p. 48）。

对于一年前在俄国爆发的十月革命，爱因斯坦也表示理解和支持。1919 年当西方列强直接或间接地对新生的苏维埃政权进行武装干涉和经济封锁时，他曾联合德国知识分子发表抗议声明。他在 1950 年写给胡克（S. Hook）的信中回顾说：

> 我曾努力去了解俄国革命会成为一件必然的事。在当时俄国的一般情况下，我相信只有坚定的少数人承担的革命才能够取得胜利。一个关心人民幸福的俄国人，在当时存在着的条件下，自然会同这些少数人合作，并且顺从他们，因为要不然，就不能达到这次革命的直接目标。对于一个独立的人来说，这确实需要暂时地、痛苦地放弃他的个人自由。但我相信，这种暂时的牺牲，我自己会认为是我的责任，会把它看作是害处较少的。

不过，爱因斯坦同时也明确指出：这不应当理解为我赞成苏联政府在知识问题和艺术问题上所采取的直接和间接的干预政策。我认为这种干预是应该反对的，是有害的，甚至是荒谬的。我也相信政治权力的集中和个人自由的限制不应当超过一定的界限，这界限是根据外部安全、国内稳定和计划经济的需要所做的考虑而定出来的。不管怎样，苏维埃制度在教育、公共卫生、社会福利和经济领域的成就无疑都是伟大的，而全体人民已从这些成就里得到了很大益处（*E*3, p. 285）。

1925 年，爱因斯坦在柏林报纸发表声明，支持共产党人关于释放政治犯的呼吁，因为这一活动"有助于和平与进步事业"，"意味着公正原则的基本契约的付诸实现"（*HPS*, p. 110）。1931 年，他敏锐地指出，社会民主党由于对军国主义的妥协，致使威望和信任遭到损失。他对此深感不幸，希望国际团结的重建能使社会主义恢复元气。（*HPS*, p. 201）他在 1938 年还愤怒谴责张伯伦"宁愿要希特勒，也不要赤党分子"的绥靖政策，无耻地出卖捷克和毁灭西班牙。他也无情地抨击美国受金钱和对布尔什维克的恐惧感的统治，卖力地参与扼杀西班牙的行径。（*E*3, pp. 468—469）爱因斯坦虽然关注和支持社会民主党人和社会主义的正义事业，也曾参加过该党的一些会议和集会，与某些党内人士过从甚密，但他可能从未加入社会民主党，也不是党派分支机构的成员③。当他看到魏玛共和国后来没有履行他

---

③ 爱因斯坦 1920 年代的邻居断言：爱因斯坦当年加入了德国社会民主党，出席过会议并参加了讨论；爱因斯坦认为，花尽可能多的时间和精力，"帮助在脑力劳动者和体力劳动者之间的鸿沟上架起桥梁"是他的义务。但是，爱因斯坦的家庭成员却断然否认爱因斯坦参加过社

从中看到的伟大承诺时，当他对俄国和苏联（1922）国内政治状况表示担忧和不满时，他确实感到十分失望。但是，他对民主和社会主义的信念从未动摇或改变，这种信念在 1949 年 5 月发表的《为什么要社会主义？》达到顶峰。他肯定觉得苏联的社会主义并不是他心目中的社会主义："就我实际上所理解的社会主义而言，今天哪儿也不存在社会主义。"（*HPX*, p. 153）

对于"科学社会主义"学说的创始人和第一个社会主义国家的缔造者，爱因斯坦怀有尊敬之情。他说，有一种对正义和理性的热爱深留在犹太人的传统中，这种传统在近代产生了斯宾诺莎和卡尔·马克思（*E*3, p. 61）。他还说："像摩西、斯宾诺莎和卡尔·马克思这样一些人物，尽管他们并不一样，但他们都为社会正义的理想而生活，而自我牺牲；而引导他们走上这条荆棘丛生的道路的，正是他们祖先的传统。"（*E*3, p. 164）他指出卡尔·马克思和列宁也出身于知识分子，并从知识分子那里汲取了消除摧残人的偏见的力量（*HPS*, p. 357）。他曾这样写道："我尊敬列宁，因为他是一位有完全自我牺牲精神、全心全意为实现社会正义而献身的人。我并不认为他的方法是切合实际的。但有一点可以肯定：像他这种类型的人，是人类良心的维护者和再造者。"④ 不过他在 1932 年的一封信中也说过："在俄

会民主党和任何其他政党（*HPS*, p. 49）。

④ 在（*E*3, p. 9）的脚注中，估计爱因斯坦写这段话的时间大概在 1919 年，而在（*SD*, p. 12）中却认为是 1929 年。

国境外，当然不会有人把列宁和恩格斯（F. Engels, 1820—
1895）评价为科学的思想家，也不会有人有兴趣把他们作为
这样的思想家来驳斥。俄国的情况可能亦是如此，不过那里
没有人敢这样说罢了。"⑤ 爱因斯坦的这些评论，纯粹出自
他的正义感，出自他的正直的、客观的判断，出自他对社
会主义有关思想和尝试的赞许和同情，丝毫没有讨好谁的
意思。

　　爱因斯坦的人道的社会主义渊源于犹太人的传统和犹太

----

⑤ 参见（SD, p. 12）。从引文本身看，爱因斯坦很可能是针对列宁的《唯
物主义和经验批判主义》和恩格斯的《自然辩证法》等而言的。由于
无缘见到原始文件（A. Einstein, Let ter to K. R. Leistner, September
8, 1932），不好妄下断言。不过，爱因斯坦对《自然辩证法》评价不高，
却是有案可查的。1924 年春，伯恩斯坦（E. Bernstein, 1850—1932）
把恩格斯的手稿交给爱因斯坦，让其就是否出版发表意见。爱因斯坦
在 6 月 30 日复信说："要是这部手稿出自并非作为一个历史人物而引
人注意的作者，那么我就不会建议将它付印，因为不论从当代物理学
的观点来看，还是从物理学史方面来说，这部手稿的内容都没有特殊
的趣味。可是，我可以这样设想：如果考虑到这部著作对于阐明恩格
斯的思想的意义是一个有趣的文献，那是可以出版的。"（E1, p. 202）
苏联的一些权威人士推测，伯恩斯坦并未给爱因斯坦看恩格斯的全部
手稿，只送去了关于电和磁的那部分手稿。但是，伯恩斯坦 1929 年在
柏林告诉胡克：爱因斯坦当时看的是《自然辩证法》的全部手稿。而
且，爱因斯坦在 1940 年 6 月 17 日写信告诉胡克："爱德华·伯恩斯
坦送来全部手稿让我出主意，我的评语是对全部手稿而说的。我坚信，
要是恩格斯本人能够看到，在这样长久的时间之后，他的这个谨慎的
尝试竟被认为具有如此巨大的重要性，他会觉得可笑。"（E1, p. 202）
我认为，爱因斯坦的看法是颇有道理的，（E1, pp. 202—203）中编译
者的有关结论是欠妥当的。

复国主义的思想和实践。爱因斯坦认为，为知识而追求知识，几乎狂热地酷爱正义，要求个人独立，是犹太人传统的特征（E3, p. 50）。犹太人的理想是社会正义的民主理想，以及一切人中间的互助和宽容的理想（E3, p. 164）。犹太教的中心信仰认为世人在上帝的眼中都是平等的，上帝将向他的子民显示仁爱，团结一切人，拯救一切人。在爱因斯坦的心目中，这些美好愿望、传统和教义"能够医治人类社会一切弊病"（E3, p. 53），而它们在他所处的资本主义社会是难以实现的，而与他憧憬的社会主义的理想则完全和谐一致。难怪他说："社会主义的要求多半首先由犹太人提出来，这绝不是偶然的。"（E3, p. 104）此外，犹太复国主义的理论家和领导人大都具有民族主义和社会主义思想，爱因斯坦抵制了民族主义，但肯定受到他们的社会主义思想的影响。他还亲眼看到，在古老的巴勒斯坦土地上建立了社会主义和半社会主义的劳动者组织——"基布兹"和"莫夏夫"，并对这些人道主义的和值得推崇的实体大加称赞，这显然有助于加深他对社会主义的信念。

爱因斯坦的人道的社会主义思想也或多或少的受到德国和欧洲的社会民主党人的影响，以及马克思等人的学说的直接或间接的影响。在这里，一些具有社会主义思想的思想家的影响也值得引起注意，例如波佩尔—林科伊斯、萧伯纳（G. Bernard Shaw, 1856—1950）、马赫等。波佩尔—林科伊斯是马赫的朋友和哲学同盟者，写了不少关于国家和社会主义的论著。他在《生的权利和死的义务》（1878）中给出了一个接近最初的社会民主主义目标的纲领，其独特见解在于：组织体制应限于最基本的事情，个人自由必须受到维护，否则社会民主主义国家也许比君主政体或寡头政治的国家更暴虐。在《新国家理论基础》（1905）中，体现了这样一个主旋律：多数原则是第二位的需要，受保护的个人独立是根本的需要⑥。爱因斯坦可能读过这些书或了解波佩尔—林科伊斯的思想，他在纪念其逝世的文章中这样写道：

> 波佩尔—林科伊斯不仅是一位有才华的工程师和作家，他还是少数体现时代良心的出色人物之一。他孜孜不倦地向我们宣传社会要对每个人的命运负责，并且为我们指出了一条把社会应尽的义务变成事实的道路。社会或国家不是他盲目崇拜的对象；他把社会要求个人做出牺牲的权力，完全建立在社会应当给个人的个性以和谐发展机会这一责任之上。（*E*3, p. 10）

萧伯纳这位英国戏剧家也是一位社会主义者和费边社⑦的创

---

⑥ E. Mach, *Knowledge and Error, Sketches on the Psychology*, D. Reidel Publishing Company, 1976, p. 63.

⑦ 费边社（Fabian Society）是 1883—1884 年在伦敦成立的社会主义团体，其宗旨是在英国建立民主的社会主义国家。费边社信奉渐进社会主义，不主张革命。该社的名称源于善用缓进待机战术的古罗马将军费边·马克西姆斯（Fabius Maximus Cunctator, Quintus, ?—公元前 203 年）的名字，于是费边主义成为缓步前进或谨慎小心的同义语。费边社最初企图用社会主义思想渗透自由党和保守党，但后来他们协助建立了独立的"劳工代表委员会"，该会于 1906 年改建为工党，费边社随即隶属于工党。

始人。萧伯纳等费边主义者反对暴力和暴力革命，主张用改良和渐变的方法从资本主义过渡到社会主义。萧伯纳参与了这个中产阶级社会主义团体的一切活动，并编辑和写作《费边社会主义论文集》，他也阅读过马克思的著作。爱因斯坦1929 年 1 月写信给贝索说，他在乡间别墅怀着愉快的心情，专心致志地读了萧伯纳的一本论社会主义的书《知识女性的社会主义和资本主义指南》。他称赞作者"是一个聪明能干的人，对于人类的活动颇有真知灼见"，并表示"想设法替这本书宣传宣传"（*E*3, p. 454）。爱因斯坦无疑也会受到马赫的人道主义和社会主义思想[8]的影响。

在维也纳学派和爱因斯坦之间，似乎也存在着相互影响的问题。维也纳学派，尤其是它的"左翼"汉恩（H. Hahn, 1879—1934）、纽拉特（O. Neurath, 1882—1945）、弗兰克、卡尔纳普，在政治取向上带有明显的乃至强烈的社会主义倾向，他们从马赫、波佩尔—林科伊斯和马克思的著作中都汲取了社会主义思想的营养，这一点在维也纳学派的宣言中清楚地显示出来[9]。例如，纽拉特接受了马克思的影响，与社会民主党人、共产党人及工人、农民接触很多。1919 年他在巴伐利亚社会民主党政府计划署工作期间，曾大力推行经济的社会主义化。他还发表了《社会主义化的性质

---

[8] 李醒民：《马赫》，东大图书公司印行（台北），1995 年第一版，第 196—207 页。

[9] H. 汉恩、O. 纽拉特、R. 卡尔纳普：《科学的世界概念：维也纳学派》，曲跃厚译，《自然科学哲学问题》（北京），1989 年第 1 期，第 16—24 页，第 27 页。

和道路》等文章，向群众宣传社会主义思想⑩。卡尔纳普在《思想自述》中回顾说，维也纳小组的成员几乎都持有"科学的人道主义"观点。他认为，合理计划的经济组织（某种形式的社会主义）和世界组织（逐步向世界政府发展的形式）是能使我们最有希望地实现人类最终目的组织手段，这个最终目的旨在建立一种重视个人的福利和发展、而不是国家权力的生活方式，从而使个人的人身自由和文化自由同有效的国家组织和经济组织的发展相互协调起来⑪。通过与下面将要论述的爱因斯坦的思想相比较，人们不难发现二者相互影响的蛛丝马迹及某种平行性。

爱因斯坦的人道的社会主义也是他对他所生活的世界的弊端和不公正所做出的反应，这虽不能说是有条理的研究的结果，但无论如何是审慎的观察和严肃的思考的结果。爱因斯坦历诉了资本主义的祸害：经济的无政府状态，寡头政治，对个人的摧残（*E3*, pp. 271—273）。他看到，资本主义社会的生产的集中和社会化与资本和生产资料的私人占有，导致并加剧了生产和经济的无政府状态。一方面，工商业界

---

⑩ 涂纪亮：《分析哲学及其在美国的发展》，中国社会科学出版社（北京），1987 年第一版，第 204—207 页。

⑪ 《现代西方哲学论著选辑》（上册），洪谦主编，商务印书馆（北京），1993 年第一版，第 555—557 页。"科学的人道主义"的三个观点是：1. 人类没有什么超自然的保护或仇敌，因此人类的任务就是去做一切可以改善人类生活的事情。2. 相信人类有能力改善他们的内部的和外部的生活环境，即免除目前所受的许多痛苦。3. 人类一切深思熟虑的行为都是以关于世界的知识为前提的，而科学方法是获得知识的最好方法，因此必须把科学看作改善人类生活的最有价值的工具。

的巨头以他们认为合适的方式来处置生产手段，不断地剥夺社会成员的集体劳动果实，这种剥夺不是通过暴力，而是严格按照法定的条例进行的，从而加速了资本的集中。另一方面，由于劳动合同是"自由的"，因而决定工人收入的，不是他所生产的商品的实际价值，而是他的生活的最低需要，以及资本家对劳动力的需求同就业竞争的工人数目的关系。加之资本主义生产经营的目的是为了利润，而不是为了使用，因此失业大军一直存在，工人经常受到失业的威胁。既然失业的和报酬微薄的工人提供不出有利可图的市场，消费品的生产就受到限制，结果造成巨大的经济困难。技术的进步经常产生的是更多的失业，而不是使劳动负担普遍有所减轻。追逐利润，加上资本家之间的竞争，使资本的积累和利用不稳定，从而导致日益严重的不景气。

与此同时，资本家的竞争以及技术进步和不断分工引起了更大生产单位的形成，使私人资本日趋集中在少数人手里。这些发展的结果造成了私人资本的寡头政治，它的巨大权力甚至连民主组织起来的国家也无法有效地加以控制。事实的确如此，因为立法机关的成员是由政党选出来的，而这些政党要不是大部分经费是由私人资本家提供的，也是在其他方面受他们影响的，他们实际上把选民和立法机关隔离开来了。结果是，人民的代表事实上不能充分保护人民中无特权的那一部分人的利益。此外，在目前条件下，私人资本家还必然直接或间接地控制情报和知识的主要来源（报纸、广播电台、教育）。因此，一个公民要达到客观的结论，并且理智地运用他的政治权利，那是极其困难的，在多数情况下甚至完全不可能，这自然而然地使某些民主和自由条文形同虚设。

爱因斯坦强调，对个人的摧残是资本主义的最大祸害。撇开物质生活无保障不谈，人们的精神也日益蒙受巨大的创伤。现在的个人的唯我论倾向总是在加强，而本来就比较微弱的社会倾向却逐渐在衰退。他们感到忧虑不安、孤单寂寞，并且丧失了天真、单纯和淳朴的生活乐趣。另外，我们的整个教育制度都蒙受其害。人们还把夸张的竞争姿态教给学生，训练他们对好胜喜功的崇拜，以作为他们未来生涯的一种准备。内森对这一切做了如下的总括性的评论：

> 爱因斯坦是一位社会主义者。他之所以相信社会主义，是因为他作为一个令人信服的平等主义者，反对资本主义的阶级分化和人对人的剥削，他觉得资本主义制度比以前的任何经济组织更能巧妙地为这一切大开方便之门。他之所以是一位社会主义者，是因为他相信，资本主义经济不能充分地改善全体人民的福利，资本主义的无政府状态是当代社会许多罪恶的渊薮。最后，他之所以是一位社会主义者，是因为他深信不疑，在社会主义制度下，比在人们已知的其他制度下，更有可能达到与公共福利相一致的、最大限度的个人自由。
>
> （*HPS*, pp. 2—3）

二、以人道为本的社会主义思想

爱因斯坦深信，要消灭资本主义所产生的严重祸害，只有一条道路，那就是建立社会主义经济，同时配上一套以社会目标为方向的教育制度。在这样一种经济制度里，生产手段归社会本身所有，并且有计划地加以利用。计划经济按社会的需要调节生产，它应该把工作分配给一切能工作的人，并且应当保障每一个人——无论男女老幼——都能生活。对个人的教育，除了要发挥他本人的天赋才能，还应当努力发展他对整个人类的责任感，以代替我们目前这个社会对权力和名利的赞扬。与此同时，他念念不忘社会主义应保证制度民主和个人自由：

> 然而应当记住，计划经济还不就是社会主义。计划经济本身还可能伴随着对个人的完全奴役。社会主义的建成，需要解决这样一些极端困难的社会—政治问题：鉴于政治权力和经济权力的高度集中，怎样才有可能防止行政人员变得权力无限和傲慢自负呢？怎样才能使个人的权利得到保障，同时对于行政权力能够保持一种民主的平衡力量呢？（*E*3, pp. 273—274）

应该说，爱因斯坦近半个世纪前提出的这些问题并非杞人之忧，它们过去没有、现在依然没有得到恰当而有效的解决。

爱因斯坦的头脑是清醒的，他指出："不能认为社会主义是解决一切社会问题的办法，而只能看作是一种能够容纳这类解决办法的框架。"虽然他相信资本主义无力制止失业，也无力使生产同人民的购买力保持健康的平衡，而社会主义的管理部门只要还保持哪怕是不彻底的适当管理标准，社会主义经济所有的优点就肯定足以抵消它的缺点。但是，他还是向批评他的苏联同行强调：

> 我们还是不应当错误地把现存的社会和政治的祸害都归咎于资本主义，也不应当错误地假定，只要建立起社会主义就足以医治人类的一切社会和政治的痼疾。这样一种信仰所必然有的危险，首先在于它鼓励"忠实信徒"的狂热的偏狭性，从而把一种可行的社会组织形式变成了一种像教会那样的东西，把一切不归属它的人都污蔑为叛逆或者是为非作歹的坏分子。一旦到了这种地步，谅解"非忠实信徒"的行为和信念的能力也就完全消失了。我深信你们从历史上一定知道，那些坚持这样一类顽固信仰的人，曾经使人类遭受了多少不必要的痛苦。（*E*3, pp. 242—243）

不过，爱因斯坦倒是建议，把这种作为"共产主义制度在东方的力量的一个源泉"的"宗教的特征"所激励起的"类似于宗教的情绪"，作为争取"法治基础上的和平"运动的"深挚的感情力量"，因为单用逻辑唤醒人是不行的（*E*3, p. 235）。

爱因斯坦不赞同无政府主义。因为他深信，没有政府，任何文明的社会形态也就不可能存在。在健全的社会中，人民的意志和政府之间维持着一种动态平衡，可以防止政府向暴政退化。可是，如果在一个国家中，政府不仅掌握着武装力量，而且还掌握了教育和信息的每一条渠道和每一个公民的经济生活，那么它向暴政的退化就更加严重（E3, p. 243）。正是出于这种考虑，尽管他多么相信社会主义的必要性，可还是担心社会主义国家必然引起的权力高度集中有可能在国内损害民主和自由，在国际上也可能导致野心膨胀和强权扩张，从而无法解决国家间的安全问题。他认为："社会主义官僚想搞侵略行为的倾向不见得比现在的私人经济势力的代表人物要小。"（E3, p. 288）他否认"社会主义的本性就决定了它是把反对战争作为解决问题的方式"的说法，而坚持"两个社会主义国家之间也会发生战争"的观点。难怪他强调："和平主义比社会主义更容易赢得人民"，"我们首先应该为和平主义而工作，然后为社会主义而工作。"（HPS, p. 173）

　　爱因斯坦的人道的社会主义思想不是僵化的意识形态教条，而是对活生生的现实认真地进行无拘无束的思索的结果。正是出于冷静的观察和理性的分析，他才对世界第一个社会主义国家苏俄既有赞扬，又有批评。他不相信报刊的欺骗宣传，他在1942年称颂俄国人民和政府在科学、技术、经济和文化方面所取得的异乎寻常的和史无前例的成就和进展；在日常生活中实现了平等目标、平等权利以及平等的社会义务；真诚而明确地为国际安全尽力，支持西班牙合法政府，为捷克提供援助，从未纵容德国和日本的冒险政策。对

于苏联为抵抗德国侵略而蒙受的巨大痛苦和牺牲，他提醒为
之受惠的世界人民和子子孙孙都应对此感恩戴德。他在二
战前坚决反对用暴力镇压俄国为创建一个公正的、理性的经
济秩序而做出的独一无二的尝试，在战后又坚决反对孤立、
敌视苏联和对它进行所谓的预防性战争。对于俄国政治领域
中的严厉强制政策，爱因斯坦也表示有条件的理解。他说，
这可能部分地是由于必须粉碎先前的统治阶级的权势，使
国家免受侵略，把政治上无经验的、文化上落后的、深深
扎根于过去传统中的人民改造成为生产劳动而充分组织起
来的民族。他认为，为取得个人的经济保障和公共利益，
个人自由蒙受某些牺牲也是难免的。他从俄国人民反抗强大
外敌的斗争中，从每一个人的无畏牺牲和模范克己的行为
中，看到他们为保卫已赢得的成果的坚强意志和普遍愿望。
（*HPS*, pp. 426—427）

尽管如此，爱因斯坦还是毫无保留地对苏联国内的状况
提出过中肯的批评。由于新闻媒体的某些夸张和反共、恐共
政客的有意歪曲，他只能十分艰难地尝试对在苏维埃俄国发
生的情况形成一种判断。在今天看来，他在1932年的评论
并非偏颇之词：

> 在顶端出现的是个人斗争，在这一斗争中，从利己动
> 机出发而行动的、渴望权力的个人利用最肮脏的手
> 段；在底部似乎是对个人和言论自由的十足的压制。
> 人们感到惊奇：在这样的条件下，生活有什么价值。
> （*HPS*, p. 242）

爱因斯坦在前述的给胡克的信（1950）中，虽则对苏联的政治状况表示某种程度的理解，但仍尖锐地指出对知识和艺术问题的超过一定限度的干预是有害而荒谬的。他在 1952 年也这样写道："我们听到的关于苏联的报道当然是片面的、夸张的。但是，似乎可以肯定，尽管它取得了一定的社会和经济成就，但它的政治制度要比我们野蛮残暴得多。"（*HPS*, p. 271）此外，针对苏联学术界和官方某些人士以哲学教条和意识形态为根据而诋毁相对论的做法，他在 1950 年代初如下挪揄打着苏联印记的唯物辩证法：

> 当全能的上帝制定自然界的永恒法规时，有这样一个疑虑使他忧心忡忡，即使到后来他也无法打消这个疑虑：如果将来唯物辩证法的最高权威宣布上帝的某些甚至全部法规均为非法，那么局面将是多么尴尬。
>
> 后来，在他创造唯物辩证法的先知和圣人时，一个大同小异的疑虑又钻进了他的心灵，但他很快就恢复了平静，因为他发现自己有绝对把握认为，这些先知和圣人是永远也不会相信唯物辩证法的信条会同理智与真理背道而驰的。（*RS*, p. 80）

爱因斯坦之所以对社会主义的权力集中表示担忧，对苏联的践踏个人权利和自由、意识形态的宗教化和教条化提出批评，也许在于这一切不正常的事态有碍于作为社会主义方向的社会—伦理目标的实现。在他看来，只要具有崇高道德理想的人构想出来的目的不是死胎，而是有充沛的生命力的，那么它们就会被许多人采纳并向前发展，从而自觉或不自觉地决定着社会的缓慢进化（*E3*, p. 268）。爱因斯坦的社会—伦理目标的核心就是包括人道和人权思想在内的人道主义，他所构想的社会主义蓝图正是以人道主义为根本方向的。这就是我们把爱因斯坦的社会主义思想称之为人道的社会主义的缘由。

爱因斯坦是一个伟大的人道主义者，他的人道主义思想是科学人道主义（卡尔纳普意义上的）和伦理人道主义（人们在日常生活中的行为应建立在逻辑、真理、成熟的伦理意识、同情和普遍的社会需要的基础上[12]）的综合物。如果说爱因斯坦的宇宙宗教感情是探索科学的高尚动机的话，那么科学的和伦理的人道主义则是爱因斯坦处理社会和个人问题的圣洁的情怀，是他的社会主义思想的立足之本。他把人道主义看作是欧洲的理想和欧洲精神的本性，并揭示出它所包括的丰富内容和宝贵价值：

> 欧洲的人道主义理想事实上似乎不可改变地与观点的自由表达，与某种程度上的个人的自由意志，与不考虑纯粹的功利而面向思想客观性的努力，以及与鼓励在心智和情趣领域里的差异密切相关。这些要求和理想构成了欧洲精神的本性。人们不能用理性确立这些价值标准和准则的价值，因为它们是生活进路中的基本原则的问

---

[12] P. A. Bucky, *The Private Albert Einstein*, A Universal Press Syndicate Company, Kansas City, 1993, p. 81.

题，是只能用感情来肯定或否定的出发点。[13]

如果说科学人道主义更多地来自古希腊精神所导致的创造源泉和爱因斯坦的科学实践的话，那么追根溯源，爱因斯坦的伦理人道主义则出自犹太教《圣经》所规定的人道方面的原则——无此则健康愉快的人类共同体便不能存在。他的经典性的阐述如下：

> 我们的文明总是基于我们文化的保持和改善。而文化则受到两个源泉的滋养。其一来自由意大利文艺复兴所更新和补充的古希腊精神。它要求个人去思考、去观察、去创造。其二来自犹太教和原始的基督教。它的特征可用一句箴言来概括：用为人类的无私服务证明你的良心。在这个意义上，我们可以说，我们的文化是从创造的源泉和道德的源泉进化而来的。直到中世纪末，文化生命是唯一地从第二个源泉即道德源泉获取它的力量的。所导致的是思想贫乏的但却是稳定的文化。在文艺复兴时期，当人的创造力的源泉开始比较自由地涌流时，结果产生了花繁叶茂的文化，它一代一代地传下去直到当代，提供了永不枯竭的激励源泉。这一激动人心的进化的结果是，创造了强大的文明和技术以及人口的激增，提高了生活的物质水平和精神水平。

---

[13] A. Einstein, *Out of My Latter Years*, Philosophical Library, New York, 1950, p. 181.

　　我们显然已经忘记，道德源泉对于我们的生存依然是
极其重要的。可是现在我们沮丧地认识到，这个源泉
已经丧失了它的许多力量，而没有它，我们命中注定
是毫无希望的。以往各代人的创造能力传到我们手中
的工具越强大，人们明智地使用它的道德力量也必须
越伟大。要克服社会中的罪恶，人不能缺少理智；而
现在缺乏的正是他对人类利益的无私的、负责的奉献。
（*HPS*, pp. 220—221）

　　爱因斯坦的旨意很明白：必须修理好社会进步双轮马车中的
残损的道德轮子，从道德源泉汲取与创造源泉相平衡的足够
的力量，唯此人类的文化生命才能焕发新的活力。他的伦理
人道主义和人道的社会主义均是以此作为出发点和归宿的，
难怪他认为"指引社会主义方向的是一个社会— 伦理目的"
（*E3*, p. 268）。

　　爱因斯坦终生把源于犹太教的人道原则置于至高无上的
地位，人道原则在他的心目中无异于康德的"头上的星空和
内心的道德律"[14]。他在 1917 年写给朋友的信中说："这个
爱好文化的时代怎么可能腐败堕落到如此地步呢？我现在越
来越把人道和博爱置于一切之上……我们所有那些被人吹捧
的技术进步——我们唯一的文明——好像是一个病态心理的

---

[14] 康德说："有两种东西，我愈时常、愈反复加以思维，它们就给
人心灌注了时时在翻新、有加无已的赞叹和敬畏：头上的星空和内心
的道德法则。"参见 I. 康德：《实践理性批判》，商务印书馆（北京），
1960 年第一版，第 164 页。

罪犯手中的一把利斧。"（*RS*, p. 78）面对人道原则在德国和西欧各地"正在蒙受损失"，他大声疾呼："正是人道，应该得到首要的考虑。"（*HPS*, p. 71）他还经常敦促人们以忧乐与共的同情心去理解同胞，以便大家在这个世界上和睦相处（*E3*, p. 294）。他说：

> 我们最难忘的体验来自我们同胞的爱和同情。这种同情是上帝的礼物，当它似乎是不应得的时候，它就更加使人高兴了。同情总是应该用真心诚意的感激之情和用从人自己的机能不全的感觉中流露出的谦逊来接受；它唤起了投木报琼、投桃报李的欲望。（*HPS*, p. 331）

与尊重人道原则相伴随，爱因斯坦也十分重视争取和捍卫人权。他所理解的人权实质上指的是：保护个人，反对别人和政府对他的任意侵犯；要求工作并要求从工作中取得适当报酬的权利；讨论和教学的自由；个人适当参与组织政府的权力。他强调还有一种注定非常重要的、但却不常被提及的人权，那就是个人有权利和义务不参与他认为是错误的或者有害的活动。爱因斯坦看到，尽管上述内容中一些现今在理论上已得到承认，但它们在实际上却受到更大的摧残。为此，他义无反顾地指出：

> 人权的存在和有效性不是从天上掉下来的。是那些历史上有见识的人设想出人在相互对待的行为方面的理想，并以此教导给人们；也是他们发展了最令人向往的社会

结构的基本思想。这些从历史经验中和对美与和谐的热望中得出来的同样理想和信念，在理论上通常是容易为人们接受的，但是在人的兽性本能的压力下，这些思想信念又总是被人们所践踏。历史中充满了争取人权的斗争，这是无休止的斗争，它的最后胜利老是在躲开我们。但要厌倦这种斗争，就意味着要引起社会的毁灭。（*E*3, pp. 321—322）

三、注重计划管理的经济观

在本节，我们拟顺便论述一下爱因斯坦的经济观。这不仅对完整地把握他的社会哲学是必要的，而且对深入理解他的人道的社会主义也是有助益的。

爱因斯坦对当时资本主义自由经济的内在矛盾和严重后果了如指掌。他看到，根本的困难是劳动力市场几乎无限制的自由同生产方法上的异常进步结合在一起。要满足今天的社会需要，完全用不着全部现有的劳动力。其结果是失业和工人之间不健康的竞争，这两者都使购买力下降，因而不仅使整个经济体系严重失调，而且也严重地损害了个人的自由发展。他不相信自由主义的经济学家坚持的观点，即劳动上的每一项节约都有需求的增长与之平衡。他指出，即使这种情况是真的，上述因素也常常迫使大部分人的生活水平下降到不合情理的低水平（*E*3, pp. 54, 40）。

针对无限制的经济自由的困境和危险，爱因斯坦着力论述了计划经济的可行性和有效性，以解决现代化大工业引起的复杂的生产和分配问题[15]。他说：

> 无论如何，现有的以自由企业为基础的经济体制，将无法依靠它自己的能力克服这些困难。需要通过国家调节，来安排人力和消费品的分配；没有这样的政府管理，即使是最富有的国家的经济也将不能恰当地发挥作用。事实是，由于技术的改进，为满足人的需要而要求的工作总量显著地减少了："自由"经济不再能够为所有想要工作的人提供就业了。要使国家中的每一个人都从技术进步中受益，而不让一个人受到损害，那么专门的规章措施就变得必不可少了。（*HPS*, p. 218）

爱因斯坦坚信：为了防止宝贵的生产力的浪费，并且不使大部分人民贫困和道德败坏，生产、劳动和分配都必须根据确定的计划组织起来（*E3*, p. 99）。倘若按照我们的需要组织我们的资源，而不去做僵化的经济理论或传统的奴隶，那么就会有足够的钱财、足够的工作和足够的食物（*HPS*, pp. 174—175）。

爱因斯坦在强调计划管理的必要性和重要性时，也不主张完全的计划经济（*E3*, pp. 91—92）。他说，逻辑上最简

---

[15] 爱因斯坦在西方资本主义经济危机时期提出的计划经济方案是可以理解的，在当时对医治社会经济痼疾也有其积极意义。但社会主义国家的计划经济模式在实践中被证明是失败的；在理论上，面对庞大而复杂的社会经济系统，由于信息收集、条件多变、决策繁难等因素，

单但也是最大胆的解决办法是完全的计划经济，即消费品由社会来生产和分配。今天俄国正在试行的办法本质上就是如此。主要的还是要看这种强迫实验所产生的结果如何。要在这里冒昧地做出预言，那是太放肆了。不过，他心存狐疑问道：在这种制度下，货物能否像在一种允许私人企业有较多自由的制度下一样经济地生产出来呢？这种制度如果不靠迄今还在伴随的恐怖，它究竟能不能维持下去呢？这样一种硬性的、集中的经济制度会不会倾向于贸易保护政策而阻碍有益的革新呢？为了形成客观的判断，爱因斯坦没有让这些疑虑变成偏见。不过，他谈了个人的意见：

> 只要同着眼的目标没有任何矛盾，那些尊重现有传统和习惯的方法，一般说来较为可取。我也不相信，把经济骤然移交给政府管理，从生产观点来看会是有利的；应当给私人企业留有活动的余地，只要它还没有因为企业卡特尔化而被工业本身排挤掉。

不过，爱因斯坦提出，这种经济自由应该受到两方面的限制。一方面，在各个工业部门中，应该通过法律缩短每周工作时间，使失业能有步骤地消除掉。同时应该确定最低工资，使工人的购买力能跟得上生产发展的步调。另一方面，

也很难制定出一个切合实际的计划来。当今，行之有效的经济模式是国家适当宏观调控的市场经济。其实，爱因斯坦在反对放任的自由经济时，也不主张绝对的计划经济。

在那些通过企业主组织而变成垄断性质的工业里，价格应当由国家控制，使资本的收益保持在合理的限度内，并且防止人为地抑制生产和消费。照此办理，也许可能建立起生产和消费之间的适当平衡，而不用对自由企业作太大的限制，同时也可制止生产手段（土地和机器）的占有者对靠工资过活的人（就其最广泛的意义而言）的暴虐统治。

爱因斯坦的上述言论，都是针对 1929—1933 年间的资本主义世界经济危机而做出的反应。对于这次经济危机的原因和摆脱危机的办法，他还提出了一系列有启发性的见解[16]。他揭示出，这次经济危机与以前的危机在性质上有所不同，它是在完全放任主义的经济制度下，由生产方法的迅速进展而导致的大量失业及其恶性循环（失业→购买力下降→失业增加→购买力更猛烈地下降→以此类推）引起的。生产过剩，赔款，新关税壁垒的设立，中国和俄国两大国退出世界贸易，战后中下层阶级的经济上升，都不能算作是美国

---

[16] 爱因斯坦下述的内心独白是意味深长的："如果有什么理由能使一个经济学的门外汉有勇气来对目前严重的经济困难的性质发表意见的话，那就是专家之间的意见混乱不堪。我所要讲的并没有什么新的东西，只不过是表示一个独立的和诚实的人的意见，这样的人没有阶级偏见和民族偏见的包袱，一心一意向往着人类的幸福和人类生活的最和谐的可能远景。如果在下面写的东西里，好像我确信自己所说的话是真理，那不过是为了表达的方便而不是出于无根据的自信，也不是由于相信我自己脑子里对这些问题的简单想法是绝对无误的，因为实际上这些问题是异乎寻常的复杂。"（*E3, p. 89*）读者注意，爱因斯坦高度的社会责任感，纯真的人道主义情怀，虚怀若谷的谦逊态度，在这段话里不是自然而然地流露出来了吗？

和世界经济危机的真正原因。所谓的生产过剩只是表面的，其实质不是没有需要，而是消费者无钱购买。因此，用生产过剩不能解释经济危机，这样做的人不过是玩弄文字戏法（*E*3, pp. 89—91）。

对于那些一本正经地要求禁止技术革新的人，爱因斯坦认为其解决方案是荒唐的，因为目前这种苦难并不是技术本身的过错——技术完全可以使人类免除为其生存所必需的大部分劳动（*E*3, p. 91）。为了医治经济危机这一痼疾，他开列的天然处方如下：第一，为摆脱失业现象，对工业各个部门按照不同等级，由法令规定缩短劳动时间，并且结合固定最低工资，使群众购买力适应可供消费的商品总量。第二，把流通中的货币总量和信贷总量控制在一定范围内，使得物价水平保持稳定。取消任何通货本位制。第三，某些商品由于垄断或形成卡特尔，实际上已经退出自由竞争，就由法令限制它们的价格。第四，对外贸易必须由国家机构控制，以便在同那些不参加这种规定的国家发生相互影响时，不招致损失。第五，实行这样的计划，要以摆脱政治上的肮脏交易为先决条件。（*E*3, pp. 93, 460）爱因斯坦强调指出，目前的经济危机清楚表明，现存的经济组织是不适宜的。人们应该努力以这样的方式组织经济：人的真正生存将不再受经济危机的威胁。（*HPS*, pp. 168—169）

对于第二条，尤其是通货（黄金）本位制，爱因斯坦还有专门论述。他的见解是：

金本位制存在着严重的不利，黄金供应的短缺自动地导

> 致信贷的紧缩，同时也造成流通中通货总额的收缩，处
> 于这种紧缩的情况下，物价和工资就不能十分迅速地自
> 行调整。（*E*3, p. 93）

爱因斯坦认为，支持金本位制是没有理由的。对于一个有集中金融管理体制的地区的内部经济来说，人们根本不需要黄金。在进出口贸易可以自由进行的不同货币地区，黄金对于货物的交换有好处（在多少是正常的条件下）。在这里，黄金作为容易运输而又能持久的商品，可以起方便交易的作用。但是，当一个国家的商品输出不能抵偿它的商品输入时，或者当一个富国没有生产出外国所需要的商品时，这便首先导致黄金匮乏，然后导致外国信贷的窒息。此时，金本位制对纸币持有者不能提供保证，黄金兑付不得不停止，从而给金本位制带来灾难。因此，爱因斯坦建议，国家最好取消黄金准备金，取而代之的是，依据法定办法长期地保持平均物价（指数），并以该指数标准为基础调整货币和信贷量。（*E*3, pp. 458—459, 462）

爱因斯坦在经济上注重计划管理的社会主义以及他总括的人道的社会主义，迄今并未在地球上的任何一个地方实现。但是，他所设想的社会—伦理目标和理想并不是乌托邦，因为他的人道的社会主义及其经济观的合理成分已渗透或落实在当今的社会机体之中。在二战之后，资本主义国家通过加强立法、政策调整、社会改良和科技进步，优化了生产要素的配置，促进了经济发展，推进了民主建设，缓和了劳资矛盾，缩小了贫富差距，稳定了社会秩序。尤其是20

世纪中叶开始的新技术革命，更是促进了资本主义社会的繁荣。而马克思之后的社会主义实践（计划经济、权力集中，意识形态僵化）却遇到难以克服的困难，不得不另起炉灶或改弦更张。但是，资本主义国家加强对生产的宏观干预和对社会关系的改良，也不可避免地容纳了某些社会主义因素，显示出向"左"靠拢的趋向[17]。另一方面，社会主义阵营的解体以及现有的自称是社会主义国家所实行的市场经济和缓慢的政治改革，也汲取了资本主义行之有效的作法（这是全人类的宝贵财富），从而逐渐向"右"靠拢（所谓的"与国际惯例接轨"就是如此）[18]。这样一来，面对全球化的难题和挑战（人口、环境、资源、高消费、道德浇漓、战争与和平、民族与文化问题等），两种相向运动终有一天将在一个必要的张力点上相会。这个会聚点将是一个比爱因斯坦的理想在内容上还要丰富的社会——和平共处的、效率加公平的、可持续发展的、符合人道和生态伦理原则的、多元价值取向的、物质和精神高度文明的、以智力为社会中轴的社会。相对于人类历史上先后出现的以体力、德力、权力和财力为中轴的社会，我愿称以智力为中轴的社会为"智力社会"。这不是乌托邦（Utopia），更不是敌托邦（dystopia），而是未来的现实。

---

[17] 爱因斯坦 1926 年在美国就洞察到这一迹象。他说："'社会主义'这个词在这里是一种禁忌，但思想和改良的尝试都朝着这个方向。"（*E*3, p. 464）

[18] 其实，高度发达的、贯彻公平原则的资本主义本身就是人道的社会主义。其实"社会主义"（socialism）一词本身就包含"社会化"的意思，而且它不仅仅是政治取向，还有经济和道德取向。

第十二章　远见卓识的科学观

阳春三月绿映红，
青春年少面春风。
不知春心随梦去，
还是春潮万里征？

—— 李醒民《春》

　　爱因斯坦就作为一个整体的科学发表了许多总括性的见解和看法，这些具有远见卓识的观点形成了他的科学观。我们在第一编论述他的科学哲学时曾涉及一些（如科学理论的结构等），本章拟集中进行论述。

一、对科学内涵的剖析

　　尽管人们至今未能（也许根本就不可能）对科学下一个公认的确切定义，但科学的三大内涵——作为知识体系的科学、作为研究活动的科学和作为社会建制的科学——

还是大体上取得了共识。对于前两者，爱因斯坦着力进行过剖析。对于后者，他虽然认识到"科学能使从事它的人变得崇高，不管他是学者还是学生"[1]，但却未能进而探讨之所以如此的重要的内在原因——美国科学社会学家默顿（R. K. Morton, 1910—）在 1942 年分析了作为社会建制的科学的规范结构[2]，成为这一内在原因的恰当说明。

爱因斯坦从知识体系的角度给科学下了这样一个定义：

> 科学就是一种历史悠久的努力，力图用系统的思维，把这个世界中可感知的现象尽可能彻底地联系起来。说得大胆一点，它就是这样一种企图：要通过构思过程，后验（posterior）地来重建存在。（E3, p. 181）

这个定义实际上是就科学（或科学家）的目的或企图而言的。他在不同场合多次论述科学的双重目的：使经验互相协调，并将其纳入逻辑体系[3]。他的更为精确的陈述是：

---

[1] *Some Strangeness in the Proportion, A Centennial Synposium to Celebrate the Achievments of Albert Einstein*, Edited by H. Woolf, Addison-Wesley Publishing Company, Inc. , 1980, p. 512.

[2] R. K. 默顿：《科学的规范结构》，李醒民译，《科学与哲学》（北京），1982 年第 4 辑，第 119—131 页。默顿概括出的科学的规范结构或精神气质是：普遍性、公有性、无私利性和有条理的怀疑论。

[3] A. 爱因斯坦：《相对论的意义》，李灏译，科学出版社（北京），1961 年第一版，第 1 页。

科学的目的，一方面是尽可能完备地理解全部感觉经验的关系，另一方面通过最少个数的原始概念和原始关系④的使用来达到这个目的。（在世界图像中尽可能地寻求逻辑的统一，即逻辑元素最少。）（E1, p. 334）

在这里，爱因斯坦特别强调了二者的对应。他说：科学是这样一种企图，它要把我们杂乱无章的感觉经验同一种逻辑上贯彻一致的思想体系对应起来。在这种体系中，单个经验同理论结构的相互关系，必须使得到的对应是唯一的，并且是令人信服的（E1, p. 384）。他坚决反对把科学看成是定律的汇编和许多互不相关的事实的目录，反复指明科学是人类用自由发明的观念和概念所做的智力创造物，是实在的图像及其与广阔的感觉印象世界的联系⑤。由此可见，爱因斯坦既反对把科学视为对经验材料进行归纳、整理的纯经验论的科学观，也反对把数学知识视为一切知识的原型，从而要使理性成为关于世界的知识之源泉的纯理性论的科学观，而是在二者之间保持了必要的张力。

关于科学的本性，爱因斯坦的两个看法值得引起注意：其一是科学的客观性和主观性问题，其二是与此有关的科学

---

④ 按照爱因斯坦的用语，"原始"是指直接同感觉经验相对应的，"基本"是作为逻辑推理的前提的，两者的意义有严格区别。但是，这里的"原始概念和原始关系"显然是指"基本概念和基本关系"。（E1, p. 344）

⑤ A. 爱因斯坦、L. 英费尔德：《物理学的进化》，周肇威译，上海科学技术出版社（上海），1962 年第一版，第 215 页。

的逻辑统一问题。他有一段原则性的论述：

> 科学作为一种现存的和完成的东西，是人们所知道的最客观的、同人无关的东西。但是，科学作为一种尚在制定中的，作为一种被追求的目的，却同人类其他一切事业一样，是主观的，受心理状态制约的。（E1, p. 298）

爱因斯坦承认科学的客观性，这就断然与科学主观主义划清了界限。在科学主观主义看来，科学理论并不反映客观世界及其规律，它既不需要经验为其源泉，也不需要经受实践的检验，科学研究纯粹是科学家的智力游戏，科学理论纯粹是科学家自由意志的产物。更重要的是，爱因斯坦同时也强调了科学的主观性，这就断然与科学客观主义划清了界限。科学客观主义只承认科学的客观性，而否定科学的主观性，它把科学家这个认识主体仅仅视为"传感器"和"平面镜"，完全剥夺了活生生的科学家的能动作用。与此针锋相对，爱因斯坦多次指出，感觉经验是既定的素材，但是要说明感觉经验的理论却是人造的，面对同一经验材料的复合，完全可以用不同的概念和理论来描述。由此可知，科学理论根本不是客观世界的"摄影"和"映象"，而是以客观世界为题材构思描绘的图画。这样一来，科学理论就是一个极其艰辛的适应过程的产物：假设性的，永远不会是完全最后定论的，始终要遭到质问和怀疑（E1, p. 384）。爱因斯坦关于科学主观性的观点，肯定了科学家在科学研究中应该享有更多的自由，它体现了二十世纪科学的方法论原则和进取精神，反映了现代科学的精神气质和发展潮流。

科学的客观性和主观性问题，实际上也就是科学的共性和个性问题。科学的共性主要体现在科学的根本内容或最终结果上，而科学的个性则主要体现在科学的外观形式或追求过程中。面对同样的反常问题，洛伦兹和彭加勒在以太的基础上，通过构造性的努力构筑电子论和电子动力学。二者都是构造性理论，但前者通过堆积众多特设假设达至目的，而后者却具有精致的数学外衣。爱因斯坦则大胆采用探索性的演绎法，建构起作为原理理论的狭义相对论的逻辑体系。从根本内容上看，二者都能说明经验事实，但从形式上看，它们则大异其趣，充分体现了科学的主观性和创造它们的科学家的个性。比较一下薛定谔的波动力学和海森伯的矩阵力学及其创立过程，也有类似的情况。由此不难看出，科学的主观性集中表现在科学家建构科学理论时所追求的目的之中。对于爱因斯坦来说，十分强有力的吸引他的特殊目标，是物理学的逻辑的统一。

与科学的目的和本性有关，爱因斯坦认为，"科学的现状是不可能具有终极意义的"（$E1$, p. 562），而是暂时的或暂定的。他说：规律绝不会是精确的，因为我们是借助于概念来表达规律的，即使概念会发展，在将来仍然会被证明是不充分的（$E1$, p. 285）。另一方面，作为科学的一个特征，科学史上常常碰到有些重大问题似乎得到解决，但却又以新的形式重新出现，这些基本问题可能会永远纠缠我们（$E1$, p. 619）。他还风趣地写道：

> 科学理论家是不值得美慕的，因为大自然——或者更准确地说是实践——总是毫不留情并且很不友善地评判科学理论家的工作。它从来不对一个理论说"对"，即使是最获青睐的理论也只不过得一个"也许"的评价，而绝大部分理论都被它评一个"否"字。如果实践同理论相符，那么这项理论就得到一个"也许"。如果不相符合，那就是个"否"字了。也许每一个理论或迟或早都要吃个"否"字——大部分理论形成不久就被"否"掉了。（*RS*, p. 24）

对于自己的理论，爱因斯坦更是如此看待。他说，相对论还不是理论物理学的最后定论。它的基础（没有绝对运动）固然是不可动摇的，但是它的表达方法却是在进化的过程之中，即是暂时的，而不是注定永远不变的。（*E*3, p. 381）他的这些看法与其说是出自谦逊，毋宁说源于他的关于科学理论暂定性的一贯观点。

关于科学探索的动机，爱因斯坦在纪念普朗克六十寿辰的讲话中做了十分精彩的阐述（*E*1, pp. 100—103）。他说，在科学的庙堂里有许多房舍，住在里面的人各式各样，其进入的动机也形形色色。有许多人之所以爱好科学，是因为科学给他们以超乎常人的智力上的快感，科学是他们特殊的娱乐，他们在这种娱乐中寻求生动活泼的经验和雄心壮志的满足。这个庙堂里的另外许多人之所以把脑力产物奉献在祭坛上，为的是纯粹的功利目的。如果上帝有位天使跑来把寻求游戏作乐和追求功名利禄的人都赶出庙堂，那么那里的人就会大大减少。但是，仍然有一些人留在科学的庙堂里，其中有古人也有今人，而普朗克便是其中之一，这就是人们爱戴他的原因。

爱因斯坦指出，如果科学庙堂只有上述两类人，那么这个庙堂也就决不会存在了，正如只有蔓草就不成其为森林一样。因为对于这些人来说，只要有机会，人类活动的任何领域他们都会去干；他们究竟成为工程师、官吏、商人还是科学家，完全取决于环境。可是，为天使所宠爱的人中的大多数是相当怪癖、沉默寡言和孤独的人，但他们彼此之间也有诸多很不相同的特点，不像被天使赶走的那许多人那样彼此相似。究竟是什么把他们吸引到科学的庙堂里来的呢？

对于这个不能用一句话笼统回答的难题，爱因斯坦从心理剖析的角度给出妙趣横生的说明。他把他所推崇的探索的动机分为两种：消极的动机和积极的动机。首先，他同意叔本华所言，把人们引向艺术和科学的最强烈的动机之一，是要逃避日常生活中令人厌恶的粗俗和使人绝望的沉闷，是要摆脱人们自己反复无常的欲望的桎梏。一个修养有素的人总是渴望逃避个人生活而进入客观知觉和思维的世界；这种愿望好比城市里的人渴望逃避喧嚣拥挤的环境，而到高山上去享受幽静的生活，在那里透过清寂而纯洁的空气，可以自由地眺望，陶醉于那似乎是为永恒而设计的宁静景色。可是——

　　除了这种消极的动机以外，还有一种积极的动机。人们总想以最适当的方式来画出一幅简化的和易领悟的世界

图像；于是他就试图用他的这种世界秩序（cosmos）[6]
来代替经验世界，并来征服它。这就是画家、诗人、思
辨哲学和自然科学家所做的[7]，他们都按自己的方式去
做。各人都把世界秩序及其构成作为他的感情生活的支
点，以便由此找到他在个人经验的狭小范围内所不能找
到的宁静和安定。

爱因斯坦关于"消极的"和"积极的"的动机的划分，
是就外在表现形式——消极逃避和积极进取——而言的，事
实上它们都是道德高洁的人的高尚动机。二者可谓殊途而同
归：心灵回归到宁静而和谐的思维世界，身体似乎也在辽远
而美妙的观念世界里诗意地栖居。在一个充斥着龌龊、丑恶
和罪行的现实世界里，个人追求的美好愿望和远大目标屡屡
化为泡影而又无回天之力，他毅然遁入自然界或思想世界追
寻崇高感、质朴感与和谐的秩序，而不与世俗社会同流合
污、沆瀣一气，这样的乍看是消极解脱的行为难道不也令人
肃然起敬吗？许多伟大的科学思想和经典的艺术作品不就是

---

[6] cosmos 和 universe 均被译为"宇宙"。但前者指在秩序上和谐的
系统化的宇宙，其与混沌（chaos）相对；后者指在宇宙中所观察到的
或所假定的事物和现象的总体。

[7] 请注意爱因斯坦这句话中所体现的多世界观点和科学并非唯一的、
最好的认知手段的观点。画家用颜色、音乐家用音符、诗人用语词、
哲学家用概念、科学家用数学符号都在勾画各自的世界图像，它们是
各人的经验世界的代替物，具有同样的真实性和有效性，无所谓优劣
高下之分（在整个文化群的意义上），相互之间是不可替代的。

如此产生出来，从而丰富了人类文化的宝库吗？

就爱因斯坦本人而言，其探索动机似乎是兼而有之，不过好像更偏重于积极的动机。他说：

> 我从事科学研究完全是出于一种不可遏止的想要探索大自然奥秘的欲望，别无其他动机。我酷爱正义，并竭尽全力为改善人类境况而斗争，但这些同我对科学的兴趣是互不相干的。（RS, p. 23）

爱因斯坦本来想成为一位工程师，可后来他发现这种行业远非他所能忍受，因为他不愿把发明创造的能力用于制造一些使日常生活更复杂的玩意儿，而所有这些却只是为了挣一些无聊的金钱。他甚至在早年就对这些实际目的漠不关心，而喜欢沉酣于令人舒畅惬意的思维之中，哪怕是毫无目的地重新验证早已谙熟的数理公式（R S, p. 23）。

与探索的动机密切相关的是探索的动力，这也许是同一心理情结的两面——念头和力量。爱因斯坦认为，在研究者的不倦的努力后面，潜存着一种强烈得多的，而且也是比较神秘的推动力：这就是人们希望去理解存在和实在（E1, p. 298），即渴望看到一个和谐的世界。他说：

> 渴望看到这种先定的和谐，是无穷的毅力和耐心的源泉。我们看到，普朗克就是因此而专心致志于这门科学中的最普遍的问题，而不使自己分心于比较愉快的和容易达到的目标上去。我常常听到同事们试图把他的这种

态度归因于非凡的意志力和修养，但我认为这是错误的。促使人们去做这种工作的精神状态是同信仰宗教的人或谈恋爱的人的精神状态相类似的；他们每天的努力并非来自深思熟虑的意向或计划，而是直接来自激情。

（E1, p. 103）

确实，激情是创造的无穷源泉，也是破坏的巨大渊薮，只要引导得法，它就会焕发出永不枯竭的创造的原动力。诚如爱因斯坦所说，感情和愿望是人类一切努力和创造背后的动力，不管呈现在我们面前的这种努力和创造外表上是多么高超。求理解的热情像对音乐的热情一样，无此热情则无自然科学（E1, pp. 279, 495）。他称这样的激情、热情或感情为"宇宙宗教感情"，并认为它是"科学研究的最强有力、最高尚的动机"。他说：

只有那些做了巨大努力，尤其是表现出热忱献身——要是没有这种热忱，就不可能在理论科学的开辟性工作中取得成就——的人，才会理解这样一种感情的力量，唯有这种力量，才能做出那种确实是远离直接现实生活的工作。为了清理出天体力学的原理，开普勒和牛顿花费了多年寂寞的劳动，他们对宇宙合理性——而它只不过是那个显示在这世界上的理性的一点微弱反映——的信念该是多么深挚，他们要了解它的愿望又是多么热切！

（E1, p. 382）

与上述观点相一致，爱因斯坦像彭加勒[8]一样，大力倡导"为科学而科学"。在他看来，科学本身就负荷着它的目的，而不必要通过对准其他意图而偏离它自己的道路。他说："科学发展本身基本上是追求对纯粹知识渴望的满足，这种渴望从心理学上表明自己是宗教感情，这就是我的内在信念。"[9]他还这样写道：

> 科学是为科学而存在的，就像艺术是为艺术而存在的一样，它既不从事自我表白，也不从事荒谬的证明。（E1, p. 285）

爱因斯坦表示赞同彭加勒的观点，相信科学是值得追求的，因为它揭示了自然界的美。也就是说，科学家所得到的报酬是在于彭加勒所说的理解的乐趣，而不是在于他的任何发现可以导致的应用的可能性（E1, p. 304）。他曾深有体会地写道："为思想而思想，如同音乐一样！"（R S, p. 23）

爱因斯坦清楚地认识到："科学研究仅当不考虑实际应用，为科学而科学时，才会兴旺发达。"（HPX, p. 98）当然，这是就纯科学研究的终极目的而言的。他揭示出，人们对于他们直接需要范围以外的东西，一般是看不到的。对于

⑧ H. 彭加勒：《科学的价值》，李醒民译，光明日报出版社（北京），1988年第一版，第345—355页。

⑨ A. Moszkowski, *Einstein: The Searcher, His Work Explained from Diologues with Einstein*, Translated by H. L. Brose, Methuen & Co. Ltd., London, 1921, pp. 172—173.

直接生产物质财富的工作，他们才愿付出代价。但是科学如果要繁荣，就不应当有实用的目的，而且在许多情况下，还要等待几代以后才见效。对科学的忽视，其结果会造成缺乏这样一类脑力劳动者，他们凭着自己的独立见解和判断，能给工业指出新的途径，或者能适应新的形势。凡是科学研究受到阻碍的地方，国家的文化生活就会枯竭，结果会使未来发展的许多可能性受到摧残（$E3$, p. 94）。

正是基于为科学而科学的思想以及在勒科克絮梅尔渔村避难的体验，爱因斯坦觉得平静而孤独的生活能激发有创造性的思想。他抱怨现在的年轻人在最多产的时期，没有几个人在一段时间内可以不受干扰地全神贯注于科学性质的问题。即使年轻人足够幸运地在有限时间内得到了奖学金，他也被迫要尽可能快地得出确定的结论。这种压力对于从事纯科学的学生极为有害。他在给一位素昧平生的学生写信时说：

> 如果一个人不必靠从事科学研究来维持生计，那么科学研究才是绝妙的工作。一个人用来维持生计的工作应该是他确信有能力从事的工作。只有在我们不对其他人负有责任的时候，我们才可能在科学事业中找到乐趣。（RS, pp. 55—56）

爱因斯坦把这看作是很重要的、有广泛适应性的意见，曾认真地建议研究科学、数学和哲学的人从事一种不需要花费较多的体力劳动和脑力劳动的职业维持生计，如灯塔看守员、鞋匠之类的工作，免得受那种"要么出书成名，要么默默无闻"的压力，这种压力经常破坏人们创造性工作的乐趣并导致人们发表一些空洞肤浅的东西。当他被邀请到柏林就任时，他曾诙谐而略带嘲讽地把自己比喻为一只人们希望其不断下蛋的母鸡。他推崇斯宾诺莎靠磨镜片谋生而思考哲学的榜样，他怀念伯尔尼专利局这个"世俗修道院"的黄金时代——他一生的重大成果就是在那个时期创造出来的。

二、科学发展：进化还是革命[⑩]？

爱因斯坦认为，科学萌生于日常生活，诞生于前科学。他说，科学的概念体系同日常生活的概念体系之间并没有原则性的区别，前者来自后者，是按科学的目的和要求，对后者进行修正、提炼而完成的[⑪]。而且，科学思想也是前科学思想的一种发展（$E1$, pp. 245, 341, 257）。他还就近代西方科学的基础发表了如下看法：

---

⑩ 这里的"进化"（evolution）一词主要意指事物随时间变化的连续性，与之相对的"革命"（revolution）是强调其某种程度上的间断性。关于进化概念的演变，参见田洺：《进化是进步吗？》，《自然辩证法通讯》（北京），第 18 卷（1996），第 3 期，第 71—75 页。

⑪ 爱因斯坦接着说："正因为如此，物理学家的批判性思考就不可能只限于检查他自己特殊领域里的概念。如果他不去批判地考查一个更加困难得多的问题，即分析日常思维的本性问题，他就不能前进一步。"（$E1$, p. 341）

西方科学的发展是以两个伟大的成就为基础，那就是
希腊哲学家发明的形式逻辑体系（在欧几里得几何学
中），以及通过系统的实验发现有可能找出因果关系
（在文艺复兴时期）。在我看来，中国的贤哲没有走上
这两步，那是用不着惊奇的。要是这些发现（在中国）
全都做出来了，那倒是令人惊奇的。（E1, p. 574）（作
者按：最后一句 E1 中的翻译有误！）

爱因斯坦多次强调，在科学共同体内部和外部创造并形
成一个宽松的、自由的环境，是科学进步的先决条件，一切
对研究和交流自由的限制，都会大大有害于科学。他认为，
科学进步源于人类对知识的探求，极少源于人类对实际应用
的追求。倘若让科学服务于实际目的，科学就会停滞不前。
因此，社会应该以物质上的资助大力促进科学研究；但社会
不应干涉科学研究本身，因为这种干涉只会对科学工作造成
有害的后果。例如，任何规定保守基础研究领域秘密的法
律，不但会对科学造成很大的损害，而且对于用立法手段阻
碍科学家从事真正创造性工作的国家来说，也危害其发展。
这样的国家实际上也破坏了人类思想的发展。（HPX, pp. 79—
80）对于通过组织和计划进行国际科学研究，爱因斯坦持谨
慎态度：

科学史表明，伟大的科学成就并不是通过组织和计划
取得的；新思想发源于某一个人的心中。因此，学者
个人的研究自由是科学进步的首要条件。除了在某些

有意挑选的领域，如天文学、气象学、地球物理学、植物地理学中，一个组织对于科学工作来说只是一种蹩脚的工具。（*HPX*, p. 84）

有趣的是，爱因斯坦还强调指出，必须不要失去知识分子和大众之间的接触。这对于社会的上进，同样地对于复兴脑力劳动者的力量都是必要的；因为科学之花不能在不毛之地生长。他还一般地就文化（科学无疑也在其内）和昌盛发表了评论：较高形式的文化是娇嫩的植物，它依赖于错综复杂的条件的集合，在任何给定时期只有在少数几个地方它才长得枝繁叶茂。为了它繁花盛开，首先需要某种程度的昌盛，从而使得一部分人有可能从事不是维持生计所必需的事情；其次需要尊重文化价值和文化成就的道德传统，借此其他阶层即提供生活直接必需品的阶层才会为这个阶层提供生活资料。德国在历史上曾充分满足过这两个条件，因而德意志民族产生了丰硕的文化果实，构成近代世界发展的一个组成部分。[12]

科学发展采取什么形式？是进化还是革命？爱因斯坦对此从来没有做过专门的、系统的论述，不过从他的零散的议论统而观之，科学进化和科学革命的思想似乎在他身上兼而有之。在爱因斯坦看来，科学理论的体系是有层次性的，层次越高则逻辑基础愈简单。但是，各个层次之间并不是间断

---

[12] A. Einstein, *The World As I See It*, Translated by A. Harris, Philosophi-cal Library, New York, 1949, pp. 20, 74.

的，是不能清楚分隔开的。甚至哪些概念属于第一层，也不是绝对明晰的。（E1, p. 345）他还以总结性的语调这样写道：

> 物理学构成一种处在不断进化过程中的思想的逻辑体系，它的基础可以说是不能用归纳法从经验中提取出来的，而只能靠自由发明来得到。这种体系的根据（真理内容）在于导出的命题可由感觉经验来证实，而感觉经验对这基础的关系，只能直觉地去领悟。进化是循着不断增加逻辑基础简单性的方向前进的。为了要进一步接近这个目标，我们必须听从这样的事实：逻辑基础愈来愈远离经验事实，而且我们从根本基础通向那些同感觉经验相关联的导出命题的思想路线，也不断地变得愈来愈艰难，愈来愈漫长了。（E1, p. 372）

这段经典性的言论不仅包含着爱因斯坦关于科学进化（方向和过程）、科学理论结构的思想，而且几乎涵盖了他的科学哲学思想之精髓。爱因斯坦此后与英费尔德合著的《物理学的进化》看来就是以此为指导思想的，该书的任务就是用粗线条描绘物理学观念的进化[13]。

爱因斯坦持有这样的理论进化观："物理学理论最美妙的命运是能指出一条建立一个包容更广的理论的途径，而

---

[13] A. 爱因斯坦、L. 英费尔德：《物理学的进化》，周肇威译，上海科学技术出版社（上海），1962 年第一版，第 215 页，参见"原序"。

旧理论本身则是新理论的一种极限情形。"⑭ 正是基于这种思想，他多次强调，没有物理学前辈伽利略、牛顿、麦克斯韦、洛伦兹的发现和先导理论，就不可能有相对论。他说："我们关于自然过程观念的全部进化，可以认为是牛顿思想的一种有系统的发展。""我们在这里并没有革命行动，而不过是一条可以回溯几世纪的路线的自然继续。"（E1, pp. 228, 164）

可是，爱因斯坦确实也多次谈及科学危机与革命。他认为世纪之交有两个"基本危机"，即以太问题和黑体辐射（E1, pp. 11, 17），并以《论理论物理学的现代危机》为题撰写文章（E1, p. 170）。他强调"场论的革命性"（E1, p. 171），指出"这次革命的最大部分出自麦克斯韦"（E1, p. 294），并称麦克斯韦的电磁理论是"革命的理论"⑮（E1, p. 15）。在爱因斯坦的心目中，"科学的进步会引起它的基础的深刻变革"，在"整个物理学的基础可能需要从根本上加以改造"之时，便是科学革命发生之日，"其深度不会比不上场论所带来的变革"（E1, pp. 170—

⑭ I. B. 科恩：《科学革命史》，杨爱华等译，军事科学出版社（北京），1992 年第一版，第 444 页。

⑮ 1927 年，爱因斯坦为纪念牛顿逝世二百周年撰文说："甚至由法拉第和麦克斯韦所发动的电动力学和光学的革命，也完全是在牛顿思想的影响下发生的，这一革命是牛顿以后理论物理学中第一次重大的基本进展。"（E1, p. 225）从上下文和作者的口气推测，他似乎也承认以伽利略革命为先导的牛顿革命。这一推测也可由下述事实得到佐证：他在 1953 年称伽利略的《对话》的实际内容具有"革命性"（E1, p. 581）。

172）。但是，爱因斯坦从未称相对论革命，他只是唯一地称他的光量子论文"是非常革命的"（*E*3, p. 349）。后来在 1929 年接受普朗克奖章时却总结说："我在量子领域中发现的东西，只是在同大问题作无结果斗争过程中产生的偶然的见识或片段。在这个时候为此而接受这么大的荣誉，我感到羞愧。"（*SD*, p. 37）

科恩认为，在评价爱因斯坦科学革命的观点时，我们必须注意在他获得国际声望之前，他的观点与其后来的观点是不同的。科恩还解释说，爱因斯坦认为相对论是先前物理学逻辑的和进化式的发展，而光量子假设同已经建立起来的原理不能兼容。他认为他得到的光的概念是奇特的，也许甚至完全是站不住脚的。因此，他采用"革命的"作光量子假设的定语也许暗示了这种不合适的、甚至不正确的特性，而不只是文字上的渲染[16]。

科恩的说明具有启发性，也可能道出了部分真理，但是仍未说透爱因斯坦既承认科学革命、又承认科学进化的"矛盾"事实。爱因斯坦从未自称相对论革命，不用说有天生谦逊和厌恶大众传媒进行舆论爆炒的成分，但是不容否认的是，他确实认为他的理论与牛顿的理论有某种连续性。他在一篇文章中对新闻误导颇有微词："读者得到的印象是每过五分钟就发生一次科学革命，简直就像某些不稳定的小国发生军事政变一样。"他指出："过多使用科学革命这个术语

---

[16] I. B. 科恩：《科学革命史》，杨爱华等译，军事科学出版社（北京），1992 年第一版，第 437 页，第 440 页。

会使人对科学发展过程产生错误印象"，"发展过程来自前后相继的几代人的精华荟萃以及不知疲倦的努力"，是"逐渐导致对自然规律的更深刻的认识过程"[⑰]。但是，爱因斯坦毕竟没有反对像英费尔德、普朗克这样的科学家以及严肃的评论家称许相对论革命，也未一般地反对科学革命的提法。原来，爱因斯坦强调的是科学发展的累积性和连续性；即使在科学的基础发生重大变革（革命）之时，科学概念和理论的更替也不是绝对间断的，仍能窥见连续和累积的特征。因此，爱因斯坦的科学革命的观点大大弱于库恩的范式不可通约论，甚至也稍弱于彭加勒的危机—革命观（理论框架被打碎，但理论中的不变量存留下来）[⑱]。我们不妨把爱因斯坦的观点称为进化—革命观，其中心旨意是：科学发展是具有累积性和连续性特征的进化过程；即使在罕有的革命时期，理论基础的重大变革也未丧失这些特征。

三、科学的异化及其批判

爱因斯坦认为，科学对人类事务和历史进程具有重大的影响。科学的这种社会功能主要通过两种方式起作用：其一是科学直接地、并在很大程度上间接地生产出完全改变了人

---

⑰ I. B. 科恩：《科学革命史》，杨爱华等译，军事科学出版社（北京），1992 年第一版，第 438 页。

⑱ 李醒民：《科学的革命》，中国青年出版社（北京），1989 年第一版，第 51—54 页，第 61—86 页。

类生活的器具；第二种方式是教育性质的——它作用于心灵。乍看起来，第二种方式好像不大明显，但至少同第一种方式一样行之有效。

第一种方式是众所周知的。科学最突出的实际效果在于，它使那些丰富生活的东西的发明成为可能（虽然这些东西同时也使生活复杂起来）。这些发明给予人类最大的实际利益，在于使人从繁重的体力劳动中解放出来，从而废除了苦役，减少了为维持生计的必要劳动时间，丰富了人们的精神生活。同时，科学的不朽荣誉在于它通过对人类心灵的作用，克服了人们在自己面前和在自然界面前的不安全感。而原始人由于看到的自然规律是片段的，从而引起对鬼神的信仰。他们总是害怕起自然的专横力量干扰他们的命运，所以经常处于恐惧之中（E3, pp. 135—137），科学能削弱和破除迷信，因为科学发展的是逻辑思维和研究实在的合理性态度，它鼓励人们根据因果关系来思考和观察事物。（E1, pp. 244, 284）在这里，爱因斯坦实际上已涉及科学的物质价值（以技术为中介）和精神价值[19]问题。

与此同时，爱因斯坦并未陶醉在科学的胜利进军中，他早就清醒地意识到科学的异化及其危险。按照他的观点，科学的异化似乎表现在两个方面：其一是作为科学"副产品"

---

[19] 科学的精神价值的内涵是十分丰富的，光是作为知识体系的科学就具有信念价值、解释价值、预见价值、认知价值、增殖价值和审美价值。参见李醒民：《论科学的精神价值》，《福建论坛》（福州），1991年第2期，第1—7页。《科技导报》（北京），1996年第4期转载并加有编者按。

的技术这个"双刃刀"的负面影响，其二是科学专门化和技术化所造成的两种文化的分裂和精神的扭曲。关于前者，他原原本本地把真相告诉人们：

> 以前几代人给了我们高度发展的科学和技术，这是一份最宝贵的礼物，它使我们可能生活得比以前无论哪一代人都要自由和美好。但是这份礼物也带来了从未有过的巨大危险，它威胁着我们的生存。（E3, p. 99）
>
> 透彻的研究和敏锐的科学工作，对人类往往具有悲剧的含义。一方面，它所产生的发明把人从精疲力竭的体力劳动中解放出来，使生活更加舒适而富裕；另一方面，给人的生活带来严重的不安，使人成为技术环境的奴隶，而最大的灾难是为自己创造了大规模毁灭的手段。这实在是难以忍受的令人心碎的悲剧。（E3, pp. 259—260）

对于被异化的科学（应用科学或技术的副作用）在经济、政治、安全、伦理方面所造成的巨大恶果，爱因斯坦做了详细的分析（E3, pp. 135—136, 73, 40）。第一，机械化的生产手段在无组织的、生产资料私人占有的经济制度中已产生了这样的结果：相当大的一部分人对于商品生产已经不再是必需的，因而被排除在生产循环之外，其直接后果是购买力降低，劳动力因激烈竞争而贬值，这就引起了周期越来越短的商品生产严重瘫痪的危机。第二，科学并没有使人们从必须完成的单调的劳动中得到多大程度的解放，反而使人成为机器的奴隶。人们绝大部分一天到晚厌倦地工作着，他们在劳动中毫无乐趣，而且经常提心吊胆，唯恐失去他们一点点可怜的收入。科学使我们的生活变得匆忙和不安定，大大加剧了生存竞争，严重地损害了个人自由的发展。第三，科学技术使距离缩短了，并且创造出新的非常有效的破坏工具，这种工具掌握在要求无限制行动自由的国家的手里，就变成了人们相互毒害和相互残杀的手段，对人类安全和生存构成致命的威胁，这是技术进步的最大祸害。第四，通信工具——印刷文字的复制过程和无线电——同现代化武器结合在一起时，已有可能使肉体和灵魂都置于中央政权的束缚之下——这是人类危险的又一个来源。现代的暴政及其破坏作用，清楚地说明了我们还远远未能为人类利益而有组织地利用这些成就。第五，人们的伦理道德之所以沦丧到如此令人恐惧的地步，主要是因为我们生活的机械化、原子化和非人性化，这是科学技术发展的一个灾难性的副产品（*RS*, p, 72）。

　　爱因斯坦的人类文化观念与流行观点——文化的发展借助于技术进步来衡量——格格不入，他关心的是技术改善和进展是否有助于促进人类的福利[20]。对于科学的异化和技术的滥用，他认为科学家是不负什么责任的（*E*1, p. 404），而且也不能把罪责归咎于科学，只能归咎于道德沦丧，归咎于

----

[20] A. Moszkowski, *Einstein: The Searcher, His Work Explained from Diologues with Einstein*, Translated by H. L. Brose, Methuen & Co. Ltd. , London, 1921, p. 174.

没有建立起有效的组织（*HPX*, p. 208）。因此，采用因噎废食的办法禁止技术革新显然是荒唐的（*E3*, p. 91）；要使问题得到妥善解决，就要创立一种社会制度和社会传统[21]——无此新工具就不可避免地要带来最不幸的灾难（*E3*, p. 135）。爱因斯坦的看法是颇有道理的。确实，科学的异化和技术的误用或恶用，不能归罪于自然科学（它是真善美三位一体的统一体[22]），甚至不能归咎于自然技术（尽管它有善恶两面性）本身，而只能归因于与社会科学相对应的社会技术或社会工程的不发达，以致无法有效地约束或扼制蠢人或恶人的邪行或兽行所致[23]。

在这里尚须注意的是，爱因斯坦在反对反科学之人怪罪科学的同时，也反对科学万能论和专家政治（technocracy）[24]。玻恩有一次问爱因斯坦："你是否相信，将来有可能不管什么都一律用自然科学的方式来反映？"他的回答是："是的，这可以设想。不过，这样做毫无意义。这就是用不恰当的方法来反映，例如用气压曲线来表示贝多芬的交响乐。"（*JNE*, p. 206）他告诫人们：在涉及人类的问题时，

[21] 我猜想，爱因斯坦心目中的那种"社会制度和社会传统"，就是前面论述的人道的社会主义和自由的民主主义。

[22] 李醒民：《科学家的科学良心》，《百科知识》（北京），1987年第2期，第72—74页。

[23] 详细论述请参见李醒民：《反科学主义思潮评析》，《哲学动态》（北京），1990年第11期，第25—26页，第17页。

[24] 专家政治亦译技术统治、技治主义、技术治国等，关于其含义及优劣得失，可参见李醒民：《专家政治得失谈》，《中国科学报》（北京），1991年5月3日，第三版。

我们应当注意不要过高地估计科学和科学方法；我们也不应当认为只有专家才有权利对影响社会组织的问题发表意见（*E*3, p. 268）。

对于专门化导致的科学文化和人文文化的严重分裂以及人的精神扭曲和不健全，爱因斯坦看在眼里，忧在心头：

> 科学地决定事实的职权大大地扩展了，理论知识在每一个科学部门都变得非常深奥。但是人的智力的同化能力是并且依然是极其有限的。因此，情况不可避免地是，各个研究者的活动便被局限在人类知识的越来越小的片段内。更糟糕的是，作为这种专门化的结果，甚至要粗略地一般把握一下作为一个整体的科学正在变得愈益困难，而没有这样的把握，为保持与进步同步的真正的探索精神必然受到妨碍。情况正在发展得类似于《圣经》中巴比通天塔的故事所象征地描述的那样。每一个严肃的科学工作者都痛苦地意识到被不自觉地放逐到永远窄小的知识圈子内，这正在构成一种威胁，它剥夺了研究者的广阔视野，并使他沦为一个工匠的水平。[25]

不仅如此，他还注意到，职业和知识的广泛专业化，使得个人就像是大规模生产的机器的部件一样，显得是可替换的了（*E*1, p. 580）。尤其是，核物理使用的庞大设备，会成为科

---

[25] A. Einstein, *The World As I See It*, Translated by A. Harris, Philosophi-cal Library, New York, 1949, p. 15.

学方法的真正危险。它使研究人员成为工具的奴隶，而丢弃或根本不去寻找新的观念（E1, p. 532）。他歆慕法拉第像一位情人爱恋着远方的心上人那样热爱着神秘的大自然，他欣羡法拉第的时代没有单调乏味的专业化，而专业化总是自命不凡地透过有角质架的眼镜来观察事物，把事物所有的诗意全都破坏了（RS, p. 86）。对此，爱因斯坦既不像实证主义者那样看待自然科学，也不像存在主义者那样看待人文学科，而是以其富有启发性的科学思想和富有独创性的科学方法在两种文化之间铺路架桥，同时又以艺术家的旨趣和普通公民的身份重塑科学和科学家的形象，从而把科学与哲学、政治、伦理、艺术等门类沟通起来。同时，他赞扬像柏林内尔（A. Berliner, 1862—1942）这样的科学通俗刊物编辑，以巨大的才智和决心引导有成就的科学家，用非专家也能懂的形式讲出他们应当讲的东西，从而使科学家和外行人增进见闻，熟悉科学的问题、方法和结果的发展。这种为科学的明晰性和广博性的见解所进行的斗争，使科学在很多人的心里获得了充沛的生命力。他认为，使知识活起来，并且使它保持生气勃勃，这同解决专门问题一样重要（E1, p. 308）。

四、科学与伦理及科学家的社会责任

爱因斯坦多次讨论过科学与伦理问题，他认为二者既有严格的区分，又有一定的联系。他赞同休谟的观点：一组完全由关于事物存在的描述性的判断所组成的前提（不论其多么完备），不能有效地推导出任何命令性的结论（一个以"应该"形式出现的语句）。他说，我们必须仔细地在我们一般希望的东西和我们作为属于知识世界而研究的东西之间做出区分。在科学领域里根本做不出道德的发现，科学的目的确切地讲是发现真理。伦理学是关于道德价值的科学，而不是发现道德"真理"的科学[26]。换句话说，科学方法所能告诉我们的，只不过是事实如何相互关联、如何彼此制约的。尽管想要获得这种客观知识的志向是人的最高尚的志向，但同样清楚的是，是什么的知识并未向应该是什么直接敞开大门。人们能够具有最明晰、最完备的是什么的知识，可是却不能从中推导出我们人类渴望的目标应该是什么。客观知识向我们提供达到某些目的的强有力的手段，但终极目标本身和对达到它的渴望则来自另外的源泉。我们的存在和活动只有通过建立这样的目标和相应的价值才会获得意义，这一观点几乎没有必要去争辩。真知本身是奇妙的，但是它一点也不能起指导作用，甚至它不能证明对每一个真知的渴望有正当的理由和价值。因此，正是在这里，我们面临着科学和纯粹理性的概念的限度[27]。也许正是在这种意义上，爱因斯坦把科学思维的特征概括为：科学陈述和定律是真的或假的，我们对它们的反应是"是"或"否"；科学理论体系

---

[26] A. Moszkowski, *Einstein: The Searcher, His Work Explained from Diologues with Einstein*, Translated by H. L. Brose, Methuen & Co. Ltd., London, 1921, p. 145.

[27] A. Einstein, *Out of My Latter Years*, Philosophical Library, New York, 1950, pp. 21—22.

所用的概念是不表达感情的。在科学领域之内：

> 对于科学家来说，只有"存在"，而没有什么愿望，没有什么价值，没有善，没有恶；也没有什么目标。……追求真理的科学家，他内心受到像清教徒一样的那种约束：他不能任性或感情用事。（E3, p. 280）

作为一个理性论者，爱因斯坦固然强调了理智在科学中的巨大作用，但也明确指出它在伦理道德领域内的软弱无力。他告诉人们：

> 我们一定要注意，切不可把理智奉为我们的上帝；它固然有强有力的身躯，但却没有人性。它不能领导，而只能服务；而且它挑选它的领导人是马马虎虎的。这种特征反映在它的祭司即知识分子的质量中。理智对于方法和工具具有敏锐的眼光，但对于目的和价值却是盲目的。（E3, p. 190）

另一方面，爱因斯坦也强调指出，尽管科学和理智思维在形成目标和伦理判断中不能起作用，但是当人们认识到，为达到某个目的某些手段是有用的，此时手段本身就变为目的。理智虽不能给我们以终极的和根本的目的，但却能使我们弄清楚手段和目的的相互关系，正确地评价它们并在个人感情生活中牢固地确立它们㉘。此外，关于事实和关系的科学陈述固然不能产生伦理准则，但逻辑思维和经验知识却能使伦理准则合乎理性，并且连贯一致。如果我们能对某些基本的伦理命题取得一致，那么只要最初的前提叙述得足够严密，别的伦理命题就能从它们推导出来（E3, pp. 280—281）。

像数学公理一样的基本伦理准则从何而来呢？纵观爱因斯坦的零散观点㉙，其源泉有四。第一，它们来自犹太教——基督教的深厚底蕴和崇高目标。这些东西构成我们的抱负和评价的牢靠基础，成为人们精神的支柱和感情生活的支点，这是宗教的重要的社会功能。第二，它们来自健康社会中的强有力的优良传统。这些传统影响着个人的行为、抱负和判断，调整和维系社会成员之间的正常关系。第三，它们来自我们天生的避免苦痛和灭亡的倾向，来自个人积累起来的对于他人行为的感情反应。它们不是通过证明，而是通过启示，通过强大的人格中介形成的。第四，只有由有灵感

㉘ A. Einstein, *Out of My Latter Years*, Philosophical Library, New York, 1950, p. 22. 近年的研究表明，科学并非价值中立，它本身包含一定的价值成分，并能对价值判断起某些直接的或间接的作用。参见李醒民：《关于科学与价值的几个问题》，《中国社会科学》（北京），1990 年第 5 期，第 43—60 页；李醒民：《科学价值中性的神话》，《兰州大学学报·社会科学版》（兰州），第 19 卷（1991），第 1 期，第 78—82 页；以及参见李醒民：《论科学的精神价值》，《福建论坛》（福州），1991 年第 2 期，第 1—7 页。《科技导报》（北京），1996 年第 4 期转载并加有编者按。

㉙ A. Einstein, *Out of My Latter Years*, Philosophical Library, New York, 1950, pp. 22—23, 以及（E3, p. 281）和（HPX, pp. 254—255）。

的人所体现的人类的道德天才，才有幸能提出广泛且根基扎实的伦理公理，以致人们会把它们作为在他们大量个人感情经验方面打好基础的东西而接受下来。但是，爱因斯坦反对把道德基础放在神话之上，也反对将其同任何权威联系在一起。否则，对神话或权威合法性的怀疑，都有可能危害做出健全判断和行动的基础（*RS*, p. 83）。他认为，伦理公理的建立和考验同科学公理并无很大区别。真理是经得住经验考验的。

1951 年，爱因斯坦在给索洛文的信中，把科学与伦理既独立又关联的关系简要概括如下：

> 我们所谓的科学的唯一目的是提出"是"什么的问题。至于决定"应该是"什么的问题，却是一个同它完全无关的独立问题，而且不能通过方法论的途径来解决。只有在逻辑联系方面，科学才能为道德问题提供一定的规范，也只有在怎样实现道德所企求的目标这个问题上，科学才能提出一些方法；至于怎样决定这些道德目标的本身，就完全超出科学的范围了。（*E*1, p. 526）

显而易见，科学对伦理的作用是间接的而非直接的，即提供逻辑联系和方法手段。另一方面，伦理对科学的内容毫无作用，但对科学探索的动机和动力却提供支承，此时独立于道德标准的科学便依赖于道德标准了。诚如爱因斯坦在一次谈话中所言："正是在这一点上表现出我们本性的道德方面——理解真理的内在企求，斯宾诺莎把它称为理智之爱而如此经常地加以强调。正如你看到的，在你说起科学的道德基础的时候，我是完全同意你的。但把这个问题颠倒过来并谈论道德的科学基础，则是不行的。"（*EZ*, p. 566）

正是基于科学与道德的相互独立性，爱因斯坦认为，责备科学损害道德是不公正的（*E*1, p. 282）。只有当道德力量退化时，科学和技术才会使他变得低劣，没有什么东西能够保护它，即使我们业已建立起来的制度也无能为力（*HPS*, p. 205）。相反地，像物理学和数学这样的科学除有助于刺激技术发展外，它作为一种有效的武器，还可以防止人们屈从于消沉乏味的物欲主义，这种物欲主义反过来也能够导致毫无节制的利己主义的统治（*HPS*, p. 436）。遗憾的是，爱因斯坦对此没有详加深究，他虽然并不否认在所有真正的科学中存在着伦理的因素，但却矢口否认科学的伦理功能或道德的科学基础。其实，作为知识体系和研究活动的科学本身也包含着某些价值和规范，它们直接或间接地有助于伦理准则的形成，或者有助于强固公认的道德规范㉚。尤其是作为社会建制的科学，本身就具有一整套规范结构或科学的精神气质（ethos）：

> 科学的精神气质是有感情情调的一套约束科学家的价值和规范的综合。这些规范用命令、禁止、偏爱、赞同的形式来表示。它们借助于习俗的价值而获得其

㉚ 可参见 ㉘ 中的三个中文文献。例如，科学中的实证方法、理性方法和臻美方法就有助于确立或强化人们的崇实、尚理、爱美的品格。

合法地位。这些通过格言和例证来传达、通过法令而
增强的规则在不同程度上被科学家内在化了，于是形
成了他的科学良心，或者人们如果愿意用现代术语的
话，也可以说形成了他的超我。③

也正是基于科学与伦理分离的观点，爱因斯坦坚决反对
科学主义②及科学万能论。他指出，目前成为时髦的把物理
科学的公理应用到人类生活上去的做法，那不仅是完全错误
的，而且也是应当受到谴责的（E1, p. 303）。他认为，科
学方法这个工具在人的手中究竟会产生些什么，那完全取决
于人类所向往的目标的性质。只要存在着这些目标，科学方
法就能提供实现这些目标的手段。可是它不能提供这些目
标本身。科学方法本身是不会引导我们到哪里去的，要是
没有追求清晰理解的热忱，甚至根本就不会产生科学方法

---

③ R. K. 默顿：《科学的规范结构》，李醒民译，《科学与哲学》（北京），1982 年第 4 辑，第 119—131 页。按照弗洛伊德的学说，人格结构是由伊德（id）、自我（ego）和超我（superego）构成。伊德是充满动物式本能的潜意识，使人的心理充满活力，它服从快乐原则，故也称为本我。超我可以说是道德化的自我，包括通常所说的良心和自我理想。本我和超我之间具有尖锐的矛盾，而自我则居于中间地位。自我的功能一是通过知觉和思维来满足本我的要求，实现所谓的现实原则；二是作为一个保护系统，把人们违背超我时的内疚不安斥回到潜意识中去。

② 科学主义（scientism）的一种含义是过分信赖科学方法的普适性，或给科学以超出其合理范围的权威。据我所知，稍有头脑的科学家都从未提出或坚持这种类型的科学主义，它也许是某些"憋足的"社会学者和人的"产儿"或反科学运动虚设的"风车"。

（E1, p. 397）。在手段的完善和目标的混乱为特征的时代，爱因斯坦特别强调科学的局限性和道德的巨大社会意义。他说：科学本身不是解放者，不是幸福的最深刻的源泉。它创造手段，而不是创造目的。它适合于人利用这些手段达到合理的目的。当人进行战争和征服时，科学的工具变得像小孩手中的剃刀一样危险。我们应该记住，人类的发展完全依人的道德发展而定（HPS, pp. 413—414）。这是因为，如果手段在它背后没有生气勃勃的精神，那么手段无非是迟钝的工具。但是，如果在我们中间对达到目标的渴望是极其有生气的，那么我们将不缺少力量找到接近目标和把它化为行动的手段[33]。他进而这样写道：

> 改善世界的根本并不在于科学知识，而在于人类的传统和理想。因此我认为，在发展合乎道德的生活方面，孔子、佛陀、耶稣和甘地这样的人对人类做出的巨大贡献是科学无法做到的。你也许明明知道抽烟有害于你的健康，但却仍是一个瘾君子。这同样适用于一切毒害着生活的邪恶冲动。我无需强调我对任何追求真理和知识的努力都抱着敬意和赞赏之情，但我并不认为，道德和审美价值的缺乏可以用纯智力的努力加以补偿。
> （HPX, p. 255）

---

[33] A. Einstein，*Out of My Latter Years*, Philosophical Library, New York，1950, p. 24.

爱因斯坦向来认为，没有良心的科学是灵魂的毁灭，没有社会责任感的科学家是道德的沦丧和人类的悲哀。科学家在致力科学研究的同时，必须以高度的道德心，自觉而勇敢地担当起神圣的、沉重的社会责任，制止科学的异化和技术的滥用，使科学技术赐福于人类。他强烈谴责那些不负责任和玩世不恭的专家：让所有那些轻率地利用科学和技术奇迹的人们感到羞耻吧！他们对科学和技术奇迹的了解，不比母牛对它尽情咀嚼的那些植物的植物学了解得更多一些[34]。他呼吁科学家要以诺贝尔为榜样，要有良心和责任感。坚决拒绝一切不义要求，必要时甚至采用最后的武器：不合作和罢工（*E3*, pp. 205, 213）。他谆谆告诫未来的科学家和工程师：

> 如果你们想使你们一生的工作对人类有益，那么你们只了解应用科学本身还是不够的。关心人本身必须始终成为一切技术努力的主要目标，要关心如何组织人的劳动和商品分配，从而以这样的方式保证我们科学思维的结果可以造福于人类，而不致成为诅咒的祸害。当你们沉思你们的图表和方程时，永远不要忘记这一点！
> （*HPS*, p. 171）

---

[34] F. 赫尔内克：《原子时代的先驱者》，徐新民等译，科学技术文献出版社（北京），1981 年第一版，第 148 页。

第十三章　别具只眼的教育观

绿柳乍黄又一春，
回首流年入梦频。
人生有涯学无垠，
莫作后之视今人。

—— 李醒民《书"激动人心的年代"之后》

严格地讲，爱因斯坦并不是一位教育家或教育学家，从未对教育学做过专门的、系统的研究。诚如他所说："在教育学领域，我是个半外行人，除却个人经验和个人信念之外，我的见解就别无基础。""这些见解所根据的只不过是他自己在做学生和当老师时所积累起来的个人经验而已。"（E3, pp. 142, 147）但是，爱因斯坦却终生对教育怀有兴趣：这种兴趣不是边缘性的或插曲性的，而是根深蒂固的和持久不衰的，尽管他就教育所发表的言论或文章仅占他的全部论著的极少一部分。

早在十六岁时，爱因斯坦就想当一名教师，虽说部分原因是双亲生意破产使全家生计陷入窘境。他在 1909 年正式当上大学教师时说："我喜欢新的活动领域。教学工作给我带来许多乐趣。"[①] 他在谈话中透露，他一生中的最大遗憾是没有教少年儿童。他说他喜欢孩子，能以独特的风格把复杂的问题简化，使孩子们心灵开窍。少年儿童总是天真、好奇而富有生气，这种感染力反过来也会使他共享欢娱。他们对知识是敞开的，不害怕询问"愚蠢的"问题，人们能够从他们的眼睛中读懂他们的真正兴趣之所在。由此可见，爱因斯坦即使对启蒙教育也是十分倾心的。

在阿劳中学，米尔贝格（F. Muehlberg）教授的教育哲学给爱因斯坦留下了深刻的印象。这种教育哲学的精神实质是：发现新事物的心智能力、意志和兴味比获得短暂的、飞逝的知识更重要。这位自然科学教师和自然史博物馆的管理者经常带学生到户外考察，以证明自然的奇迹[②]。这些影响加上爱因斯坦对自己做学生和做老师的经历的深沉的反思（包括从所经历的坏作法中悟出好做法），逐渐形成了他的别具只眼的教育观，其中不少观点即使在今天看来还是那么生气勃勃、富有启发意义。

[①] K. 塞利希：《爱因斯坦》，黑龙江大学俄语系翻译组译，黑龙江人民出版社（哈尔滨），1979 年第一版，第 104 页。

[②] P. A. Bucky, *The Private Albert Einstein*, A Universal Press Syndicate Company, Kansas City, 1993, p. 99.

一、目标：培养独立行动和独立思考的个人

在为数不多的论教育的文章和谈话中，爱因斯坦十分关注教育目标的设定。他把该目标定位为培养独立行动和独立思考的个人，并认为这对有价值的教育是生命攸关的。他说：

> 有时，人们把学校简单地看作是一种工具，靠它来把最大量的知识传授给成长中的一代。但这种看法是不正确的。知识是死的，而学校却要为活人服务。它应该发展青年人中那些有益于公共福利的质量和才能。但这并不意味着个性应当消灭，而个人只变成像一只蜜蜂或蚂蚁那样仅仅是社会的一种工具。因为一个由没有个人独创性和个人志愿的规格统一的个人所组成的社会，将是一个没有发展可能的不幸的社会。相反地，学校的目标应当是培养有独立行动和独立思考的个人，不过他们要把为社会服务看作是自己人生的最高目的。（*E*3, p. 143）

爱因斯坦强烈反对把个人当作死的工具来看待。他认为学校的目标始终应当是：青年人在离开学校时，是作为一个和谐的人，而不是作为一个专家。这在某种意义上即使对技术学校来说也是正确的，尽管技术学校的学生将要从事的是一种完全确定的专门职业。他进而指出：

发展独立思考和独立判断的一般能力，应当始终放在首位，而不应当把获得专业知识放在首位。如果一个人掌握了他的学科的基础理论，并且学会了独立地思考和工作，他必定会找到自己的道路，而且比起那种主要以获得细节知识为其培训内容的人来说，他一定会更好地适应进步和变化。（*E*3, p. 147）

爱因斯坦一再重申，用专业知识教育人是不够的。专业教育可以使人成为有用的机器，但是不能成为一个和谐发展的人。要使学生对价值即社会伦理准则有所理解并产生热烈的感情，那是最基本的。否则，他连同他的专业知识就像一只受过训练的狗，而不像一个和谐发展的人。因此，他坚决反对过分强调竞争制度，坚决反对从直接用途着眼而过早专门化，因为这会扼杀包括专业知识在内的一切文化生活所依存的那种精神。（*E*3, p. 310）在这里，爱因斯坦的确向我们提出了一个二者择一的严峻问题：是造就以为社会服务为崇高目标的独立的与和谐的个人，还是培养工具、机器、蜜蜂、蚂蚁，乃至听话的狗？如果把后者作为目标，那么走出校门的年轻人只能是有脑袋而无思想的行尸走肉，是遭人践踏的小草和任人摆布的螺丝钉。由这样的毫无独立性和独创性的个人组成的社会，也只能是一个墨守成规的、死气沉沉的社会。这对个人和社会来说都是大大的不幸！

按照爱因斯坦的观点，教育系统有四项主要任务：在特定的道德价值和社会价值基础上的品格教育；学生智力才能和身体才能二者的发展；一般知识的教学；专门技能的培养。他揭示出专门化训练成为不可逆转的潮流的原因，在于人们狂热地追求功利和效用本身，而忘记了权利的价值。他把德育教育与教育目标结合起来，始终放在教育工作的首位。他指出，使构成民主基础的那些原则有充沛的生命力，并认清个人权利神圣不可侵犯，是教育的最重要的任务；帮助青年人在这样一种精神状态中成长，使他们感到这些基本原则对他来说就像他所呼吸的空气一样，是教育和学校应有的职能（*E*3, pp. 168, 175）。由于认识到教育是如此重要的政治工具，因此爱因斯坦十分担心教育变成竞争的政治集团的利用对象，变成国家强力控制的工具，从而造成这样的危险：给学生灌输往后很难摆脱的不详偏见，使他们保持思想上的奴性（*HPS*, p. 410）。

另一方面，爱因斯坦基于对人的恰当评价是相对于他付出的东西而不是他收到的东西的信念，强调必须训练人们具有向他们同胞付出的态度。如果人类要从他的每一个成员中受益，那么就必须从年轻时起用人道主义哲学谆谆教诲他们。只有如此，人们才会乐意为作为一个整体的共同体作有益的事情——这就是好学校的基本工作③。但是，他看到的严酷现实却令人寒心：

> 在我们的教育中，往往只是为着实用和实际的目的，过分强调单纯智育的态度，已经直接导致对伦理价值的损害。我想得比较多的还不是技术进步使人类所直接面临

---

③ P. A. Bucky, *The Private Albert Einstein*, A Universal Press Syndicate Company, Kansas City, 1993, p. 94.

的危险，而是"务实"的思想习惯所造成的人类相互体谅的窒息，这种思想习惯好像致命的严霜一样压在人类的关系之上。（E3, p. 293）

爱因斯坦的态度很明确：单纯的才智不能代替道德的正直（HPS, p. 203）；要是没有伦理教育，人类就不会得救（E3, p. 294）。他把教育的目标用一句话概括为："个人的自由而有责任心的发展，使他得以在为全人类的服务中自由地、愉快地贡献出他的力量。"（E3, p. 175）

怎样才能达到这一崇高的目标呢？爱因斯坦认为，要培养出有教养的和有责任感的人，是通过同教育者亲身接触，而不是——至少主要不是——通过教科书传授给青年一代的（E3, p. 310）。仅仅通过教给学生像"你要像爱你自己那样爱你的邻人"之类的虔诚的程序，或用表现得完美无缺的所谓典型人物的故事教化，都无法达到品格训练的目的。一般而言，健全的社会态度不是通过教导，而是通过经验获得的。集体精神只有加以实践，它才能够被意识到。学生的兴趣不应该通过鼓励自我崇拜的竞争来激励，而应该通过唤起对创造性工作的愉悦感来激励。只有用这种方式，同学们才能学会相互采取友好的、建设性的关系。此外，学校不应该宣传特定的政治学说。如果学校能够教给年轻人掌握批判的精神和社会取向的态度，那么他们就会做所必须做的一切事情。届时学生将会逐渐用生活在健全的民主社会的公民必须先具备的那些质量装备起来（HPS, pp. 410—411）。

二、途径：实行自由行动和自我负责的教育

爱因斯坦早在阿劳中学上学时就体会到"自由行动和自我负责"的教育的"优越性"，他在大学就是这样身体力行的（E1, pp. 43—44）。此后，他成为自由教育和自由学习原则的坚定支持者和积极倡导者。他认为应该采取一种自由的教学形式，使学生有自由选择所学科目的权利。这样一来，教师和学生双方都会更明确地认识到各自工作的重要性，并使整个教育过程变成幸福的经历。没有这类教育自由，学生的精神只会腐朽，因为人不是机器，不能像机器一样去处置。他倡导学生应有较多的决定是否上课的自由，这样学生才有更多的时间自主地深究他们的问题，至于那些滥用特许权的人，他们本来就不会追求该科目。他强调在教育中也许最有价值的财产是自学或阅读。一个人接受教学完全是对的，但是教学在某种程度上与教师的个性不可分割。如果教师有不好的个性，那么学生往往会拒绝在正常情况下对他们来说是有趣的科目。然而，当人们对一个科目有兴趣并自己读书时，他就有机会在没有他人影响的情况下把握该科目。爱因斯坦表明，他的自由教育思想与严格要求并不矛盾。严格本身并不是错误的，倘若它处在自身的限度内且不限制个人思维的话。所谓教育中的自由，仅仅意指的是，不应该规定或强迫人们学习他们天然地不倾心的任何东西。不用说，在这个框架内，严格性和准则是必然的事④。显然，爱因斯

---

④ P. A. Bucky, *The Private Albert Einstein*, A Universal Press

坦倡导自我行动和自我负责的自由教育，无非是想借此途径，培育学习的乐趣，从而达到他所设想的教育目标。诚如他在给一份学生杂志所写的：

> 千万别把学习视为义务，而应该把学习视为一种值得羡慕的机会，它能使你们了解精神领域中美的解放力量，它不但能使你们自己欢乐无比，而且还能使你们将来为之工作的社会受益匪浅。（RS, p. 55）

兵营般的德国中学的严厉强制和充满自由精神的瑞士中学的活跃气氛形成了强烈的反差，这在爱因斯坦的心灵中打上了不可磨灭的烙印，以致他在晚年回顾时，当年的情景仍历历在目。他说：人们为了考试，不论愿意与否，都得把所有废物统统塞进自己的脑袋。这种强制的结果使我畏缩不前，致使考试后整整一年对科学问题的任何思考都感到扫兴。在谈到研究问题的神圣的好奇心时，他继续说：

> 这株脆弱的幼苗，除了需要鼓励以外，主要需要自由；要是没有自由，它不可避免地会夭折。认为用强制和责任感就能增进观察和探索的乐趣，那是一种严重的错误。我想，即使是一头健康的猛兽，当它不饿的时候，如果有可能用鞭子强迫它不断地吞食，特别是当人们强迫喂给它吃的食物是经过适当选择的时候，也会使它衰

失贪吃的习性的。（E1, p. 8）

因此，爱因斯坦认为，对于像他这样爱好沉思的人来说，因循守旧的大学教育并不总是有益的。无论多么好的食物强迫吃下去，总有一天会把胃口和肚子搞坏的。纯真的好奇心的火花会逐渐地熄灭[⑤]。（E1, p. 45）他指出，法拉第正因为没有受传统的正规大学教育，没有背上传统思想的包袱，才发明了场概念和电磁感应定律（E1, p. 498）。

爱因斯坦把强制视为自由教育的最凶恶的敌人，他从青少年时代起就与之进行顽强的斗争。为此，他用一个粗鲁的、发音凶恶的词 Zwang[⑥] 来表达它。他唾弃这个词，就像一个人扔掉鱼骨一样[⑦]。他认为：

> 对于学校来说，最坏的事是，主要靠恐吓、暴力和人为的权威这些办法来进行工作。这种做法摧残学生的健康的感情、诚实和自信；它制造出来的是顺从的

[⑤] W. 奥斯特瓦尔德甚至认为："后来在生活中注定成为发现者的孩子几乎毫无例外地在学校是坏孩子！最强有力地抵制学校规定的智力发展形式的，恰恰是天赋最高的年轻人！学校从未停止表明它们本身是天才的最厉害的、冷酷无情的敌人。"参见②，p. 82. 奥斯特瓦尔德早年就是这样的"坏孩子"，后来却成为科学天才和思想家。参见李醒民：《理性的光华》，福建教育出版社（福州），1993 年第一版；业强出版社（台北），1996 年第一版。

[⑥] 其意为强制、强迫、胁迫、暴力等。

[⑦] A. Vallentin, *Einstein, A Biography*, Translated from the French by M. Budberg, Weidenfeld and Nicolson, London, 1954, p. 20.

人。……要使学校不受这种一切祸害中最坏的祸害的侵袭，那是比较简单的。教师使用的强制手段要尽可能地少，学生对教师的尊敬的唯一源泉在于教师的德和才。

（*E*3, p. 144）

为此，爱因斯坦反对死记硬背，反对用事实、名字、年代、公式塞满年轻人的记忆和思想。他觉得没有必要死记住声速，认为迫使学生硬背历史日期是荒谬的，因为需要时可在书本或百科全书中方便地查到它们。教育应该致力于青年人的思考，给他们以课本不能提供的训练。他把考试视为教育的祸害，把接受测验比之为走向断头台。因为学校以考试迫使学生学习许多不必要的东西，记忆大量无用的信息，从而大大妨碍科学探索和分析[8]。

爱因斯坦甚至主张放弃升学录取考试。因为它像某种可怕的怪物看守着我们离开学校，把它的阴影投射到前面很远的地方，迫使教师和学生不断地朝向人为的知识显示而工作。这种考试通过强制手段猛烈地训练投考者记下只能维持几小时的东西，然后便永远丧失了洞察力。如果取消了考试，那就也随之去掉了费力的记忆，那就不再需要花费数年时间埋头于在几个月内将被忘记得一干二净的材料。大自然坚持从最小的努力获取最大的结果，而录取考试则违背自然的本性。那么谁将被容许进入大学呢？爱因斯坦认为，一个

---

[8] P. A. Bucky, *The Private Albert Einstein*, A Universal Press Syndicate Company, Kansas City, 1993, pp. 94—99.

人不仅在具有偶然性的决定性测验中显示出他自己是有能力的，而且在他的整个行动中显示出来。教师将是这个事情的鉴定人，他应该知道谁是合格的。他将发现，全部课程在年轻人精神上造成的重压越少，决定谁充分达到获得许可证在相应的程度上也就越容易⑨。爱因斯坦反对过多的、带有强制性的、僵化式的考试不用说是很有道理的，但他提出的升学许可办法却是过于理想化了，在现实中不是短时间内就能行得通的，因为作为鉴定人的教师很难不受局外因素和个人偏好的影响，从而无法保证人才选拔的公正性和合理性。考试制度固然不能说是选才的好办法，但眼下它依然是所有不好办法中的好办法⑩。在目前条件下，问题是怎样暂时去进一步完善它，而不是立即取消它。

爱因斯坦大力呼吁减轻学生负担。他认为一天六小时应该是足够的了——四小时在学校，两小时做家庭作业。这个时间一点也不少，要知道人的思想在空闲时也是处于紧张状态之中，因为它必须接纳整个感知世界。在这么一些时间内如何安排全部课程呢？他建议把一切不必要的过量负担扔

---

⑨ A. Moszkowski, *Einstein: The Searcher, His Work Explained from Diologues with Einstein*, Translated by H. L. Brose, Methuen & Co. Ltd., London, 1921, p. 66.

⑩ 中国古代的科举制度不管有多少缺陷，但这种不论出身、财富、地位的选拔人才和官员的考试制度毕竟有其公正性，有助于当时社会的稳定和繁荣。而且，由于"游戏规则"严格，也易于发现、纠正和查处。由于它的公正性，也由于没有更好的办法去替代它，人们还是认可它的权威性。

掉！比如历史课，所谓的通史大部分是不必要的，因为它被一些姓名和日期表弄得模糊不清，可用宽泛的大纲描述取而代之。尤其是古代史，它们与我们日常存在相去甚远。如果学生没有学习亚历山大大帝和其他几十位征服者——其文献像无用的压舱物一样压在他的记忆中——的事情，这决不会有什么不幸。如果他要一瞥古代的端倪的话，那就让他省掉居鲁士（Cy rus）、阿尔塔薛西斯（Artaxerxes）和韦辛格托里克斯（Vercingetorix）吧，但却要告诉他某些文明先驱阿基米德（Archimedes，约公元前287—约前212年）、托勒密（Ptolemy，活动时期二世纪）、希罗（Hero，鼎盛期约62）、阿波洛尼乌斯（Appolonius，约公元前247—约前205年）以及发明者和发现者的事情，这样历史课才不会归结为一系列冒险和屠杀。[11] 爱因斯坦就减轻学生过重负担发表了如下的一般性评论：

> 由于太多和太杂的学科（学分制）造成了青年人的过重负担，大大危害了独立思考的发展。负担过重必定导致肤浅。教育应当使所提供的东西让学生作为一种宝贵的礼物来接受，而不是作为一种艰苦的任务要他去负担。
>
> （E3, p. 310）

---

[11] A. Moszkowski, *Einstein: The Searcher, His Work Explained from Diologues with Einstein*, Translated by H. L. Brose, Methuen & Co. Ltd., London, 1921, pp. 66—67.

爱因斯坦注重独立思考和自由行动的教育，也是基于这样一个深刻的认识——智慧比知识更重要。所谓智慧（wisdom），就是对事物的认识、辨析、判断处理和发明创造的能力。智慧是个人特有的敏锐的洞察力和健全的判断力，或一言以蔽之曰"卓识"（good sense）。智慧是不可言说的和不可言传的，是难以在短期内从书本和他人之处习得的；而知识则是可言说的和可言传的，是能够在不太长的时间内从书本和他人之处学到的。因此，智慧与知识二者之间有显著的质的差异。爱因斯坦一直强调，教育要培育学生的活生生的智慧，而不是单纯灌输死沉沉的知识。他说："人必须被教育得'灵活地起作用'，他必须获得和发展'智力肌肉'！"[12]这里的"智力肌肉"，无疑是智慧的隐喻。果不其然，他的下述言论就是最好的佐证：

> 如果青年人通过体操和走路训练了他的肌肉和体力的耐劳性，以后他就会适合任何体力劳动。思想的训练以及智力和手艺方面的技能锻炼也与此类似。因此，有个才子讲得不错，他对教育下了这样一个定义："如果一个人忘掉了他在学校里所学到的每一样东西，那么留下来的就是教育。"（*E*3, p. 146）

---

[12] A. Moszkowski, *Einstein: The Searcher, His Work Explained from Diologues with Einstein*, Translated by H. L. Brose, Methuen & Co. Ltd., London, 1921, pp. 63—64.

基于这样的考虑，爱因斯坦不赞成学校必须直接教授那些在以后生活中要直接用到的专业知识和技能，因为生活中所要求的东西太多种多样了，不大可能容许学校采取这样的专门训练。但是，一个具有足够智慧和能力的人，则能够以不变应万变，显示出极强的适应性和创造性。

三、教师、教法及其他

爱因斯坦认为，学校向来是把传统的精神财富从一代传到下一代的手段，人类社会的正常延续和健康发展在相当高的程度上有赖于学校教育。而在学校教育中，教师负有很大的责任。比一般知识和理解更为重要的，是学校的理智气氛（比单个教师更重要）、教师的有效行动和树立的榜样（$E3$, pp. 143, 169）。他不相信用道德说教就能达到理想的教育目标。他说：

> 言词是并且永远是空洞的，而且通向地狱的道路总是伴随着理想的空谈。但是人格绝不是靠所听到的和所说出的言语，而是靠劳动和行动来形成的。（$E3$, p. 143）

爱因斯坦从他自己和朋友厄任费斯脱的求学经历中深深地体会到：无知和自私的教师对青少年心灵摧残所引起的屈辱和精神压抑，是永远不能解脱的，而且常常使以后的生活受到有害的影响（$E1$, p. 526）。他感到，大多数的教师的弱点是，他们从不尝试把他们自己放到他们学生的位置上，并力图像学生可能想地那样想问题。他们像双亲一样，期望孩子们像成人一样行动、思考和反应。作为一个好教师，必须设身处地、将心比心地从学生的角度着想[⑬]。他相信，主要不是学生缺乏才能，而是教师缺乏才干。大多数教师把时间浪费在发现学生所不知道的疑问，而真正的质疑艺术其目的在于发现学生知道什么或能够知道什么。无论何时犯这类过失，教师的责任大多是失职的[⑭]。即使儿童在物理现象的宇宙中迷失了，也能设法使他们接受伟大的自然定律。如果它们是能够为人们理解的东西，那么人们就能够清楚地说明它们[⑮]。爱因斯坦指出，一个好教师的最重要的特质是，他具有适宜的心理素质，能够心领神会地理解学生的需要。即使这样的教师缺乏所要求的知识，他总是能够从书本或经验中获得它们。但是，世界上最有知识的教师若不理解对待他的学生的心理学，他也是一位不好的教师[⑯]。

爱因斯坦强调，愚蠢的不是学生，而往往是老师。他经常为儿童就科学所提的问题而惊奇：他们在大多数情况下比

⑬ P. A. Bucky, *The Private Albert Einstein*, A Universal Press Syndicate Company, Kansas City, 1993, p. 90.

⑭ A. Moszkowski, *Einstein: The Searcher, His Work Explained from Diologues with Einstein*, Translated by H. L. Brose, Methuen & Co. Ltd. , London, 1921, p. 65.

⑮ A. Vallentin, *Einstein, A B iography*, Translated from the French by M. Budberg, Weidenfeld and Nicolson, London, 1954, p. 23.

⑯ P. A. Bucky, *The Private Albert Einstein*, A Universal Press Syndicate Company, Kansas City, 1993, p. 96.

成年人、甚至比专业人员询问问题更有逻辑性。他们不害怕问问题，可是成年人则害怕问"愚蠢的"问题而受到抑制。但是，在我们的词汇表中，就数学和科学而言，"愚蠢的"一词并不存在。这就是许多教师犯错误的地方。这些教师把他们没有能力教好某人归咎于那个人是愚蠢的，而不是归咎于他们自己缺乏耐心或不愿意改变教学进路。譬如说，有许多人自认或被人认为在数学和科学上是"愚蠢的"，可是同样的人却能成为出色的汽车驾驶员，能把汽车顺利地拆卸和组装起来。这是为什么？因为他们对汽车极为感兴趣。从哪个方面或何种进路激发学生对所学科目的兴趣，是教师的责任，是对教师的一个巨大挑战。教会那些在智力上比较迟钝的学生迅速地适应学习，才算是真正的教师[17]。爱因斯坦表示，天生的教师的标志在于，不是把结果现成地呈现给学生，而是在介绍了与所构想的理由矛盾的可能性后，激发起学生对科学的好奇心，从而强烈地吸引住他们的整个身心，此时才通过充足的论据阐明问题。这样一来，就能把在书本中存储的无生命的知识变成在人的意识中存储的活生生的知识。书本知识尽管是不可或缺的，但仅占据次要地位，而知识的第二种存在形式才是基本的[18]。

爱因斯坦提出了一个原则性的准则：教师的首要艺术是

---

[17] P. A. Bucky, *The Private Albert Einstein*, A Universal Press Syndicate Company, Kansas City, 1993, p. 99.

[18] A. Einstein, *Ideas and Opinions*, Edited by C. Seelig, Crown Publishers Inc., 1982, pp. 79—80.

唤醒创造和认识的乐趣[19]。他认为，在每项成绩的背后都有一种推动力，它是成绩的基础，反过来，这种推动力也通过任务的完成而得到加强和滋养。在这里，推动力的出发点大为不同：是靠恐怖和强制，还是靠追求威信和荣誉的好胜心，抑或靠诚挚的兴趣和追求真理与理解的愿望（这是每个儿童都具有的天赋的好奇心，不过往往早就衰退了）？爱因斯坦坚决反对第一种做法。对于第二种做法，他进行了细致的分析。说得婉转点，好胜心也就是期望得到赞许和尊重，它根深蒂固地存在于人的本性中。要是没有这种精神刺激，人类合作就完全不可能；一个人希望得到他的同类赞许的愿望，肯定是社会对他的最大约束力之一。但是在这种复杂的感情中，建设性的力量同破坏性的力量密切地交织在一起。想要得到赞许和表扬的愿望，本来是一种健康的动机；但如果要求别人承认自己比同伴或者同学更高明、更强或者更有才智，那就容易在心理上产生唯我独尊的态度，这无论对个人和社会都是有害的。因此，学校和教师必须防范使用那种容易产生个人野心的简单办法去引导学生从事辛勤的工作。爱因斯坦表明，用怕受到损害的恐惧和自私的欲望去作为推动力都是误导，良好的动机应来源于对快乐和满足的追求：

　　在学校里和在生活中，工作的最重要动机是工作中的乐趣，是工作获得结果时的乐趣，以及对这个结果的社会

----

[19] A. Einstein, *The World As I See It*, Philosophical Library, New York, 1949, p. 23.

价值的认识。启发并且加强青年人的这些心理力量，我看应该是学校的最重要任务。只有这样的心理基础才能导致一种愉快的愿望，去追求人的最高财产——知识和艺术技能。

当然，要启发这种创造性的心理能力，不像使用强力或者唤起个人好胜心那样容易，但它是更有价值的。关键在于发展孩子对于游戏的天真爱好和获得赞许的天真愿望，并把孩子引向对于社会很重要的领域；这种教育主要是建立在希望得到有成效的活动能力和社会认可的愿望之上的。如果学校和老师从这样的观点出发，工作得很成功，那么就会受到成长中的一代人的高度尊重，学校所规定的作业就会被当作一种礼物来领受，学生就会更喜欢在学校而不是放假。这样的学校要求教师在他的本职工作中成为艺术家。要获得这种精神虽说没有万应灵药，但是某些必要的条件还是可以满足的。首先，教师应当在这样的学校里成长起来。其次，在选择教材和使用教学方法上，应当给教师以广泛的自由，因为强制和外界压力无疑也会扼杀他在安排他的工作时的乐趣（E3, pp. 144—146）。爱因斯坦曾在一封短笺中把他的上述思想归结如下：

雄心壮志或单纯的责任感不会产生真正有价值的东西，只有对于人类和对于客观事物的热爱与献身精神才能产生真正有价值的东西。（RS, p. 46）

爱因斯坦还就教育方法和教学方法发表了许多议论。他指出，最重要的教育方法是鼓励学生去实际行动。这对于初入学的儿童第一次学写字是如此，对于大学里写博士论文也是如此，就是在简单地默记一首诗，写一篇作文，解释和翻译一段课文，解一道数学题目，或者进行体育锻炼，也都无不如此（*E*3, p. 143）。

至于具体的教学方法，爱因斯坦坚持诉诸直觉，采取从具体到抽象的进路，更为实际地去讲授。他抱怨数学教学几乎普遍地存在着缺陷：它不是建立在实际有趣的东西之上和能被直觉把握的东西之上，而是用定义和纯粹的概念喂养孩子。数学一开始不应在教室里教，而应该到户外的大自然中去教。应该向儿童表明，草地如何测量，如何与另外的比较。必须把他们的注意力对准塔的高度，它在各个时刻阴影的长度，太阳相应的高度。用这种方法，能使他们更迅速、更可靠、更热情地把握数学关系，比用词和粉笔记号给他们灌输维度、角度或三角函数的概念要好得多。这样也能使他们明白，科学起初正是起源于实践的。在物理教学中，头一批课程应该是观看实验和其他有趣的东西，因为一个漂亮的实验比从我们精神抽取的二十个公式更有价值。此外，他敏锐地看到电影在教学领域里的作用。借助教学影片，有可能系统地讲某些课程，如地理学。影片提供的精彩画面和丰富信息能使教学直观清晰、形象生动，如植物生长、动物心脏的跳动、昆虫羽翼的振动。它还能使学生观察到工业技术的各个部门——发电站、机车、报纸和书籍的印刷、玻璃厂和煤气厂的生产流程。许多不能用学校的仪器演示的困难实验也能清楚地显示出来，无疑会使学习变得生动活泼[20]。

爱因斯坦认为，有资格的教师应该有能力或才干向他的学生深入浅出地讲清问题，从而激起学生的兴趣。有两个例子也能说明爱因斯坦对生动直观的启发式教学方法的重视。其一是，当他还是小孩子时，叔叔是这样向他说明代数是什么的："好的，我将告诉你，我们正在追猎一只小动物，而我们却不知道它的名字。为此缘故，我们称其为 x。当我们得到我们的猎物时，我们便俘获了它，只有此时我们才能确定它的名字是什么。"经叔叔这么一说，使他茅塞顿开，一下子就打破了对代数的神秘感[21]。其二是，俄亥俄州一位五年级教师发现许多学生在得知人类也属于动物时都大吃一惊，他劝学生写信征询伟大学者和专家的意见。爱因斯坦在1953年写信答复如下：

> 我们不应该问"什么是动物"，而应该问："我们称之为动物的是什么？"我们总是把有某种特征的东西称为动物，例如它必须吸收营养，繁衍后代，它会独立行走，从小到大不断生长，到一定的时候就会死亡。这就是我们把昆虫、鸡、狗、猴子等等都称为动物的理由。我们人类又怎么样呢？用刚才说过的方法来考察一下这

[20] A. Moszkowski, *Einstein: The Searcher, His Work Explained from Diologues with Einstein*, Translated by H. L. Brose, Methuen & Co. Ltd., London, 1921, pp. 68—70.

[21] P. A. Bucky, *The Private Albert Einstein*, A Universal Press Syndicate Company, Kansas City, 1993, p. 95.

个问题，然后你们就可以判断把我们人也称为动物是不是自然的事情了。（*RS*, p. 34）

关于课程设置及内容改革，爱因斯坦认为，只要按照上述教育目标和途径行事，那么究竟以文科为主还是以理科专业教育为主都成为次要的了；对于古典文史教育的拥护者和注重自然科学教育的人之间的抗争，他一点也不想偏袒哪一方（*E3*, p. 146）。不过，他还是针对某些具体科目发表了若干评论。他不赞成在学校接受基本的政治训练。其理由在于，一是教育不能消除官方的影响，二是政治问题需要成熟的精神来应付。他倡导学生必须学会一种手艺，如做一个硬木工、装订工、锁匠或其他行业的成员。这既是为了掌握一种技能或谋生本领，也是为了增进与广大人群的联系和感情。手工不应作为中学生赚钱的手段，但它将扩大并强固他将作为一个合格的人所赖以立足的根基。学校不必生产未来的官员、学者、讲师、律师和作家，而是真正的人，不是智力机器。普罗米修斯（Prometheus）并没有以天文学开始他对人的教育，而是开始教火的性质和火的实际用处[22]。爱因斯坦的这些看法与他强调科学研究独立于实用和反对过早专门化并不矛盾，因为后者是就纯粹研究的终极目的和教育的最终目标而言的。

---

[22] A. Moszkowski, *Einstein: The Searcher, His Work Explained from Diologues with Einstein*, Translated by H. L. Brose, Methuen & Co. Ltd., London, 1921, pp. 67—68.

关于语言教育，爱因斯坦一方面不主张过于仓促地进行改革，以统统消除旧规范学校的基本特征及对拉丁语的偏爱。另一方面，他又对重视古典语言教育的文科学校不怀热情，这是从他自己中学的经历和未来教育的发展而做出的公正反应。在他看来，语言教育的价值一般而言是大大地被高估了。他怀疑"每一种额外获得的语言代表了一种附加的品格"的格言是普遍有效的，因为这一格言没有经受真正的检验，而所有的经验又都与之矛盾。否则，我们就应该被迫把智者中的最高地位让给像米特拉达梯（Mithridates）、梅佐凡蒂（G. Mezzofanti, 1774—1849）[23] 这样的语言强者。事实上，情况正好相反，在具有最强品格和对进步做出最重要贡献的人中，他们的众多特色并不取决于语言的综合知识，他们倒是避免提出多余的记忆要求而加重精神负担[24]。在对语言学习的看法上，爱因斯坦与马赫可谓不谋而合[25]。

爱因斯坦对数学、物理、历史、地理等课程的内容及教法的设想，我们前已述及。他对许多学校大力强调体育活动不以为然。他认为，体育除了作为一种焕发精力的手段，使学生能够充分地集中于他们的学习而外，它似乎无助于任何

---

[23] 梅佐凡蒂是意大利神职人员、语言学家。他懂五十七国语言，能流利地讲十二国语言，作为博言家的代表而闻名于世。

[24] A. Moszkowski, *Einstein: The Searcher, His Work Explained from Diologues with Einstein*, Translated by H. L. Brose, Methuen & Co. Ltd., London, 1921, pp. 62—63.

[25] 李醒民：《马赫》，东大图书公司印行（台北），1995 年第一版，第 223—224 页。

一个人的一般教育。这不是贬低体育，因为一个人的教育的最大的和最重要的方面是在他实际上用体力完成某些职责之时，例如一个孩子初次学习写字之时[26]。

关于政府对教育的作用，爱因斯坦总的看法是：政府应从财力上大力支持教育，但不宜直接横加干预。他明确表示：

> 政府能够而且应该保护所有教师免受任何经济威胁，因为经济威胁会影响他们的思维。它应该扶植出版良好的、廉价的书籍，普遍地鼓励普及教育。它还应该使经济拮据的学生保证得到与他们的才干相适应的智力和专业训练。最后，学校系统不应当让中央集权来管理，这易于造成强制性的顺从，并且应当尽可能地不依赖私人资本。（*HPS*, p. 374）

他还特别谈到教师的工资问题。他说，在健康的社会里，任何有益的活动所得到的报酬都应当使人能过一种像样的生活。从事任何有价值的社会活动，都可能得到内心的满足；但是内心的满足不能当作工资。教师不能用他的内心的满足来填饱他的孩子们的肚子。（*E3*, p. 305）

---

[26] P. A. Bucky, *The Private Albert Einstein*, A Universal Press Syndicate Company, Kansas City, 1993, pp. 98—99.

第十四章　独树一帜的宗教观

酷暑冰心伏案头，
不求闻达羞鸡鹜。
十年面壁何其苦，
尽随憩园付东流。

——李醒民《暑日》

　　作为一个有思想、有感情的早熟少年，爱因斯坦因鄙弃人生无休止的追逐而深深地信仰过宗教。可是在 1890 年，他通过阅读通俗科学书籍毅然摆脱了使他得到首次解放的宗教天堂，而迷恋和献身科学。也许就在他凝视深思大自然的伟大而永恒的谜之时，他就萌生了把大自然与上帝融为一体的情结，萌动了宇宙宗教感情。至于宇宙宗教何时在他心目中牢固确立起来，也许是 1895 年在阿劳中学思索追光悖论的时期，也许是 1901 年在科学探索中认识到复杂现象的统一性而获得一种壮丽的感觉的时刻，当然他对宇宙宗教的详尽阐述却是后来的事。在宗教信仰上，爱因斯坦经历了皈依、摆脱、复归的三部曲。不过，他的宗教复归不是简单地回归到传统的宗教，而是上升到一个更高的思想水平和情感境界。而且，他的归宿既不像马赫和奥斯特瓦尔德那样成为宗教和教会的激烈反对者，也不具有像逻辑经验论者的反神学、反教士的观点，当然更不是一个宗教教徒。他赋予宇宙宗教以特定的含义和功能，并认为清除了迷信、僵化教条和人格化上帝的宗教具有不可或缺的伦理道德职能，完全可以与科学和平共处。

一、信仰斯宾诺莎的上帝

1929 年 4 月 24 日，纽约犹太教堂牧师戈尔茨坦（H. Goldstein）从纽约发了一个仅有五个英文单词的海底电报到柏林，要求爱因斯坦用电报回答这样的询问："你信仰上帝吗？"爱因斯坦当日就发了下述回电：

> 我信仰斯宾诺莎的那个在存在事物的有秩序的和谐中显示出来的上帝，而不是信仰那个同人类的命运和行为有牵累的上帝。（E1, p. 243）

爱因斯坦自己对斯宾诺莎的上帝的解释是："同深挚的感情结合在一起的、对经验世界中所显示出来的高超的理性的坚定信仰，这就是我的上帝概念。照通常的说法，这可以叫作'泛神论的'概念（斯宾诺莎）。"（E1, p. 244）

按照斯宾诺莎的哲学，神（上帝）、自然、实体是等同

的，是同一个术语。他说："自然或①神是一个被断定为具
有无限多属性的存在，其自身包含有被创造的一切本质"②。
"神或实体，具有无限多的属性，而它的每一属性各表示其
永恒无限的本质，必然存在。"③据研究④，斯宾诺莎三位
一体观中的神、自然、实体概念是相互限定、相互补充的，
从而达到完美的同一。神作为科学认识的对象，是指自然界
及其必然规律；神作为理智爱的对象，是无限圆满的存在，
活生生的自然全体；神作为道德信仰的对象，是最高伦理的
善。斯宾诺莎一方面把神化为自然（神化自然），另一方面
又把自然加以神圣化（自然神化），前者把宗教上的神贬
低，后者把现实的自然拔高。这种对立的倾向合二为一，构
成了一种特殊的泛神论，即对自然的壮丽和统一怀有诗意的
和浪漫的情感的学说。这一显著特征，不仅影响了后来的德
国古典哲学和浪漫主义文学，而且也深刻地影响了爱因斯
坦，激发了他的宇宙宗教感情，形成了他的宇宙宗教观念。

　　爱因斯坦结合自己科学探索的实践经验和内心体验，沿
着斯宾诺莎的思想路线前进了一大步。他每每用世界的合理

---

① 这里的"或"（sive）含有"即""等于"之意。据说"自然或神"
在斯宾诺莎的著作中出现过四次。

② 斯宾诺莎：《神、人及其幸福简论》，洪汉鼎等译，商务印书馆（北
京），1987年第一版，第259页。

③ 斯宾诺莎：《伦理学》，贺麟译，商务印书馆（北京），1959年
第一版，第10页。

④ 洪汉鼎：《斯宾诺莎哲学研究》，人民出版社（北京），1993年
第一版，第186—187页，第256—258页。

性和可理解性、宇宙的和谐、自然的秩序、事物的规律、现象的统一性、实在的理性本质等等作为他的宇宙宗教（cosmic religion）的信条，他也常常将其称为宇宙宗教感情。他给宇宙宗教（感情）所下的定义是：

> 人们感觉到人的愿望和目的都属徒然，而又感觉到自然界里和思维世界里却显示出崇高庄严和不可思议的秩序。个人的生活给他的感受好像监狱一样，他要求把宇宙作为统一的有意义的整体来体验。（E1, p. 280）

在爱因斯坦看来，宇宙宗教感情的开端早已出现在早期的历史发展阶段中，比如在大卫的许多《诗篇》中，以及在某些犹太教的先知那里。佛教所包含的这种成分还要强烈得多，这特别可以从叔本华的绝妙著作中读到。他认为，一切时代的宗教天才之所以超凡出众，就在于他们具有这种宗教感情。这种宗教感情不知道什么教条，也不知道照人的形象而想象成的上帝，因而也不可能有哪个教会会拿它来做为中心教义的基础。因此，恰恰在每个时代的异端者中间，我们倒可以找到那些洋溢着这种最高宗教感情的人，他们在很多场合被他们的同时代人看作是无神论者，有时也被看作圣人。用这样的眼光来看，像德谟克利特、阿西西的方济各（Francis of Assisi, 1181/1182—1226）和斯宾诺莎这些人都极为接近。如果宇宙宗教感情不能提出什么关于上帝的明确观念，也不能提出什么神学来，那么它又怎么能够从一个人传到另一个人呢？爱因斯坦对此的答复是：在能够接受这种感情的人中间，把这种感情激发起来，并且使他保持蓬勃的生气，这正是艺术和科学的最重要的功能（*E*1, p. 281）。他说：

> 我们所能有的最美好的经验是奥秘的经验。它是坚守在真正艺术和真正科学发源地上的基本感情。……就是这样的奥秘的经验——虽然掺杂着恐怖——产生了宗教。我们认识到有某种为我们所不能洞察的东西存在，感觉到那种只能以其最原始的形式为我们感受到的最深奥的理性和最灿烂的美——正是这种认识和这种情感构成了真正的宗教感情；在这个意义上，而且也只是在这个意义上，我才是一个具有深挚的宗教感情的人。我无法想象一个会对自己的创造物加以赏罚的上帝，也无法想象它会有像在我们自己身上所体验到的那样一种意志。我不能也不愿意去想象一个人在肉体死亡以后还会继续活着；让那些脆弱的灵魂，由于恐惧或者由于可笑的唯我论，去拿这种思想当宝贝吧！我自己则满足于生命的永恒的奥秘，满足于觉察现存世界的神奇的结构，窥见它的一鳞半爪，并且以诚挚的努力去领悟在自然界中显示出来的那个理性的一部分，即使只是极小的一部分，我也就心满意足了。（*E*3, pp. 45—46）

要完整而深入地把握爱因斯坦的宇宙宗教（感情）的内涵，就必须抓住它的核心信条和反对对象。这些东西在他的上述言论中已经充分体现出来。他多次强调："在一切比较高级的科学工作的背后，必定有一种关于世界的合理性或者可理解性的信念，这有点像宗教的感情。"（*E*1, p. 2 44）当世界的合理性或可理解性通过人的理性建构的完美的理论显现出来时，这种和谐的宇宙和和谐的理论所展示出来的"灿烂的美"怎能不激起爱因斯坦"壮丽的感觉"和宗教般的感情呢？诚如普朗克所说："没有一种由信仰所激发的精神进行理智的干预，系统的经验资料永远不能成为真正的科学。……当我们信仰一种以相信这个世界的理性秩序为基础的世界哲学时，我们有理由感到心安理得。"⑤

爱因斯坦在崇拜自然界、信仰自然的理性秩序的同时，也毫无保留地反对传统宗教中的人格化的或拟人论的上帝。因为爱因斯坦心目中的"上帝"本来就是客观的自然界及其规律性（自然的理性）的别名，它不掷骰子，不干预因果秩序和科学家的自由，这原本就是他的实在论的本体论的题中应有之义。在爱因斯坦看来，在人类精神进化的幼年时期，人的幻想按照人自己的样子创造出各种神来，而这些神则被认为通过它们意志的作用在决定着，或者无论如何在影响着这个现象世界。人们企求借助于巫术和祈祷来改变这些神的意向，使其有利于他们自己。现在宗教教义中的上帝观念是古老的神的概念的一种升华。比如，人们用各种祈祷来恳求所信奉的神明的援助，以求得满足他们的愿望，这一类事实就说明了这种上帝观念的拟人论的特征。他继续说：

---

⑤ G. 霍尔顿：《科学思想史论》，许良英编，河北教育出版社（石家庄），1990 年第一版，第64页。

肯定不会有人否认，这个认为有一个全能、公正和大慈大悲的人格化了的上帝存在的观念，能给人以安慰、帮助和引导；因为这个观念比较简单，它也容易被最不开化的心灵所接受。但是另一方面，这种观念本身有它的致命的弱点，这是有史以来就被痛苦地感觉到了的。这就是，如果这个神是全能的，那么每一件事，包括每一个人的行动，每一个人的思想，以及每一个人的感情和志向也都应当是神的作品；怎么可能设想在这样的全能的神面前，还认为人们要对自己的行动和思想负责呢？在做出赏罚时，神会在一定程度上对他自己做出评判。怎么能够把这样的事同神所具有的仁慈和公正结合起来呢？（*E*3, p. 183）

因此，爱因斯坦无法想象直接影响每个人的思想和行动、亲自审判那些由他自己创造出来的人的上帝，也不能设想能够以人的面容显示自己的人格化的上帝。要求盲目信仰的、完全排除逻辑的上帝概念是与他的精神格格不入的。他说，如果他不得不谈论人格化的上帝，那么他便会认为他自己是一个说谎的人[⑥]。1947 年，他在涉及上帝概念时说：

在我看来情况似乎是，人格化的上帝观念是拟人论的概念，我不能认真采纳它。我觉得也不能设想在人的范围

---

⑥ P. A. Bucky, *The Private Albert Einstein*, A Universal Press Syndicate Company, Kansas City, 1993, pp. 83—84.

之外的某种意志和目标。我的观点接近于斯宾诺莎：赞
美秩序与和谐之美，相信秩序的逻辑简单性和我们能够
谦卑地、即便不完善地把握的和谐。我认为，我们必须
使我们自己满足于我们的不完善的知识和理解，把价值
和道德义务作为纯粹人的问题——一切人的问题中最重
要的问题——来处理。[7]

在爱因斯坦的宇宙宗教中，没有目标，也没有必须做的事，
只有一种纯粹的存在。而且，他也不认为大自然有什么目的
和目标，或者具有人的什么特征（*RS*, pp. 41, 61）。在谈到
传统宗教中的人格化的上帝时，爱因斯坦的言语中往往流露
出谐戏乃至谐谑的成分。他说：孩子们终归会有一天认识
到，上帝不过是一种气态的脊椎动物。上帝和撒旦之间的差
别仅仅在于，一个带正号而另一个带负号（*EZ*, p. 403）。
他还说过一段值得玩味的话："我看图画，可是我的想象力
不能描述它的创作者的外貌。我看表，可是我也不能想象创
造它们的钟表匠的外貌是怎样的。人类理智不能接受四维。
他怎么能理解上帝呢？对于上帝来说，一千年和一千维都呈
现为一。"（*E*1, p. 286）

爱因斯坦反对人格化的上帝概念有双重理由：其一是因
果性和认识论的考虑，其二是出于对上帝正义论[8]和人的自

---

⑦ B. Hoffmann, *Albert Einstein, Creator and Rebel*, The Viking
Press, New York, 1972, p. 95.

⑧ 上帝正义论（theodicy）为上帝辩解，以上帝为正义，而设法调和
上帝既是圣善和正义，但世上仍有邪恶和灾难的矛盾。莱布尼兹在

主性与道德行为的反应。这从前述的引文中不难看出。其中第二个理由预设了人的自主性——人有权对上帝的固有观念做理性的批判，有权质疑被指称的上帝的道德行为，有权拒绝失去人道的神学——这也是对上帝正义论所做出的理性反应[9]。至于第一个理由，是他多次论述的主题。他认为，科学研究是根据因果关系来观察和思考事物，因而能破除迷信，其中包括像人格化的上帝这样的迷信。他指出，科学的自然定律不仅在理论上产生出来，而且也在实践中被证明。因此，很难使人相信有能力干预这些自然定律的拟人论的上帝概念[10]。他的下述言论把两个理由似乎都囊括在内了：

> 凡是彻底深信因果律的普遍作用的人，对那种由神来干预事件进程的观念，是片刻也不能容忍的——当然要假定他是真正严肃地接受因果性假设的。他用不着恐惧的宗教，也用不着社会的或者道德的宗教。一个有赏罚的上帝，是他所不能想象的，理由很简单：一个人的行动总是受外部和内部的必然性决定的，因此在上帝眼里，就不能要他负什么责任，正像一个无生命的物

1710 年所著的《上帝正义论》一书中力辩邪恶虽然存在，上帝仍为正义。他认为，所云上帝全能，只是说凡在逻辑上属可能的事，上帝均能做到。

[9] R. D. Morrison II, Einstein on Kant, Religion, Science, and Methodological Unity, *Einstein and the Humanities*, Edited by D. P. Ryan, Greenwood Press, New York, 1987, pp. 47—57.

[10] P. A. Bucky, *The Private Albert Einstein*, A Universal Press Syndicate Company, Kansas City, 1993, p. 86.

体不能对它的行动负责一样。因此有人责备科学损害道德，但这种责备是不公正的。一个人的伦理行为应当有效地建立在同情心、教育以及社会联系和社会需要上；而宗教基础则是没有必要的。如果一个人因为害怕死后受罚和希望死后得赏才约束自己，那实在是太糟糕了。（E1, pp. 281—282）

显而易见，宇宙宗教（感情）与幼稚的人所笃信的宗教大相径庭，爱因斯坦不是传统意义上的宗教徒。他明确表示："我是一个深沉的宗教异教徒"[11]，决不会因年迈力衰而变成"神父牧师们的猎物"（E1, p. 533）。为此，他遭到教会和教徒们的强烈抗议和谴责。他们呐喊，正是上帝的这种人格化因素，对人来说是最珍贵的。他们发出警告：不许爱因斯坦这位"难民"干扰和贬损他们对人格化上帝的虔诚信仰[12]。既然如此，爱因斯坦为何还要用"宗教"和"上帝"之类的术语表达他的思想和信念呢？他在1951年给索洛文的信中对此做了透辟的说明：

你不喜欢用"宗教"这个词来表达斯宾诺莎哲学中最清楚地表示出来的一种感情的和心理的态度，对此我可以理解。但是，我没有找到一个比"宗教的"这个词更好

---

[11] G. Holton, *The Scientific Imagination: Case Studies*, Cambridge University Press, 1978, p. 280.

[12] P. Frank, *Einstein: His Life and Times*, London, 1949, pp. 343—344.

的词汇来表达我们对实在的理性本质的信赖；实在的这种理性本质至少在一定程度上是人的理性可以接近的。在这种信赖的感情不存在的地方，科学就退化为毫无生气的经验。尽管牧师们会因此发财，我可毫不在意，而且对此也无可奈何。（E1, pp. 525—526）

确实，爱因斯坦的这种信赖感情和心态是类似于宗教的信仰和态度，只有用"宇宙宗教"才能恰如其分地描述它们。在这方面，杨振宁与爱因斯坦可谓"心有灵犀一点通"。他说："一个科学家做研究工作的时候，当他发现有一些非常奇妙的自然界的现象，当他发现有许多可以说是不可思议的美丽的自然的结构，我想应该描述的方法是，他会有一个触及灵魂的震动，因为当他认识到，自然的结构有这么多的不可思议的奥妙，这个时候的感觉，我想是和最真诚的宗教信仰很接近的。"⑬

二、宇宙宗教（感情）的表现形式和功能

斯特恩（A. Stern）在1945年发表的一篇访问记中写道：只要爱因斯坦的非凡心灵还活着，它就不会停止对宇宙的最后秘密的沉思。他自己的哲学，他称之为"宇宙宗

⑬ 《杨振宁讲演集》，宁平治等编，南开大学出版社（天津），1989年第一版，第173—174页。

教"，鼓舞他始终忠诚于他所献身的事业：探索"自然界里和思维世界里所显示出来的崇高庄严和不可思议的秩序"（*E*3, p. 379）。宇宙宗教不仅内化为科学家对宇宙合理性和可理解性的信仰，而且也外化为科学家对自己的研究对象（客观的世界）和研究结果（完美的理论）所表露出的强烈个人情感，乃至参与塑造了他的整个人格。爱因斯坦觉得，由于没有拟人化的上帝概念同它对应，因此要向没有宇宙宗教感情的人阐明它是什么，那是非常困难的。但是，从他对具有此种感情的人的观察中，尤其是从个人的深切体验中，他也谈及了宇宙宗教感情的表现形式。

宇宙宗教感情的表现形式之一是对大自然和科学的热爱和迷恋。从十二岁起，凝视深思自然的永恒之谜就使爱因斯坦的精神得到第二次解放。他终生笃信作为希伯来精神和古希腊精神完美结合的"对神的理智的爱"，斯宾诺莎的这一命题既体现了对大自然的热爱之情，也体现了对认识自然的迷恋之意。这种热爱和迷恋不仅表现在他的诸多言论中，而且有时也使他在行动上达到如醉如痴、鬼使神差的地步，乃至对人世间的许多功利追求和物质享受都无暇一顾或不屑一顾。

宇宙宗教感情的又一表现形式是奥秘的体验和神秘感。爱因斯坦把世界的合理性和可理解性视为永恒的秘密，并从中获得了最深奥的奥秘的体验。他曾发自内心慨叹："当人们想通过实验来探索自然的时候，自然变得多么诡谲啊！"（*E*3, p. 412）他在一次谈话中说：

我相信神秘，坦率地讲，我有时以极大的恐惧面对这种神秘。换句话说，我认为在宇宙中存在着许多我们不能觉察或洞悉的事物，我们在生活中也经历了一些仅以十分原始的形式呈现出来的最美的事物。只是在与这些神秘的关系中，我才认为我自己是一个信仰宗教的人。但是我深刻地感觉到这些事物。[14]

诚如爱因斯坦所说，他的这种神秘感和奥秘的体验"同神秘主义毫不相干"。他尖锐地指出："我们这个时代的神秘主义倾向表现在所谓的通神学和唯灵论的猖獗之中，而在我看来，这种倾向只不过是一种软弱和混乱的症状。"[15]

另一种宇宙宗教感情的表现形式是好奇和惊奇感。对于宇宙的永恒秘密和世界的神奇结构，以及其中所蕴含的高超理性和壮丽之美，爱因斯坦总是感到由衷的好奇和惊奇。这种情感把人们一下子从日常经验的水平和科学推理的水平提升到与宇宙神交的水平——聆听宇宙和谐的音乐，领悟自然

---

[14] P. A. Bucky, *The Private Albert Einstein*, A Universal Press Syndicate Company, Kansas City, 1993, p. 85.

[15] 爱因斯坦接着说："我们的内心体验是各种感觉印象的再造和综合，因此脱离肉体而单独存在的灵魂这种概念，在我看来是愚蠢而没有意义的。"（*RS*, p. 41）有文献认为，爱因斯坦倾向于相信传心术，相信与人的磁场和唯灵论的研究有关联的人的"射气"，并拒绝断言每一个神秘的事物与精密科学不兼容，因为科学还处在它的婴儿期。参见 A. Vallentin, *Einstein, A Biography*, Weidenfeld and Nicolson, London, 1954, pp. 110—111. 我怀疑这些说法的可靠性，因为它们与爱因斯坦的一贯思想水火不容。

演化的韵律——从而直觉地把握实在。这种情感既让科学家心荡神驰、心明眼亮，也使科学变得生气勃勃而不再枯燥无味。难怪爱因斯坦说："不熟悉这种神秘感的人，丧失了惊奇和尊崇能力的人，只不过是死人而已。"[16] 他指出，在否认神（自然）的存在和世界有奇迹这一点上，充分暴露了实证论者和职业无神论者的弱点。我们应该满意于承认奇迹的存在，即使我们不能在合法的道路上走得更远（证明其存在）（E1, p. 553）。在这里，我们情不自禁地想起彭加勒的名言："定律是人类精神最近代的产物之一，还有人生活在永恒的奇迹中而不觉得奇怪。相反地，正是我们，应当为自然的合乎规律性而惊奇。人们要求他们的上帝用奇迹证明规律的存在，但是永恒的奇迹就是永远也没有这样的奇迹。"[17]

赞赏、尊敬、景仰乃至崇拜之情也是宇宙宗教感情的表现形式。爱因斯坦明确表示，他的宇宙宗教是由赞颂无限高超和微妙的宇宙精灵（spirit）构成的，这种精灵显现在我们脆弱的精神所察觉的细枝末节中[18]。对于宇宙的神秘和谐，他总是怀着"赞赏和景仰的感情"（E1, p. 277）。对于存在中所显示的秩序和合理性，他每每感到"深挚的崇敬"（E3, p. 185），始终持有"尊敬的赞赏心情"（E1, p. 284）。

---

[16] A. Vallentin, *Einstein, A Biography*, Weidenfeld and Nicolson, London, 1954, pp. 110.

[17] H. 彭加勒：《科学的价值》，李醒民译，光明日报出版社（北京），1988 年第一版，第 190 页。

[18] P. A. Bucky, *The Private Albert Einstein*, A Universal Press Syndicate Company, Kansas City, 1993, p. 86.

他还说：

> 我的宗教思想只是对宇宙中无限高明的精神所怀有的一
> 种五体投地的崇拜心情。这种精神对于我们这些智力如
> 此微弱的人只显露出我们所能领会的极微小的一点。
> （RS, p. 58）

谦恭、谦卑乃至敬畏同样是宇宙宗教感情。面对浩渺的
宇宙在本体论上的无限性，面对神秘的世界在认识论上的不
可穷尽性，作为沧海一粟的人，自然而然地会产生这样的
感情。诚如爱因斯坦所说：我在大自然里所发现的只是一种
宏伟壮观的结构，对于这种结构人们现在的了解还很不完
善，这会使每一个勤于思考的人感到谦卑（RS, p. 41）。作
为一个人，人所具备的智力仅能够使自己清楚地认识到，在
大自然面前自己的智力是何等的欠缺。如果这种谦卑的精神
能为世人共有，那么人类活动的世界就更加具有吸引力了
（RS, p. 48）。他还提到，对于理解在存在中所显示出来的
合理性有过深切经验的人来说：

> 通过理解，他从个人的愿望和欲望的枷锁里完全解放出
> 来，从而对体现于存在之中的理性的庄严抱着谦恭的态
> 度，而这种庄严的理性由于其极度的深奥，对人而言是可
> 望而不可即的。但是从宗教这个词的最高意义来说，我认
> 为这种态度就是宗教的态度。因此我以为科学不仅替宗教
> 的冲动清洗了它的拟人论的渣滓，而且也帮助我们对生活

的理解能达到宗教的精神境界。（*E*3, pp. 185—186）

这种谦恭和谦卑的情感有助于抑制人的妄自尊大和目空一切的恶习[19]。此外，爱因斯坦也许对叔本华的观点——人们能够感到的敬畏的程度是人们自己的固有价值的量度——心领神会，他的气质和感情中充分渗透了对大自然的敬畏感。他说："如果我身上有什么称得上宗教性的东西，那就是一种对迄今为止我们的科学所能揭示的世界的结构的无限敬畏。"（*RS*, p. 44）他在分析了牛顿虔诚而敏感的心灵后指出："在每一个真正的自然探索者身上，都有一种宗教敬畏感；因为他发现，不可能设想他是第一个想出把他的感知关联起来的极其微妙的线索。还未被暴露的知识方面，给研究者以类似于儿童试图把握大人处理事物的熟练方式时所经历的那种情感。"[20]

最后，喜悦、狂喜也属于宇宙宗教感情的范畴。爱因斯坦表示，尽管人们对世界的美丽庄严还只能形成模糊的观念，但也会感到一种兴高采烈的喜悦和惊奇，这也是科学从中汲取精神食粮的那种感情（*E*3, p. 104）。在谈到科学家的宗教精神时，爱因斯坦说：

---

[19] 爱因斯坦在 1952 年说过："当我正在进行运算，一只小虫落在我的桌上时，我就会想，上帝多么伟大，而我们在科学上的妄自尊大是多么可怜，多么愚蠢啊！" K. 塞利希：《爱因斯坦》，黑龙江人民出版社（哈尔滨），1979 年第一版，第 228 页。

[20] A. Moszkowski, *Einstein: The Searcher, His Work Explained from Diologues with Einstein*, Methuen & Co. Ltd. , London, 1921, p. 46.

他的宗教感情所采取的形式是对自然规律的和谐所感到的狂喜和惊奇，因为这种和谐显示出这样一种高超的理性，同它相比，人类一切有系统的思想和行动都只是它的一种微不足道的反映。只要他能从自私的欲望的束缚中摆脱出来，这种情感就成了他生活和工作的指导原则。这样的感情同那种使自古以来一切宗教天才着迷的感情无疑是非常相像的。（E1, p. 283）

宇宙宗教感情直接地成为科学研究的最强有力的、最高尚的动机。爱因斯坦认为，只有那些做出了巨大努力，尤其是表现出热忱献身——无此则不能在理论科学的开辟性工作中取得成就——的人，才会理解这样一种感情的力量，唯有这种力量，才能做出那种确实是远离直接现实生活的工作。只有献身于同样目的的人[21]，才能深切地体会到究竟是什么在鼓舞着这些人，并且给他们以力量，使他们不顾无尽的挫折而坚定不移地忠诚于他们的志向。给人以这种力量的，就

---

[21] 玻恩和杨振宁就是这样的人。玻恩说："科学家对研究的冲动，像宗教信徒的信仰或艺术家的灵感一样，是人类在宇宙的回旋中渴望某种固定的事物、处于静止的事物——上帝、美、真理——的表达。真理是科学家对准的东西。"参见 M. Born, *Physics in My Generation*, Heidelberg Science Library, London, 1970, p. 166. 杨振宁指出，科学家在意识到自然的神秘结构时，常常会产生深深的敬畏之情，这种感受是最深层的宗教感情。在科学家日复一日的生活中，最具吸引力的并不都是其研究成果的实际应用，而是以某种方式进入大自然的令人敬畏的本质。参见杨振宁：《东西方教育的文化差异》，董群译，《科学译丛》（北京），1991 年第 5 期，第 10—17 页。

是宇宙宗教感情。（*E*1, p. 282）他说：

> 固然科学的结果是同宗教的或者道德的考虑完全无关
> 的，但是那些我们认为在科学上有伟大创造成就的人，
> 全都浸染着真正的宇宙宗教的信念，他们相信我们这个
> 宇宙是完美的，并且是能够使追求知识的理性努力有所
> 感受的。如果这种信念不是一种有强烈情感的信念，如
> 果那些寻求知识的人未曾受过斯宾诺莎的对神的理智的
> 爱的激励，那么他们就很难会有那种不屈不挠的献身精
> 神，而只有这种献身精神才能使人达到他的最高的成
> 就。（*E*3, p. 256）

事实上，正是由宇宙宗教感情所激发的忘我的献身精神，才
使科学家像虔诚的宗教徒那样，在世人疯狂地追求物质利益
和感官享受的时代，在一件新式时装比一打哲学理论受青睐
的时代，也能够数十年如一日地潜心研究，矢志不移，丝毫
不为利欲所动。

爱因斯坦看到，开普勒、牛顿、马赫、普朗克就是这样
的科学家。为了从浩如烟海的观察数据中清理出天体力学的
原理，开普勒和牛顿全靠自己的努力，花费了几十年的寂寞
劳动，专心致志地致力于艰辛的和坚忍的研究工作，他们对
宇宙合理性——而它只不过是那个显示在这个世界上的理性
的一点微弱的反映——的信念该是多么深挚，他们想了解它
的愿望又该是多么热切！正是宇宙宗教感情，给他们以强烈
的探索动机和无穷的力量源泉。爱因斯坦本人何尝不是如此

呢！深沉的宇宙宗教信仰和强烈的宇宙宗教感情不仅是他从事科学研究的巨大精神支柱，而且在某种程度上成为他安身立命的根基。他鄙视对财产、虚荣和奢侈生活的追求，他生性淡泊、喜好孤独，都或多或少与之有关。

宇宙宗教（感情）既是科学探索的强大动机和动力，也是爱因斯坦的一种独特的思维方式。这种思维方式不同于科学思维方式（实证的和理性的）和技术思维方式（实用的和功利的），它是直觉型的，即是虔敬的、信仰的、体验的和启示的，在形式上与神学思维方式有某种类似性，我们不妨称其为"宇宙宗教思维方式"。

　　在宇宙宗教思维中，思维的对象是自然的奥秘而不是人格化的上帝；思维的内容是宇宙的合理性而不是上帝的神圣性；思维的方式中的虔敬和信仰与科学中的客观和怀疑并不相悖，而且信仰本身就具有认知的内涵，它构成了认知的前提或范畴（科学信念）；此外，体验与科学解释或科学说明不能截然分开，它能透过现象与实在神交；启示直接导致了灵感或顿悟，从进而触动直觉和理性，综合而成为科学的卓识和敏锐的洞察力。与此同时，宇宙宗教思维方式中所运用的心理意象（imagery）[22]和隐喻、象征、类比、模型，直接导致了新的科学概念

---

[22] A. I. 米勒（Miller）：《意象、审美和科学思维》，《自然辩证法通讯》（北京），第 10 卷（1988），第 3 期，第 1—6 页。

的诞生[23]。这种思维方式在很大程度上是摆脱了语言束缚和逻辑限制的右脑思维，从而使人的精神活动获得了广阔的活动空间和无限的自由度，从而易于形成把明显不同领域的元素关联起来的网状思维——这正是创造性思维过程的典型特征，因为语词的或逻辑的思维是线性过程。

爱因斯坦常常谈到上帝，不用说，此处的上帝不是在神学的意义上使用的，而是他进行（或表达）宇宙宗教思维的过程（或结果）的一种心理意象和隐喻形象（有时还带有思想实验的某些特征）。在这里，上帝或作为客观精神（宇宙的理性或自然的规律），或作为主观精神（思维的科学家），或二者水乳交融、兼而有之。关于前者，爱因斯坦说过这样一些话：

> 我想知道上帝如何创造了这个世界。我对这种或那种现象不感兴趣，对这种或那种元素的光谱不感兴趣。我想知道他的思想，其余的都是细节。[24]

不过，他从他自己漫长的科学生涯中认识到：要接近上帝是

---

[23] 李醒民：《科学革命的语言根源》，《自然辩证法通讯》（北京），第 13 卷（1991），第 4 期，第 11—19 页。

[24] Y. Elkana, The Myth of Simplicity, *Albert Einstein, Historical and Cultural Perspectives*, Edited by G. Holton and Y. Elkana, Princeton University Press, 1982, pp. 205—251.

万分困难的，如果不想停留在表面上的话（*E*3, p. 484）。他曾表明："上帝是不管我们在数学上的困难的，他是从经验上集成一体的。"（*JNE*, p. 221）在谈到量子力学时，爱因斯坦曾对弗兰克说："我能够设想，上帝创造了一个没有任何定律的世界：一句话混沌。但是，统计定律是最终的和上帝拈阄的概念对我来说是极其不喜欢的。"[25]他在坚持闭合空间假设时说：耶和华不是在无限空间这个基础上创造世界的，因为它导致了极其荒诞的结果（*E*3, p. 426）。他在给外尔（H. Weyl, 1885—1955）的信中这样写道：如果上帝放过了你所发现的机遇而使物理世界和谐，人们能够真的责备上帝不一致吗？我以为不能。假如他按照你的计划创造了世界，那么我会斥责地对他说："亲爱的上帝，假如在你的权力内给予〔分隔开的刚体的大小〕以客观意义并非说谎，那么你理解不深的上帝为什么不轻视〔保持它们的形状〕呢？"[26]在这些言论中，上帝基本上是作为实在论的客观精神的面目出现的，爱因斯坦有时以旁观者的身份凝视上帝，有时则面对面地与上帝亲昵地或幽默地对话，由上帝的反应中猜测自然的奥秘，从而达到一种神驰和神悟的境界。从上述言论中也不难看出，爱因斯坦对自然统一性、和谐性、简单性、因果性的坚定信仰。

---

[25] Y. Elkana, The Myth of Simplicity, *Albert Einstein, Historical and Cultural Perspectives*, Edited by G. Holton and Y. Elkana, Princeton University Press, 1982, pp. 205—251.

[26] B. Hoffmann, *Albert Einstein, Creator and Rebel*, The Viking Press, New York, 1972, p. 224

爱因斯坦有时也站在上帝的立场上，力图从上帝的观点来看待事物，设身处地地像上帝那样思想和行动。这时，上帝就成为科学家的主观精神的代名词，科学家的思想便像天马行空、独往独来，其才思纵横、喷涌如泉，达到最大限度的精神自由。爱因斯坦曾对他的助手说过："实际上使我感兴趣的东西是，上帝在创造世界时是否有任何选择。"[27] 上帝会创造一个概率的宇宙吗？他觉得答案是否定的。如果上帝有能力创造一个科学家能在其中辨识科学规律的宇宙，那么他就有能力创造一个完全受这样的定律支配的宇宙，而不会创造一个个别粒子的行为不得不由机遇决定的宇宙。在理论建构和选择方面，据罗森回忆：

> 爱因斯坦的思维具有最大的明晰性和简单性，他从一些作为基础的简单观念开始，然后一步一步地建立起理论。当在一个给定阶段有几种继续前进的道路时，他会选择在他看来是最简单的道路。他常用的一个词是"合理的"（vernünftig, reasonable）。在建造一个理论时，他会在采纳之前问自己，某一个假定是否合理。有时，当他考虑不同的可能性时，他会说："让我看看，假如我是上帝，我会选择其中哪一个？"正如我们所说的，他通常选择最简单的。[28]

---

[27] G. Holton, *The Scientific Imagination: Case Studies*, Cambridge University Press, 1978, p. 281.

[28] N. Rosen, Reminiscences, Y. Elkana, The Myth of Simplicity, *Albert Einstein, Historical and Cultural Perspectives*, Edited by G. Holton and

在爱因斯坦看来，简单的东西是上帝也不肯放过的（*JNE*, p. 232）。他说："当我评价一个理论时，我问我自己，假如我是上帝，我会以那种方式造宇宙吗？"[29] 对于美的理论，他会说："这是如此漂亮，上帝也不会拒绝它。"相反地，如果一种理论不具有上帝要求的简单之美，那它至多只是暂时的，是"反对圣灵的罪恶"[30]。

宇宙宗教思维的第三种方式也许是一种最高的思想境界。此时，客观精神和主观精神，或自然与认知主体，或上帝与科学家，完全融为一体，你中有我，我中有你。这是一种出神入化、天人合一的境界，有些类似于庄周（公元前约369—前286）梦蝶、知鱼之乐，从而直入自然之堂奥，窥见实在之真谛——因为此时"我们用来看上帝的眼睛就是上帝用来看我们的眼睛"[31]。诚如分子生物学的奠基人之一莫诺（J. Monod, 1910—1976）所言："当注意力如此集中

Y. Elkana, Princeton University Press, 1982, pp. 405—407.

[29] 这是爱因斯坦的助手霍夫曼的回忆。参见 *Some Strangeness in the Proportion*, Edited by H. Woolf, Addison-Wesley Publishing Company, Inc. , 1980, pp. 476—477.

[30] E. G. Straus, Memoir, A. P. Frenched. , *Einstein: A Centenary Volume*, Harvard University Press, 1979, pp. 31—32.

[31] 这是莱茵兰神秘主义创建人爱克哈特（M. Eckehart, 约1260—1327/1328）的一句名言，转引自 E. H. Erikson, Psychoanalytic Reflect-ions on Einstein's Centenary, 同 [24], pp. 151—173. 爱克哈特认为心灵与上帝的结合经过四个阶段——差别、相似、同一、突破。开始时，上帝是大全，造物是虚无。到最后阶段，心灵超越上帝。这一过程的动力是超脱。

的想象的经验达到出神入化而忘却其他一切的境地时，我
知道（因为我就有过这种经验）一个人会突然发现他自己同
客体本身，比如说同一个蛋白质分子完全融为一物了。"[32]
主体与客体融为一体之时，正是把握实在、获得真知的天赐
良机。

爱因斯坦的光量子论文也许就是这样的神来之笔，要不
他怎么称光量子概念是"来自上帝的观念"[33]呢？尽管他认
为无法偷看上帝手里握的底牌或囊中的藏物，但是他还是试
图通过"物化"，达到"天地与我并生，而万物与我为一"[34]
的境界，猜中上帝的底牌或藏物，至少是较有把握地估计
一下。请听他 1916 年在一封信中是如何揣摩实在的理性结
构的：

> 你已经正确地把握了连续统带来的退却。如果物质的分
> 子观点是正确的（近似的）观点，即如果宇宙的部分是
> 用有限数目的运动点描述的，那么目前理论的连续统就
> 包含太大的可能性的流形。我也相信，这种"太大"是
> 为下述事实负责的：我们目前的描述手段对于量子论是
> 失败的。在我看来问题似乎是，人们如何在不求助连续
> 统（空时）的帮助下能够详尽阐述不连续的陈述；连续

---

[32] J. 莫诺：《偶然性与必然性》，上海人民出版社（上海），1977
年第一版，第 115 页。

[33] B. Hoffmann, *Albert Einstein, Creator and Rebel*, The Viking
Press, New York, 1972, p. 101.

[34] 《庄子·齐物论》。"物化"意指物我界限消解，万物融化为一。

统作为一种不受问题的本质的辩护的补充构造物应该从理论中被取缔，这种构造物并不对应于"实在的"东西。但是很不幸，我还缺乏数学结构。在这条道路上我已经把我自己折磨得多么厉害！

可是我在这里也看到原理的困难。电子（作为点）在这样一个体系中是终极实体（建筑砖块）。实际上存在这样的建筑砖块吗？上帝按他的智慧把它们造得都一样大、彼此相似，是因为他想以那种方式造它；如果情况使他高兴，他会以不同的方式造它们，这种说法令人满意吗？用连续统的观点，人们在这方面境况会好些，因为人们不必从一开始就规定基本的建筑砖块。进一步的，是古老的虚空问题！但是，这些考虑必须把压倒之势的事实围在外面：连续统比所描述的东西更充分。[35]

1921 年，爱因斯坦对一位同事说过一句隽语箴言，这句话后来被刻在普林斯顿法因厅的壁炉上："上帝难以捉摸，但是不怀恶意。"爱因斯坦在 19 30 年对这句话做了解释："大自然隐匿了它的秘密，是由于它本质上的崇高，而不是使用了诡计。"[36] 不过，他有一次在散步时对外尔说："也许，上帝毕竟怀有一点恶意。"（*EZ*, p. 333）这些隐喻式的话语负荷着巨大的思想分量，蕴涵着丰富的体验妙谛。可

---

[35] J. Stachel, The Other Einstein: Einstein Contra Field Theory, *Science in Context,* 6 （1993）, pp. 275—290.

[36] 爱因斯坦隽语箴言的原文是 Raffiniert ist der Herr Gott, aber bosha -ft ist er nicht. （*SD*, pp. 131—132）

以说，它把爱因斯坦宇宙宗教的信仰、感情、动机和动力、思维方式等集于一身，充分显示出自然的无穷隽永和科学的博大智慧。

斯宾诺莎在他的伦理学中区分了三种不同的人性生活：感性生活、理性生活和神性生活。感性生活来源于我们心灵的想象和不正确的观念，因而使我们受制于激情，顺从自然的共同秩序，这可以说是人类的奴隶阶段或自然状态。理性生活来源于理性认识和正确观念，因而使我们摆脱激情的控制，不受制于自然的共同秩序，而遵循理性的指导而生活，这可以说是人类的理智阶段或社会状态。神性生活来源于神的本质观念，因而使我们能摆脱一切秩序，直接与神合二为一，这可以说是人类的自由阶段或宗教状态[37]。爱因斯坦就是一位达到了自由阶段、进入到神性生活的科学家和人。他像斯宾诺莎那样有机地融宗教、知识和道德（乃至艺术）即真善美于一体。他的宇宙宗教（感情）不仅是追求真知底蕴的绝妙氛围，而且也是理想的人生境界。这实际上是一种高超的科学哲学和人生哲学，是最高的智慧和最大的幸福。无怪乎爱因斯坦认为："你很难在造诣较深的科学家中间找到一个没有自己宗教感情的人"，"在我们这个物欲主义的时代，只有严肃的科学工作者才是深信宗教的人。"（*E*1, pp. 283, 282）

---

[37] 洪汉鼎：《斯宾诺莎哲学研究》，人民出版社（北京），1993年第一版，第209页。

三、宗教及其与科学和道德的关系

爱因斯坦没有参与什么宗教活动，也未专门研究过宗教问题，但是他偶尔就宗教及其与科学和道德的关系发表的评论却是饶有兴味的。他的非教条的宗教观与科学方法、批判哲学、人文主义的伦理学和人对终极关怀的感觉基本上是兼容的。因此，有人表示，负责任的神学家应该认真考虑爱因斯坦的观点，批判的宗教哲学应该借助爱因斯坦的思想和工作重新估价我们的宗教遗产 ㊳。

爱因斯坦认为，人类所做的和所想的一切都关系到要满足迫切需要和减轻苦难，它决定着人类的精神活动及其发展，而感情和愿望又是人类一切努力和创造背后的动力。那么，引导人们到最广义的宗教思想和宗教信仰的感情和需要究竟是什么呢？在他看来，这在不同时期和阶段是各不相同的，从而在历史先后形成三种不同类型的宗教——恐惧宗教、道德宗教和宇宙宗教 （E1, pp. 279—282）。在原始人心里，引起宗教观念的最主要的是恐惧——对饥饿、野兽、疾病和死亡的恐惧。因为在这一阶段的人类生活中，对因果关系的理解还没有发展，于是人类的心理就造出一些多少同他自己相类似的虚幻的东西（鬼神）来，以为那些使人恐怖的事情都取决于它们的意志和行动。所以人们就企图求得它

㊳ R. D. Morrison II, Einstein on Kant, Religion, Science, and Methodological Unity, *Einstein and the Humanities*, Edited by D. P. Ryan, Greenwood Press, New York, 1987, pp. 47—57.

们的恩宠，按照代代相传的传统，通过一些动作和祭献，以邀宠于它们，或者使它们对人有好感。在这个意义上，爱因斯坦将其称为恐惧宗教。这种宗教虽然不是由一些人创造出来的，但是由于形成了一个特殊的僧侣阶层，从而具有很大的稳定性；僧侣阶层把自己作为人民和他们所害怕的鬼神之间的中间人，并且在此基础上建立起自己的霸权，而且常常为了各自的利益和目的，他们与世俗权力和统治者结合起来。

社会感情是形成宗教的另一源泉。父亲、母亲和范围更大的人类集体的领袖都不免要死和犯错误。求得引导、慈爱和扶助的愿望形成了社会的或者道德的上帝概念。就是这个上帝，他保护人，支配人，奖励人和惩罚人。上帝按照信仰者的眼光所及的范围来爱护和抚育部族的生命，或者是人类的生命，或者甚至是生命本身。上帝是人在悲痛和愿望不能满足时的安慰者，又是死者灵魂的保护者。这就是社会的或道德的上帝概念。犹太民族的经典美妙地说明了从恐惧宗教到道德宗教的发展。一切文明人，特别是东方人的宗教，主要都是道德宗教。从恐怖宗教发展到道德宗教，实在是民族生活的一大进步。但是必须防止这样一种偏见，以为原始宗教完全以恐惧为基础，而文明人的宗教则纯粹以道德为基础。实际上，一切宗教都是这两种类型的不同程度的混合，其区别在于：随着社会生活水平的提高，道德性的宗教也就愈占优势。

爱因斯坦看到，所有这些类型的宗教撇开它们的神话，而只看它们的基本实质时，彼此之间并不存在根本的区别。

尤其是，它们所共有的，是它们的上帝概念的拟人化特征。一般说来，只有具有非凡天才的个人和具有特别高尚品格的集体，才能大大超出这个水平。属于这些人的还有第三个宗教经验的阶段，尽管它的纯粹形式是难以找到的。它就是前面论述过的宇宙宗教。

对于传统宗教的道德教育的职能和价值，爱因斯坦是充分肯定的。鉴于一定的组织和仪式有助于增强布讲的效果而言，他也对教会及礼仪的存在未提出质疑。他明确地揭示出：

> 仅凭思考，我们还领会不到那些终极的和基本的目的。弄清楚这些基本目的和基本价值，并且使它们在个人的感情生活中牢固地建立起来，我以为这正是宗教在人类社会生活中所必须履行的最重要的职能。如果有人问，这种基本的目的的根据是从哪里来的？既然它们不能单凭理性来陈述和加以证明，那么人们就只好这样回答：它们是作为影响个人的行为、志向和判断的强有力的传统而存在于一个健康的社会中；它们是作为一种有生命力的东西存在于那里，没有必要为它们的生存寻找根据。它们不是通过证明，而是通过启示，通过有影响的人物的作用而存在的。人们决不可企图证明它们，而只能简单地、明白地感觉到它们的本性。（*E*3, p. 174）

在爱因斯坦看来，一个受宗教支持的民族的道德态度，总是以保护和促进共同体及其个人的心智健全和精力充沛为其目的，否则这个共同体必然要趋于灭亡。一个以虚伪、诽谤、欺诈和谋杀为光荣的民族，一定是不可能维持很久的。以宗教的基本要求来考察今天文明人类的实际生活状况，人们会为耳闻目睹的东西深深地感到痛苦和失望。虽然宗教规定在个人之间和团体之间应当兄弟般地相亲相爱，但实际景象倒像一个战场，而不像一个管弦乐队。在经济生活和政治生活中，到处都是以牺牲自己同胞来无情地追逐名利为指导原则。这种竞争精神甚至流行在学校里，它毁灭了人类友爱和合作的一切感情，把成就不是看作来自对生产性和思想性工作的热爱，而是来自个人的野心和对被排挤的畏惧（*E*3, pp. 254, 255）。他在 1930 年批评教士在历史进程中往往成为有组织的憎恨力量的奴隶，他们要为人们之间的许多冲突和战争负责。他提醒他们想想作为人的明确责任，变成抵制战争、争取和平的力量（*HPS*, pp. 146—147）。

在科学与宗教的关系问题上，爱因斯坦的立场与美国科学界的代表人物密立根（R. Millikan, 1868—1953）的立场不谋而合，接近自由主义的新教的观念[39]。依爱因斯坦之见：

> 一切宗教、艺术和科学都是同一株树的各个分枝。所有这些志向都是为着使人类的生活趋于高尚，把它从单纯

---

[39] 密立根说："让我们表明，在事物的本性中为何不能够存在冲突。只要人们试图确定什么是宗教在人的生活中的位置，这一点就显示出来。科学的意图是毫无偏见地发展事实的知识和自然定律。另一方面，即使比较重要的宗教的任务也是提升人类的良心、理想和抱负。" P. Frank, *Einstein: His Life and Times*, London, 1949, p. 346.

的生理上的生存境界提高，并且把个人导向自由。我们较古老的大学就是从教会学校发展起来的，这绝非偶然。教会和大学——就它们执行其真正的职责来说——都是为了使个人高尚。它们企图通过扩大道德上和文化上的谅解以及拒绝使用暴力来完成这一伟大任务。（*E*3, p. 149）

遗憾的是，在十八世纪的部分年代以及十九世纪，宗教与包括科学在内的文化机构就失去了本质上的一致性，而产生了无意义的敌对性。人们广泛地认为，科学和宗教——广义地讲知识和信仰——之间存在着不可调和的矛盾。那时，先进人物之间流行着这样的见解：这个时代应该是知识日益代替信仰的时代；不以知识为根据的信仰就是迷信，因此必须加以反对[40]。爱因斯坦指出，这种用粗鲁形式表达出来的极端理性论观点是十分片面的（*E*3, p. 173）。造成这种状况的原因在于，人们没有清楚地划分科学和宗教各自的功能和范围，从而造成不必要的相互干涉、入侵和冲突。要知道，那些为我们的行为和判断所必需的并且起决定作用的信念，不是单靠沿着坚实的科学道路就能够找到的。反过来，人们关于自然的知识，也不是宗教教义和信仰所能提供的。

爱因斯坦从区分科学和宗教入手以阐明他的观点。他把

---

[40] 例如叔本华就认为："物理学和数学是宗教的天敌。在它们之间谈论和平与调合，实为荒诞；这是一场你死我活的战争。"参见 A. 叔本华：《意欲与人生之间的痛苦》，李小兵译，三联书店上海分店出版，1988 年第一版，第 181—182 页。

科学定义为寻求我们感觉经验之间规律性关系的有条理的思想。科学直接产生知识，间接产生行动的手段。如果事先建立了确定的目标，它就导致有条理的行动。至于建立目标和做出价值的陈述则超出了它的作用范围。科学从它掌握因果关系这一点来说，固然可以就各种目标和价值是否兼容做出重要的结论，但是关于目标和价值的独立的基本定义，仍然是在科学所能及的范围之外。至于宗教，情况则正好相反：

> 大家一致认为，它所涉及的是目标和价值，并且一般地涉及人类思想和行动的感情基础，只要这些不是为人类的不可改变的遗传下来的本性所预先决定了的。宗教关系到人对整个自然界的态度，关系到个人生活和社会生活理想的建立，也关系到人的相互关系。宗教企图达到这些理想，它所用的办法是对传统施以教育的影响，并且发展和传布某些容易被接受的思想和故事（史诗和神话），这些思想和故事都适宜于按照公认的理想来影响价值和行动。（*E*3, pp. 253—254）

为了进一步加深对宗教内涵的理解，爱因斯坦还深入地剖析了信仰宗教的人的志向之特征。在他看来，一个人受了宗教感化，他就是尽他的最大可能从自私欲望的镣铐中解放出来，而全神贯注于那些因其超越个人的价值而为他所坚持的思想、感情和志向。重要的是在于这种超越个人的内涵的力量，在于对它超过一切的深远意义的信念的深度，而不在于是否曾经企图把这种内涵同神联系起来，因为要不然，佛陀和斯宾诺莎就不能算是宗教人物了。所以，说一个信仰宗教的人是虔诚的，意思是说他并不怀疑超越个人的目的和目标的庄严和崇高，而这些目的和目标是既不需要也不可能有理性基础的。但是它们的存在同他自己的存在是同样必然的，是同样实实在在的。在这个意义上，宗教是人类长期的事业，它要使人类清醒地、全面地意识到这些价值和目标，并且不断地加强和扩大它们的影响。

在对科学和宗教（以及信仰宗教的人的内心世界）做了上述定义和理解之后，爱因斯坦得出结论：科学和宗教之间显得不可能有什么冲突。因为科学只能断言"是什么"，而不能断言"应当是什么"，可是在它的范围之外，一切种类的价值判断仍是必要的。而与此相反，宗教只涉及对人类思想和行动的评价：它不能够有根据地谈到各种事实以及它们之间的关系。依照这种解释，过去宗教同科学之间人所共知的冲突则应当完全归咎于对上述情况的误解。比如，当宗教团体坚持《圣经》上所记载的一切都是绝对真理的时候，就引起了冲突。这意味着宗教方面对科学领域的干涉，教会反对伽利略和达尔文学说的斗争就属于这一类。另一方面，科学的代表人物也常常根据科学方法试图对价值和目的做出根本性的判断，这样他们就把自己置于同宗教对立的地位。这些冲突全都来源于可悲的错误（*E*3, pp. 181—182）。爱因斯坦特别指出，传统宗教中的神秘内容，或者更确切地说，那些象征性的内容，可能会同科学发生冲突。只要宗教的这套观念包含着它对那些原来属于科学领域的论题所做的一成不变的教条式的陈述，这种冲突就一定会发生。因此，为了保

存真正的宗教，最重要的是要避免在那些对实现宗教的目的实际上并非真正必要的问题上引起冲突。（E3, p. 254）

尤其是，爱因斯坦一针见血地揭示出，今天宗教领域同科学领域之间的冲突主要来源在于人格化的上帝这个概念，因为它与科学中的因果性概念势不两立。科学的目的是建立那些能决定物体和事件在时间和空间上相互联系的普遍规律。对于自然界的这些规律或者定律，要求——而不是要证明——它们具有绝对的普遍有效性。这主要是一种纲领，而对于这种纲领在原则上是可以完成的信仰，只是建立在部分成功的基础上的。但是大概不会有谁能否认这些部分的成功，而把它归之于人类的自我欺骗。至于我们能够根据这些定律很精密地预测一定范围内的现象在时间上的变化情况，这个事实已经深深扎根于现代人的意识之中，即使他们对这些定律的内容也许还了解得很少。就起作用的因子数目太大的复杂现象来说，虽然还处在科学方法所精确预测的范围之外，但其中并非没有因果联系或秩序可言。至于生物领域里的规律性，我们所洞察的还很不深刻，但至少足以使人感觉到它是受着确定的必然性支配的。一个人愈是深刻感受到一切事件都有安排好的规律性，他就愈是坚定地深信：除了这种安排好的规律性，再也没有余地让那些本性不同的原因存在。对他来说，不论是人的支配还是神的支配，都不能作为自然事件的一个独立的原因而存在着。固然，主张一个能干涉自然界事件的人格化的上帝这种教义，决不会被科学真正驳倒，因为这种教义总是能够躲进科学知识尚未涉足的一些领域里去的。不过，爱因斯坦确信：

宗教代表人物的这种行为，不仅是不足取的，而且也是可悲的。因为一种不能在光天化日之下而只能在黑暗中站得住脚的教义，由于它对人类进步有着数不清的害处，必然会失去它对人类的影响。在为美德而斗争中，宗教导师们应当有魄力放弃那个人格化的上帝的教义，也就是放弃过去曾把那么大的权力交给教士手里的那个恐惧和希望的源泉。在他们的劳动中，他们应当利用那些能够在人类自己身上培养出来的善、真和美的力量。不错，这是一个比较困难的任务，然而却是一个价值无比的任务[41]。在宗教导师完成了上述的净化过程以后，他们必定会高兴地认识到：真正的宗教已被科学知识提高了境界，而且意义也更加深远了。（E3, pp. 183—185）

在这里，爱因斯坦的意思很明确：传统宗教中的人格化的上帝不仅与科学的鹄的和纲领格格不入，而且对于道德宗教本身来说也是不必要的。必须清除宗教中的拟人论的渣滓和神秘主义内容，只有这样净化后的宗教才能与科学和睦共处。

爱因斯坦一方面在宗教和科学之间划出了截然分明的界线，另一方面又强调二者之间还存在着牢固的相互关系和依存性。他认为，科学和宗教并非处于天然的对立之中，事实上二者都是重要的，它们之间的关系是十分密切的，应该携

---

[41] 爱因斯坦原注："这种思想令人信服地表现在赫伯特·萨缪耳（Herbert Samuel）的书《信仰和行为》（Be lief and Action）中。"由此可以看出，爱因斯坦比较注意论述关于宗教及其与科学的关系的书籍。

手合作。无论谁不为宗教中的真理和科学中的真理惊奇，他就像行尸走肉一样[42]。他进而表明：

> 虽然宗教可以决定目标，但它还是从最广义的科学学到了用什么样的手段可以达到它自己所建立起来的目标。可是科学只能由那些全心全意追求真理和向往理解事物的人来创造。然而这种感情的源泉却来自宗教的领域。同样属于这个源泉的是这样一种信仰：相信那些对于现存世界有效的规律是能够合乎理性的，也就是说可以由理性来理解的。我不能设想一位真正的科学家没有这样深挚的信仰。这种情况可以用这样一个形象来比喻：科学没有宗教就像瘸子，宗教没有科学就像瞎子[43]。

---

[42] P. A. Bucky, *The Private Albert Einstein*, A Universal Press Syndicate Company, Kansas City, 1993, p. 85. 请注意，爱因斯坦也说过："对我来说，'宗教真理'是完全莫名其妙的。"（*E*1, p. 244）这里的关键在于如何给"真理"下定义，定义不同则结论随之不同。这从引文中的上下文也可看出。

[43] 天文学家布朗（H. Brown）的下述言论也许有助于我们理解爱因斯坦的这一思想："科学和宗教二者都试图解释同一个神秘的世界。有条理的宗教借助于生活的意义系统地解释世界，并通过敬畏、崇敬、热爱和善恶观念把我们与世界联系起来。科学旨在创造非个人的和客观的知识，它借助于这种知识系统地为我们解释世界，并通过合理性的认识和惊奇把我们与世界联系起来。在协调科学和宗教中能够做出任何进展之前，必须理解的极其重要的一点是，它们既不是竞争对手，也不是二者只应择一；世界从根本上讲是神秘的，我们总想更充分地了解我们的世界经验的意义，在这样的尝试中，我们需要科学和宗教。它们没有一个能够自称独占了'整个真理'——不管这种真理可能是

（E3, p. 182）

在爱因斯坦的心目中，只有宇宙宗教才是科学和宗教的最佳结合。难怪他认为："人类精神愈是向前进化，就愈可以肯定地说，通向真正宗教感情的道路，不是对生和死的恐惧，也不是盲目的信仰，而是对理性知识的追求。"（E3, p. 186）

关于宗教和道德的关系，爱因斯坦所论不多（前面已有所涉及），但他的看法仍然值得我们重视。他考察了在宗教发展的过程中，那些着手建立一种对所有的人都一律适用的道德观念的人，都把这种观念同宗教密切结合起来。至于这些道德要求对于所有的人都是同样的，这一事实也许同人类从多神教进到一神教的宗教文化的发展有很大关系。普遍的道德观念由于同宗教结合起来而获得了最初的精神力量，但这种密切结合却是道德观念的致命伤。尽管一神教在不同民族和不同人群中间的不同形式之差别绝不是根本性的，可是不久这些差别比共同本质却更为人们重视。因此，宗教时常引起敌对和冲突，而不是用普遍的道德观念使人类团结起来（E3, p. 156）。

但是，犹太教—基督教的优秀传统毕竟给我们的志向和判断以最高原则，从而为我们的伦理道德提供了坚实的基础[44]。在宗教清洗掉迷信成分之后，它所留下来的就是培养

什么。"参见 H. 布朗：《论科学与宗教的关系》，李醒民译，《科学学译丛》（北京），1989 年第 6 期，第 1—10 页。

[44] A. Einstein, *Out of My Latter Years*, Philosophical Library, New York, 1950, p. 23.

道德行为这种最重要的源泉。在这个意义上，宗教构成了教育的一个重要部分，但是对于宗教，教育却考虑得太少了，就连仅有的那一点考虑也还是很不系统的（E3, p. 294）。

爱因斯坦对宗教为实现道德原则而努力感到高兴，但他同时也提醒人们注意：道德训示不单是同教会和宗教有关，而且是全人类的宝贵遗产。面对支配一切的对效率和发迹的崇拜，以及由无情的经济斗争和战争喧嚣所造成的道德败坏，他强调在宗教范围之外有意识地培养道德感，重视同人类社会道德目的有关的事和人的价值。这样就可以引导人们把社会问题看成是为达到美好生活而愉快服务的机会，因为从一个单纯的人的观点来看，道德行为并不意味着仅仅放弃某些生活享受，而是对全人类幸福的善意关怀。他给道德下了这样一个定义（请与宗教定义加以比较）：

道德并不是一种僵化不变的体系。它不过是一种立场、观点，据此生活中所出现的一切问题都能够而且应当给以判断。它是一项永无终结的任务，它始终指导着我们的判断，鼓舞着我们的行动。（E3, pp. 157—158）

第三编

爱因斯坦的人生哲学

第十五章　人生的价值和生命的意义

寒风料峭残雪存，
蜡梅斗艳胜似金。
装点荒山美如画，
时尽成泥亦甘心。

—— 李醒民《题国画"山花烂漫"》

　　人生是什么？是舞台还是客栈，是拼搏还是旅行，是享乐还是苦役，是泡影还是永恒？也许自人类有自我意识以来，就有敏感的心智提出并试图回答这样的问题，可是迄今仍未见到一个公认的答案（也许根本就没有公认的答案）。如果说人生似谜，人们是否能窥见其谜底？如果说人生如梦，人们是否有梦醒的时候？

　　对于百味人生这个斯芬克斯之谜，爱因斯坦有时好像也颇感困惑。他问道："究竟是什么东西使一个人对自己的工作极端认真负责？这真是一个谜。这一切都是为了谁？难道说是为了自己？——一个人不用多久就会弃世而去的。是为了同辈人吗？还是为了子孙后代？都不是。这仍是一个悬而未决的谜。"（*RS*, p. 89）不过，他似乎并不茫然，还是力图设法揣度人生的价值和生命的意义。他说："不可思议的是我们在这里处在地球之上。我们每一个人都来此做短暂的访问，不知道为什么，可是有时大概可推测出意图。"[①] 正是这种建立在外部启示和内心体悟基础上的推测，形成了爱因斯坦的"高山仰止，景行行止"[②] 的人生观。

一、高山景行的人生观之源泉

爱因斯坦的高山景行的人生观源于人类优秀的文化传统和他的自觉的道德修养及社会实践。他说，当条顿族的野蛮人破坏了欧洲古代文化以后，一种新的比较优秀的文化生活从两个源泉逐渐发展起来，这两个源泉就是犹太人的《圣经》和希腊人的哲学和艺术。不知什么缘故，它们没有在普遍的浩劫中被埋葬掉。把这两个彼此不同的源泉汇合起来，标志着我们目前这个文化新时代的开始，而且这种汇合，直接或间接地产生了构成我们今天生活的真正准则的一切内容（*E*3, pp. 127—128）。他还说：

我们的犹太祖先即先知者，以及中国古代圣贤了解到并

---

① R. D. Morrison II, Einstein on Kant, Religion, Science, and Methodological Unity, *Einstein and the Humanities*, Edited by D. P. Ryan, Greenwood Press, New York, 1987, pp. 47—57.

② 《诗经·小雅·车辖》。

且宣告：使我们人类生活定型的最重要因素是树立并使人民接受一个目标。这个目标就是一个自由幸福的人类公社，它要求人们通过内心不断的努力奋斗，把自己从反社会性的和破坏性的本能的遗传中解放出来。在这种努力中，理智能够成为最有力的辅助。理智努力的成果，加上这种奋斗本身，同艺术家的创造性活动结合起来，就给生活提供了内容和意义。（E3, p. 190）

尤其是，"犹太教的基本特质是现实主义和乐观主义，因为它认为物质世界是绝对真实的东西，而且把生活看作是为我们奉献的令人愉快的礼物。"③对于叔本华的这一看法，爱因斯坦也深有同感。他认为，犹太教"几乎只涉及人生的道德态度和对生命的道德态度"，犹太教中的"为上帝服务"也就等于"为生命服务"。犹太人中的最优秀者，特别是先知们和耶稣，就曾为此进行了不懈的斗争。他指出：

犹太教绝不是一种先验的宗教；它所涉及的是我们在过着的生活，并且是在一定程度上能够掌握的生活，此外就没有别的。因此我觉得，如果按照宗教这个词的公认意义，那就很难说它是一种宗教，特别是要求于犹太人的，不是"信仰"，而是超越个人意义的生命的神圣化。（E3, pp. 103—104）

---

③ A. 叔本华：《意欲与人生之间的痛苦》，李小兵译，三联书店上海分店（上海），1988 年第一版，第 179 页。

在爱因斯坦人生观的形成过程中，也不能忽视迈蒙尼德、叔本华、尼采等哲人的思想影响，以及甘地、马赫、普朗克、洛伦兹、居里夫人等人格高洁、品德高尚的人物的榜样力量。尤其是斯宾诺莎对人生和生活的态度，更是他刻意学习和仿效的楷模。他称赞犹太人哲学家迈蒙尼德以自己的著作和本人的努力促进了希伯来精神和希腊精神的综合，从而为以后的发展铺平了道路，对后代人产生了决定性的良好影响。他呼吁，在一个激情和冲突比平常更容易掩盖理性思维和公平正义的时代，更应增强我们内心对于宝贵文化财富的热爱和尊重（*E*3, pp. 127—128）。他称赞斯宾诺莎是一位卓越的人物、有思想的人，一个纯洁而孤独的灵魂。斯宾诺莎看到了医治恐惧、仇恨和苦恼的手段，不仅清楚准确地说明了自己的推理，而且以自己的全部生活为例证明自己的信念是有充分理由的。（*E*1, p. 4 33）他对斯宾诺莎的一言一行都怀有深深的崇敬之情，并自称是斯宾诺莎的"追随者"。他认为斯宾诺莎是"我们犹太人产生的最深刻、最纯洁的灵魂之一"，"第一个以真正的一致性把对所发生的一切的决定论的约束之观念应用于人的思想、感情和行为"[④]。斯宾诺莎的下述思想显然直接而有机地融入爱因斯坦的人生观中：

[④] B. Hoffman, *Albert Einstein, Creator and Rebel*, The Viking Press, New York, 1972, pp. 94—95. 在 1932 年，爱因斯坦谢绝写一篇关于斯宾诺莎的简短研究的邀请。他说没有一个人能做到这一点，因为这不仅需要专门知识，而且也要求作者具有"异常的纯洁、想象力和谦逊"。

在通常的生活环境中，那些被人们公认（他们的行为可以证明）为最高的幸福的，归纳起来，大约不外三项：资产、荣誉、感官快乐。这三件东西萦绕人们的心思，使人们不能想到别的幸福。……经过深长的思索，使我确切地见到，如果我彻底下决心，放弃迷乱人心的资财、荣誉、肉体快乐这三种东西，则我所放弃的必定是真正的恶，而我所获得的必定是真正的善。……但是爱好永恒无限的东西，便足以培养我们的心灵，使得它经常欢欣愉快，不会受到苦恼的侵袭，因此它是最值得我们用全副精神去追求、去探寻。⑤

也许是社会文化基因和家族遗传基因以及家庭生活氛围的共同作用，爱因斯坦从小就对人生无意义的追逐感到厌烦。宗教天堂使他的思想和情感首次得到解放，不像宗教天堂那样舒坦和诱人的科学天堂又使他得到第二次解放。科学使他的精神境界进一步升华，成为排除一生烦扰的天使。从少年时代起，他对真、善、美、自由、平等、正义就有深挚的，乃至病态的爱，这乍看起来是本能的天性，实际上却是他日后成形的人生观的先兆。不用说，爱因斯坦的人生观主要是他本人修身絜行，内正其心，外正其身的结果。他说：

　　一个人活着就应该扪心自问，我们到底应该怎样度过一

---

⑤ 《西方哲学原著选读》（上卷），北大哲学系编译，商务印书馆（北京），1981 年第一版，第 403—404 页。

生，这是一个合情合理的问题，也是一个非常重要的问题。在我看来，问题的答案应该是：在力所能及的范围内尽量满足所有人的欲望和需要，建立人与人之间和谐美好的关系。这就需要大量的自觉思考和自我教育。不容否认，在这个非常重要的领域里，开明的古代希腊人和古代东方贤哲们所取得的成就远远超过我们现在的学校和大学。（*RS*, p. 31）

在修身和内省乃至自觉思考和自我教育方面，爱因斯坦何止是"吾日三省吾身"⑥！他不仅每天上百次提醒自己严加检点，而且超越自我，广泛而深入地思索人生的价值和生命的意义问题，从而形成了他的高山景行的人生观和积厚流广的人生哲学，成为激励和砥砺后人的无穷无尽的精神宝藏。

二、人生的目的和人的价值

爱因斯坦喟叹，我们这些总有一死的人的命运是多么奇特呀！我们每个人在这个世界上都只作一次短暂的逗留，目的何在，却无所知，尽管有时自以为对此若有所感。但是，他还是认为，不必深思，只要从日常生活就可以明白：

人是为别人而生存的——首先是为那样一些人，他们的

---

⑥ 《论语·学而》载曾子语。

喜悦和健康关系着我们的全部幸福；然后是为许多我们
所不认识的人，他们的命运通过同情的纽带同我们密切
结合在一起。我每天上百次提醒自己：我的精神生活和
物质生活都依靠着别人（包括生者和死者）的劳动，我
必须尽力以同样的分量来报偿我所领受了的和至今还在
领受了的东西。我强烈地向往俭朴的生活。并且时常发
觉自己占用了同胞的过多劳动而难以忍受。……我也相
信，简单纯朴的生活，无论在身体上还是在精神上，对
每个人都是有益的。（E3, p. 42）

在爱因斯坦看来，要追究一个人自己或一切生物生存的意义
或目的，从客观的观点而言总是愚蠢可笑的。可是，他还是
表示：

每个人都有一定的理想，这种理想决定着他的努力和判
断的方向。从这个意义上，我从来不把安逸和享乐看作
是生活目的本身——这种伦理基础，我叫它猪栏的理
想。照亮我的道路，并且不断给我新的勇气去愉快地
正视生活的理想，是善、真和美。要是没有志同道合
者之间的亲切感情，要不是全神贯注于客观世界——
那个在艺术和科学工作领域里永远达不到的对象，那么
在我看来，生活就会是空虚的。人们所努力追求的庸俗
目标——财产、虚荣、奢侈的生活——我总觉得是可鄙
的。（E3, p. 43）

爱因斯坦的这两段典型的言论，从个人与社会和他人的关系上，从个人的理想与追求上，展现了他的人生目的，概括了他的人生哲学。他反对向青年人鼓吹以习俗意义上的成功作为人生的目标。因为一个获得成功的人，从他同胞那里所取得的，总是无可比拟地超过对他们所做的贡献。然而看一个人的价值，应当看他贡献什么，而不应当看他取得什么（*E*3, p. 145）。

这里已涉及人生的价值⑦问题。爱因斯坦把摆脱自我和有益社会作为判断人的价值的标准："一个人的真正价值首先决定于他在什么程度上和在什么意义上从自我解放出来。""一个人对社会的价值首先取决于他的感情、思想和行动对增进人类利益有多大作用。"（*E*3, pp. 35, 38）他特别指出：个人及其创造力的发展，是生命中最有价值的财富（*HPS*, p. 413）。这样一来，人生才能体现出它的意义和价值，使人从浑浑噩噩的生存跃入冰清玉洁的存在。

爱因斯坦清楚地看到，个人对社会的依赖，显然是自然界的一个不可抹杀的事实。我们吃别人种的粮食，穿别人缝的衣服，住别人造的房子。除了物质上的依赖外，还有精神

---

⑦ 爱因斯坦对"价值"的理解有两点值得注意。他说："归根结底，人类的一切价值观都建筑在道德观念之上，我们的摩西在人类原始时期就认清了这一点，这就是他独特的伟大之处。"（*RS*, p. 22）他还认为，人类种族把价值建立在文化上，因此要防止文化的枯竭。文化能够唤起被民族中心主义推居幕后的较高的共同感情，使人的价值具有独立于政治和国界的有效性。参见 A. Einstein, *The World As I See It*, Philosophical Library, New York, 1949, p. 75.

上的依赖：我们的大部分知识和信仰都是通过社会交往取得
的，我们的文化素质是受社会影响形成的。我们胜过野兽的
主要优点就在于我们生活在人类社会之中。一个人如果生下
来就离群索居，那么他的思想和感情中保留的原始性和兽性
就会达到难以想象的程度。因此，他得出结论说：

> 个人之所以成为个人，以及他的生存之所以有意义，与
> 其说是靠着他个人的力量，不如说是由于他是伟大人类
> 社会中的一个成员，从生到死，社会都支配着他的物质
> 生活和精神生活。（*E*3, p. 38）

爱因斯坦详细地分析了人的双重属性：人既是孤立的
人，同时却又是社会的人。作为孤立的人，他企图保卫自己
的生存和那些同他最亲近的人的生存，企图满足他个人的欲
望，并且发展他天赋的才能。作为社会的人，他企图得到他
的同胞的赏识和好感，同他们共享欢乐，在他们悲痛时给以
安慰，并改善他们的生活条件。只是因为存在着这些多种多
样的、时常相互冲突的努力，才能说明一个人独有的性格，
而且这些努力的特殊结合就决定了个人所能达到的内心平衡
的程度，以及他对社会福利所能做出贡献的程度。这两种倾
向的相对强度很可能主要取决于遗传。但他最后表现出来
的个性，它的形成主要取决于人在发展中所处的环境，取
决于他所成长于其中的社会的结构，取决于那个社会的传
统，也取决于社会对各种特殊行为的评价。对于个人来说，
"社会"这个抽象概念意味着他对同时代人以及以前所有各

代人的直接关系和间接关系的总和。个人是能够自己进行思考、感觉、奋斗和工作的；但在他的肉体、理智和感情的生活中，他是那样地依靠着社会，以致在社会组织之外，就不可能想起他，也不可能理解他。是"社会"供给人以粮食、衣服、住宅、劳动工具、语言、思维形式和大部分的思想内容；通过过去和现在亿万人的劳动和成就，他的生活才有可能，而这亿万人全都隐藏在"社会"这两个小小的字眼背后。可以稍微夸张一点地说，人类甚至在目前就已经组成了一个生产和消费的行星公社。爱因斯坦敏锐地洞察到，由于没有正确对待和处理个人与社会的关系，从而酿成了我们时代的危机。他尖锐地指出：

> 现在的个人比以往都更加意识到他对社会的依赖性。但他并没有体会到这种依赖性是一份可靠的财产，是一条有机的纽带，是一种保护的力量，反而把它看作是对他的天赋权利的一种威胁，甚至是对他的经济生活的一种威胁。而且他在社会中的地位总是这样，以致他性格中的唯我论倾向总是在加强，而他本来就比较微弱的社会倾向却逐渐在衰退。所有的人，不论他们的社会地位如何，全都蒙受这种衰退过程。他们不自觉地做了自己的唯我论的俘虏，……人只有献身于社会，才能找出那实际上是短暂而有风险的生命的意义。（*E*3, pp. 269—271）

爱因斯坦曾多次表示，只有对共同体的工作和服

务，才有考虑的价值，而个人的得失则是无关紧要的
（*HPS*, p. 135）。他赞颂高尔基是"社会的公仆"
（*E*3, p. 105）。他钦佩布兰代斯（L. D. Brandeis, 1856—
1941）[8]"把如此深奥渊博的知识、才能同严于律己的自我
克制精神融为一体，在默默无声地为社会服务之中寻找自己
生活的真正乐趣"，是在我们这个缺乏真正的人的时代中的
"一个真正的人"（*RS*, pp. 75—76）。另一方面，他也强
调社会应对个人负责，尊重个人的思想自由和应有的权利，
尤其不能用暴力侵犯人的尊严和价值。这种比较全面认识来
源于他的下述观点："社会的健康状态取决于组成它的个
人的独立性，也同样取决于个人之间密切的社会结合。"
（*E*3, p. 39）

在处理个人与他人的关系上，爱因斯坦坚持个人应为人
类或人民服务和与他人无私合作的原则。他像洛伦兹那样，
把"服务而不是统治"视为"个人的崇高使命"[9]。在他的
心目中，为人类服务是至高无上的和无比神圣的：

没有比为人类服务更高的宗教了。为公共利益而工作是

---

[8] 布兰代斯曾任美国最高法院大法官（1916—1939），是担任高级法
院职务的第一个犹太人。他从 1879 年起在波士顿私人开业期间，经常
不要报酬地为消费者、工会和大公司中的小股东服务，被称为"人民
律师"。

[9] A. Einstein, *Out of My Latter Years*, Philosophical Library, New
York, 1950, p. 23.

最大的信条。⑩

因此，爱因斯坦认为，每一个有良好愿望的人就是要尽其所能，在他的小天地里作坚定的努力，使纯粹人性的教义（清除掉后来附加在犹太教和基督教中的东西而留下来的）成为一种有生命的力量，从而使自己和他人都从中获得幸福（*E*3, p. 53）。他不仅自己身体力行，而且总是呼吁人们诚实地回报同胞的辛勤劳动：既从事一些能使自己满意的工作，也应从事公认的能为他人服务的工作。不然的话，不管一个人的要求多么微不足道，他也只能是一个寄生虫。（*RS*, p. 57）

爱因斯坦把个人与他人之间的无私合作看作真正有价值的东西。他说，对于有善良意愿的人，当他以提高生活和文化为唯一目的，付出了重大牺牲，把一项社会事业筹办起来，他再也没有比这个时候更高兴的了。（*E*3, p. 29）他希望人们学会通过使别人幸福快乐来获取自己的幸福，而不要用同类相残的无聊冲突来获取幸福。只有心中容下这点天良，生活中的重担才会变轻或可以忍受，才能耐心而无畏地找到生活之路，而把欢歌笑语带到四方。（*RS*, p. 36）他应邀在一个青年人的名言集锦簿中这样写道：

你们是否知道，如果要实现你们炽热的希望，那就只有

---

⑩ W. Cahn, *Einstein, A Pictoral Biography*, The Citade Press, New York, 1955, p. 126.

热爱并了解世间万物——男女老幼、飞禽走兽、树木花草、星辰日月，唯有如此你们才能与人同甘共苦、同舟共济？睁开你们的眼睛，打开你们的心扉，伸出你们的双手，不要像你们的祖先那样从历史中贪婪地吮吸鸩酒毒汁。那么，整个地球都将成为你们的祖国，你们的所有工作和努力都将造福于人。（*RS*, pp. 33—34）

当然，爱因斯坦所倡导的理想和道德并不是泯灭人性的假道学和唱高调，他在"人类的兄弟关系和单个人的个人主义（indivi-dualism）"[11] 之间保持了必要的张力，从而使二者协调一致。他认为，"在人生的服务中，牺牲成为美德"（*E*3, p. 63）；但同时又指出，"自我牺牲是有合理的限度的"（*E*3, p. 499）。他表示："道德行为并不意味着仅仅严格要求放弃某些生活享受的欲望[12]，而是对全人类更加幸福的命运的善意关怀。"在他看来，这个观念蕴涵着一个首要的要求，那就是，每个人都应该有机会发展他的天赋。只有这样，个人才会得到他所应得的满足；而且也只有这样，社会才能达到它最大的繁荣。因为凡是真正伟大的和激动人心的东西，都是由能够自由地劳动的个人创造出来的。只有为了生存安全的需要，限制才是合理的。这个观念还导致了另外的事情：

---

[11] P. A. Bucky, *The Private Albert Einstein*, A Universal Press Syndicate Company, Kansas City, 1993, p. 84.

[12] 在这一点上，爱因斯坦不像斯宾诺莎那么激进或极端。斯宾诺莎似乎有点接近禁欲主义。

我们不仅要容忍个人之间和集体之间的差别，而且确实还应当欢迎这些差别，把它们看作是我们生活的丰富多彩的表现。这是一切真正宽容的实质；要是没有这种广泛意义上的宽容，就谈不上真正的道德。（*E*3, pp. 157—158）

太史公司马迁（公元前145年—？）曰："天下熙熙，皆为利来；天下攘攘，皆为利往。"[13] 因此，在对待金钱或物质财富的态度上，往往很能反映出一个人的人生哲学。爱因斯坦认为，"巨大的财富对愉快和如意的生活并不是必需的"（*E*3, p. 14），"生活必须提供的最好东西是洋溢着幸福的笑脸"[14]。他这样表白自己的心迹：

我绝对深信，世界上的财富并不能帮助人类进步，即使它是掌握在那些对这事业最热诚的人的手里也如此。只有伟大而纯洁的人的榜样，才能引导我们具有高尚的思想和行为。金钱只能唤起自私自利之心，并且不可抗拒地会招致种种弊端。

有谁能想象摩西、耶稣或者甘地竟挎着卡内基[15]的钱包呢？（*E*3, p. 37）

---

[13] 司马迁：《史记·货殖列传序》。

[14] A. Moszkowski, *Einstein: The Searcher, His Work Explained from Diologues with Einstein,* Methuen & Co. Ltd. , London, 1921, p. 239.

[15] 卡内基（A. Carnegie, 1835—1919）是美国钢铁工业巨头，号称钢铁大王。

也许正是在这种意义上，他指出"酷爱金钱和权势"是"邪恶的"（*RS*, p. 58）。他表明，"经济成就只不过是服务于人的价值的发展的工具"，并赞扬诺贝尔对待金钱的善良意图和高尚行为（*HPS*, p. 330）。爱因斯坦像斯宾诺莎一样，抵制了墨菲斯托⑯的种种诱惑，始终不为外物所动。他对金钱的态度与叔本华的说法如出一辙："金钱，是人类抽象的幸福。所以一心扑在钱眼的人，不可能会有具体的幸福。"⑰

三、生命的意义和永恒

爱因斯坦不仅从个人与社会、与他人的关系等问题中思索了人生的目的和价值，而且进而深入到生命的意义和永恒层面加以反思。不用说，他深知这个反思对象的难度：一个人很难知道他自己的生涯中什么是有意义的，当然也不应当以此去打扰别人。鱼对于它终生都在其中游泳的水又知道些什么呢？（*E*3, p. 138）关于这个千古之谜，也许帕斯卡（B. Pascal ，1623—1662）最为淋漓尽致地表露了他的内心的迷茫和困惑：

---

⑯ 墨菲斯托（Mephisto）是墨菲斯托菲里斯（Mephistopheles）的简称，是浮士德传说中的魔鬼精灵。在歌德的《浮士德》中，魔鬼墨菲斯托处处引诱浮士德加深罪恶，阻碍浮士德上进，但总以失败告终。

⑰ A. 叔本华：《意欲与人生之间的痛苦》，李小兵译，三联书店上海分店（上海），1988 年第一版，第 158 页。

我不知道是谁把我安置在这个世界上来的，也不知道世界是什么，我对一切事物都处于一种可怕的愚昧无知之中。我不知道我的身体是什么，我的感官是什么，我的灵魂是什么，以及甚至于我自己的那一部分是什么——那一部分在思想着我所说的话，它对一切、也对它自身进行思考，而它对自身之不了解一点也不亚于其他事物。我看到整个宇宙的可怖空间包围了我，我发现自己被附着在那个广漠无垠的领域的一角，而我又不知道我何以被安置在这个地点而不是在另一点，也不知道何以使我得以生存的这一小点时间要把我固定在这一点上，而不是在先我而往的全部永恒与继我而来的全部永恒中的另一点上。我看见的只是各个方面的无穷，它把我包围得像个原子，又像个仅仅昙花一现就一去不返的影子。我所明了的全部，就是我很快就会死亡，然而我最为无知的又正是我所无法逃避的死亡本身。

正像我不知道我从何而来，我同样也不知道我往何处去；我仅仅知道在离开这个世界时，我就要永远地或则是归于乌有，或则是落到一位愤怒的上帝的手里，而并不知道这两种状况哪一种应该是我永恒的应分。这就是我的情形，它充满了脆弱和不确定。由这一切，我得出结论说，我因此就应该不再梦想去探求将会向我临头的事情而度过我一生全部的日子。也许我会在我的怀疑中找到某些启明；但是我不肯费那种气力，也不肯迈出一步而寻求它；然后，在满怀鄙视地看待那些究心于此的人们的同时，我愿意既不要预见也没有恐惧地去碰碰这样一件大事，并让自己在对自己未来情况的永恒性无从确定的情形之下，恹恹地被引向死亡。[18]

帕斯卡一方面对世人面临如此重大的疑团麻木不仁，而对生活琐事却津津乐道感到不可思议，另一方面他又知难而退，遁入宗教神秘主义的王国寻求解脱。与之相反，爱因斯坦则知难而进，竭尽全力地在现世设法寻求答案。他大胆而径直地提出这样的问题：人类生命的意义是什么？（或者广而言之，任何生物的生命的意义是什么？）他在解释这个提问的意思时说：凡是认为他自己的生命和人类的生命是无意义的人，他不仅是不幸得很，而且也难以适应生活（*E*3, p. 34）。他从犹太教的法典和戒律中看到，生命观的本质在于对天地万物的生命的肯定态度[19]。他如下阐述了（人的）生命的意义：

> 个人的生命只有当它用来使一切生命的东西都生活得更高尚、更优美时才有意义。生命是神圣的，也就是说它的价值最高，对于它，其他一切价值都是次一等的。把个人以外的生命视为神圣，就引起对一切有灵性的东西的尊敬——这是犹太传统的一个突出特征。（*E*3, p. 103）

---

[18] B. 帕斯卡：《沉思录》，何兆武译，商务印书馆（北京），1985年第一版，第92—93页。

[19] 本章中的爱因斯坦的诸多言论，也充分体现了他的生态伦理学和生命伦理学思想。

与此相一致，爱因斯坦多次强调，人的短暂而有风险的生命的意义只有在献身于社会中才能找到（*E3*, p. 271）；唯有重视至高无上的、永久的价值，才能给生命增添意义（*HPS*, p. 319）。他一向认为自己的生活既有趣味又有意义，并且深信人类的生活完全有可能并且有希望变得更有意义（*RS*, p. 62）。爱因斯坦本人的生命的意义主要渗透在他的有益于社会和人类的科学工作中，科学研究也是他的生命存在的真正本质和宇宙宗教感情的表现场所。他有时想象自己摆脱自身，站在一个小行星的某个地方，惊奇地凝视着永恒的、深不可测的东西那种冷色的、意味深长地运动着的美：生和死川流不息地合为一体，既没有进化，也没有天数，有的只是存在。他觉得，他一生的激动人心的探索经历，使他的生命也显得有意义了（*HPS*, pp. 371—372）。

基于伦理道德是人类自己的事，其背后没有什么超越人类之上的权威，爱因斯坦不相信灵魂不朽和人格化的上帝（*RS*, p. 40）。但是，他却深信事物的永恒，尤其是人对永恒事物的认识（思想）的永恒，以及人类精神的永恒目标——真、善、美。他认为，潜心于研究一些永恒的事物是大好事，因为只有从这种永恒的东西中才能产生出一种精神。这种精神不仅能使人世间获得和平与安宁，而且也能使人类在共同创造的不朽事物中获得永生，并从中发现生活的乐趣和生命的意义（*RS*, p. 52；*E3*, p. 47）。生命的永恒就在这里。他在1936年深有体会地这样写道：

上了年岁的人如果能对年轻一代的所作所为感到无限欢

乐，那么他们自己也可重新焕发出青春活力。当然，在现在这动荡不定的岁月里，这种欢乐也笼罩着不祥的阴影。但是春光总会带回新的生机，新的生命会使我们乐而忘忧，并为它的成长壮大做出我们的贡献。莫扎特的音乐过去是、将来也永远是优雅、温柔而流畅的。生活中总有一些东西是永恒不灭的，无论是命运之手，还是人的一切误解都奈何它不得。上了年纪的人比那些在希望与恐惧之间摇摆不定的青年人更接近这种永恒的东西。我们年长的人能特别体会那种最纯洁的真与美。（RS, p. 51）

在爱因斯坦看来，生命的永恒既体现在追求崇高目标的过程中，也表现在其结果中。他说："在研究和追求真与美的领域里，我们可以永保赤子之心。"（RS, p. 73）"理解力的产品比喧嚷纷扰的世代经久，它能经历好多世纪而继续发出光和热。"（E1, p. 401）

　　爱因斯坦关于生命的永恒的思想是与斯宾诺莎的"心灵的永恒"[20]和叔本华的"真理的生命悠久"[21]的思想是一拍即合的。他终生关注持久而永恒的东西，漠视稍纵即逝的实利和物欲，从而跨过了自然的恒久世界和人生的短暂世界之间

---

[20] 洪汉鼎：《斯宾诺莎哲学研究》，人民出版社（北京），1993年第一版，第 xvi 页。

[21] A. 叔本华：《作为意志和表象的世界》，石冲白译，商务印书馆（北京），1982年第一版，第 8 页。叔本华的原话是："人生是短促的，而真理的影响是深远的，它的生命是悠久的。"

的难以逾越的鸿沟，在追求永恒中得以升华。兰佐斯在爱因斯坦逝世后中肯地评论道：像他这样的人是永生的，其思想和精神是不会死亡的（*RS*, p. 99）。

思维是人的存在之本质（故笛卡儿有"我思故我在"之隽语箴言），理解真理是精神存在的天性和天职，人的精神又是人异于禽兽的根本标志，而人的精神境界之高低又使贤人有别于常人。爱因斯坦一生都以独立自主的思考[22]和力图提高人的精神为己任，并从中悟出并实现了生命的意义和永恒。在谈到爱因斯坦的科学思维时，英费尔德想起了充满炽热火焰和原始生命力的黑人舞蹈——这种强烈的运动好像不需要任何喘息，可以永远地进行下去。他说：

> 当我观察爱因斯坦的时候，这幅画面常常浮现在我眼前。就像一架最富有生命力的机器在他的脑子里转动似的。这就是被升华出来的生命力。有时，这种观察是令人难受的。爱因斯坦能谈政治，能以他所特有的极其惊人的好心肠听取各种请求，回答各种问题，但是在这些外部活动后面可以感觉出他在不断地思考科学问题；他的大脑机器不停地开动，只有死才能中断这架机器的永恒运转。（*EZ*, p. 248）

---

[22] 叔本华说："从根本上说，只有我们独立自主的思考，才真正具有真理和生命。因为，唯有它们才是我们反复领悟的东西。他人的思想就像别人餐桌上的残羹，就像陌生客人扔下的衣衫。" A. 叔本华：《意欲与人生之间的痛苦》，李小兵译，三联书店上海分店（上海），1988 年第一版，第 60 页。

确实，爱因斯坦对宇宙之谜的思索像一股急流那样永不停息，不仅无谓的琐事，而且亲人的病亡和社会的悲惨事件也无法使它停止或转弯——他说"热情地专注于事业能使人独立于命运的变迁"（*HPS*, p. 341）。但这绝不是说他对个人或社会的命运漠不关心，亲友的亡故和社会灾难使他深感悲痛，但他依然紧张地从事研究，极端抽象的思维对他来说就像呼吸一样自然[23]和须臾不可或缺。只要他的非凡的心灵还活着，他就不会中止对宇宙秘密的沉思。对他来说，这种思维像音乐一样，令他感到十分惬意和陶醉。诚如他在1936年的一封信中所写的：

> 一个着了魔的人还能干些什么呢？如同我年轻时一样，我现在坐在这里无休止地苦思冥想，希望能发掘出深埋地下的秘密。那个所谓的伟大世界，也就是那个喧嚣杂乱的尘世，对我越发没有吸引力了。因此我日复一日地发现自己越来越像一位隐士。（*RS*, p. 22）

---

[23] 叔本华说："你可以自觉地使自身投入读书和学习中，然而你实际上不可能使自己完全投入思考：思考需要精心培植，就像火苗需要风扇助力一样。它需要对其本身的目的保持某种兴趣。这种兴趣，或是一种客观的兴趣，或是一种纯属主观的兴趣。后一种兴趣只可能关注影响我们个人的东西；而前一种兴趣只属于那些就其本性便愿意思考的人，即那些把思考看作与呼吸一样自然的人，而这类人微乎其微。这就说明，为什么大多数学者并不会思考。"A. 叔本华：《意欲与人生之间的痛苦》，李小兵译，三联书店上海分店（上海），1988年第一版，第59页。

爱因斯坦终生为提高人类的生活尽心竭力，但他主要珍视的是人类生活的质量而不是数量，尤其是关注人的心灵的净化和精神的升华，也就是力图提高人的思想境界。他说：

> 我非常真诚地相信，一个人为人民最好的服务，是让他们去做某种提高思想境界的工作，并且由此间接地提高他们自己的思想境界。这尤其适用于大艺术家，在较小的程度上也适用于科学家。当然，提高一个人的思想境界并且丰富其本性的，不是科学研究的成果，而是求理解的热情，是创造性的或领悟性的脑力劳动。（E3, p. 36）

在爱因斯坦看来，观察和理解的乐趣，是大自然的最优美的礼物。在这个过程中，人的感情和思想能够得以净化，从而获得最微妙、最高尚的乐趣：对艺术创造和思维的逻辑秩序的美的乐趣（E3, pp. 315, 155）。他明确指出：做真理、正义和自由的忠实勤务员，用创造性的工作提高人类的精神境界，是历史赋予我们的艰巨任务（E3, p. 50）。

第十六章　追求真善美的使徒

科学大会喜逢春，
画角连天催征人。
夸父宏志与日走，
不惜道渴化邓林。

—— 李醒民《科学大会》

爱因斯坦秉承了犹太人的传统特征和理想——为知识而追求知识，几乎狂热地酷爱正义，以及要求个人独立的愿望——他终生都是追求真善美的使徒。他的求真以至善为目的，以完美为标准；他在为善的同时也激励了探索的热情，焕发了审美的情趣；他从臻美中洞见到实在的结构，彻悟出道德的目标。爱因斯坦之所以孜孜不倦地追求三位一体的真善美，为的是自然、社会和思维更加有序与和谐。因为诚如卡西勒所说："科学在思想中给予我们以秩序；道德在行动中给予我们以秩序；艺术则在对可见、可触、可听的外观之把握中给予我们以秩序。"[①]

① E. 卡西勒：《人论》，甘阳译，上海译文出版社（上海），1985

一、追求而不是占有真理

　　爱因斯坦十分欣赏莱辛的名言："对真理的追求要比对真理的占有更为可贵。"[2] 他用自己的言论和行动表明，他是真理的无畏的、不懈的追求者[3]，从来也不与谬误、谎言、邪恶妥协。他感到自己生活中的唯一真正的满足，来源于探求真理的坚忍不拔的毅力（RS, p. 72）。爱因斯坦一生把时间和精力主要用于追求自然的真理（他热恋自然就像农人挚爱土地一样），但他也念念不忘追求社会的真理和人生的真理——在这里，他追随斯宾诺莎而进入超个人的境界，把追求真理同追求善、追求人的道德完美联系起来——因为真理包含着人类心智中终极的善。因此，科学家在献身于真理的追求时，也就履行了科学家的社会责任和道德义务，而

年第一版，第 213 页。

② 参见（E1, p. 394）。爱因斯坦在（E1, p. 50）中是这样引用的："为寻求真理的努力所付出的代价，总是比不担风险地占有它要高昂得多。"爱因斯坦引用的是大意，莱辛的原话也许是："如果上帝把所有真理藏在他的右手，仅仅在左手持有对真理的强烈欲望，尽管总是以我会犯错误为条件；上帝对我说：请选择！我会谦卑地落入他的左手。"转引自 H. Woolf（ed.），*Some Strangeness in the Proportion*, Addison-Wesley Publishing Company, Inc., 1980, p. 259.

③ 真理只有追求才有可能获得。为什么？也许叔本华的下述隐喻可以作为解释："真理不是娼妇，别人不喜爱她，她却要搂住人家的脖子；真理倒是这样矜持的一位美人，就是别人把一切都献给她，也还拿不准就能获得她的青睐呢！"参见 A. 叔本华：《作为意志和表象的世界》，石冲白译，商务印书馆（北京），1982 年第一版，第 11 页。

真理的非个人性和超文化性，又使这种共同追求成为可能。难怪爱因斯坦在悼念普朗克时这样写道：即使在我们这样的时代，政治狂热和暴力像剑一样高悬在痛苦和恐惧的人的头上，可是我们追求真理的鲜明旗帜还是高举着。这种理想，是一条永远联结一切时代和一切地方的科学家的纽带，它在普朗克身上体现得非常完满（$E1$, p. 445）。

培根（F. Bacon, 1561—1626）说过："真理（它是只受本身的评判的）教给我们说，研究真理（就是向它求爱求婚）、认识真理（就是它的获得）和相信真理（就是享用它）乃是人性中最高的美德。……一个人的心若能以仁爱为动机，以天意为归宿，并且以真理为地轴而转动，那这人的生活可真是地上的天堂了。"④爱因斯坦深有同感。他认为，追求真理的愿望必须优先于其他一切愿望的原则，是一份最有价值的思想遗产；对真理和知识的追求并为之奋斗，是人为之自豪的最高尚的质量之一（$E3$, pp. 48, 190）。在他看来，一个人如果不承认追求客观真理和知识是人的最高的和永恒的目标，他就不会受人重视（$E3$, p. 149）。他指出下述论断是无可怀疑的：

> 追求真理和科学知识，应当被任何政府视为神圣不可侵犯；而且尊重那些诚挚地追求真理和科学知识的人的自由，应该作为整个社会的最高利益。（$E3$, pp. 48—49）

---

④ F. 培根：《培根论说文集》，水天同译，商务印书馆（北京），1983 年第二版，第5—6页。

爱因斯坦奉行"为真理而真理"的准则。他说："唯有抱着为真理而真理的目的行动，才能使精神得到解放，变得崇高。"⑤ 他提出这样的问题：追求真理——或者比较谨慎地说，我们通过构造性的逻辑思维去理解可认识的宇宙的那种努力——是不是应该成为我们工作的独立目标？或者说，追求真理是不是应该服从某些别的目标，比如服从一些"实用上的"考虑？他认为，这个问题不能根据逻辑来做出决定。可是，不管我们的决定是怎样做出的，只要它是出自深挚的、不可动摇的信念，它就会对我们思想上和道义上的判断乃至人格产生很大的影响。他的结论是：

> 为求得更深广的见识和理解而斗争，是这样一些独立目标之一。要是没有这些目标，一个有思想的人对待生活就不会有积极自觉的态度。（E3, pp. 289—290）

关于真理及其追求，爱因斯坦还有许多精辟的见解。例如，他认为"进入人们头脑中的权威是真理的最大敌人。"⑥ 他说：真理是无比强大的，用长矛和瘦马去保卫真理是可笑的、堂吉诃德式的（E1, p. 386）。1952 年，爱因斯坦获悉苏联科学院一位院士攻击相对论与马克思主义哲学基础即辩证唯物主义背道而驰，他以轻松愉快的语调说，这使他感到

---

⑤ A. Moszkowski, *Einstein: The Searcher, His Work Explained from Diologues with Einstein*, Methuen & Co. Ltd., London, 1921, p. 146.

⑥ 许良英：《一项宏伟的历史工程》，《自然辩证法通讯》（北京），第 10 卷（1988），第 1 期，第 58—63 页。

极大的快慰。长期以来，他一直为在苏联限制思想和言论的自由而烦恼，于是在 1953 年写了这样的警句："在真理寻求者的领域里没有人的权威，无论谁试图扮演地方法官的角色，都会摔倒在上帝的笑声之中。"⑦ 此外，针对苏联学术界以官方哲学和意识形态作为判定科学真理的标准之作法，他还写下题为《辩证唯物主义的智慧》的辛辣诗句：

费尽空前的汗水和辛劳，

最终难道看见了真理的颗粒？

呵，傻瓜！累死累活地强迫你使尽气力。

我们的党用法令制造真理。

哪个大胆的心智胆敢怀疑？

砸烂脑壳，对他回报多么迅疾。

我们如此教训他，永远不要像以前那样，

快与我们一起生活于惊人的一致。⑧

⑦ 该引文的出处与下边的诗句相同。类似的言论也出现在爱因斯坦在给贝克（L. Baeck）八十寿辰的献词中："谁要是把自己标榜为真理和知识领域里的裁判官，他就会被神的笑声所覆灭。"（*E*3, p. 315）

⑧ B. Hoffmann, *Albert Einstein , Creator and Rebel*, The Viking Press, New York, 1972, pp. 245—246.

二、世界上最善良的人

英费尔德多次说过，爱因斯坦是世界上最善良的人。他详细分析了（这位好人的）善意的源泉。他说，对别人的同情，对贫困、不幸的同情，这就是善意的源泉，它通过同情的共鸣器起作用。但是，善意还有完全不同的根源。这就是建立在独立清醒思考基础上的天职感。善的、清醒的思想把人引向善、引向忠实，因为这些质量使生活变得更纯洁、更充实、更完美，因为我们用这种方法在消除我们的灾难，减少同我们生活环境之间的摩擦，并在增加人类幸福的同时，保持自己内心的平静。在社会事务中应有的立场、援助、友谊、善意，可以来自上述两个源泉，可以来自心灵或头脑。英费尔德更加珍视第二类善意——它来自清醒的思维，并认为不是由清醒的理智支持的感情十分有害（*EZ*, pp. 249—250）。

英费尔德的分析是中肯的。在爱因斯坦身上，理性的思维和善意的行为是珠联璧合的。进而言之，爱因斯坦的善意的源泉，是建立在对自己、对他人和社会以及对道德价值的清醒而明晰的认识的基础上。他经常说："我是自然的一个小碎屑"[⑨]。这种谦卑感和敬畏感经常流露在他的字里行间，成为他自知、自律、自制的心理动机。他在一次海上旅行时是这样描绘暴风雨的壮观景象的：

[⑨] G. Holton, *Thematic Origins of Scientific Thought, Kepler to Einstein*, Harvard University Press, 1973, p. 366.

人好像已经解体，同大自然融为一体了。人比平常任何时候都更加清楚地认识到自己是多么渺小，这使人感到非常愉快。（*RS*, p. 28）

他还说过："在大自然面前——以及在学生面前，一个理论物理学家显得多么寒碜！""在这个我们所降生于其间的伟大的神秘世界面前，我们永远是充满好奇心的孩子。"（*RS*, pp. 28, 72）不用说，对他人和社会的负债感和回报感（上一章述及），也是爱因斯坦善意和善行的巨大源泉。值得注意的是，他也能从社会逆境中汲取无穷的道德力量，并把历尽艰难困苦的道路视为唯一的通向人类的真正的伟大的道路（*RS*, p. 76）。

爱因斯坦的内心时时处处被道德价值和伦理准则占据着，他甚至从陀思妥耶夫斯基的文学作品中也能获得道德的迫切需要。在爱因斯坦看来，"一切人类的价值的基础是道德"（*E*3, p. 376），"人类的发展完全依人的道德发展而定"（*HPS*, p. 414），因此"人类完全有理由把高尚的道德标准和价值观置于所发现的客观真理之上"（*RS*, p. 61）。他得出的结论是：

人类最重要的努力莫过于在我们的行动中力求维护道德准则。我们的内心平衡甚至我们的生存本身全都有赖于此。只有按道德行事，才能赋予生活以美和尊严。教育的首要任务可能就是把道德变成一种动力，并使人清楚地认识到这一点。（*RS*, p. 83）

爱因斯坦不仅对伦理的价值和道德的意义有深刻的认识，而且以身作则，有勇气在风言冷语的社会中坚持伦理信念并做出道德示范。他觉得，不管时代的气质如何，总有一种人的尊贵质量，它能够使人摆脱他那个时代的激情（E1, p. 620）。爱因斯坦对善的追求或为善主要表现在三个方面：正心（对己）、爱人（对人）和秉正（对社会）。他严于律己，时时以道德和良心自省，处处以先贤和时贤自勉；他宽以待人，满怀善意之心和博爱之情为人处事；他坚持正义，主持公道，投身社会事务比任何科学家都多，用自己的声誉和影响行善举、干好事。良心是爱因斯坦道德感的核心，良心使他的为善具有一种负债感、天职感和使命感。宽容是他待人和爱人的前提之一。他深得宽容的真谛和实质：尊重他人的任何信念，不仅容忍，而且确实应当欢迎差异或异议。他是这样给宽容下定义的：

> 宽容就是对于那些习惯、信仰、趣味与自己相异的人的质量、观点和行动作恰如其分的评价。这种宽容不意味着对他人的行动和情感漠不关心，这种宽容还应包括谅解和移情。（RS, p. 78）

爱因斯坦在时人失去了对正义和尊严的追求热情时高举正义的旗帜，他把知识和正义看得远远高于财富和权力。塞利希认为，"他对正义几乎有先知般的天赋"（JNE, p. 131）。

按照爱因斯坦的观点，单纯的才智不能代替道德的正直（HPS, p. 203），第一流人物在道德质量方面比在才智成

就方面对人类社会的贡献更大（*E*3, p. 339）。正是基于这
样的认识，他在回忆和纪念文章中经常称颂一些著名人物和
朋友的人格和品德，为自己和公众树立仿效的楷模和榜样。
他称赞哥白尼内心的独立性和人格的伟大，谦虚谨慎而鄙弃
无聊的骄傲癖好（*E*1, p. 601）。他夸赞开普勒坚忍不拔，
不为贫困和误解所累，排除万难去追求真理（*E*1, pp. 486—
488）。他咏赞伽利略敢于反对权威和教条，勇于坚持经验
和周密思考才是真理的标准（*E*1, p. 584）。他多次盛赞斯
宾诺莎的纯洁而孤独的心灵，斯宾诺莎的道德追求和实践永
远是他的一面最好的镜子。

　　对于同时代的一些科学家，爱因斯坦由于或多或少与他
们打过交道，对他们的高尚质量有直接的感受，从而发出来
自内心的欣羡。他赞美马赫坚不可摧的怀疑主义和独立性、
对神的理智的爱和对外部世界的好奇心，在字里行间闪烁着
一种善良的、慈爱的和怀着希望的喜悦精神，没有流行的时
代病即民族狂热病（*E*1, pp. 10, 83, 90）。他多次表示对洛
伦兹的钦佩和爱戴超过他了解的任何人。他赞扬洛伦兹摆脱
了国家的偏见而献身全人类的共同目标；为别人的幸福工
作，却不让别人知道他；专心致志地经办手头的事务，没有
为任何其他东西留有余地；具有明智、宽宏、仁慈、谦逊
的品格和正义感[10]。他赞赏能斯特难得的摆脱偏见的客观性
和准确的判断力，摒弃国家主义和军国主义，幽默而不同凡

---

[10] A. Einstein, *The World As I See It*, Philosophical Library, New
York, 1949, pp. 11—14. 以及（*E*1, p. 627）。

响（*E*1, pp. 398—400）。他赞颂斯莫卢霍夫斯基（M. von Smoluchowski, 1872—1917）是一位高尚的、敏感的、友善的人，人们将珍视他的生活榜样和著作（*E*1, p. 99）。他赞许厄任费斯脱的精神力量和正直，丰美心灵的仁慈和温暖以及压抑不住的幽默和敏锐的机智（*E*1, p. 327）。他对居里夫人伟大人格的赞佩更是感人至深：

> 她的坚强，她的意志纯洁，她的律己之严，她的客观，她的公正不阿的判断——所有这一切都难得地集中在一个人的身上。她在任何时候都意识到自己是社会的公仆，她的极端的谦虚，永远不给自满留下任何余地。由于社会的严酷和不平等，她的心情总是抑郁的。这就使得她具有严肃的外貌，很容易使那些不接近她的人发生误解——这是一种无法用任何艺术气质来解脱的少见的严肃性。一旦她认识到某一条道路是正确的，她就毫不妥协地并且极端顽强地坚持走下去。

爱因斯坦认为，居里夫人的品德和热忱，哪怕只要有一小部分存在于欧洲知识分子中间，欧洲就会面临一个比较光明的未来。（*E*1, pp. 339—340）他赞誉朗之万纯净洁白和光明正大，为理性和正义的光辉以及全人类的幸福而自我牺牲，对每一个高尚事业都极端热忱，对一切人都抱着谅解的善意，在生命结束时像一件艺术品一样展现出来（*E*1, pp. 434—435）。

对于冰壶秋月式的政治家、艺术家，乃至普通朋友，爱因斯坦也是推崇备至，感佩之情溢于言表。他颂扬甘地在道德沦丧的时代是代表最高精神境界的唯一的政治家，以崇高道德生活的榜样赢得人心（*HPX*, p. 152）。他褒扬萧伯纳是具有强烈的正义感的精神高尚的人，把一生献给提高人类社会并使个人从卑鄙的压迫中获得解放的事业（*E*3, p. 62）。他导扬拉特瑙的高瞻远瞩和感情热烈，能识别人和爱一切人，是尘世上的理想主义者（*E*3, p. 18）。他揄扬索耳夫（H. Solf）博士在浮躁而恶劣的环境中株守良知和良心，不计名利而埋头工作：

> 你把你的精力毫不犹豫地用在不会赢得桂冠的领域，为了理智和精神生活的普遍规范而默默地、忠诚地工作着，而这种生活由于形形色色的境况在今天处于特别的危险之中。对体育竞技的过分看重，由于近年技术发明随之引起的生活混乱所导致的过量粗劣的表演，因为经济危机而产生的日益严重的生存斗争，政治生活中的蛮横行径——所有这些因素都是人的品格的成熟和对真正文化的需要的敌人，标志着我们的时代是一个野蛮粗俗的、物欲主义的和浮躁浅薄的时代。[11]

爱因斯坦对他心目中的贤良之士的推崇和宣扬，既是自身从善如流的需要，更是为了在上述的世道浇漓和浮躁浅薄的时代彰善瘅恶、扬清激浊、匡救世风。这无疑也是他的为

---

[11] A. Einstein, *The World As I See It*, Philosophical Library, New York, 1949, p. 20.

善之举的一种方式。与诸贤相对照，谁能否认爱因斯坦是其美德的集大成者呢？

三、科学工作中的臻美情结

爱因斯坦是一位绝妙的科学的艺术家。他的科学理论的本质在于其艺术性，他的科学方法的最鲜灵之处在于臻美取向和审美判断。可以毫不夸张地说，爱因斯坦的科学理论和科学方法，在美学上都达到了无与伦比的地步。霍夫曼深中肯綮地指出：

> 爱因斯坦的方法，虽然以渊博的物理学知识为基础，但在本质上是美学的、直觉的。我一边同他谈话，一边盯着他，我才懂得科学的性质；只是读他的著作，或者只是读其他伟大的物理学家或哲学家、科学史家的著作，那是不大可能理解科学的性质的。除了他是牛顿以来最伟大的物理学家之外，我们可以说，他是科学家，更是个科学的艺术家。（*JNE*, p. 229）

研究爱因斯坦的许多作者都洞察到，爱因斯坦的创造性工作有一种艺术的秩序。爱因斯坦深信科学创造的动机和艺术创造动机是相同的，人类智慧的这两个领域是由同一个共同源泉哺育的——这就是对于未知事物的憧憬。（*JNE*, p. 187）请听爱因斯坦本人是怎样议论"科学与艺术的共同之处"的：

> 当这个世界不再能满足我们的愿望，当我们以自由人的
> 身份对这个世界进行探索和观察的时候，我们就进入了
> 艺术和科学的领域。如果用逻辑的语言来描绘所见所闻
> 的身心感受，那么我们所从事的就是科学。如果传达给
> 我们的印象所假借的方式不能为理智所接受，而只能为
> 直觉所领悟，那么我们所从事的便是艺术。这两者有一
> 个共同之处，那就是对于超越个人利害关系和意志的事
> 物的热爱和献身精神。（*RS*, pp. 39—40）

对美的追求不仅是爱因斯坦进行科学探索的动机和动力
之源，也是他行之有效的一种科学方法——准美学方法。准
美学方法自始至终地贯穿在他的科学创造的全过程——提出
问题、发明原理、评价理论（内部的完美）——之中，起着
不可或缺的、举足轻重的作用。诚如他所言："在科学领域
里，时代的创造性的冲动有力地迸发出来，在这里，对美的
感觉和热爱找到了比门外汉所能想象的更多的表现机会。"
（*E*3, p. 373）

抽象概念对称性的考虑是爱因斯坦准美学方法的精髓，
是他发现现存理论固有缺陷并指明前进方向的阿拉丁神
灯[12]。他一向认为：

---

[12] 阿拉丁神灯（Aladdin's lamp）之典出自《天方夜谭》。阿拉丁是
苏丹国一个裁缝的儿子，他在洞穴中找到神灯与戒指。阿拉丁神灯是

> 对于没有任何经验体系的不对称性与之对应的这样
> 一种理论结构的不对称性，理论家是无法容忍的。
> （E1, p. 124）

正是从物理学家关于气体或其他有重物体所形成的理论观念同麦克斯韦关于所谓空虚空间中的电磁过程的理论之间，存在着深刻的形式上的分歧即不对称性中，他发现了问题所在并提出了光量子概念加以补救。狭义相对论的创立直接与他的下述洞察有关：麦克斯韦电动力学应用到运动物体上时，就要引起一些不对称，而这种不对称似乎不是现象所固有的[13]。对惯性系优越于其他一切刚性坐标系的不满，对旧理论内在不对称性——在运动定律中出现的惯性质量也在引力定律中出现，但不在其他各种力的表示式里出现；把能量划分为本质上不同的两部分即动能和势能，必须认为是不自然的——的不安，是他着手建构广义相对论的初始动机和强大动力，而广义相对性原理和等效原理的提出就是这一思考的径直的结果（E1, pp. 13—14）。统一场论的探索也充分体现了爱因斯坦追求理论对称性和统一性的苦心孤诣，这一未竟之大业为后人指出了正确方向。

请欣赏和品味爱因斯坦相对论的美轮美奂的观念之美和结构之美吧！相对论犹如一座琼楼玉宇，其外部结构之华美

如意神灯，能使持有者百事如意。

[13] 《爱因斯坦文集》第二卷，范岱年等译，商务印书馆（北京），1977 年第一版，第 37 页，第 83 页。

雅致，其内藏观念之珍美新奇，都是无与伦比的。相对论的逻辑前提是两条在逻辑上简单不过的原理，它们像厄瑞克泰翁庙的优美的女像柱⑭一样，支撑着内涵丰盈的庞大理论体系而毫无重压之感。其建筑风格是高度对称的，从基石到盖顶莫不如此。四维时空连续统显示出贯穿始终的精确的对称性原理，它蕴涵着从日常经验来看绝不是显而易见的不变性或协变性。空时对称性（杨振宁把这看作是爱因斯坦对物理学的最大贡献）规定着其他的对称性：电荷和电流、电场和磁场、能量和动量等的对称性。正如外尔所言，整个相对论只不过是对称的另一个方面；四维连续统的对称性、相对性或齐性首次被爱因斯坦描述出来，相对论处理的正是四维空时连续统的固有对称⑮。在这样高度对称的琼楼玉宇中，又陈放着诸多奇异的观念（四维世界，弯曲时空，广义协变，尺缩钟慢等），从而通过均衡中的奇异而显示出更为卓著的美！面对这样一个异彩纷呈、美不胜收的完美建筑，人们对于对称决定相互作用原理的钦佩之情怎能不油然而生？人的灵魂又怎能不为相对论的结构之美和大自然的神奇而感到敬畏、战栗？难怪杨振宁认为，对称性观念既简单又美妙，

---

⑭ 厄瑞克泰翁庙（Erechtheum）是公元前 421 至公元前 405 年建于希腊雅典卫城上的爱奥尼亚式雅典娜神殿，由于其体形复杂和细致完美而著名。神庙的爱奥尼亚式柱头在希腊建筑中是最精美的，而与众不同的女像柱（caryatid，代替柱子用作建筑支撑物的女性雕像）廊在古典建筑中是罕见的。

⑮ G. Holton, *Thematic Origins of Scientific Thought, Kepler to Einstein*, Harvard University Press, 1973, p. 365.

在物理学中所起的作用怎么强调也不过分。因为物理学家不再从实验出发而达到对称性，而是反过来把对称性作为出发点，尝试建立满足对称性的方程式[16]——这正是爱因斯坦运用自如的准美学方法。

与爱因斯坦接触过的人都能深深感受到他的艺术家的气质和思维的审美特征。凯泽尔指出，爱因斯坦的完整工作程序惊人地类似于艺术家的工作程序。一旦他遇到一个问题，他不是缓慢地、费力地拾级而上去解决的。他对可能的解已有洞察，考虑了它的价值和接近它的途径。对于横倒竖歪在通向精确解之路上的障碍物，他不仅通过新科学真理的总和来清理，而且也通过审美的愉悦来排除，从而创造出一个明晰而和谐的思想世界。此时，他会说："多美的解啊！结果是多么可爱呀！"人们不难从中辨认出他在抽象思维中表露出来的艺术家的本性[17]。罗森是这样描绘爱因斯坦给自己留下的深刻印象的：

> 爱因斯坦一生都相信人类的理性能够获得正确描述各种物理现象的理论。在构造一种理论时，他采用的方法与艺术家的方法具有某种共同性；他的目的在于求得简单性和美（对他来说，美在本质上终究是简单性）。当衡量一种理论的要素时，他总是要提出尖锐的问题："这

---

[16] 《杨振宁演讲集》，宁平治等主编，南开大学出版社（天津），1989年第一版，第217页，第387页。

[17] A. Reiser, *Albert Einstein, A Biographical Portrait*, Albert & Charles Boni, New York, 1931, pp. 117—118.

合情合理吗？”一种理论不管取得了怎样的成功，如果在他看来是不合情理的（他使用德语中 vernuntig 这个词），那么他认为这一理论不可能对自然界提出一种真正是基本的理解。（*JNE*, p. 228）

爱因斯坦的艺术气质和臻美取向也给霍夫曼留下强烈的印象。在爱因斯坦的心目中，科学是一种创造性的艺术。他的科学探索不是受逻辑——在该词的狭义上——促动的，而是受美感促动的。他总是在他的工作中寻求美[18]。

爱因斯坦不仅以美学标准鉴赏科学理论，而且也从美学角度评论科学家。他叹慕马赫美好的写作风格给人以理智上的满足和愉快，能吸引人一再去读他的著作（*E*1, p. 89）。他叹赏普朗克把艺术性的要求作为他创作的主要动机之一，从而使论文具有给人愉悦的那种纯真的艺术风格（*E*1, p. 73）。他叹羡洛伦兹的理论和讲演总是像优等的艺术品一样明晰和美丽，而且表现得那么流畅和平易（*E*1, pp. 576—577）；他的生活直至最小的细节都像艺术作品那样有序不紊[19]。他叹服施瓦茨希耳德（K. Schwarzschild, 1873—1916）源源不断的创作动机在很大程度上来自发现数学概念之间的精美联系的那种艺术家的喜悦，而不是要去认识自然界中尚未被发现的关系的渴望

[18] H. Woolf（ed.）, *Some Strangeness in the Proportion*, Addison-Wesley Publishing Company, Inc. , 1980, p. 476.

[19] A. Einstein, *The World As I See It*, Philosophical Library, New York, 1949, p. 11.

（*E*1, p. 91）。他多次叹绝迈克耳孙（A. A. Michelson, 1852—1931）是伟大的天才和艺术家，具有科学的艺术家的感触和手法，尤其是对于对称和形式的感觉；他认为迈克耳孙—莫雷（E. W. Morley, 1838—1923）实验以及后继的实验是物理学中最美丽的实验；他说："我总认为迈克耳孙是科学的艺术家。他的最大乐趣似乎来自实验本身的优美和所使用方法的精湛。"（*E*1, pp. 491, 562, 566）在对科学美的追求和鉴赏方面，爱因斯坦与迈克耳孙等人可谓灵犀相通，志趣相投。他们无愧于科学的艺术家的美名，而爱因斯坦更是他们之中的登峰造极者。

关于美和真的关系，爱因斯坦的观点是：真具有独立于人的客观性，而美则不是离开人而独立的东西（*E*1, pp. 269—271）；真和美具有统一性：美的理论不一定在物理上为真，但物理上真的理论必须是美的（*E*1, p. 380），概念的正确性将在美中显示它自己[20]；不美的理论尽管与经验事实相符，也是不完善的、暂时的、过渡性的，它终将被美的理论所代替——科学理论的美学价值是该理论的成就的量度，理论在美学上的不足程度即是它在科学上的不完善的程度。爱因斯坦的见解不像古希腊精神（美始终具有一种完全的客观意义，美就是真，它是实在的一种基本品格）[21]、济慈（美

---

[20] H. Woolf（ed.）, *Some Strangeness in the Proportion*, Addison-Wesley Publishing Company, Inc., 1980, p. 482.

[21] E. 卡西勒：《人论》，甘阳译，上海译文出版社（上海），1985年第一版，第267—268页。

是真理，真理是美的）[22]、狄拉克（使一个方程具有美感比使它符合实验更重要）[23]的看法那么极端，他没有把二者等同起来（美即真或真即美），而是在二者之间保持了必要的张力——这本身也是一种美即张力之美。爱因斯坦大概会与拉丁格言——简单是真的印记，美是真理的光辉——共鸣，他也肯定会赞同海森伯的下述观点："在精密科学中，丝毫也不亚于在艺术中，美是启发和明晰的最重要的源泉。"[24]也许正是基于美与真的张力关系的考虑，他才拒绝某种"数学美"的诱惑："让裁缝和鞋匠去关心美吧！真理才是我们探求的目的。"[25]"样式使人成为聋子，至少在一段时间如此。"[26]不过，这些言论并不表示他轻视科学美或数学美，而是审时度势，恰当地摆正美与真之间的关系[27]。爱因斯坦

---

[22] 济慈（J. Keats, 1795—1821）是英国诗人，也是十九世纪最伟大的诗人之一。引文转引自 M. J. 阿德勒：《六大观念》，陈珠泉等译，团结出版社（北京），1989 年第一版，第 137 页。

[23] 杨振宁：《美和理论物理学》，张美曼译，《自然辩证法通讯》（北京），第 10 卷（1988），第 1 期，第 1—7 页。

[24] W. 海森伯：《精密科学中美的含义》，曹南燕译，《自然科学哲学问题丛刊》（北京），1982 年第 1 期，第 40—47 页。

[25] K. 塞利希：《爱因斯坦》，黑龙江人民出版社（哈尔滨），1979 年第一版，第 132 页。

[26] A. Fine, Einstein's Interpretations of the Quantum Theory, *Science in Context*, 6 （1993），pp. 257—273.

[27] 也许对于数学家来说，可以把数学美看得高于一切。诚如哈代（G. H. Hardy, 1877—1947）所说："数学家的图形像画家的图案或诗人的格式一样，必须是美丽的；观念像颜色或词语一样，必须和谐地配合在一起。美是第一检验标准：丑陋的数学在世间是没有持久

是美的热爱者和追求者，但却不是唯美主义者。

爱因斯坦的臻美情结和审美判断与他的宇宙宗教感情也是相类相从的。这既体现在追求的动机和评价的过程之中，也表露在达到目标面对美的理论而激起的敬畏和惊喜之时。霍夫曼说得好：

> 每当爱因斯坦判断一个科学理论时，他自己的或是别人的，他都会问自己，如果他是上帝的话，他是否会那样地创造宇宙。这个判别准则乍看起来似乎很接近神秘主义，而不接近于一般的科学思想，可是它表明爱因斯坦信仰宇宙中有一种最终的简单性和美。只有一个在宗教上和艺术上具有一种深挚信念的人，他相信有美，等待去发现，才会创造出这样的理论，这些理论最突出的本性——远远超过它们那些惊人的成功——就是它们的美。（*JNE*, p. 97）

四、名副其实的艺术家和鉴赏家

爱因斯坦不仅在他从事的科学领域是一位出类拔萃的艺术家，而且在德语写作方面，尤其是在音乐方面，也是一位

的地位的……也许很难定义数学美，但是它像任何其他种类的美一样真实。"参见 A. I. Miller, *Imagery in Scientific Thought*, Birkhäuser Boston Inc. , 1984, p. 272.

名副其实的艺术家和鉴赏家。对文学艺术和音乐的热爱陶冶了他的思想情操，激励了他的科学研究，从而使对真善美的追求在他身上实实在在地融为一体，以致他本人成为真善美的真正使徒和化身。

我们已经在第一章叙述过塞利希等人笔下的爱因斯坦的读书生活。凯泽尔在 1930 年是这样描绘的：在文学上爱因斯坦特别钦佩那些创造了各种体裁和刻画出伟大角色的作家。他认为莎士比亚的伟大作品在人物性格的表现上和诗的形式上都同样伟大，它是世界文学的高峰。此外，他还欣赏目前已不流行的席勒的作品。他对戏剧感兴趣，是因为它同人间生活最密切。他不喜欢抒情诗和史诗。他喜爱像托尔斯泰和陀思妥耶夫斯基这样一些东方深沉的自我忏悔者，也喜爱法朗士（A. France, 1844—1924）[28]和萧伯纳带着怀疑的笑声。豪普特曼（G. Hauptmann, 1862—1946）[29]在他看来是当代德国最有影响的诗人。爱因斯坦在当代其他的文艺作品中找不到可以同豪普特曼的诗媲美的、那种诗一样的人类世界，那样有血有肉、具有那样深切的社会感情。豪普特曼的

---

[28]　法朗士是法国著名作家、文艺评论家。他于 1921 年获诺贝尔文学奖，同年加入新成立的法国共产党。出于深厚的人道主义感情，他在政治上一直站在穷人和被压迫的弱小者一边，仇视资本主义秩序，拥护社会主义。爱因斯坦的人道的社会主义思想也可能受到他的影响。

[29]　豪普特曼是德国现代著名剧作家，1912 年获诺贝尔文学奖。1885 年定居柏林郊区后，常与科学家、哲学家和先锋派作家往来。他虽然不是一个空谈理论的自然主义者、社会主义者或唯物主义者，但他的最初一些剧作是在这些思想影响下产生的。在政治上，他与纳粹思想并不合拍。

品格正如他的作品。因此，豪普特曼和爱因斯坦交往谈话是他们两人的快乐的源泉。虽然他们之中一个人的作品是抽象的理性思维的论文，另一个人的作品是诉诸感情的生动活泼的诗，两者迥然不同，然而这个诗人和这个思想家的人性倒很相似。他们俩都是最高表率的人，很接近自然的天性，在生活中反对一切做作和拘泥于形式外表的东西。爱因斯坦和萧伯纳之间有一种相知之感：二人由于他们富有怀疑的幽默和社会态度而心心相印。（*JNE*, p. 181）他说萧伯纳的作品使他想起莫扎特的曲调：

> 在萧伯纳的散文中没有任何一个多余的词，正如在莫扎特的音乐中没有任何一个多余的音符一样。一个在旋律的领域里做过，而另一个在语言的领域里做着的事就是：完美无缺地、几乎是以超人的精确性表达自己的艺术和自己的思想。（*EZ*, p. 603）

阅读文学作品无疑焕发了爱因斯坦的语言文字才华，形成了他的清新俊逸、行云流水的文风。更重要的是，它增进了爱因斯坦对社会伦理问题的思考和道德责任感。在读古典诗时，他对古希腊三大悲剧诗人之一的索福克勒斯（So-phocles，约公元前496—约前406年）感到特别亲近[30]。索福克勒斯的安提戈涅（Antigone）的呐喊——"我在这里不

---

[30] A. Moszkowski, *Einstein: The Searcher, His Work Explained from Diologues with Einstein*, Methuen & Co. Ltd. , London, 1921, p. 238.

是恨你们而是爱你们"——震撼了他的心灵，成为他的人道
主义思想和情感的基调，使他超越混乱的现实政治而进入理
想的纯朴道德境界。他从陀思妥耶夫斯基那里洞见了生活的
真相和意义，反思了精神存在之谜（*EZ*, p. 562）。他说：
"我个人在与艺术作品[31]接触时经历了最大程度的愉悦。它
们给我提供了强烈的幸福情感，我从其他领域是不能得到这
些幸福情感的。"这些幸福情感是崇高的伦理原则的实现，
他对艺术的挚爱也以此为轴心：

> 如果我们希望说明，最大程度的幸福被期望来自艺术作
> 品，那么我们就必须采纳新的价值基础。当艺术作品展
> 示出来时便抓住了我，这正是道德的印记、崇高感。在
> 我偏爱陀思妥耶夫斯基的作品时，我正在思考这些伦理

---

[31] 这里不光是指文学作品，还有绘画尤其是音乐。对于绘画，
他当然喜欢旧时的大师。在他看来，他们比当代大师"更有说服
力"。不过，他也看毕加索（P. Picasso, 1881—1973）早期的画
（1905, 1906）。立体派、抽象派等未来主义流派对他来说毫无
意义，他把它们放逐到较低的层次。意大利画家乔托（Giotto, 约
1266/1267—1337）、安吉利科（F. Angelico, 约 1400—1455）、弗朗
切斯科（Francesco, 1439—1502）的绘画使他深受感动。当他看到伦
勃朗（Rembrandt, 1606—1669）的画时，就低回赞叹，感触颇深。他
对雕塑十分尊重，对意大利古城的建筑大为欣赏，建筑在他心目中像
女神。哥特式建筑直插云天的尖顶使他联想起巴赫的音乐，因为歌德
和施莱格尔（A. W. von Schlegel, 1767—1845）都称建筑是"凝固的
音乐"。参见（*SD*, pp. 17—18）以及 A. Moszkowski, *Einstein: The
Searcher, His Work Explained from Diologues with Einstein*, Methuen &
Co. Ltd., London, 1921, p. 241.

因素。[32]

音乐是爱因斯坦的最大爱好，音乐伴随着他度过了七十余个春秋。他是一位出色的小提琴家，也能熟练地弹奏钢琴。他外出时总是带着心爱的小提琴，并且常常想起钢琴的琴键。他曾不经意地考虑过做一个职业小提琴手，并数次说过，如果他在科学上不成功，他会成为一个音乐家。他几乎没有一天不拉小提琴，而且常有钢琴家伴奏，演奏奏鸣曲和协奏曲。他也喜欢室内音乐，同杰出的职业音乐家一道演奏三重奏和四重奏。他的音乐朋友或合作者很多，有时演奏完全是不拘形式的。与音调、音色已预先调好的结构复杂的钢琴相比，只有四根弦的小提琴的两个相邻音阶之间没有清楚的界限，其音响、振动、音质在很大程度上由演奏者把握，因而特别适合表达个人内心的隐秘世界。爱因斯坦具有不必事先准备而即席演奏的才能，演奏时而明快流畅，时而委婉悠扬，时而雄浑庄严，极富于变化。此时，他就像忘情的孩子，完全神游于音乐的王国，沉迷在丰富的幻想或惬意的思维之中，忘却了人间的世界，对一切实存的东西都毫无感觉，"飘飘乎如遗世独立，羽化而登仙"[33]。他不愿同职业艺术家一起公演比赛，这既出自他作为业余爱好者的谦逊，也怕给职业音乐家造成难堪。但是，他却常为慈善事业义

---

[32] A. Moszkowski, *Einstein: The Searcher, His Work Explained from Diologues with Einstein*, Methuen & Co. Ltd. , London, 1921, pp. 184, 186.

[33] 苏轼：《前赤壁赋》。

演。爱因斯坦也即兴弹钢琴，一有外人进屋，他就立即中断弹奏。音乐此时成为他劳动之后的轻松和消遣，或是新工作开始之前的酝酿和激励。凯泽尔这样评论说：

> 爱因斯坦最大的爱好是音乐，尤其是古典音乐。在这里，感受之深，寓意之远，是同美的形式交织在一起的，这种统一在爱因斯坦看来，就意味着人间最大的幸福。在大事小事中时时感受到人类要生存的这种意志已经通过音乐上升到一种绝对的力量，这种力量反过来又吸收了各种感受，并把它融化为高超的美的现实。从巴赫到贝多芬和莫扎特这个德国音乐流派，对爱因斯坦来说，鲜明地展示出音乐的本质。但这并不是说，他对其他音乐家和其他流派就持武断和轻视态度。他爱古老的意大利音乐，也爱德国浪漫主义音乐，但是在他看来，音乐成就的顶峰还是这三个灿烂的明星。有一次，在回答别人问及巴赫时，他曾简短地说道："关于巴赫的生平和工作：谛听它，演奏它，敬它，爱它——而不要发什么议论！"（*JNE*, pp. 181—182）

至于对爱因斯坦小提琴演奏水平的评论，行家认为：他是一个真正的音乐家；尽管他没有时间去练习，但无论如何演奏得十分好。一位不知道他是物理学家的音乐批评家写道：爱因斯坦的演奏是出色的，但他不值得享有世界声誉，因为有许多其他同样好的小提琴手 ㉞。

　　爱因斯坦只是热爱、聆听和演奏音乐，不大关心讨论音乐。不过，他有时也对作曲家及其作品加以评论 ㉟，这些评论总是简洁的和有理解力的。他的品位是十分古典的，不大喜欢十九世纪的浪漫派。他偏爱十七和十八世纪作曲家的风格：纯正、雅致和均衡。他喜欢莫扎特、巴赫、维瓦第（A. Vivaldi, 1678—1741），可能还有海顿（J. Haydn, 1732—1809）、舒伯特（F. Schubert, 1797—1828），以及意大利和英国的一些老作曲家。他对贝多芬的兴趣差一些，即便喜欢也是早期的贝多芬，而不是后期的"风暴和欲望"。

㉞ P. A. Bucky, *The Private Albert Einstein*, A Universal Press Syndicate Company, Kansas City, 1993, pp. 149—150.

㉟ 爱因斯坦的评论散见于（*RS*, pp. 51, 66—68）；（*EZ*, pp. 597, 599—600）；K. 塞利希：《爱因斯坦》，黑龙江人民出版社（哈尔滨），1979 年第一版，第 14—15 页，第 179—180 页；B. Hoffmann, *Albert Einstein, Creator and Rebel*, The Viking Press, New York, 1972, pp. 251—252；P. A. Bucky, *The Private Albert Einstein*, A Universal Press Syndicate Company, Kansas City, 1993, pp. 147—156；参见（*E1*, p. 394）。爱因斯坦在（*E1*, p. 50）中是这样引用的："为寻求真理的努力所付出的代价，总是比不担风险地占有它要高昂得多。"爱因斯坦引用的是大意，莱辛的原话也许是："如果上帝把所有真理藏在他的右手，仅仅在左手持有对真理的强烈欲望，尽管总是以我会犯错误为条件；上帝对我说：请选择！我会谦卑地落入他的左手。"转引自 H. Woolf（ed. ）, *Some Strangeness in the Proportion*, Addison-Wesley Publishing Company, Inc. , 1980, p. 488；以及 *Albert Einstein, Historical and Cultural Perspectives*, Edited by G. Holton and Y. Elkana, Princeton University Press, 1982, pp. 409—416.

爱因斯坦为莫扎特的带有神意的、古希腊式的质朴和美的旋律所倾倒。他认为莫扎特的作品达到炉火纯青的地步，过去是、将来也永远是优雅、温馨而流畅的，是宇宙本身的内在之美和生活中的永恒之美。莫扎特的音乐是如此纯粹简单，以致它似乎永远存在于宇宙之中，等待着莫扎特去发现。莫扎特是他的理想、他的迷恋对象，也是他的思想的主宰者。即便如此，爱因斯坦还是坚持他的判断的独立性。有一次，他在钢琴上演奏莫扎特的一段曲调。在出了错误后，他突然停下来对女儿玛戈特说："莫扎特在这里写下了这样的废话。"

爱因斯坦很难说出，究竟是巴赫还是莫扎特更吸引他。他一直是巴赫的热情崇敬者，他觉得对巴赫的音乐只有洗耳恭听的义务，而没有说三道四的权利。巴赫曲调的清澈透亮、优雅和谐每每使他的心灵充满幸福感，扶摇直上的巴赫音乐也使他联想起耸入云霄的哥特式教堂和数学结构的严密逻辑。不过，巴赫作品的新教自我欣赏却使他着实有点扫兴。

爱因斯坦对贝多芬的态度是复杂的。他理解贝多芬作品的宏伟，其室内乐的晶莹剔透使他着迷，但是他不喜欢其交响乐的激烈冲突：在他看来这是作者好动和好斗的个性表现，其中个人的内容压倒了存在的客观和谐。他觉得贝多芬过于激烈，过于世俗，个性过强，音乐戏剧性过浓，C小调在激情上过载，从而显得有些支离破碎。他不大赞同有人说贝多芬是伟大的作曲家，因为与莫扎特相比，贝多芬是创作他的音乐，是个人创造性的表达，而莫扎特的音乐是发现宇宙固有的和谐，是大自然韵律的普遍表达。他曾成功地说服了他的朋友厄任费斯脱不再偏爱贝多芬，而把时间花在巴赫乐曲上。他对浪漫主义作曲家颇有微词：他们像糖块一样，过甜了。他认为，由于浪漫主义的影响，就作曲家和画家而言，杰出的艺术家显著地减少了。

爱因斯坦一向认为亨德尔（G. F. Handel, 1685—1759）的音乐很好，甚至达到完美无缺的地步，尤其是其形式的完备令人钦佩。但他在其中找不到作者对大自然的本质的深刻理解，因而总觉得有些浅薄。同时，他也不大满意亨德尔作品中表现出来的狂热激情。爱因斯坦很喜欢和亲近舒伯特，因为这位作者表达感情的能力很强，在旋律创作方面颇有功力，并继承了他所珍爱的古典的结构。遗憾的是，舒伯特几部篇幅较大的作品在结构上却有一定的缺陷，这使他感到困惑不解。舒曼（R. Schumann, 1810—1856）篇幅较小的作品对他颇有吸引力，因为它们新奇、精巧、悦耳，感情充沛，很有独到之处。但是，他在舒曼的作品中感觉不到概括的思维的伟大，又觉得其形式显得平庸，所以无法充分欣赏。

爱因斯坦认为孟德尔颂（F. Mendelssohn, 1809—1847）很有天才，但似乎缺乏深度，因而其作品往往流于俚俗。他觉得布拉姆斯（J. Brahms, 1833—1897）的几首歌曲和几部室内作品很有价值，其音乐结构也同样有价值。但由于其大部分作品似乎都缺乏一种内在的说服力，使他不明白写这种音乐有何必要。在他看来，对位法的复杂性并不给人以质朴、纯洁、坦诚的感觉，而这些则是他首先看重的。同在科学中一样，他深信纯洁和质朴是如实反映实在的保证。

爱因斯坦赞赏华格纳（R. Wagner, 1813—1883）的创作能力，但认为其作品结构有缺陷，这是颓废的标志。华格纳的风格也使他不可名状地感到咄咄逼人，甚至听起来有厌恶之感。这也许在于，他从中看到的是由作曲家天才和个性调整好了的宇宙，而不是超个人的宇宙，尽管作曲家以巨大的激情和虔诚表达宇宙的和谐，但他还是从中找不到摆脱了自我的存在的客观真理。爱因斯坦在施特劳斯（R. Strauss, 1864—1949）那里也没有找到这种客观真理。他认为施特劳斯虽然天资过人，但缺乏意境美，只对表面效果感兴趣，只揭示了存在的外部节律。爱因斯坦说，他并非对所有的现代音乐都不喜爱。纤巧多彩的德彪西（C. Debussy, 1862—1918）的音乐使他入迷，犹如他对某个数学上优美而无重大价值的课题入迷一样。但是德彪西音乐在结构上有缺陷，且缺少他所想望的非尘世的东西，故而无法激起他的强烈热情。他对布洛赫（Ernest Bloch, 1880—1959）很是尊敬。他说："我对现代音乐所知甚微，但有一点我确信不疑：真正的艺术应该产生于创造力丰富的艺术家心中的一股不可遏制的激情。在埃内斯特·布洛赫的音乐中我能够感受到这股激情，这在后来的音乐家中是少有的。"爱因斯坦太擅长于从结构上领会音乐了：如果他不能凭本能和直觉抓住一部作品的内在统一的结构，他就不会喜欢它。他看待音乐就像他看待科学一样，注重追求一种自然的、简单的美。

爱因斯坦曾经说过："音乐确实溶化在我的血液中。"[36] 信哉斯言！音乐的确不知不觉地进入了他的心理世界，自然而然地塑造了他的个性和人生观，美化了他的精神风景线。爱因斯坦拿起小提琴或坐在钢琴旁，常有一种即兴创作的欲望。他说：

> 这种即兴创作对我来说就像工作那样必要。不论前者或后者都可以使人超脱周围的人们而获得独立。在现代社会里，没有这种独立性是没法过活的。（*EZ*, p. 600）

爱因斯坦之所以喜爱莫扎特，不仅因为莫扎特的音乐优美轻快，而且也因为它具有超越时间、地点和环境的惊人的独立性——这正是为爱因斯坦而预先创造的音乐。除莫扎特外，爱因斯坦还迷恋几出歌剧，因为它们表现了一个社会主题——自由。爱因斯坦个性和情感世界中的超脱、孤独、幽默、戏谑、讥讽也是莫扎特式的。这不仅使他在纷乱的世界中获得了心灵的自由和人格的独立，也使他面对丑陋和恶行减轻了伤感和痛苦（但绝不是逆来顺受），音乐从而构成他生活中的有效的缓冲剂和安全阀。这就像演莫扎特的奏鸣曲一样，因为莫扎特同样把对人世间的悲惨的印象变为生气勃勃的轻松曲调。

关于音乐与科学研究的关系，爱因斯坦认为二者是相辅

---

[36] P. A. Bucky, *The Private Albert Einstein*, A Universal Press Syndicate Company, Kansas City, 1993, p. 155.

相成、相得益彰的。"音乐并不影响研究工作，它们两者都是从同一渴望之泉摄取营养，而它们给人类带来的慰藉也是互为补充的。"（RS, p. 69）他在另一处这样写道：

> 音乐和物理学领域中的研究工作在起源上是不同的，可是被共同的目标联系着，这就是对表达未知的东西的企求。它们的反应是不同的，可是它们互相补充着。至于艺术上和科学上的创造，那么在这里我完全同意叔本华的意见，认为摆脱日常生活的单调乏味，和在这个充满着由我们创造的形象的世界中寻找避难所的愿望，才是它们的最强有力的动机。这个世界可以由音乐的音符组成，也可以由数学公式组成。我们试图创造合理的世界图像，使我们在那里就好像在家里一样，并且可以获得我们在日常生活中不能达到的安定。（E1, p. 285）

音乐和科学就这样在追求目标和探索动机上沟通起来：科学揭示外部物质世界的未知与和谐，音乐揭示内部精神世界的未知与和谐，二者在达到和谐之巅时殊途同归。此外，在追求和探索过程中的科学不仅仅是理智的，也是深沉的感情的，这无疑与音乐会在某种程度上发生共鸣，从而激发起发明的灵感。诚如莱布尼兹所说：音乐是上帝给世界安排的普遍和谐的仿制品。任何东西都不像音乐中的和声那样使感情欢快，而对于理性来说音乐是自然界的和声，对自然界来说音乐只不过是一种小小的模拟（EZ, p. 606）。尤其是，音乐创作的思维方式和方法与科学创造是触类旁通的，在创造性的时刻，二者之间的屏障往往就消失了。爱因斯坦对音乐的理解是与他对科学的把握完全类似的：

> 在音乐中，我不寻找逻辑，我在整体上完全是直觉的，而不知道音乐理论。如果我不能直觉地把握一个作品的内在统一（建筑结构），那么我从来也不会喜欢它。[37]

这种从整体上直觉地把握的思维方式和方法，既是莫扎特和巴赫的创作魔杖，也是彭加勒和爱因斯坦等科学大师的发明绝技。爱因斯坦从小就通过音乐不知不觉地训练了心灵深处的创造艺术，并把这种艺术与科学的洞察和灵感、宇宙宗教感情融为一体，从而铸就了他勾画自然宏伟蓝图的精神气质和深厚功力。

音乐和科学——尤其是浸润在数学中的科学（这是爱因斯坦的科学）——在爱因斯坦身上是珠联璧合、相映成趣的。他经常在演奏乐曲时思考难以捉摸的科学问题。据他妹妹玛雅回忆，他有时在演奏中会突然停下来激动地宣布："我得到了它！"仿佛有神灵启示一样，答案会不期而遇地在优美的旋律中降临。据他的小儿子汉斯说："无论何时他在工作中走入穷途末路或陷入困难之境，他都会在音乐中获得庇护，通常困难会迎刃而解。"[38]确实，音乐在爱因斯坦

---

[37] P. A. Bucky, *The Private Albert Einstein*, A Universal Press Syndicate Company, Kansas City, 1993, p. 153.

[38] P. A. Bucky, *The Private Albert Einstein*, A Universal Press Syndicate Company, Kansas City, 1993, pp. 148—149.

科学创造中所起的作用，要比人们通常想象的大得多。他从他所珍爱的音乐家的作品中仿佛听到了毕达哥拉斯怎样制定数的和谐，伽利略怎样斟酌大自然的音符，开普勒怎样谱写天体运动的乐章，牛顿怎样确定万有引力的旋律，法拉第怎样推敲电磁场的序曲，麦克斯韦怎样捕捉电动力学的神韵，……爱因斯坦本人的不变性原理（相对论）和统计涨落思想（量子论），何尝不是在"嘈嘈切切错杂弹，大珠小珠落玉盘"[39]的乐曲声中灵感从天而降，观念从脑海中喷涌而出的呢？

---

[39] 白居易：《琵琶行》。

第十七章　人格、人性、人品

熏风兰佩适逢春，
春暖兰谱结同心。
心仪兰味空谷梦，
梦断兰溪谢子衿。

——李醒民《空谷幽兰》

作为一个成就卓著和思想深透的学者，爱因斯坦无疑是伟大的，但是作为一个普通人的爱因斯坦也许更为伟大，因为后一形象由于其富有魅力和张力的性格，直至现在还不时地触动或震撼着每一个人的心灵。诚如塞利希所说："不论作为物理学家和哲学家的爱因斯坦多么伟大，作为人的爱因斯坦在我看来更有意义。他的质量无与伦比，是世界的良心，他对任何盛气凌人、虚张声势、踩着别人肩膀向上爬的行为都充满厌恶。独来独往和脱俗超凡，使爱因斯坦达到可望而不可即的道德高峰。"爱因斯坦本人也坚持这样的生活原则："良好的性格和坚强的意志比聪明和博学更为重要。"①

一、富有魅力和张力的个性

爱因斯坦的个性是在家庭、学校、时代氛围的影响与他的心理特征和气质综合作用下逐渐形成的。尤其是逆境，对他个性的铸就是不可低估的。难怪他说："经历逆境仍不失为一件好事。"（*HPX*, p. 276）在1901年那些举目无着的日子里，他肯定想到了斯宾诺莎的人生之旅，他也十分投入地阅读了叔本华的处世之道格言。叔本华的下述箴言也许撩动了他那孤寂的、纯净的、但又桀骜不驯的心弦：

> 平静而安详的性情，完美的健康和健全的机体，明晰的、活跃的、透彻的和可靠的理智，有分寸的、高贵的意志，以及明澈如镜的良心，这些是名望和财富不可替代的优势。因为一个人就其自身而言是什么，他在孤独和隔绝中遵守什么，人能够从他那儿付出或接受什么，这对他来说比他拥有的一切或他在别人眼中是什么显然更为基本。一个有才华的人在完全隔绝中享受与他自己的思想和想象进行壮丽的对话，反之对于隐隐现出残缺的人来说，甚至继续各种各样的交往、游戏、远足、娱

---

① K. 塞利希：《爱因斯坦》，黑龙江人民出版社（哈尔滨），1979年第一版，第204页，第234页。

乐也不能保护他不出现转弯抹角的厌烦之情。……于是，就人在这一生的幸福而言，人做哪一种人，人的品格，绝对是第一位的和最本质的事。[②]

在对宇宙奥秘的追求和探索中，在为促进"所有事业中最伟大的事业——人与人之间的善良意愿和地球上的和平"（HPS, p. 176）的合作和斗争中，爱因斯坦都是一个具有几乎入迷着魔劲头的人，他的个性也从中形成并显露出来——栩栩如生而富有魅力和张力。内森和诺登（HPS, pp. 7—9, 15）对此做了细致而深湛的概括：与他同时代的其他人也许不一样，爱因斯坦享有非凡的世界声望，他受到尊崇、赞美、敬重和爱戴。就他的气质和他的科学想象之大胆而言，他是一个出类拔萃的人。就伟大和谦卑而言，他的名字具有不可界定的意义，这部分是因为他成为具有重大意义的科学发现的象征，也许更多的是因为他的天生的、以奇妙的方式使之与世人沟通的品格。世人必定会觉察到只有与他进行个人接触才能充分显露出的东西：他习惯于自然地发出笑声，生性热情，具有魅力，没有虚荣心和虚伪，随和而慈祥，彬彬有礼而又不拘礼节，对朋友和陌生人一视同仁，丝毫没有优越感，常常表现出坚强有力和令人满意的秉性，从不多愁善感，言谈爽直坦率。他的谈吐、衣着、饮食以及他书房的

---

② D. Howard, A Peek Behind the Veil of Maya: Einstein, Schopenhauer, and the Historical Background of the Conception of Space as a Ground for the Individuation of Physical Systems, 1996. 这是作者寄给我的复印件，出处书写不清。

家具——这一切都显得十分简朴，表现了他的个性，实在叫人难以充分描绘。他从不使用那些对人的生存不是必需的或非基本的东西；他在物质和时间方面极其节俭地安排自己的生活，尽量避免一切多余的东西，全神贯注地从事在他看来是重要的、充实的或有趣的事情。就人们所知，简朴甚至是他的感情生活的特征。

尽管爱因斯坦很热情，但是除了稀有的场合以外，他与外界存在着几乎无法逾越的鸿沟。虽然他和几个朋友交情甚笃，但他却是一个孤独的人，他因这种孤独感而痛苦，他的悲痛的眼睛时常流露出凄凉的、恍惚的神色，仿佛想要看穿宇宙的奥秘。他以挖苦的方式充分意识到这样一个事实：世人也在肉体方面使他的生活变得孤独了。他的罕有的声望和人所共知的容貌，使他成为他自己的房子和房子周围环境的事实上的囚徒；他处处受到人们的注意，这给他带来不便，他不能像千百万人那样过日常生活，他不能到他乐于去的地方去，他不能做使他高兴的事情，他不能与看来情投意合或志趣相投的人打成一片。在例外的情况下，他会坐在杂货铺的柜台旁，或沉迷于某种类似的"活动"——这种活动无论在哪里都是人们经常的、平淡的习惯——此时他才能得以感受他的困惑和欢乐。不过，孤独也给他带来巨大的好处：他说他自己是一个 Einspänner[③]，一个按自己的判断行动，从孤独汲取力量的人。

爱因斯坦了解人们对他的崇敬，他无法向自己解释这种

---

③ 原意指"单驾马车"，转意指"喜欢独居者"。

崇敬，并认为这是不应得到的。不管他为此感到多么窘迫，他仍然承认，这给他为他人和整个社会的利益而行动提供了特别的机会。他深感自己有责任发挥他的努力和影响，他无论何时都希望它们富有成效。他时刻准备中断他的科学工作——甚至当他忙于其他事情时，他也全神贯注于科学工作——以便把时间和精力奉献给他人的或公共的事业。他接待来访者，研究文件，准备公共声明或提供所需要的任何服务。无论接触大学者还是公众的喝彩，或者是接触对他和世界一无所知的人，这都是无关紧要的。他毫不迟疑地去行动，他对与他交往的任何个人的情感总是十分敏感，而不管这个人在世间的地位多么低微。

爱因斯坦给予支持的事业都是紧迫的，他从不拖延或应付，这些事业是：公民自由、民主、社会主义、犹太人问题、社会正义和经济公平，以及为使生活更为丰富和有益的普通教育。甚至还在他的孩提时代，他就对独裁主义、军国主义、国家主义和野蛮的偏执行为深恶痛绝。随着岁月的推移，没有什么事情比废除战争和争取和平更令他迫不及待了。他无情地谴责战争狂人的罪行，揭露利己主义当权者的愚蠢，他也哀叹学术共同体的迟钝，喟叹许多沦为民族主义牺牲品的人的无知。但是他没有绝望，因为他对理性和正义的力量从未丧失信心。他本着良心与良知，毫不顾及个人得失，勇敢地投身到各种有益于人类的共同事业中去。

爱因斯坦似乎意识到他的个性的丰赡性和两极性。他觉得"自从出名以来，我变得越来越笨，当然这是一种普遍现象。在一个人同他在其他人心目中的形象之间，至少在其他人所说的他们心目中的形象之间，确实有着天壤之别。但他却不得不以一种诙谐幽默的心情来接受这一事实。"（*RS*, pp. 15—16）他在给凯泽尔所写的《爱因斯坦传》作序时提醒人们注意：

> 被作者所忽视的，也许是我性格中的非理性的、自相矛盾的、可笑的、近于疯狂的那些方面。这些东西似乎是那个无时无刻不在起作用的大自然为了它自己的取乐而埋藏在人的性格里面的。但这些东西只有当一个人的心灵受到严重考验的时刻才会分别流露出来。这是理所当然的。因为要不是这样，人与人之间的距离又怎么能够缩短呢？（*E*3, p. 41）

确实，爱因斯坦的个性中的矛盾性或两极张力是无处不在、无时不有的：他向往孤独，却又不时介入世事；他对世事淡漠，却又对人满腔同情和热情；他超然物外，却又俗事缠身；他精神无限自由，却又受良心和道德牢牢约束；他充满幻想，却又脚踏实地；他幽默、好开玩笑、甚至有时有点恶作剧和玩世不恭，但对社会正义和公正又有十分严肃的责任感，并且狂热地加以捍卫；……爱因斯坦本人也觉察到这一切，他说：

> 我对社会正义和社会责任感的强烈感觉，同我显然的对别人和社会接触的淡漠，两者总是形成古怪的对照。我实在是一个"孤独的旅客"，我未曾全心全意地属于我

的国家，我的家庭，我的朋友，甚至我最亲近的亲人；在所有这些关系面前，我总是感觉到有一定的距离并需要保持孤独——而这种感受正与年俱增。人们会清楚地发觉，同别人的相互了解和协调一致是有限度的，但这不足惋惜。这样的人无疑会失去他的天真无邪和无忧无虑的心境；但另一方面，他却能够在很大程度上不为别人的意见、习惯和判断所左右，并且能够不受诱惑要去把他的内心平衡建立在这样一些不可靠的基础之上。

（E3, p. 43）

爱因斯坦心理上的这种内在的两极性是互补的、和谐地起作用的，从而使他的个性显示出常人难以企及的魅力——他的外在魅力也许是内在张力的外化。许多研究者都注意到爱因斯坦的这一特征。库兹涅佐夫说：一个孤独的和向往孤独的观察者也是社会正义的狂热捍卫者。在同人们交往时思想开朗、诚挚爽快，同时又急不可待地渴求离开人们（无论是偶遇的交谈者还是朋友、家人），回到自己的内心世界中去。爱因斯坦的形象显得非常矛盾。可是就在这些矛盾中，你总能捉摸出一种深刻的和谐。（EZ, pp. 231—232）弗兰克说：爱因斯坦的言谈常常把无害的笑话和尖刻的嘲讽糅合起来，以致使某些人啼笑皆非。他的玩笑往往是这样的，即把一些错综复杂的关系提得像是个机灵的孩子提的那样。这样一种态度时常仿佛是在作深刻的批评，有时甚至给人留下玩世不恭的感觉。因此，爱因斯坦给他周围的人们造成的印象是介于两个极端之间：既有孩子气的快乐，又有点玩世不恭。而在这两极之间，人们会认为他是一位引人快乐和生气勃勃的人。同他在一起，会感到开阔了眼界，增长了知识。其次，人们还有种种不同的、因人而异的印象：他对所有不相识的人的命运深富同情，但与他进一步交往，就立即感到他很淡然 ④。凯泽尔的描绘和分析则更有深度：

> 征服与服务，发现和谦逊，决定着这个有创造力的人的命运。这些力量从未在爱因斯坦身上发生过冲突，而是和谐地起着作用。这一点使他的统一品格达到最大的幸福和魅力。由于他的工作的无可比拟的意义和他的人格的传奇性而使他在我们时代成为一个声名显著的人物。他的声望并没有使他的本质的人性发生一点变化。他一直逃避这种声誉所能带来的一切荣华和危险。这种声誉，从前使他感到厌恶，现在依然如此。他的道路是遵循条理井然的思维规律和他自己天性的规律。他的谦逊的感恩的心情懂得那允许他始终能忠实于自己并做出这样大量工作的罕见的幸运。这是一种人们必须以谦卑和感激来对待的幸福。这也是这位伟大人物令人惊奇的事，他为多少世纪出现一次的伟大研究工作的寂寞孤立起来，同时又受到同时代人的赞美与推崇。这难道不是少见的、不可理解的奇迹吗？（*JNE*, pp. 187—188）

---

④ J. 伯恩斯坦：《阿尔伯特·爱因斯坦》，高耘田等译，科学出版社（北京），1980 年第一版，第 68—69 页。

二、独立的人格

爱因斯坦的人格的鲜明特征，就是以心灵自由为底蕴的绝对独立性。可以说，这种独立性肇始于他告别宗教、皈依科学的少年时代，伴随他度过了一生。他戏称自己是一个"流浪汉和离经叛道的怪人"（*E*1, p. 45），一个"执拗顽固而且不合规范的人"⑤，其实这正是他独立人格真实而生动的写照。试想，一个生在德国、长在德国、又任显赫学术职位于德国的人，竟然如此尖锐地批评和斥责德国，没有坚如磐石的独立人格能行吗？

爱因斯坦深知具有独立性的人格的价值和社会意义，他把这种人格视为人生的真正可贵的东西。但是，他却痛苦地看到，科学的异化及其引起的权力集中正使科学家遭受悲惨的命运。在他真心诚意地企图达到思想明晰和内心独立时，通过他的纯然是超乎常人的努力，结果却制造出了那些不仅会奴役他，而且还会从内心上毁灭他的工具。那些掌握着经济和政治权力的少数人使科学家在经济上依附于人，同时也从精神上威胁着他的独立，阻碍他的独立人格的发展，迫使他噤若寒蝉。可悲的是，科学家居然倒退到如此程度，以致把强加给他的奴役当作不可避免的命运接受下来；他甚至自甘堕落到这种地步，竟然驯服地献出自己的才能为虎作伥（*E*3, pp. 291—292）。

----

⑤ A. Einstein, *Ideas and Opinions*, Crown Publishing, Inc., New York, 1982, p. 33.

　　面对这种现实状况，爱因斯坦的立场和态度十分坚定：宁为鸡口，无为牛后；宁为玉碎，不为瓦全。为了获得人格独立和思想自由，他多次表示宁肯做人格独立的管子工、鞋匠、小贩、也不做失去自由的科学家。他的这番幽默式的冷嘲热讽绝不是故作姿态，而是发自心灵深处的需要。与此同时，他对那些固守独立人格的杰出人物总是表示由衷的钦佩。他向萧伯纳致敬，因为萧伯纳能"以充分的独立性观看他们同代人的弱点和愚蠢"，具有"把事情摆正的热忱"⑥。他在《给一位批评家的贺词》中这样写道：

　　　　用自己的眼睛去观察，在不屈从时代风尚的推动力量的情况下去感觉和判断，能够用生动的句子甚或精心的修饰的词汇表达观察到和感觉到的东西——这难道不令人愉快吗？这难道不是祝贺的恰当主题吗？⑦

　　爱因斯坦的独立人格，充分体现在他始终如一地追求他心目中的真善美理想和目标。他说："一旦我设立一个目标，它们就很难离开我。"⑧无论在科学工作中还是在社会、政治、道德领域，他从不急功近利、趋时赶潮，更不会同流

---

⑥ A. Einstein, *The World As I See It*, Philosophical Library, New York, 1949, p. 37.

⑦ A. Einstein, *The World As I See It*, Philosophical Library, New York, 1949, p. 36.

⑧ E. G. Straus, Memoir, *Einstein: A Centanary Volume*, Edited by A. P. French, Harvard University Press, 1979, pp. 31—32.

合污、沆瀣一气。他根据情势变化修正的只是策略和方法，而绝不是大方向。他像一头执拗的骡子，驮着沉重的负荷，艰难地爬坡，一步也不后退，不达目的誓不罢休。这一特征甚至也渗透在他的日常生活中，成为他的个性的一个方面。他在 1920 年代对一位朋友说："我既不喜欢新衣服，也不喜欢新食品，我最好不去新学什么语言。"（*SD*, p. 17）据助手施特劳斯回忆，他和爱因斯坦刚刚完成了一篇论文，正找一个别针把它固定起来。可找到的别针弯得不能用了，他们想用工具修好它。此时爱因斯坦偶然间找到一盒新别针，他马上把其中一个弄成工具来修那个弯别针。确实，爱因斯坦一旦决心朝一个目标努力，要让他改变方向是不可能的。

　　反对权威和个人崇拜，也是爱因斯坦独立人格的集中体现。爱因斯坦之所以反对权威，是因为他深知，在真理领域权威也不能充当裁判官，更何况进入人们头脑中的权威还是真理的"最大敌人"[9]。他认为，盲目崇拜权威是智商低下的表现。他在谈到亚里士多德的著作时说：

　　要是这些东西不是写得如此隐晦和含糊，这种哲学就不会存在很久了。可是，多数人恰恰是对他们不能理解的东西充满敬意，而对他们能够理解的哲学家却认为肤浅不足道。这是智能有限的生动例证。[10]

---

⑨　许良英：《一项宏伟的工程》，《自然辩证法通讯》（北京），第 10 卷（1988），第 1 期，第 58—63 页。

⑩　K. 塞利希：《爱因斯坦》，黑龙江人民出版社（哈尔滨），1979 年第一版，第 206 页。

爱因斯坦一向厌恶个人崇拜。尤其是对他本人的崇拜，他更觉得十分离奇且无法容忍。他说：

个人崇拜总是没有道理的。固然，大自然在它的儿女中间并不是平均地分配它的赐物；但是，多谢上帝，得到优厚天赋的人是很多的，而我深信，他们多数过的是淡泊的、不引人注目的生活。要在这些人中间挑出几个，加以无止境的颂扬，认为他们的思想和质量具有超人的力量，我觉得这是不公正的，甚至是低级趣味的。这就是我所经历过的命运，把公众对我的能力和成就的估计同实际情况做个对照，简直怪诞得可笑。（E3, p. 11）

让每一个人都作为个人而受到尊重，而不让任何人成为崇拜的偶像。我自己受到人们过分的赞扬和尊敬，这不是由于我自己的过错，也不是由于我自己的功劳，而实在是一种命运的嘲弄。其原因大概在于人们有一种愿望，想理解我以自己的微薄绵力通过不断的斗争所获得的少数几个观念，而这种愿望有很多人却未能实现。（E3, pp. 43—44）

对于那些根本不了解他的盲目崇拜者，爱因斯坦实在感到无可奈何。他有次发牢骚说："为什么这么多人追我，虽然他们对我的理论一窍不通，而且不感兴趣？难道我有点像魔术师和催眠士，所以才招他们来看我，就像看马戏团的小丑一样？"[11]据弗兰克回忆，在 1920 年代，外国人到柏林观光时都想一睹爱因斯坦的丰采。在讲演厅，经常可以看到一些身着贵重裘皮大衣的贵妇人，占据了大厅的大部分地方，手拿观剧镜仔细端详他。爱因斯坦此时通常宣告："现在休息一会儿，好让所有对下面的内容不感兴趣的人能够自由离开课堂。"结果留下的只有八、九个大学生。他对此感到十分舒心，因为他不必面对那一张张纳闷的陌生面孔了，可以自由发挥他的思想了[12]。爱因斯坦活着时就下决心，不让他的普林斯顿的房子成为朝圣者目睹圣徒之骨的朝圣地（现在朝圣者只能拍照房子而进不去），骨灰秘密撒放以免崇拜者前来凭吊。

孤独和超凡脱俗，是爱因斯坦独立人格的显著特征。佩斯说得对："如果我必须用一个单词来刻画爱因斯坦的特征，我会选择'离群性'。"[13]爱因斯坦向往孤独，甘心离群索居[14]：他歆羡独自看守灯塔的工作，怀念专利局世俗修

⑪ K. 塞利希：《爱因斯坦》，黑龙江人民出版社（哈尔滨），1979年第一版，第 181 页。

⑫ F. 赫尔内克：《原子时代的先驱者》，徐新民等译，科学技术文献出版社（北京），1981 年第一版，第 147—148 页。

⑬ G. Holton, "What, Precisely is 'thinking'?" Einstein's Answer, E. G. Straus, Memoir, *Einstein: A Centanary Volume*, Edited by A. P. French, Harvard University Press, 1979, pp. 153—165.

⑭ 尼采这样写道："亚里士多德说：离群索居地生活的人要么是动物，要么是神。然而却有第三种情形：有人既是动物又是神——这就是哲学家。"参见 F. 尼采：《上帝死了——尼采文选》，戚仁译，上海三联书店（上海），1989 年第一版，第 50—51 页。

道院的美好岁月，着迷乘船远洋旅行时的宁静遐想。他满意地谈道："我虽然大名鼎鼎，但是离群索居，几乎没有人事关系"（*E*3, p. 466）。"我总是生活在寂寞之中，这种寂寞在青年时使我痛苦，但在成年时却觉得其乐无穷。"（*E*3, p. 138）孤独既是他的天性，也是外部环境的驱迫。他说："我是那种不能被套在一起拉车的马。"⑮ "我性喜孤独，这是一种随着年岁的增大而越来越明显的性格。如此知名而又如此寂寞，这令人奇怪。事实是，我享受到的名望逼使我退避三舍，造成了我的孤独。"（*HPX*, p. 268）

　　孤独也是爱因斯坦科学研究、政治取向乃至道德和感情的需要。孤独使他超然物外，超脱世俗，也超越了个人，使他能够获得一个宁静而客观的立足点和观察视角，从而获得高度的精神自由和人格独立——这是没有一丝一毫利己主义的离群索居。爱因斯坦称孤独"这种解脱方式实在是真正的文化赋予人们的无价的珍宝"⑯，可谓一言中的。他说他从青年时代起就想望和期盼安静地坐在某个角落作自己的事，没有公众注意他。他正是在潜心研究的孤独中独辟蹊径，独

---

⑮ A. Vallentin, *Einstein, A Biography*, Weidenfeld and Nicolson, London, 1954, p. 84. 这并不意味着爱因斯坦难以与人共事或合作。事实上，与爱因斯坦进行合作研究的同辈人和青年人竟达三十余人，他的部分论文也是与他人联名发表的。在普林斯顿，他身边总是有一两个或两三个助手，他们合作得很愉快，工作很紧张。参见（*SD*, pp. 587—608）。

⑯ H. M. 萨斯：《爱因斯坦论"真正的文化"以及几何学在科学体系中的地位》，《自然科学哲学问题》（北京），1980 年第 3 期，第 47—49 页。

出心裁，洞悉出自然的奥秘。孤独是爱因斯坦科学创造的一个最显著的特征。诚如英费尔德所说：

> 对他来说，孤独是求之不得的，因为它可以防止走老路。孤独，独立地思考自己向自己提出的问题，在自己选定的荒僻小路上探索，使他得以避开干扰——这是他的创作的最有代表性的特点。也许只有当我们仔细分析爱因斯坦的问题和方法时才会懂得，这不单是标新立异和科学幻想，这是某种更伟大的东西。（*EZ*, pp. 342—343）

孤独也使爱因斯坦能够在危机四伏、危险丛生的政治领域独立不羁、独具慧眼，始终忠于纯朴的方向和判断的径直性。爱因斯坦之所以能够在两次世界大战前后那样险恶的环境中独行其是、独树一帜，而没有丝毫的怯懦畏缩和奴颜媚骨，不能不说与他的孤独的人格和秉性有关。值得注意的是，爱因斯坦也从他珍爱的孤独中找到他的精神家园和心灵归宿——这是一种更深邃的感情和思想境界。孤独使他独善其身，独行其道，在人欲横流的社会和麻木不仁的人海中独立不群，独步当时。他在 1933 年给一位因处境困难而悲观绝望的职业音乐家的信中写道："千万记住，所有那些质量高尚的人都是孤独的——而且必然如此——正因为如此，他们才能享受自身环境中那种一尘不染的纯洁。"（*RS*, p. 100）他在 1939 年给比利时伊丽莎白王后的信中这样说：

> 也许在某一天，孤独将最终作为人格的老师恰当地被认

识、被欣赏。东方人早就了解这一点。经历过孤独的人将不容易变成民众挑动的受骗者。（*HPS*, p. 376）

孤独使爱因斯坦始终心境坦然，处事泰然，看问题达观豁然。由于他坚定地扬清抑浊、疾恶如仇，在原则问题上毫不妥协、从不退让，因而招来邪恶势力的恼恨和仇视。对此，他淡然置之：

> 苦和甜来自外界，坚强来自内心，来自一个人的自我努力。我所做的绝大部分事情都是我自己的本性驱使我去做的。它居然会得到那么多的尊重和爱好，那是我深为不安的。仇恨之箭也曾向我射来；但它们未射中我，因为不知何故它们总是属于另一个世界，而我同那个世界一点关系也没有。（*E3*, p. 138）

在劝说一位因受到错误评论而耿耿于怀的人的信中，爱因斯坦写道："你对伦敦《泰晤士报》文学增刊所载的一篇书评如此义愤填膺，不禁使我哑然失笑。有人为了一点钱，才一知半解地去写一篇似通非通的、谁也不会去仔细阅读的文章，对此你怎么能认真对待呢？"他接着说：

> 外面发表的针对我的无耻谎言和胡诌的东西多得可以用大桶来装，如果我对它们稍加注意的话，那我早就成为泉下之鬼了。人们应该这样安慰自己：时光老人手里有个筛子，那些重要货色中的绝大部分都会漏过网

眼，掉入遗忘的深渊，而所剩下的也往往还是些糟粕。
（*RS*, p. 26）

在劝慰一对老年丧子（或丧孙）的夫妇时，爱因斯坦除表达了自己的深切同情和悲伤外，还开导说：我们人类总以为自己的生活很安全，在这个似乎是既熟悉又可靠的物质环境和社会环境中很自在。可是一旦日常生活的正常进程被中断，我们就会认识到，自己就好像是在海上遇难的人一样，只知抱一块无济于事的木板，却忘却了自己来自何方，也不知道自己将漂向何处。但是只要我们能全盘地接受这一点，那么生活就会变得轻松，我们也不再会对漂浮的人生感到失望了。他在另一处还这样写道：我们都是出生在野牛群的人，只要没有过早地被踩扁踏平，那就应该感到庆幸（*RS*, p. 63）。

爱因斯坦的孤独，主要还是精神的孤独，他的理论和主张难以为时人理解和实行，也许更加剧了这种孤独。即使他在人群中正做某种具体的事情，他的心灵仿佛离开了肉体，云游于思想的王国。人们往往以为他心不在焉，其实他思有所系，情有所钟。他经常抽没有烟的烟斗，用完餐不知道吃的是什么，吃一整盒鱼子酱也未品出味道。他的夫人爱尔莎时常在门厅叫住他，让他穿上大衣再外出，可是半小时后却发现他还站在那里沉思。有一次，他出席一个盛大的欢迎宴会，他却一直低头忙着在节目单背面写数学方程式，忘记了周围发生的一切。当祝词结束时，全体与会者起立鼓掌向他致意，而他竟全然不知。秘书杜卡丝提醒他赶快站起来答谢，他照办了，但由于不晓得欢迎是对着他的，他也随大家一起鼓个不停。

　　爱因斯坦以孩子般的单纯，经常思考一些别人不留意的物理现象 [17]，思考在别人看来司空见惯的、不成问题的问题——他从中看出问题，并以全新的角度审查它们。他曾自问自答地说道："我有时自问，怎么偏偏是我创立了相对论呢？我认为其原因如下：一个正常的成年人不见得会思考空间和时间问题。他会认为这样的问题早在童年时代就搞清楚了。我则正相反，智力发展得很慢，成年以后才开始思考空间和时间问题。很显然，我对这些问题比儿童时期发育正常的人想得要深。" [18] 确实，爱因斯坦在寂静的思维世界里如鱼得水，但他并不是与实际生活完全隔绝的书斋型学者。他能针对具体问题提出聪明的方案并在必要时切实行动，一旦事情安排就绪，他的眼睛就会发出神奇的光亮，凝视着未知的远方。爱因斯坦就是这样在孤独中激发灵感、汲取力量、砥砺意志、反省自我，从而使他的独立人格愈益丰赡。

---

[17] 他注意到，在搅动茶水时，茶叶集中在杯底的中心，而不是边缘。他找到了说明，并意外地把它与河的曲流联系起来。在沙滩上散步时，他惊奇地发现：人在湿沙上可以坚实地立足，而在干沙和浸没在水中的沙子上却难以立足。他思索出其中的原因。

[18] K. 塞利希：《爱因斯坦》，黑龙江人民出版社（哈尔滨），1979年第一版，第 70 页。

三、仁爱的人性

犹太教的上帝之爱和仿效上帝的圣洁诫命，欧洲文艺复兴和启蒙运动的人道和博爱精神，以及东方佛教的"行善者成善""四无量心"[⑲]和儒家"仁者爱人"的箴言，好像在爱因斯坦身上集为一体，融会成他的仁爱的人性。爱因斯坦的仁爱的人性，也许是我们这个世界最惊人、也是最感人的奇迹。

爱因斯坦认为"世间最美好的东西，莫过于有几个头脑和心地都很正直的严正的朋友"（$E1$, p. 485）。他在"非人性化"的"灾难性弊病"流行之时，在"人比他所居住的地球冷却得更快"的处境中，始终以爱心和同情心来温暖世人，这从许多轶事和日常小事都能看到。他把电梯让给搬行李的女佣人，自己和客人则登楼梯上楼。在一家旅馆，他怜悯看门老头，没有让老头提箱子，自己费力提上楼去，结果因心力衰竭而病倒了。他经常谢绝记者的拍照和采访，但当他听说一位女记者专程赶到比利时来访问他，想写篇独家访问记保全饭碗来养活三个孩子时，他出于深切的同情心破例允诺了。他不计较个人恩怨，专程到监狱解救一位要枪杀他的、患有偏执狂的疯女人。爱因斯坦尤其喜欢小孩子。有一位有疑问的小女孩的母亲代女儿亲口要求爱因斯坦给女儿写

[⑲] 四无量心指慈无量心（思如何予众生以快乐），悲无量心（思如何拯救众生脱离苦难），喜无量心（见众生离苦得乐而喜）和舍无量心（对众生一视同仁）。

封信，小女孩不多日果真收到如下内容的信："地球已经存在了十亿年有余。至于它何时终了的问题，我的意见是：等等看吧！又及：附上几张邮票供你集邮。"（*RS*, p. 36）据维格纳（E. P. Wigner, 1902—1995）回忆，一次他开车带妻子和正患水痘的两个小孩去拜访爱因斯坦。按当地规矩，患传染病的小孩是不许离开车子的。爱因斯坦说："我自己也出过水痘，看来他们不会伤害我。"他边说边走下楼来，与两个孩子亲切和蔼地交谈[20]。1955 年 3 月，在爱因斯坦七十六岁生日将至时，正上小学五年级的一班儿童给爱因斯坦写了封生日贺信，并随信附寄了一枚领带别针和一套袖扣作为生日礼物。爱因斯坦在回信中这样写道：

> 非常感谢你们赠送给我的生日礼物和贺信。你们赠送的礼物非常恰当地提醒我今后应该比过去穿得稍微讲究一点，因为领带和袖扣对我来说仅存在于遥远的回忆之中。（*RS*, p. 94）

爱因斯坦的爱心和同情心也延伸到那些小生灵。据施特劳斯讲，爱因斯坦家的猫在下雨时显得很可怜，爱因斯坦向猫道歉说："亲爱的，我知道什么不好，但是我确实不知道如何使天不下雨。"当施特劳斯家的猫生了小猫时，爱因斯坦渴望去看它们。施特劳斯继续讲他的故事："爱因斯坦在步行

---

[20] E. P. Wigner, Memoir, E. G. Straus, Memoir, *Einstein: A Centanary Volume*, Edited by A. P. French, Harvard University Press, 1979, p. 33.

回家的路上绕道与我们一块向家里走去。当他看到我们的邻居都是研究所的人时，他感到惊愕并说：'让我们走快点，这里有这么多的人，我都谢绝了他们的邀请。我希望他们没有发现我来探望你的小猫。'"㉑

爱因斯坦乐于助人。他的心肠太善良了，可以随时中断手头的事情，为求助者写介绍信，几乎是有求必应。由于介绍信写得太多，加之他虽有名气而无广泛的社会交往，其作用并不像人们想象的那么大，许多介绍信都被人家当作珍贵的手迹珍藏起来了。布基（G. Bucky）医生说，爱因斯坦不同意画家给他画像，但有一个理由准能对他起作用。画家只要说一点就足够了：爱因斯坦的画像或许会——即便是暂时地——帮助他摆脱贫困，于是爱因斯坦就会毫无怨尤地赔上许多小时，让这个可怜人为自己画像。据英费尔德回忆，他在普林斯顿申请奖学金遭到否决后，勉强克制住难为情，结结巴巴地、前言不搭后语地向爱因斯坦说明了想与之合写《物理学的进化》的打算，以解决生活费用问题。爱因斯坦静心听完后，觉得这个主意不错，遂与他详细讨论了该书的主旨、架构和内容，希望能把它写成一本科学爱好者都感兴趣的思想戏剧。在准备和撰写期间，爱因斯坦异常热心，全神贯注，然而一旦写完手稿，他就对它毫无兴趣了，连清样和样书都不看一眼（*EZ*, pp. 250—254）。爱因斯坦心地善良和乐于助人，有时甚至达到令人难以置信的程度。有一

㉑ B. Hoffmann, *Albert Einstein，Creator and Rebel*, The Viking Press, New York, 1972, p. 252.

次，他接到一个小姑娘的来信，请求他帮她解决一道几何学难题，他工整地写好解题步骤和答案给她寄去，满足了她的要求。他还使孩子相信，不必为眼前的困难烦恼，因为他自己的困难还要大得多。英费尔德在谈及这一点时写道：

> 虽然只有物理学和自然规律才引起爱因斯坦的真正激情，但是他发现谁需要帮助并认为这种帮助能起作用的话，他从不拒绝提供帮助。他写过成千上万封推荐信，对千百个人出过主意，一连几个钟头同疯子谈话，因为疯子的家人写信告诉爱因斯坦，只有他一个人能够帮助病人。他善良、慈祥、健谈、面带笑容，但异常不耐烦地（虽然是暗中）期待着他将能重新投入工作的时刻。
> （*EZ*, p. 231）

人们了解并感受到爱因斯坦的仁爱人性和博爱情怀，所以从世界各地写信给他，向他倾诉心中最深处的焦虑和心事，告诉他许多与他不相关的、使他发笑的事情，因为人们坚信"这个人能帮助我们，这个人将帮助我们"[22]。

爱因斯坦一向平等待人，一视同仁，无论他们是总统、皇后、大学校长、知名学者、电影明星，还是青年学生和普通人。即使对被视为社会最底层的看门人、用人乃至偏执症患者，他也能尊重对方，以礼相待。有位农民发明了

---

[22] A. Reiser, *Albert Einstein, A Biographical Portrait*, Albert & Charles Boni, New York, 1931, pp. 161—162.

一种能够把饮料一份一份倒出来的闭锁装置，送到专利局申请专利，鉴定专家审查后拟拒绝受理。爱因斯坦看了图纸后，建议把那位农民叫来当场表演一下，这样既不伤同事的自尊心，又不埋没发明人的成果。结果，这个利用毛细作用的装置获得了专利权，农民的权益得到应有的保护（*JNE*, p. 138）。爱因斯坦对青年人十分和蔼可亲、平易近人。当霍夫曼首次拜访爱因斯坦时，爱因斯坦请他在黑板上写方程，然后温煦地对他说："请写得慢一点。我无法迅速地理解事情。"一句话说得他进门后的紧张和局促顿时烟消云散，他的心一下子就贴近了爱因斯坦[23]。当二十二岁的研究生凯梅尼（J. G. Kemeny）给七十岁的爱因斯坦做助手时，爱因斯坦给他提供一个职位后并留时间让他完成博士论文的写作。尽管他的论文内容（数理逻辑）距爱因斯坦的兴趣甚远，爱因斯坦还是十分耐心地听了半个小时的论文介绍，并询问了许多问题。在听完他的回答后，爱因斯坦说："现在让我告诉你，我正在做什么。"他猜想，爱因斯坦的心思肯定是这样的："如果要使他对我的工作发生兴趣，那么我就必须对他的工作有兴趣。"[24]

即便在对求助者提供帮助时，爱因斯坦也特别注意尊重

---

[23] B. Hoffmann, Reminiscences, *Albert Einstein, Historical and Cultural Perspectives*, Edited by G. Holton and Y. Elkana, Princeton University Press, 1982, pp. 401—404.

[24] J. G. Kemeny, An Einstein Anecdote，E. G. Straus, Memoir, *Einstein: A Centanary Volume*, Edited by A. P. French, Harvard University Press, 1979, p. 34.

对方，设身处地地为他人着想。他说过一句意味深长的话："要想成为羊群中的一个纯洁无瑕的分子，必须首先是一只羊。"（*E*3, p. 314）他把求助者看作是平等的、是朋友，他的谦和与谦恭的态度使他们一点也没有屈尊或恩赐的感觉，连回敬一句感恩戴德的话也显得不合时宜或根本无隙可乘。爱因斯坦经常收到世界各地的学生的来信，要求解答一些困惑的物理学和数学问题。百事缠身的他不知怎么忙里偷闲，竟耐心地回答了有关来信。从下面他给布基医生的信件中，人们不难看出他对求教者是多么尊重，对疑问者的好奇心和解决问题的灵巧是多么爱护：

> 我刚刚从一个年轻学生的信中收到寄给我的一个十分有趣的数学问题。他推导出一个数学命题，该命题无疑是正确的、有独创性的。他努力从数学上证明他的推断的正确性。不幸的是，在他的计算中有两个错误的排列。他热情地构想出该命题，但在他的证明中却出了错。我纠正了计算，可是为了不就正确计算的优先权与这位年轻人竞争，也不造成依赖他的感觉，我写信给他说，该命题是正确的，但是我对他的错误计算的纠正在任何时候都是像他希望得到它的那样的处理方式进行的。用这样的方式，他保留着该想法的不受限制的优先权，并且能够为他自己找到正确的解决办法，而又不会变得依赖我。[25]

---

[25] P. A. Bucky, *The Private Albert Einstein*, A Universal Press

　　爱因斯坦的仁爱人性也从他为人处事的宽容态度上可略见一斑。他认为，具有非正统和激进思想的人在他们所处的时代究竟被视为天才还是怪人，"那是没有客观检验标准的"，比如向公认思想挑战的开普勒就是如此（E1, p. 621）。"人有保守秘密的权利，即使在他死后也是如此"，牛顿意识到他的神学结论不完美而把它们锁在箱子内，皇家学会顶住要求刊印这些著作的压力是正确的（E1, p. 626）。对于那些可能是"狂妄的"但不是"坏的"书，爱因斯坦的态度是："让它去吧，它会昙花一现，公众的兴趣会消逝，它也会就此了结。"（E1, p. 622）据香克兰（R. S. Shankland）1950 年报道，即使对于勒纳德和斯塔克这样的恶毒攻击相对论和爱因斯坦本人的纳粹科学家，爱因斯坦讲到他们时，语气是完全公正的，没有一点恶意和挖苦的味道（E1, p. 492）。

　　在看待和处理优先权问题上，也能衡量爱因斯坦人性的宽容和正直。据 I. B. 科恩 1955 年报道，爱因斯坦对伽利略不承认开普勒的工作"感到伤心"，对牛顿在与胡克（R. Hooke, 1635—1703）、莱布尼兹为优先权的激烈争论中的所作所为（不给胡克任何荣誉，在幕后操纵国际调查委员会）"感到震惊"，并认为这一切都是"虚荣"。对于科恩关于"富兰克林从来没有为了保护他的实验或思想写过一点争辩的东西，那是足以为荣的"说法，爱因斯坦只是部分同意。他说：

Syndicate Company, Kansas City, 1993, pp. 92—93.

> 要避免个人的钩心斗角那是对的，但是一个人为自己的
> 思想辩护，那也是重要的。人们不应当由于不负责而简
> 单地放弃自己的思想，好像他并不是真正地相信它们似
> 的。（E1, pp. 620—621）

在牵涉到与自己有关的优先权问题时，爱因斯坦也能正确地
加以对待。1908 年 2 月 17 日，爱因斯坦从伯尔尼专利局有
点愤愤不平地给后来获得诺贝尔奖的斯塔克写了一张明信
片："得悉阁下不承认是我首先发现了惯性质量与能量之间
的联系，真令我感到吃惊。"2 月 19 日，施塔克写来一封热
情洋溢、充满友善和钦佩之情的长信，爱因斯坦读后真有点
过意不去。他在 2 月 22 日的回信中坦率地承认错误："在
收到你的来信之前，我对自己就谁先发现这个问题草率冲动
地大动肝火一事，已经感到不胜惭愧，你详尽的来信使我进
一步认识到自己的过分敏感是毫无道理的。有幸对科学发展
做出贡献的人们，不应该让这种事情破坏自己对大家齐心协
力取得的成果所感到的欢乐。……"（RS, p. 25）1953 年，
惠特克（E. Whittaker）写了本《以太和电理论的历史》第
二卷㉖，第二章的标题是《彭加勒和洛伦兹的相对论》，其

㉖ E. Whittaker, *A History of t he Theories of Aether and Electricity II, The Modern Theories*, Thomas Nelson, London, 1953. 惠特克的观点
是偏颇的，爱因斯坦的狭义相对论基本上是独立于迈克耳孙—莫雷实
验、独立于彭加勒和洛伦兹的工作的。参见李醒民：《论狭义相对论
的创立》，四川教育出版社（成都），1994 年第一版，第 56—63 页。
但是，爱因斯坦对彭加勒作为相对论先驱的角色以及他从中汲取的营

中这样写道："1905 年秋，爱因斯坦……把彭加勒和洛伦兹的相对论加以扩充而重新提了出来，引起了很大注意。"当时，与惠特克一起在爱丁堡大学工作的玻恩看到手稿后，心中很是不安和吃惊，他在劝阻惠特克无果后写信让爱因斯坦进行抗议。爱因斯坦在回信中说：

> 不要为你朋友的书而失眠。每个人都做他认为是对的事，或者用决定论的语言来说，都做他所必须做的事。我自己对我的努力固然感到满足，但是要像一个老守财奴保护他辛苦攒来的几个铜板那样，把我的工作当作我自己的"财产"来保护，那我并不认为是明智的。我对他毫无怨尤之意，对你当然也不会有什么意见。归根结底，我用不着去读这种东西。（*E*1, p. 599）

四、高洁的人品

"高人千丈崖，千古储冰雪。"[27] 爱因斯坦的高洁的人品像千丈山崖，峻拔伟岸；像千古冰雪，晶莹明澈。凡是与爱因斯坦接触过的人，无一不受到他的人品的魅力的巨大感染，油然产生"见贤思齐"[28] 的强烈欲望。恰如玻恩在纪念

养，似乎没有予以足够的肯定。参见李醒民：《彭加勒》，东大图书公司印行（台北），1994 年第一版，第 18—21 页，第 243—278 页。

[27] 辛弃疾：《生查子·简子似》。

[28] 《论语·里仁》。

爱因斯坦的文章里所说：

> 我们自己是不完善的，我们在不完善之中奔忙。一旦我们得以亲身体验某种形式的完善，我们整个身心就会深深铭刻，终身不忘。我们就再也不会忘记，完美是有的，并非高不可攀。每一个接近爱因斯坦的人都会有这种感受。人们在谈论他的时候，几乎不能不使用这样华美的词藻，幸而他已经读不到悼念他的文章了。
>
> （*JNE*, p. 205）

爱因斯坦高洁的人品体现在他的方方面面、一言一行，我们仅就他淡泊名利、简朴平实、谦虚谨慎、持之以恒、通脱幽默这几个方面略而述之。

爱因斯坦淡泊名利，视名利如浮云和敝屣。在人人热衷于追逐的名利场上，爱因斯坦总是猎获物而不是狩猎者。在1921年获诺贝尔奖后，他的亲属滔滔不绝地夸耀、恭维，他却冷冷地说："说这么多话干什么？我不过是在自己的工作中没有退缩而已。没有别的。"[29] 他在填写履历表和任职书时，经常忽略填写获诺贝尔奖，这不能仅仅解释为记忆力不佳。爱因斯坦经常收到许多荣誉证书，他并没有把它们镶入镜框挂在墙上，而是把它们藏在一个他戏称为"夸耀角落"里（*RS*, pp. 19, 15）。他极力设法回避荣誉，有时记者

㉙ K. 塞利希：《爱因斯坦》，黑龙江人民出版社（哈尔滨），1979年第一版，第168页。

采访，或崇拜者朝拜，他宁肯去公园一躲几个小时。有一次，爱因斯坦到一个熟人家去拉小提琴，女主人借机想向客人显示一下他，他戴起帽子就要马上离开。直到主人答应关上大门，屋里除伴奏者外再没有其他闲人时，他才留了下来（*JNE*, p. 286）。爱因斯坦拒绝写自传，从不乱挂名，乱署名，也不轻易签名。他常为索要签名而烦恼，曾对一位朋友说："猎取签名是同类相食的最后遗风：过去通常是人吃人，但是现在他们找到了他们的象征性的片屑取而代之。"[30] 一位女士买了一张爱因斯坦的画像，送到家里请他题词，他在画像底下写了一首短诗：

> 无论我走到那里，站到那里，
> 我总是看见眼前有一张我的画像。
> 在写字台上，在墙壁上，
> 在脖子周围，在黑色丝带上。
>
> 男男女女怀着钦佩的神情，
> 来索取一个签名留念。
> 每人从那个被人敬重的孩子那里，
> 得到几个潦潦草草的字儿。
>
> 有时我感到无比的幸福，

---

[30] B. Hoffmann, *Albert Einstein, Creator and Rebel*, The Viking Press, New York, 1972, p. 252.

> 在那清醒的瞬间，我想：
> 是你自己已经发疯，
> 还是别的蠢牛？㉛

由此也可以看出，爱因斯坦总是在自省、自律。有时他显得无可奈何，只好自嘲、自责他本人似乎变成了疯子、骗子、魔术师、催眠士、马戏团小丑。他不想"像一条得了奖的牛那样任人观看，在数不清的大会和小会上发表演说"（*E3*, p. 444），他不想做头上有光环的象征性的领头羊，而只想做纯洁无瑕的羊群中的一只普通的羊。

有人可能认为，爱因斯坦淡泊名利，是因为找上门来的名利太多了。这话或许有一些道理。确实，在爱因斯坦热达到高潮时，他写信给朋友说："随着报刊的文章浪潮而来的，是咨询、请柬和要求恐怖地淹没了我，以致我梦见我好像在地狱里受煎熬，而邮递员这个魔鬼不断地咆哮着，把一大堆新的信件向我头上扔来，而旧信件我还没有回答。……我现在无非是无生气的反射运动的汇聚点。"㉜ "过分的颂扬，纷至沓来的信件，以及其他职务以外的义务，都在折磨

㉛ 此诗引自（*JNE*, pp. 205—206）。在（*RS*, p. 64）中有一个内容和译文稍有出入的版本，其中后两小节是："人们的游戏多么新奇，殷殷恳求：'请你签名'，不容学者有半点儿推辞，非要他写下几笔才行。听着耳畔这阵阵欢呼，有时我被弄得稀里糊涂；偶尔清醒时我竟会怀疑，真正发疯的莫不是我自己。"

㉜ F. 赫尔内克：《原子时代的先驱者》，徐新民等译，科学技术文献出版社（北京），1981年第一版，第149页。

我。"（E3, p. 443）然而，爱因斯坦弃绝名利出于真心和真诚，却是不争的事实。他绝不是装腔作势、故作姿态，更不是哗众取宠、欲擒故纵。他在七十岁时写下了久久埋藏在心灵深处的心声：

> 做一个清醒明白的观众比做一个在灯光照耀下的演员要好。由于莫名其妙的理由，我被给予完全超过限度的过高评价。人类需要一些虚构的偶像，以作为世上现存的单调场所的光斑。我已经变成了这样一个光斑。[33]

爱因斯坦经常为他被世人当作聚焦的光斑而自省、自疚、自责，尽管这不是他的过失和责任。他在回答一位学者询问他对所获得的名望有何看法时，十分严肃地说："这好像是欺诈一样。"[34]这绝不是什么伟大谦虚，而是他的真实思想和情感的流露。要知道，真正的天才人物是极少虚荣的，而"半桶水"的人却往往偏爱假装"淌得很"。

爱因斯坦之所以轻忽名利，也是基于他的素朴的理性认识。他在悼念普朗克的文章中写道："一个以伟大创造性观念造福于世界的人，不需要后人来赞扬。他的成就本身就已经给了他一个更高的报答。"（E1, p. 4 45）他也一针见血地指出："企图兼有智慧和权力，极少能获得成功，即使成

---

[33] T. 费里斯：《另一个爱因斯坦》，《科学与哲学》（北京），1984 年第 6 辑，第 45—56 页。

[34] A. Montagy：《和爱因斯坦谈话》，《世界科学》（上海），1986 年第 7 期，第 48—50 页。

功,也不过是昙花一现。"㉟ "一个人抱怨别人夺取显要地位,又学他们的样子,他总是要出洋相的。"(E3, p. 121)爱因斯坦蔑视名利,也是因为他的锐利目光早就看穿了这个啼笑皆非的社会和追逐势利的人群。他在一封致友人的信中这样写道:

> 你那位敬爱的叔本华曾经指出,在痛苦中忍受煎熬的人总是无法演出悲剧来,而是注定要陷入悲喜剧之中。诚哉斯言!我自己就常有这种感受。昨天被奉为偶像,今天遭人痛恨唾弃,明天被人遗忘,再过一天又被封为圣徒。只有靠幽默才能解脱。只要我们一息尚存,那就得千万保持这种幽默。(RS, p. 71)

他还诅咒"这个社会是一所疯人院,有了名望就有了一切。"(RS, p. 21)不管外界的风浪和潮流如何变幻无常,爱因斯坦早有成竹在胸:"逃脱个人被称赞腐坏的唯一道路是继续工作。……工作,没有别的办法。"㊱ 而"科学研究成功的必要条件是弃绝私利、忍耐、同志精神和乐于合作。"㊲

㉟ 引自(E3, p. 314)。这也许也是他谢绝出任以色列国总统的心理动机之一。

㊱ G. Holton, *The Scientific Imagination: Case Studies*, Cambridge University Press, 1978, p. 278.

㊲ K. 塞利希:《爱因斯坦》,黑龙江人民出版社(哈尔滨),1979年第一版,第56页。

我们已经涉及过爱因斯坦对金钱和物质享受的态度，他在行动中对人们疯狂追求、倍加看重的钱财总是缺乏兴趣。他到普林斯顿后不想拿高工资，并曾提议由他付给研究所不拟继续聘任的一位同事的工资，理由是他的钱多于他的需要。洛克菲勒基金会在他七十寿辰时赠给他 15000 美元支票，他长期用作书签而不去兑取。他平静地说："每一件财产都是一块绊脚石"，"什么东西我都可以放弃"（JNE, p. 207）。

　　爱因斯坦生活简朴平实。这既是他强烈的心理向往，也是他实际的生活形式。他在年轻时就常说："在我的餐厅里只要有一张松木桌子、一条长板凳和几张椅子就够了。"（RS, p. 20）玻恩在柏林看到，爱因斯坦卧室的陈设极为简单：床、床头柜、桌子、椅子、一把躺椅、一个书架和放在上面的用细绳捆好的抽印本。没有桌布，没有画，没有地毯。他外出讲学时经常坐三等车，往往穿着旧衣服。他在回答玻恩提出的对于淡泊生活的看法时说："付出较之接受更能直截了当地令我欣喜，我觉得自己并不重要，……"（JNE, p. 207）。为此，他对给予他的超过常人的待遇总是愧疚不安。1921 年，爱因斯坦和夫人在伦敦做短暂停留时，被安排在一幢阔气的贵族宅邸中下榻。他被奢华的环境弄得很窘，当贴身仆人来侍候他的时候，他立即感到手足无措、惊慌失色。面对这个身着笔挺制服的石雕似的侍役，爱因斯坦转身对爱尔莎说："爱尔莎，你怎么想？要是我们企图逃跑，他们会允许我们出去吗？"次日清晨，早起的爱因斯坦试图拉开窗帘，但费了好大劲还是未能如愿。爱尔莎让丈夫唤仆役来干，爱因斯坦说："不用了，这太可怕了。"最后他们两人合力才征服了窗帘。（*EZ*, pp. 205—206）1930年，他在赴美途中，就他所住的豪华睡舱在日记中写道："过分的、使劲的关心使我心神不安。由于受到如此之多的不必要的关照，我感到自己像是一个劳动的剥削者。"（*HPS*, p. 159）

生活俭朴甚或简化日常生活，似乎已成为爱因斯坦的癖性和习惯。他穿着随便，不拘小节，用他的话来说，"总是穿得邋里邋遢，即使在参加圣餐仪式时也是如此"（*RS*, p. 27）。他穿衣是为了舒服或方便，而不是为了好看或炫耀，外表包装对他来说除了麻烦累赘，此外别无其他意义。他甚至在生活中也追求简单性。有人问他为什么通常用普通的肥皂剃须而不用专门的乳剂时，他说："两种肥皂？那太复杂了。"[38]他以此反对"把发明创造的能力用于制造一些使日常生活更为复杂的玩意儿"（*RS*, p. 23）。爱因斯坦生活节俭、穿着随便，除了减少对外界的依赖和对同胞劳动果实的消耗外，也是他对上流社会的流俗和流弊的蔑视和无声抗议。

爱因斯坦特别谦虚谨慎。兰佐斯在给爱因斯坦的女儿发去的唁函中说："很难想象一位如此谦逊的人竟离开了我们。他知道命运恩赐给他的独特作用，他也知道自己的伟大。但是，正因为他的伟大是如此崇高，他才变得这样

---

[38] G. Holton, *Thematic Origins of Scientific Thought: Kepler to Einstein*, Harvard University Press, 1973, p. 366.

谦逊，这不是什么故作姿态，而是出自他内心的需要。"
（*RS*, pp. 99—100）据英费尔德回忆，爱因斯坦讲自己的理论，从来不是为了哗众取宠。他缓慢而有根据地发挥自己的思想，重复着最重要的论点。他从未设想，听者的理解力极强或极差。他的讲话如同自己说明自己的思想。"我做的这个，我多么了不起！"——这样的潜台词在爱因斯坦那里根本不存在。他有时也夸奖自己的研究成果，但语气却像偶然拾到珍宝的孩童一样[39]。爱因斯坦不满爱尔莎的自我欣赏和利用他的声誉。据苏联物理学家约飞（A. A. Boaae）说，爱因斯坦有一次和他一起在住宅附近的板凳上坐了整整一个小时，以避开妻子违背他的心愿"请来"的一位拜访者。只是在"危险"过去之后，他们才回家讨论问题直到午夜[40]。爱因斯坦向来不主张对他个人的成就做过高评价，他的深切的根据之一是：

> 我不主张赞扬任何事情。任何事情都是自始至终被那些我们完全无法控制的力量所决定的。人类、蔬菜或宇宙尘埃——我们都随着一个遥远的演奏者所演奏的一支神秘的曲子在跳舞。[41]

---

[39] K. 塞利希：《爱因斯坦》，黑龙江人民出版社（哈尔滨），1979年第一版，第 203 页。

[40] F. 赫尔内克：《原子时代的先驱者》，徐新民等译，科学技术文献出版社（北京），1981 年第一版，第 190 页。

[41] A. 内斯：《爱因斯坦、斯宾诺莎和上帝》，陈恒六等译，《自然科学哲学问题》（北京），1986 年第 2 期，第 30—33 页。

爱因斯坦敢于当着学生的面说"这个我不知道"。他在讲课和撰文中很少出错,一旦有错便立即承认和改正。1928年10月初,他给兰佐斯提供了一个新类型的场方程,请兰佐斯帮助求解。数天后,兰佐斯得到了一个满意的答案,请他过目。爱因斯坦看完后说:"对,很有趣,好极了。"沉默了一会儿,他急切地说:"但是,你没有看见,我给你的是一个错误的方程。它完全错了!"[42] 爱因斯坦生性严谨,不同意《自然科学》杂志发表他在1927年3月一次讲课的记录稿。他在答复杂志编辑的请求时说:

> 我不同意发表讲课内容,因为它的独创性不够。一个人应该严于解剖自己。如果他希望有人阅读自己作品,他就应该把那些不重要的地方尽可能地全部删除。
> (*RS*, p. 26)

在他的"微不足道的轻言细语都成了嘹亮的小号独奏"的情势下,他表示:"过去我从未想到我漫不经心说出的每一句话都会被人抢去记录下来,不然我早就再往自己的壳里钻进一步了。"(*RS*, pp. 26—27)他指出一些科普书籍的作者和出版社,只知道用诳言谵语煽情和制造轰动效应。他尖锐地批评说:

---

[42] I. Paul, *Science, Theology and Einstein*, Oxford University Press, New York, 1982, p. 109.

大多数据说是为大众创作的科普作品似乎只知一味耸人听闻，而不是简明扼要地向读者介绍科学的基本目标和方式方法。一个有头脑的人读过一两本这种书之后，就会从心底里感到失望，他会得出这样的结论：算我意志薄弱，就到此为止吧。另外，书中从头到尾的描述绝大多数都采用那种危言耸听的笔调，这也只能使一个明智的读者感到厌恶。（RS, p. 42）

爱因斯坦不可避免地经常收到大量自以为做出了具有重大意义的科学发现的来信和来稿，他有时对此实在感到难以忍受。他在1952年针对纽约一位艺术家的来信不乏幽默地批评说："看来你肚子里塞满了这个国家知识分子中时髦一时的空洞言词和观点。如果我能成为一个独裁者，那我一定要禁止使用这些莫名其妙的蠢话。"（RS, p. 43）。

持之以恒也是爱因斯坦的优秀品格之一。为创建狭义相对论、广义相对论和统一场论，他分别花费了十年、八年和四十年的时间和精力。试想一下，没有坚如磐石的意志、坚定不移的毅力和坚持不懈的恒心，能行吗？持之以恒的心理力量来自对所从事的事业的忘我献身精神，也就是说必须全身心地投入，才能干出真正第一流的业绩。心猿意马、朝秦暮楚不会成功，三天打鱼、两天晒网也不会奏效。爱因斯坦深谙此理，他在1938年给大音乐指挥家托斯卡尼尼（A. Toscanini, 1867—1957）写了如下的获奖贺词：

只有把整个身心全部奉献给自己事业的人才有希望成为

名副其实的大师，因此大师的高超能力需要一个人的全部心血。托斯卡尼尼在他生活的各个方面都表明了这一点。（*RS*, p. 69）

也许正是出于这样的理由，他对要求出成果的压力，对知难而退的行为，对为晋升而激烈角逐都深表不满或厌恶。他就争夺普朗克在柏林大学的教授职位一事在写给厄任费斯脱的信中说："我没有卷进这场角逐真是谢天谢地，这样我就不必同那些大脑袋瓜子们相互竞争了。我一向认为参加这样的角逐是一种可怕的奴役，它同酷爱金钱和权势一样邪恶。"（*RS*, p. 58）

爱因斯坦一向坚持认为："良好的性格和坚强的意志比聪明和博学更为重要。"[43]"智慧并不产生于学历，而是来自对知识的终生不懈的追求。"（*RS*, p. 44）他也深知："如果一个人不满足于只知道一些表面现象而要深入探索，这项工作就非常艰苦。"（*RS*, p. 45）但是，他知难而上，甘之如饴，以惊人的毅力构筑一个个新的尝试性的理论，又以惊人的气度无私地推翻它们，以寻求更合适的场方程。这样年复一年地向着一个目标奋斗，当然不可能是充满十足乐趣的智力工作，没有持之以恒的精神是根本不行的。爱因斯坦总是以这样的话自勉和互勉："像上山的驴子一样再坚持一下，你就达到目的地了。"（*JNE*, p. 125）他依据自己的

---

[43] K. 塞利希：《爱因斯坦》，黑龙江人民出版社（哈尔滨），1979年第一版，第 234 页。

亲身体会深有感触地写道：

> 至于探索真理，我从自己不时撞入死胡同的痛苦的探索中认识到，在朝着了解真正有意义的事物方面每迈出一步，不管是多么渺小的一步，都是难乎其难的。
> （*RS*, p. 23）

通脱幽默也许是爱因斯坦个性和人品中的一个最有趣、最有魅力的特征。我们前面已多次涉及，他以挖苦式的幽默愤世嫉俗和针砭时弊，就像莫扎特的奏鸣曲一样，以嬉笑的方式表现悲剧的世界，这是一种具有幽默感的真诚。针对乌耳姆市爱因斯坦街在纳粹上台和垮台时的易名和复名，爱因斯坦觉得十分滑稽可笑。他说："一个中性的名字，比如'风向标大街'可能更加符合德国人的政治心理状态，而且以后也就不必再改街名了。"（*JNE*, p. 96）他也曾以自嘲式的幽默对待量子力学的争论。他曾这样说过："当然，我可能是错的；但是我也许赢得了犯错误的权利。"这样既（非一本正经地）坚持了自己的立场，又冲淡了外界无知的嘲笑。他常以幽默对某些不正当的行为表示不满或批评。有一次，几位女士请求欣赏他和朋友的音乐晚会，其中两位姑娘整个晚会都在用毛线编织外套。她俩不时把铁针和线团掉到地上，又令人不快地低语道歉。爱因斯坦受到干扰，精神极为烦乱，随即停止演奏，把小提琴装进盒子。两位姑娘诧异地问道："你已演奏完了？"爱因斯坦回答说："是的，女士，我不认为我在你们编织时打扰你们是正当的。"他也能以巧妙的通达式的幽默化解矛盾和冲突。爱因斯坦正派、随和，专注工作，因而不会同人争吵。在专利局时，有次有人无故寻衅，想挑起事端。他马上拿起心爱的小提琴，拉起琴弦说："我们还是演奏一下'亨德尔'[44]吧！"（*JNE*, p. 137）因此，在某种程度上可以说，通脱幽默是爱因斯坦的一种处世智慧和生活艺术。

通脱幽默也充分反映出爱因斯坦亲近和蔼与平易随和的性格，甚至有点"逗你玩儿"和恶作剧的味道。这样一来，人们与他的距离一下子就拉近了——他不再被看作是板着面孔、高不可攀的伟人，而是人人都可接近和企及的普通人——一个和善慈祥的老头或调皮淘气的孩子。1920 年，他给一个八岁的小女孩寄去一张诙谐逗趣的明信片，这样描绘自己的模样：

> 爱尔莎告诉我，你因为没有见到爱因斯坦叔叔很不满意。请允许我把自己的模样告诉你：苍白的脸，长长的头发，肚子开始有点臌，另外走起路来显得笨拙，嘴里叼着一支雪茄——如果凑巧有一支雪茄的话，口袋里揣着笔，有时握在手里。但他既没有赘肉，也不是罗圈腿，因此看上去还挺帅的呢——再说他手上也不像丑八怪那样长满了毛。因而你没有见到我的确是一件憾事。
>
> （*RS*, p. 45）

---

[44] "亨德尔"（Handel）系双关语：既是作曲家亨德尔的名字，又有争吵、斗殴之意。

1927 年，德累斯顿有一位自称为政治家和 A. 阿德勒（Alfred Adler, 1870—1937）学派心理分析家的政府官员，声称他正在写一部从心理上分析重要的知名人物的著作，询问爱因斯坦是否愿意接受心理分析。爱因斯坦在回绝时不无幽默、略带挪揄地写道："非常遗憾，我无法满足你的要求，因为我只希望自己能留在没有经过分析的黑暗之中。"（RS, p. 37）

1946 年，美国一艘货船的总工程师给爱因斯坦写来一封妙趣横生的信，告诉他该船在德国港口停留时，水手长和木匠发现一只饿得半死的小猫逃到船上。他们怜悯地把小猫收养起来，精心喂养和照管。没多久，小猫就长得胖乎乎的，欢蹦乱跳，对恩人感激不尽。可是有一次，它抓破了逗它玩的水手的皮肤，这位水手大叫大嚷说小猫准是疯了。水手长竭力为小猫的清白名声辩护，他说如果这只小猫疯了，那么爱因斯坦也准是个疯子，因为他也明智地离开德国来到美国。于是，水手们正式给小猫取名为"阿尔伯特·爱因斯坦教授"，他们是不知道"相对论"和"亲戚"这两个词的区别的[45]。爱因斯坦迅即复信如下：

> 非常感谢你那段友善而有趣的故事。我向那只与我同名同姓的小猫致以最亲切的问候，我还给它捎来了我家那只雄猫的问候，它对这个故事也深感兴趣，甚至还有些妒忌。这是因为它自己的名字叫"老虎"，这名字和你

---

[45] 在英文中，"相对论"或"相对性"（relativity）乍看上去很像"亲戚"或"亲属"（kinship）的同义词 relative。

们那只小猫的名字不一样，同爱因斯坦家族拉不上什么
亲戚关系。

请接受我对你、对与我同名同姓的小猫的收养人以及对
小猫的热情问候，……（*RS*, pp. 85—86）

1952 年，英国一所中学的"六年级协会"几乎全体一致推
选爱因斯坦担任该协会的会长。他们写信告诉爱因斯坦，这
一职务并不要求他做什么具体事，再说协会章程也没有设立
会长的条文，这次选举可以认为是协会对爱因斯坦伟大工作
的承认。爱因斯坦在回信中说："作为一个曾经当过教员的
人，我非常乐意地接受你们任命我担任贵协会会长职务的决
定，并为此感到自豪。尽管我已是个年老的吉卜赛人，但老
年本身就有一种爱体面的倾向，我也不例外。但是我不得不
告诉诸位，对于你们事先未经我的同意就做出此项任命，本
人略感困惑不解（但不是大惑不解）。"（*RS*, pp. 34—35）

请原谅我们冗长的叙述吧！爱因斯坦的这些轶事趣闻实
在是太生动、太精彩了，他的通脱幽默的形象不是从中呼之
欲出吗？就连爱因斯坦的笑也是别有风味的，显示出他的性
格的另一面（如狂放不羁）。佩斯说：

有一回，我说笑话给爱因斯坦听，他那种捧腹大笑是我
有生以来未曾见过的。他很像一只海豹在吼叫，笑得是
那般快乐和由衷。从那以后，我常常选个更逗趣的笑话
留下来，等下次会面时讲，让他痛快地再笑上一遍。笑
会使他脸上放光，看上去就像个刚搞成一次恶作剧的小

伙子一样。[46]

弗兰克则议论道：对于周围的人来说，他的大笑是快乐的源泉，并给他们增添了生气。可是有时人们感到，它包含着对某些事情的不高兴的批评成分[47]。

　　爱因斯坦的人格、人性和人品像他的科学理论和哲学思想一样，也是一笔珍贵的文化遗产和无价的精神财富。爱因斯坦的形象高峻瑰玮，常使人有"高山安可仰，徒此揖清芬"[48]之叹；爱因斯坦的形象又平易近人，亦使人有"水性能淡为吾友，竹解心虚即我师"[49]之感。爱因斯坦的深奥思想并不是人人都能完全理解和深入领悟的，但他的高风亮节却是人人都可诚心学习和刻意仿效的。我们有理由确信，爱因斯坦的品德力量和热忱，哪怕只有一小部分在世界的知识分子中间开花结果，二十一世纪的人类社会就会面临一个比较光明的未来[50]。

---

[46] J. 伯恩斯坦：《阿尔伯特·爱因斯坦》，高耘田等译，科学出版社（北京），1980 年第一版，第 69 页。

[47] E. H. Erikson, Psychoanalytic Reflections on Einstein's Centenary, B. Hoffmann, Reminiscences, *Albert Einstein, Historical and Cultural Perspectives*, Edited by G. Holton and Y. Elkana, Princeton University Press, 1982, pp. 151—173.

[48] 李白：《赠孟浩然》。

[49] 白居易：《池上竹下作》。

[50] 最后一句话是借用爱因斯坦悼念居里夫人的演讲的结尾之意而写的，参见（*E*1, p. 340）。作者在这里想顺便说明，数年前《参考消息》（北京）刊载了一篇译文，最近据说在美国又出版了一部新著，利用爱因斯坦早年的一些书信或其他资料，把爱因斯坦描绘成一个忘恩负义、

孤寡无情、沽名钓誉的小人。我很怀疑作者的心理动机和写作态度——他们是不是故作惊人之笔呢？因为无论有什么新材料发现，也无法动摇我们在本书中的对爱因斯坦的总看法，也无法丑化爱因斯坦的本来面目（至多只会在某些细节上有所修正）。说穿了，那只不过是西方后现代反文化、反理性、反科学思潮的负面因素的反映而已（而后现代主义本来也是有其积极意义的）。不用说，这并不意味着爱因斯坦不可批评，事实上我们在本书以及在《彭加勒》和《马赫》中也提出过一些不同的看法，问题在于怎样批评、如何估价。试想，假如爱因斯坦都不是好人了，世上还有好人吗？那一两个作者还是好人吗？

后　记

世事沧桑知天命，

神离红尘耳目清。

香茗一杯思绪远，

任尔东南西北风。

——李醒民《五十感怀》

　　这首题记诗是我在岁逾"知天命"数月后写下的，它凝聚了我几十年的生活经验和人生体悟，也能比较准确地映现出我此刻的心理情势和思想情趣。它与我今年 6 月 26 日为自己的一本关于科学精神和科学价值的著作①所写的下述片言一拍即合，无声地奏出了我的情愫和心曲：

　　哲学不是敲门砖和摇钱树，因此我鄙弃政治化的官样文章和商品化的文字包装。

　　远离喧嚣的尘世，躲开浮躁的人海，拒绝时尚的诱惑，保持心灵的高度宁静和绝对自由，为学术而学术，为思

---

① 这本文集将由河北教育出版社（石家庄）出版。

想而思想，按自己的思维逻辑和突发灵感在观念世界里
徜徉——这才是自由思想者的诗意的栖居和孤独的美。

不用说，这样的内心独白（读者不难看出，这显然受
到爱因斯坦的思想和品格的强烈影响）绝不意味着"两耳不
闻窗外事，一心只读圣贤书"。中国的知识分子不管怎样经
磨历劫，其骨子里生来似乎就注入了古代士人（仁人）修齐
治平的心理情结和先忧后乐的优良传统——"位卑未敢忘忧
国"②。因此，在他们的人生中，"风声、雨声、读书声，
声声入耳；家事、国事、天下事，事事关心。"③尤其是在
世纪之交这样的历史转折和社会转型时期，作为一个有责任
感和使命感的正直学人，又怎能将国家的经济市场化、政治
民主化、文化多元化、社会世俗化、民族现代化置诸脑后，
不闻不问？因此，我多年来出于良知和兴趣，一直在做我
应该做的事和我喜欢做的事，为中国的学术建设和思想启蒙
略尽微薄之力。尽管自觉才疏学浅、势单力薄，外加命途多
舛、时势易变，未能尽如人愿，但是可以告慰自己良心的
是：我著书未为稻粱谋，立言没敢随风走。也许是对我的拳
拳文心和孜孜潜心的酬答或补报，我的研究成果和学术观
点甚至在国际学术界也得到了一些承认④，这多少使我稍觉

---

② 陆游：《病起书怀》。

③ 顾宪成题东林书院联。

④ 例如，俄罗斯科学院哲学所的布洛夫（Бурод）教授，社会科学院
哲学教研室的别索诺夫（Б. Н. Беccoyjd）和彼得罗夫（В. В. Пenpod）

宽慰。

最近一事使我感到十分突然和吃惊。10 月 31 日晚，应沈昌文先生之邀赴东单小聚。席间，庞朴和孙长江先生告知在座诸位，傅伟勋（1933—1996）教授不幸于日前去世。闻此我顿时为之愕然。我情不自禁地想起与傅教授的最后一次交往。那是去年 10 月中旬，我在寄出《迪昂》书稿的同时，也给美国费城发了一封信，谈及拟写批判学派最后两个人物皮尔逊和奥斯特瓦尔德的意愿。傅教授在 11 月 4 日的回信中说：“醒民兄：10 月 11 日来函敬悉。*Einstein* 完成之后，请先撰写 *PeaRSon*，前书撰成之时，告诉我一下。我已决定退休，转到台北做事。从今以后一切联络请用上面南加州的自家永久地址为盼，因我不再返回东海岸。”今年 8 月 31 日，我赴“第六届北京国际图书博览会”参观，在台北正中书局的展台有幸看到傅伟勋⑤和韦政通⑥教授的学术自传。尽管由于时间紧迫，只能稍稍浏览一下，但是傅教授书中

教授在 1989 年当面肯定并支持我关于批判学派和《唯物主义和经验批判主义》研究的观点。美国约翰·霍普金斯大学高级国际研究学院的莱曼·米勒（H. Lyman Miller）教授在近著 *Science and Dissent in Post-Mao China, The Politics of Knowledge*, University of Washington Press, 1996, pp. 370 中，引用了我的五篇研究论文，并用较多篇幅，对我的有关学术观点做了评价，详见该书 pp. ixx, 3, 65, 167, 181, 190—191, 198, 217, 220—223, 238, 247, 257, 263 , 265, 366, 347。

⑤ 傅伟勋：《学问的生命与生命的学问》，正中书局（台北），1994 年第一版。

⑥ 韦政通：《思想的探险》，正中书局（台北），1994 年第一版。

的《我与淋巴腺癌搏斗的生死体验》一章却深深地震撼了我
的心灵——我因初次闻知此事而震惊，也为他的达观胸怀和
顽强精神而感佩不已。当时，我很想立即给他写封信，表示
慰问之意和心仪之情，但考虑到他是个诸事繁多的大忙人，
真不忍心打扰他，于是便按下心中的欲望，想遵照他的嘱咐
在《爱因斯坦》完稿后再写信。谁知他竟这么早地离开了人
间，怎能不使我扼腕叹息。先生如今已乘鹤西去，但先生的
生命的学问将长留天地，先生的学问的生命将永葆青春——
"长江一曲年年水，应为先生万古青"⑦。我辈后学唯有视
学术如生命，用生命来做学问，才能告慰先生的在天之灵。
手抚先生的新著⑧，不禁感慨系之，诚不能自已了！

　　在书展看到韦政通教授的大作时，也想回家写封信谈
谈感想，何况林正弘教授7月中旬由台北赴北京、太原参加
学术会议时，还向我转达了韦教授称赞我已出版的几部著作
文笔优美。出于同样的缘由，我也未写信去打扰他。说起
来，形成那样的文笔并非一朝一夕之功，也没有什么捷径可
走。记得上小学时，我把语文课从头至尾都能背诵，特别是
高小的课本美文不少，有些至今还没有忘却。在高中时，我
用了一两年的课外时间，攻读唐诗宋词和《古文观止》，许

⑦ 崔涂：《过长江贾岛主簿旧厅》。
⑧ 大约一个月前，我在"风入松"书店买到《生命的学问》（浙江
人民出版社，1996年4月第一版），又细读了《我与淋巴腺癌搏斗的
生死体验》，深信先生一定能战胜病魔，并为先生暗暗祝福，谁知……
据说，先生当年在美求学和供职时曾是保钓英雄，这不能不使我对先
生的人格和勇气更添一层敬意。

多篇章都能朗朗上口地背出来，古文的基础就是在那个时候打的。大学两三年，数理课程很重，基本无暇顾及所好。"文革"十年内乱，不让读书，不敢读书，无心读书，也无书可读。1978 年考取研究生，有时间和条件读书了，但是补外语、挣学分、做论文，一环套一环，还是没有时间读文学书。此后的十五年，翻译、研究、写作任务一大堆，也挤不出多少时间博览群书。近两三年，我才下了决心，晚上不干正经事，杂七杂八地看一些书籍报刊。我真想封笔两年，一心读书，把书架上买来的书读它一两百本。不过，有一个好习惯我终始保留着，就是几本工具书总是摆在案头，碰到问题随时查阅。在这里，我想寄语海峡两岸的青少年朋友，要提高你的文字修养和写作水平，唯有多读、多记、多背、多查，此外别无什么灵丹妙药，而且最好从中小学就注意做起。

　　我是按部就班研究和写作的，既没有夜猫子的癖好，也没有打鸣鸡的习性。有人说，白天工作干扰太多，只有深更半夜才是写作的黄金时间。对此，我不以为然：在外边少拉些关系，在内心保持恬静的灵境，何扰之有？我虽说一年到头从未有过什么节假日，但每天上下午也只是干六七个小时正经事。因此，时间未荒废，节奏并不快，这样也无形中少了许多心理压力。过去写一本书时如重压在身，写完后如释重负，现在这样的感觉淡化多了，因为我已把写作视为一种生活形式，就像平常过日子和过平常日子一样。有这样的平常心，什么事情都不很难办。

考虑到有关爱因斯坦的中文资料不少，我自己过去又做过诸多研究，写了一批论著，原想夏初就能完稿。后来，由于搜集到较多的外文资料，一直拖到暮春（5月14日）才迟迟动笔。面对如此之多的新材料，我决定抛开原有的研究成果和写作构架，另起炉灶，从而延缓了撰写的进度。就这样，除去中间开学术会议和看《迪昂》校样的不到一个月时间，净费时将近五个月，直至"草槭槭以疏叶，木萧萧以零残"⑨之时才搁笔。

半路出家修行，十五年的学术研究甘苦，也使我悟出了一些做学问基本路数：一是要尽可能多地掌握足够的资料（第一手资料是立论的坚实基础，第二手资料是熟悉语境和借鉴他人的重要源泉）。二是要开动脑筋，独立而周密地分析思考，提出不同于前人的看法和见解。三是要细致而缜密地厘清和梳理自己的思想，熟悉所积累的材料，拟定写作纲目，把材料和观点糅合起来，放在应有的位置上。四是要有一点灵性和才气，下笔如有神，使叙述和议论生动鲜活。⑩学术研究像爬山一样，不下大力气和苦功夫是很难攀上峰巅

---

⑨ 夏侯湛：《寒苦谣》。

⑩ 关于这方面的材料，可详见李醒民：《自然辩证法研究的基本方法》，《大自然探索》（成都），第11卷（1992），第1期，第29—32页；李醒民：《自然辩证法研究者要有好学风》，《自然辩证法研究》（北京），第9卷（1993），第10期，第57—60页；李醒民：《革故鼎新，莫堕昔人纸堆——我的学术观点和治学方法》，《我的哲学思想——当代中国部分哲学家的学术自述》，韩民青等编，广西人民出版社（南宁），1994年第一版，第454—469页。

的；学术研究也像登顶一样，只有站得高，才能一览无余，尽收美景于眼底。我在 1968 年 9 月 19 日写的《水调歌头·忆华山》，也许能传达我的上述体验和心境，现不妨照录如下——"嘤其鸣矣，以求友声"[11]：

光阴荏苒去，
犹记太华山。
雄姿威震三省，
俯瞰古潼关。
万仞奇峰竞险，
胜似镆铘利剑，
欲刺九重天。
壮哉不老松，
腾空萦云烟。

千尺幢，
百尺峡，
庸夫叹。
更有鹞子翻身，
猿猱尚心寒。
御风登临绝顶，
遥见众山小小，
黄水若带然。

---

[11] 《诗经·小雅·伐木》。

心蓄凌云志，

无高不可攀。

李醒民

1996 年 11 月 8 日煞笔于北京中关村

主要参考书目

专 著

英文部分

[1] A. Moszkowski, *Einstein: The Searcher , His Work Explained from Diologues with Einstein*, Translated by H. L. Brose, Methuen & Co. Ltd. , London, 1921.

[2] A. Reiser, *Albert Einstein, A Biographical Portrait*, Albert & Charles Boni, New York, 1931.

[3] A. Einstein, *The World as I See It*, Translated by A. Harris , Philosophical Library, New York, 1949.

[4] *Albert Einstein: Philosopher-Scientist*, Edited by P. A. Schilpp, Tudor Publishing Company, New York, 1949.

[5] A. Einstein, *Out of My Latter YeaRS*, Philosophical Library , New York, 1950.

[6] A. Vallentin, *Einstein, A Biography*, Translated from

the French by M. Budberg Weidenfeld and Nicolson , Lond
-on, 1954.

[7] *Albert Einstein, His Influence on Physics, Philosophy and Politics*, P. C. Aichelburg and R. U. Sexl （eds. ）, Friedr. Viewey & Sohn, Braunschweig, 1979.

[8] A. P. French ed. , *Einstein: A Centenary Volume*, Harvard University Press, 1979.

[9] A. I. Miller, *Albert Einstein's Special Theory of Relativity , Emergence (*1905*) and Early Interpretation (*1905— 1911*)*, Addison-Wesley Publishing Company, Inc. , 1981. 该书已由李醒民等于 1985 年译出，至今尚未出版。

[10] A. Einstein, *Ideas and Opinions*, New Translations and Revisons by S. Bargmann , Crown Publishe*RS*, INC. , 1982.

[11] *Albert Einstein, Historical and Cultural Perspectives*, Edited by G. Holton and Y. Elkana, Princeton University Press, 1982.

[12] A. I. Miller , *Imagery in Scientific Thought, Creating 20th-Century Physics*, Birkhäauser Boston Inc. , 1984.

[13] A. J. Friedman and C. C. Donley, *Einstein, As Myth and Muse*, Cambridge University Press, 1985.

[14] A. Bucky, *The Private Albert Einstein*, Universal Press Syndicate Company, Cansas City, 1993.

[15] B. Hoffmann, with the Collaboration of H. Dukas , *Albert Einstein: Creator and Rebel*, Viking Press, New

York, 1972.

［16］ B. Gruber and R. S. Millman ed. , *Symmetries in Science*, Plenum Press , New York and London, 1980.

［17］ *Einstein Symposium Berlin*, Edited by H. Nelkowski etc. , Springer-Verlay, Berlin, 1979.

［18］ *Einstein: the FiRSt Hundred YeaRS*, Edited by M. Goldsmith etc. , Pergamon Press, Oxford, 1980.

［19］ *Einstein and the Humanities*, Edited by D. P. Ryan , Gree -nwood Press, New York, 1987.

［20］ *Einstein in Context*, Edited by B. Beller etc. , Cambridge University Press, 1993. 该书是杂志 *Science in Context*, 6 （1993）, No. 1 中的论文之汇集。

［21］ G. Holton , *Thematic Origins of Scientific Thought: Kepler to Einstein*, Harvard University Press, 1973.

［22］ G. Holton, *The Scientific Imagination: Case Studies*, Cambridge University Press, 1978.

［23］ H. Woolf ed. , *Some Strangeness in the Proportion, A Centennial Symposium to Celebrate the Achievements of Albert Einstein*, Addison-Wesley Publishing Company, Inc. , 1980.

［24］ I. Paul , *Science, Theology and Einstein*, Oxford University Press , New York, 1982.

［25］ L. Infeld , *Albert Einstein: His Work and Its Influence on Our World*, Revised Edition, Charles Scribner's Sons, New York, 1950.

［26］ M. White and J. Gribbin , *Einstein:A Life in*

Science, A Dutton Book, 1994.

[27] P. Frank, *Einstein: His Life and Times*, London, 1949.

[28] R. W. Clark, *Einstein: The Life and Times*, Thomas Y. Crowell Company, New York, 1971.

[29] W. Cahn, *Einstein, A Pictoral Biography*, The Citade Press, New York, 1955.

中文部分

[1]《爱因斯坦文集》第一卷，许良英等编译，商务印书馆（北京），1977年第一版。

[2]《爱因斯坦文集》第三卷，许良英等编译，商务印书馆（北京），1979年第一版。

[3]《纪念爱因斯坦译文集》，赵中立、许良英编译，上海科学技术出版社（上海），1979年第一版。

[4] K.塞利希：《爱因斯坦》，黑龙江大学俄语系翻译组译，黑龙江人民出版社（哈尔滨），1979年第一版。

[5] F.赫尔内克：《爱因斯坦传 》，杨大伟译，科学普及出版社（北京），1979年第一版。

[6] J.伯恩斯坦：《阿尔伯特·爱因斯坦》，高耘田译，科学出版社（北京），1980年第一版。

[7] 李醒民：《激动人心的年代——世纪之交物理学革命的历史考察和哲学探讨》， 四川人民出版社（成都），1983年第一版，1984年第二版。

[8] H.杜卡丝、B.霍夫曼：《爱因斯坦论人生》，高

志凯译，世界知识出版社（北京），1984 年第一版。

[9] Б.Г. 库兹涅佐夫：《爱因斯坦传 —— 生·死·不朽》，刘盛际译，商务印书馆（北京），1988 年第一版。

[10] A. 佩斯：《"上帝是微妙的……"——爱因斯坦的科学与生平》，陈崇光等译，科学技术文献出版社（北京），1988 年第一版。

[11] 广重彻：《物理学史》，李醒民译，求实出版社（北京），1988 年第一版。

[12] G. 霍耳顿：《科学思想史论》，许良英编，河北教育出版社（石家庄），1990 年第一版。

[13] O. 内森、H. 诺登编：《巨人箴言录：爱因斯坦论和平》（上册），李醒民译，湖南出版社（长沙），1992 年第一版。

[14] O. 内森、H. 诺登编：《巨人箴言录：爱因斯坦论和平》（下册），刘新民译，湖南出版社（长沙），1992 年第一版。

[15] 李醒民：《论狭义相对论的创立》，四川教育出版社（成都），1994 年第一版。该书完稿于 1984 年。

[16] 李醒民：《人类精神的又一峰巅 —— 爱因斯坦思想探微》，辽宁大学出版社（沈阳），1996 年第一版。该书初稿完成于 1988 年，1992 年初扩充、重写而成。

论　文

英文部分

［1］ A. Fine, Einstein's Realism, *Science and Reality*, Edited by J. T. Cushing, University of Notre Dame Press , 1984, pp. 106—133.

［2］ A. Fine, Einstein's Interpretations of the Quantum Theory , *Science in Context*, 6 （1993）, pp. 257—273.

［3］ C. Hoefer, Einstein's Struggle for a Machian Gravitatio -n Theory , *Stud. Hist. Phil. Sci.*, 25 （1994）, pp. 287—335.

［4］ D. Howard , Realism and Conventionalism in Einstein's Philosophy of Science: The Einstein-Schlick Correspondence , *Philosophia Naturalis*, 21（1984）, pp. 616—629.

［5］ D. Howard, Einstein on Locality and Separability , *Stud. Hist. Phil. Sci.*, 16 （1985）, pp. 171—201.

［6］ D. Howard, Einstein and Duhem, *Synthese*, 83 （1990）, pp. 363—384.

［7］ D. Howard , "Nicht Sein Kann Was Nicht Sein" or the Prehistory of EPR, 1909—1935: Einstein's Early Worries about the Quantum Mechanics of Composite Systems, in *Sixty-two Years of Uncertainty: Historical Philosophical, Physical Inquiries into the Foundations of Quantum Physics*, A. Miller （ed. ）, New York: Plenum

Publishing Corporation , 1990, pp. 61—111.

［8］ D. Howard, Was Einstein Really a Realist? *PeRSpectives on Science*, 1 （1993）, pp. 204—251.

［9］ D. Howard, Einstein, Kant and the Origins of Logical Empiricism , in *Language, Logic, and the Structure of Scientific Theories*, Edited by W. Salmon and G. Wolters, University of Pittsburgh Press , 1994, pp. 45—105.

［10］ D. Howard and J. D. Norton, Out of the Labyrinth? Einstein , Hertz, and the Göttingen Answer to the Hole Argument , pp. 30—62, 1994. 此系论文作者寄给李醒民的复印件，出处未写清楚。

［11］ D. Howard, A Peek Behind the Veil of Maya: Einstein , Schopenhaur , and the Historical Background of the Conception of Space as a Ground for the Individuation of Physical Systems , pp. 1—75, 1996. 此系论文作者寄给李醒民的复印件，出处未写清楚。

［12］ G. Wolters, Mach and Einstein in the Development of the Vienna Circle , *Acta Philosophica Fennica*, 52 （1992）, pp. 14—32.

［13］ H. Goenner, The Reaction to Relativity Theory I: The Anti-Einstein Campain in Germany in 1920 , *Science in Context*, 6 （1993）, pp. 107—133.

［14］ J. Stachel, The Other Einstein: Einstein Contra Field Theory , *Science in Context*, 6 （1993）, pp. 275—290.

[15] M. Beller, Einstein and Bohr's Rhetoric of Complementarity，*Science in Context*, 6 （1993），pp. 241—255.

[16] M. J. Klein, Einstein, *Dictionary of Scientific Biography*, Edited by C. C. Gillispie, New York, 1970—1977.

[17] N. Maxwell, Induction and Scientific Realism: Einstein Ve*r*sus van Fraassen Part One, Part Two, Part Three，*Brit. J. Phil. Sci.*, 44 （1993），pp. 61—79，pp. 81—101, pp. 275—305.

[18] P. K. Feyeraband, Mach's Theory of Research and Its Relation to Einstein，*Stud. Hist. Phil. Sci.*, 15 （1984），pp. 1—22.

[19] Y. Ben-Menahem, Struggling with Causality: Einstein's Case, *Science in Context*, 6 （1993），pp. 291—310.

中文部分

[1] 许良英：《爱因斯坦的唯理论思想和现代科学》，《自然辩证法通讯》（北京），第 6 卷（1984），第 2 期，第 10—17 页。

[2] 许良英：《一项宏伟的历史工程——喜读"爱因斯坦全集"第一卷》，《自然辩证法通讯》（北京），第 10 卷（1988），第 1 期，第 58—63 页。

[3] 李醒民：《科学理论的评价标准》，《哲学研究》

（北京），1985 年第 6 期，第 29—35 页。

[4] 李醒民：《哲学是全部科学研究之母——狭义相对论创立的认识论和方法论分析》（上、下），《社会科学战线》（长春），1986 年第 2 期，页 79—83；1986 年第 3 期，第 127—132 页。

[5] 李醒民：《善于在对立的两极保持必要的张力——一种卓有成效的科学认识论和方法论准则》，《中国社会科学》（北京），1986 年第 4 期，第 143—156 页。

[6] 李醒民：《论爱因斯坦的经验约定论思想》，《自然辩证法通讯》（北京），第 9 卷（1987），第 4 期，第 12—20 页。

[7] 李醒民：《论爱因斯坦的综合科学实在论思想》，《中国社会科学》（北京），1992 年第 6 期，第 73—90 页。

[8] 李醒民：《走向科学理性论 —— 也论爱因斯坦的哲学历程》，《自然辩证法通讯》（北京），第 15 卷（1993），第 3 期，第 1—9 页。

关于本书经常引用的参考书目在正文中的缩写表示：

专著中文部分 [1] *E*1, [2] *E*3, [3] *JNE*, [8] *RS*, [9] *EZ*, [10] *SD*, [13] *HPS*, [14] *HPX*。

年　表

1879 年　3 月 14 日上午 11：30 生于德国乌尔姆（Ulm）市。

1880 年　全家迁居慕尼黑。

1881 年　妹妹玛雅于 11 月 18 日出生。

1884 年　罗盘引起惊奇感和好奇心。

　　　　进天主教小学读书。

1885 年　开始学习小提琴，直学到十三岁。

1889 年　进入慕尼黑卢伊特波尔德中学读书（1889—
　　　　1894），对军国主义教育感到窒息。

　　　　首次遇见医科大学生塔尔迈，在其引导下开读通
　　　　俗科学书籍，共同讨论科学和哲学问题。

1890 年　摆脱使他得到首次解放的宗教，决心投身科学。

1891 年　阅读“神圣的几何学小书”，感到狂喜和惊奇。

　　　　开始自学高等数学，包括微积分。

1892 年　开始读康德的哲学著作。

1894 年　举家迁往意大利米兰，他留下要继续读完中学。

1895 年　春，只身离开慕尼黑赴意大利，沿途旅行放弃德
　　　　国国籍。

　　　　秋，投考苏黎世联邦工大，未被录取。

10 月到瑞士阿劳州立中学补习功课。

写成论文《关于磁场中以太状态的研究》，开始思索时间和空间问题。

1896 年   与房东女儿恋爱，持续不长时间便突然中止。

8 月毕业于阿劳中学。

10 月考入联邦工大师范系，攻读物理学。

同班同学有米列娃、格罗斯曼等五人。

在大学期间与米列娃相爱。

1897 年   大学四年（1896—1900）大部分时间在实验室，其余大都用来自学物理大师的著作和有关哲学著作。

初识贝索，贝索建议他读马赫《力学史评》，从此终生结为莫逆之交。

1899 年   正式申请瑞士公民权。

1900 年   毕业后未被留校做助教，遂即失业。

12 月 13 日完成论文《由毛细管现象所得的推论》，次年发表于《物理学年鉴》。

1901 年   2 月 21 日取得瑞士国籍。

多次找工作无结果，两次任临时代课教师。

在格罗斯曼父亲帮助下，12 月 18 日申请去伯尔尼专利局工作。

1902 年   2 月 21 日迁居伯尔尼。

6 月 16 日被正式任命为专利局试用三级技术员，6 月 23 日正式上班。坚持业余科学研究。

发表《关于热平衡和热力学第二定律的运动论》，

独立提出热力学的统计理论。

10 月 10 日父亲病故。

结识索洛文和哈比希特，创建"奥林匹亚科学院"，自学和讨论科学和哲学大师的著作，接受了彭加勒的约定论思想。

1903 年	1 月 6 日与米列娃结婚。
	12 月 5 日向伯尔尼自然科学研究会呈交论文《电磁波理论》。
1904 年	5 月 14 日长子汉斯出世。
	9 月 16 日转为专利局正式人员。
1905 年	3 月 17 日完成光量子学说论文《关于光的产生和转化的一个启发性观点》，载于《物理学年鉴》17 卷。
	4 月 30 日完成博士论文《分子大小的新测定法》，7 月论文被接受。
	5 月 11 日关于布朗运动的论文《热的分子运动论所要求的静液体中悬浮粒子的运动》被《物理学年鉴》接收。6 月 30 日狭义相对论论文《论动体的电动力学》被同一杂志接收。
	9 月 27 日关于质能关系式的论文《物体的惯性同它所含的能量有关吗？》也被接收。
	12 月 19 日《关于布朗运动的理论》也被接收。
1906 年	4 月 1 日晋升为二级技术专家。
	11 月完成用量子论解决低温固体比热的论文。
1907 年	开始研究引力场理论，提出等效原理。

1908 年	2 月 28 日第二次申请伯尔尼大学编外讲师被认可。
1909 年	3 月和 10 月完成两篇关于黑体辐射论的论文，并在萨尔茨堡德国自然科学家协会第八十一次大会上宣读。
	7 月 8 日接受日内瓦大学名誉博士。
	7 月 6 日向专利局辞职，10 月 8 日成为苏黎世大学副教授。秋，在阿德勒的影响下读迪昂著作，接受了整体论思想。
1910 年	7 月 28 日次子爱德华出世。
	10 月完成临界乳光论文。
1911 年	2 月应洛伦兹邀请访问莱顿大学。
	3 月移居布拉格，任布拉格德语大学教授。
	6 月预言光线经过太阳附近时弯曲，但计算有误。
	10 月 30 日至 11 月 3 日出席第一届索耳维会议。
1912 年	2 月厄任费斯脱来访，二人结为挚友。
	2 月初被任命为苏黎世联邦工大教授，8 月返回苏黎世任职。
	开始与格罗斯曼合作，探索广义相对论。
1913 年	春，普朗克和能斯特来访，欲聘他担任威廉皇帝物理研究所所长兼柏林大学教授，12 月正式受聘。
	7 月 3 日被选为普鲁士科学院院士，12 月 7 日正式接受。与格罗斯曼联名发表《广义相对论纲要和引力论》，提出引力度规场理论。
1914 年	4 月 6 日携妻、儿迁居柏林，夏与妻分居。
	10 月拒绝在德国文化和学术名流为战争辩护的

《告文明世界宣言》上签字，而在与之针锋相对的反战声明《告欧洲人书》上签名。

1915 年　　3 月写信给罗曼·罗兰，支持其反战立场。

同德·哈斯合作做旋磁实验，发现转动磁效应。

11 月提出广义相对论引力方程的完整形式，并成功地解释了水星近日点进动。

1916 年　　3 月完成广义相对论的集大成论文《广义相对论基础》，后作为小册子发行。

5 月 5 日继普朗克之后任德国物理学会会长。

6 月发表关于引力波的第一篇论文。

八个月内发表三篇关于量子论的论文，提出受激辐射理论，后成为激光技术的基础。

1917 年　　发表宇宙学开创性论文《根据广义相对论对宇宙学所做的考查》，引入宇宙项，提出有限无界宇宙假设。

患肝病、胃溃疡、黄疸病和虚弱症，堂姐艾尔莎照料他，并建立感情。

1918 年　　2 月发表引力波的第二篇论文。

热烈拥护德国十一月革命，被学术界认为是“首要的社会主义者”。

1919 年　　2 月 14 日同米列娃离婚，6 月 2 日同艾尔莎结婚。

9 月 22 日获悉英国天文学家观测日食的结果，11 月 6 日消息公布，世界为之震动，“爱因斯坦热”持续升温。

1920 年　　2 月在柏林大学讲课时，反犹学生骚乱。

3月母亲在家中去世。

8月和9月，德国发生了反相对论运动，他本人也受到恶毒攻击。开始发表科学以外的文章。

1921年　4月2日至5月30日，为给希伯来大学筹资，与魏茨曼首次访美。由美返回时于6月顺访英国，被选为皇家学会国外会员。

1922年　1月完成统一场论第一篇论文。

3月至4月访问法国，努力促使法德关系正常化，与魏茨曼首次访美。由美返回时于6月顺访英国，并公开发表批评马赫的讲话。

5月参加国联知识分子合作委员会。

10月8日启程乘船赴日本访问，途经科伦坡、新加坡、中国香港、上海。途中获悉获1921年诺贝尔物理学奖。

1923年　从日本返回时于2月2日到巴勒斯坦逗留。

11月受到法西斯威胁，到莱顿暂避。

1924年　支持德布罗意物质波假设。

从统计涨落的分析中得出波和物质缔合的独立论证，提出玻色—爱因斯坦统计法。

1925年　5月至6月到南美洲旅行访问。

1926年　春，同海森伯讨论量子力学哲学问题。

1927年　10月参加第五届索耳维会议，与玻尔就量子力学诠释展开论战。

1928年　2月或3月，因身体过度劳累而卧病不起，复原后一年内身体仍很虚弱。

4 月 13 日杜卡丝任私人秘书。

1929 年　2 月发表《关于统一场论》。

3 月五十岁生日时躲到郊外，以回避祝寿和记者
采访。

4 月 24 日公开表示"我信仰斯宾诺莎的上帝"。
首次访问比利时皇室，与伊丽莎白王后建立友谊。

1930 年　7 月同泰戈尔讨论真理的客观性等问题。

10 月启程赴美国加利福尼亚州理工学院讲学。
发表《我的世界观》《宗教和科学》等文章。

1931 年　11 月号召对日本实行经济制裁，以制止其侵华。

12 月再次赴加州讲学。

1932 年　7 月同弗洛伊德通信，讨论战争心理根源问题。

10 月被任命为普林斯顿高级研究所教授，起初
打算在此和柏林各待一半时间。

12 月第三次赴加州讲学，从此再未回德国。

1933 年　1 月 30 日纳粹上台，3 月 20 日闯入他的卡普特
夏季别墅搜查。

3 月 10 日在帕萨迪那发表不回德国声明，

3 月 28 日向普鲁士科学院提出辞呈，并在比利
时勒科克絮梅尔渔村避难。

7 月改变绝对和平主义态度，号召各国备战以反
对纳粹德国的侵略。

9 月 9 日永远离开欧洲大陆前往英国，

10 月 17 日到达普林斯顿定居。《反战斗争》
（文集）出版。

1934 年　　《我的世界观》（文集）出版。

1935 年　　5 月发表 EPR 论文，认为量子力学对实在的描
　　　　　　述是不完备的。

　　　　　　6 月 19 日给薛定谔写信，不满意波多耳斯基执
　　　　　　笔撰写的 EPR 论文。

1936 年　　开始同英费尔德和霍夫曼合作研究广义相对论的
　　　　　　运动问题。

　　　　　　12 月 20 日艾尔莎病故。

　　　　　　发表《物理学和实在》《论教育》。

1937 年　　3 月至 9 月，与英费尔德合写《物理学的进化》。

　　　　　　4 月向纽约支持西班牙民主政府的集会发去祝词。

1938 年　　从广义相对论场方程推导出运动方程。

1939 年　　玛雅赴普林斯顿团聚，在此度过余生。

　　　　　　8 月 2 日上书罗斯福总统，让其注意原子能的军
　　　　　　事应用。

1940 年　　5 月 15 日发表《关于理论物理学基础的考察》。

　　　　　　5 月 22 日致电罗斯福，反对美国的孤立主义政策。

　　　　　　10 月 1 日正式加入美国国籍。

1941 年　　发表《科学和宗教》等文章。

1942 年　　10 月 25 日向犹太人支持俄国战争救济公会发表
　　　　　　电话讲演。

1943 年　　5 月 31 日作美国海军部科学顾问。

1944 年　　重抄狭义相对论手稿，以六百万美元义卖，作为
　　　　　　战争捐款。

　　　　　　秋，支持罗斯福竞选第四次连任总统。

1945 年	4 月退休，但仍继续工作。
	连续发表关于原子战争、争取和平、世界政府的言论。
1946 年	1 月抗议美国法西斯化的冷战政策。
	5 月出任原子科学家非常委员会主席。
	写长篇《自述》，回顾科学探索和思想发展的道路。
1947 年	9 月发表给联合国大会公开信，呼吁把联合国组建为世界政府，受到苏联科学家批评，12 月答辩。
1948 年	抗议美国政府实行普遍军事训练。
	发表《量子力学和实在》。
	8 月 4 日米列娃在苏黎世去世。
	12 月发现在腹部有主动脉瘤。
1949 年	1 月写《对批评的回答》，对《阿尔伯特·爱因斯坦：哲学家—科学家》一书中有关文章进行反批评，该书前面发表了德、英文对照的《自述》。
	发表《为什么要社会主义》。
1950 年	2 月 13 日发表电视讲演，反对美国制造氢弹。
	3 月 18 日在遗嘱上签字。
	《晚年集》出版。
1951 年	6 月玛雅在长期瘫痪后去世。
	9 月原子科学家非常委员会解散。
1952 年	11 月谢绝出任以色列总统。
1953 年	4 月 3 日给旧友写信《奥林比亚科学院颂词》。
	5 月 16 日写信号召美国知识分子反迫害、争自由。

1954 年　　3 月被麦卡锡分子斥为"美国敌人"。

5 月发表支持奥本海默的声明。

患溶血性贫血症。

1955 年　　2 月至 4 月同罗素讨论和平宣言，4 月 11 日签名。

4 月 3 日同科恩讨论科学史等问题。

4 月 13 日在草拟对以色列的讲话稿时腹痛，后诊断为主动脉破裂。

4 月 18 日 1：25 逝世，下午 4：00 火化，骨灰秘密存放。

〔本年表依据（*E*3, pp. 518—559）、（*SD*, pp. 635—652）及其他有关材料编制〕